文化条例政策とスポーツ条例政策

吉田勝光
吉田隆之 [著]

成文堂

はしがき

　スポーツ振興法は1961年に制定され、スポーツ基本法により2011年に全面改正された。それに対して、文化芸術振興基本法は2001年に制定された。一方、スポーツ条例は1972年に倶知安町が、文化条例は1975年に釧路市が、それぞれはじめて制定した。2000年までは両条例とも、全国での制定数は10前後に過ぎなかった。ところが、現時点で、文化条例の数は、文化芸術振興基本法制定以降増加し、約120を数える。それに対して、スポーツ条例の数は約40にとどまる。こうした差異がなぜ生じたのだろうか。主たる要因は、文化芸術振興基本法が4条で地方公共団体に「施策を制定し、及び実施する責務」を課し、15年以上経過したからだと考えられる。だとすれば、スポーツ基本法でも同一内容の条項が定められたことから、今後は文化条例同様、制定数が増加することが見込まれよう。
　こうした状況を踏まえて、本書を刊行する意義を三つ示しておきたい。
　一つには、文化条例とスポーツ条例のそれぞれを概観し、かつ比較した他に類書のないものとなったことである。これまで文化とスポーツをまたぐ学際的な研究が決して活発になされてきたわけではない。とはいえ、文化とスポーツは、ともに最広義の文化である。たとえばパットナムは『孤独なボーリング——米国コミュニティの崩壊と再生』（柴内康文訳、柏書房、2006年、510頁）で、地域づくりの影響に関してチームスポーツや芸術、文化活動がソーシャルキャピタル算出のよい場となることを示唆するなど、文化とスポーツは共通項が少なくない。本書が、文化法・スポーツ法のみならず広く文化政策・スポーツ政策の領域横断的な研究を発展させるきっかけとなることを期待している。
　二つには、2020年東京オリンピック・パラリンピック開催・文化プログラムの展開にむけ、文化・スポーツ政策の提言書としての性格を有することである。言い換えれば、オリンピックが開催されるにあたり改めて問われる法・条例による民主的コントロールの必要性を問うたことである。オリンピックはスポーツの祭典であるだけでなく文化の祭典でもある。日本でもロンドン大会を超える20万件の規模で、文化プログラムを全国津々浦々で実施することが目標とされる。例えば京都市では国に先駆け既存の「京都文化芸術都市創生計画」を補強する形で

「京都文化芸術プログラム2020⁺〜千年の都に世界がふれる〜」を策定した。こうした機会を捉えて各地にアーツカウンシル（①政府・行政組織と一定の距離を置きながら、②専門家らが、③芸術文化に対する助成を軸に、文化政策の主に執行を担う機関）を立ち上げようという冷静な声がある一方で、一過性のイベントやお祭りに終わる危惧がまったくないわけではない。そうしたときにこそ、文化・スポーツ条例を制定・改正することで、文化権・スポーツ権をはじめとした文化法の基本原則の堅持、アーツカウンシルを始めとした推進体制の充実など法によるコントロールが必要となってこよう。

　この点、文化法の基本原則に関して付言すれば、道具主義、すなわち、文化がまちづくり、産業、集客等の手段となる傾向が強まっている。実際、文化条例で言えば、大阪府、京都府、札幌市、香川県、大阪市、京都市、さいたま市の文化条例などが創造都市的政策に言及する一方で、文化権等文化法の基本原則を採用していない。都市型芸術祭が流行するなど都市文化政策が奨励される一方で、文化権を始めとした市民の人権を適当にしておこうとする最近の傾向には本書でも警鐘を鳴らしている。

　三つには、実用書としての性格を有していることである。共著者は前職は共に愛知県庁職員であり、自治体法務を担当した経験を持つ。それぞれの実務経験を生かし、資料として主な文化条例の全文と項目別一覧表を、全てのスポーツ条例の全文をつけるなど、できる限り法務を含む文化・スポーツ業務担当者、有識者、市民等が制定作業に関わる際に使い易いものを目指した。

　なお、本書のタイトルは「文化条例政策とスポーツ条例政策」とした。スポーツ研究者を始めとするスポーツ関係者はなぜ文化が先なのかと疑問を抱くかもしれない。かりに、タイトルに文化を先に持ってきたらならば、逆もしかりだろう。無論、共著者同士でも議論をしたが、その前後が重要性を指すものでないことはいうまでもない。ちなみに、自治体の中には文化とスポーツを同じ部署（部・局・課）で担当することが少なくない。その場合、「文化・スポーツ」の名称がほぼ全てで、「スポーツ・文化」（部）はさいたま市のみである。

　各章は共著者の各論文をもとにしている。文化条例政策は吉田隆之が、スポーツ条例政策は吉田勝光が主に担当した。なお、第1編は大幅に加筆修正を行い、第3編は加筆修正した。一方、第2編は執筆当時の感触を残すためほぼ原文のまま掲載している。また、引用文献の記述が各章により統一されていない場合があ

る。作業が煩雑になることから、原文の論文のままとした。ご容赦いただきたい。

　吉田隆之は文化政策全般を網羅的に規定する条例に限定している。そうした文化条例のみで数が多数だからである。これに対して、吉田勝光はこれまでのスポーツ全般にわたる振興・推進を広汎に意図した政策に関する条例を広く扱っている。読み進めるにあたり留意されたい。

　本書への大方のご指摘、ご叱正をいただければ幸いである。

　最後に、本書の出版にご理解をいただいた成文堂の阿部成一社長、当初の予定通りスケジュールマネジメントをしていただいた編集部の篠崎雄彦氏に感謝申し上げる次第である。

2017年1月

共著者を代表して

吉　田　隆　之

目　次

はしがき　(i)

第1編　文化条例の研究

第1章　各自治体の文化条例の比較考察　5

1　本章の目的　5
1　先行研究(5)　　2　本章の目的(5)

2　文化条例の必要性と動向　5
1　文化条例の必要性(6)　　2　文化条例制定の動向(7)

3　自治体の文化条例の各項目の比較考察　8
1　文化条例の名称(13)　　2　文化条例の対象領域・定義(13)
3　文化条例の目的(18)　　4　文化条例における文化法の基本原則等(19)
5　文化条例の文化基本計画等(21)　　6　文化条例の個別の施策(22)
7　文化条例の推進体制(22)　　8　小　括(25)

第2章　創造都市的政策に言及する文化条例の考察　32

1　本章の目的　32
2　クリエイティブ(創造)型とシティ(都市)型　33
3　クリエイティブ(創造)型　33
1　大阪府文化振興条例(33)　　2　京都府文化力による京都活性化条例(35)
3　札幌市文化芸術振興条例(36)　　4　奈良市文化振興条例(37)
5　文化芸術の振興による心豊かで活力あふれる香川づくり条例(37)

4　シティ(都市)型　38
1　大阪市芸術文化振興条例(38)　　2　京都文化芸術都市創生条例(39)

　　　　3　さいたま市文化芸術都市創造条例（39）
　5　創造都市的政策に言及する文化条例の意義、問題点 ………… 40
　　　1　意　義（40）　　2　問題点（42）
　6　小　括………………………………………………………………… 42

第3章　文化条例の望ましい制定手法（1）
　　　　──静岡県・奈良市・逗子市・さいたま市の制定過程等の
　　　　　調査、比較から ……………………………………………… 46

　1　本章の目的 …………………………………………………………… 46
　2　文化条例制定の意味 ………………………………………………… 46
　3　文化条例の制定過程、効果と課題の調査 ………………………… 48
　　　1　静岡県（49）　　2　奈良市（55）　　3　逗子市（59）
　　　4　さいたま市（63）
　4　制定手法の検討 ……………………………………………………… 68
　　　1　各制定過程の制定手法としての妥当性（68）
　　　2　文化条例の独自性のいずれが効果に結びついたか（71）
　　　3　効果を勘案した望ましい制定手法（72）
　5　おわりに ……………………………………………………………… 72

第4章　文化条例の望ましい制定手法（2）
　　　　──京都文化芸術創生都市条例を事例に ………………………… 79

　1　先行研究と本章の目的 ……………………………………………… 79
　2　京都市の文化条例制定過程、効果と課題 ………………………… 80
　　　1　制定経緯の概観（80）　　2　独自性（87）
　　　3　文化条例の独自性に影響を与えた制定過程（87）　　4　効果と課題（88）
　3　望しい文化条例の制定手法 ………………………………………… 89

第2編　スポーツ条例の研究

第1章　地方自治体における条例政策の視座 …………… 97

1　研究の目的（97）　　2　本研究の対象とする条例及び地方自治体の範囲（98）
3　調査方法及び時期・期間（99）　　4　先行研究（99）
5　スポーツ基本条例の制定状況（101）
6　今後の研究の在り方における視座（104）　　7　まとめ（109）

第2章　日本の地方自治体のスポーツ基本条例の現状と課題 ………………………………………………………… 122

1　研究発表の目的（122）
2　日本のスポーツ基本条例制定に係る現状（122）
3　スポーツ基本条例に関する研究（124）
4　日本のスポーツ基本条例の課題（127）　　5　むすび（127）

第3章　韓国地方自治体でのスポーツ基本条例制定の可能性 ……………………………………………………… 140

1　本研究に至る経緯（140）　　2　研究の目的（141）
3　韓国のスポーツに関する法制度（141）
4　日本のスポーツに関する法制度（142）
5　韓国でのスポーツ基本条例制定の可能性（143）
6　スポーツ基本条例制定上の留意事項（148）
7　日本のスポーツ基本条例の課題の克服（151）　　8　むすび（152）

第4章　個別条例の研究 ……………………………………… 154

1　公園でキャッチボールができる条例の制定（154）
2　長野県登山安全条例（157）
3　草津市熱中症の予防に関する条例の廃止（164）

第3編　文化条例とスポーツ条例の比較研究

第1章　各自治体のスポーツ条例の比較考察 ―文化条例との対比の視点から ………… *180*

①　はじめに ……………………………………………………………… *180*
 　1　文化条例とスポーツ条例の制定状況（*180*）　2　先行研究（*181*）
 　3　本章の目的（*181*）　4　スポーツと文化の定義の整理（*183*）

②　文化芸術振興基本法とスポーツ振興法(旧)・スポーツ基本法
 の比較 ………………………………………………………………… *183*

③　自治体のスポーツ条例の各項目の比較考察 …………………… *191*
 　1　名称（*191*）　2　対象領域・定義（*191*）　3　目的（*192*）
 　4　理念等（*192*）　5　基本計画の策定義務（*193*）　6　推進体制（*193*）
 　7　比較考察のまとめ―文化条例との対比の視点から―（*193*）

第2章　例規集考 ……………………………………………………… *201*

 　1　例規集の果たす役割（*201*）　2　本稿のきっかけ（*201*）
 　3　例規集の公開状況（*202*）　4　例規集の重要性（*202*）
 　5　自治体の責務（*203*）　6　アップへの期待とアップ方法の工夫（*203*）

第4編　文化条例研究資料

①　文化芸術振興基本法（全文）……………………………………… *208*
②　主要な文化条例（全文）…………………………………………… *214*
 　大阪市（*214*）　大阪府（*216*）　京都府（*221*）　京都市（*225*）
 　静岡県（*230*）　札幌市（*234*）　小金井市（*236*）　奈良市（*238*）
 　香川県（*241*）　逗子市（*246*）　さいたま市（*248*）

文化条例項目別一覧表 ……………………………………………………… *253*

目次 ix

第5編　スポーツ条例研究資料

第1章　スポーツ条例調査……………………………………… *368*
第2章　スポーツ基本法とスポーツ振興法（旧法）…………… *372*
第3章　スポーツ条例（全文・制定順）………………………… *402*

　　　　倶知安町（*403*）　　横瀬町（*404*）　　長与町（*405*）　　川島町（*407*）
　　　　弟子屈町（*409*）　　長瀬町（*410*）　　葛飾区（*412*）　　矢吹町（*413*）
　　　　秩父市（*414*）　　出雲市（*415*）　　埼玉県（*418*）　　品川区（*419*）
　　　　長野市（*422*）　　東松山市（*423*）　　さいたま市（*425*）　　下関市（*428*）
　　　　鹿児島県（*430*）　　千葉県（*433*）　　熊谷市（*435*）　　山口県（*437*）
　　　　岡山県（*442*）　　黒松内町（*445*）　　小諸市（*448*）　　春日井市（*450*）
　　　　横手町（*453*）　　近江八幡市（*456*）　　岐阜県（*459*）　　群馬県（*464*）
　　　　町田市（*466*）　　柳井市（*469*）　　徳島県（*471*）　　恵庭市（*475*）
　　　　三重県（*478*）　　宗像市（*482*）　　ふじみ野市（*484*）　　滋賀県（*486*）
　　　　中野区（*493*）　　池田市（*494*）

あとがき……………………………………………………………… *499*
索　引………………………………………………………………… *501*

第1編

文化条例の研究

序　論

　本編では文化条例を扱う。ここで文化条例とは自治体が文化政策全般について規定する条例の総称を指している。第1章3.1で言及するように条例の名称は本来その性格を反映すべきであり（特別法的性格を持たせるなら振興条例、一般法的性格を持たせるなら基本条例）、総称としてはそのどちらでもない中立的な名称が相応しいからである。

　第1章では、文化条例の名称、対象領域・定義、目的、文化法の基本原則、文化基本計画、個別の施策、推進体制といった個別項目ごとに比較考察を行う。文化芸術振興基本法の制定以降、自治体が無自覚に国の振興基本法に追随するケースがあること、一方で、2005年度以降はおおよそ半数の自治体が定義や推進体制などの規定に独自の工夫をしていることを明らかにする。特に文化政策の専門家が条例策定に参加・協力することで、時に進歩的な影響を与えている。

　第2章では、増えつつある創造都市的政策[1]に言及する文化条例に焦点を当て、クリエイティブ（創造）型とシティ（都市）型の二類型に分類できること、文化条例と文化基本計画・事業が齟齬をきたす場合があることを指摘する。そのうえで、継続させたい施策を措置義務規定とし、もしくは前文や基本原則等に創造都市的政策の採用を明記することで、創造都市的政策を計画や実際の事業に継続的に反映させられることを明らかとする。文化条例の都市文化政策の側面の新たな意義といえる。それに対して、市民文化政策や文化権保障を軽視する傾向にあることを指摘する。章の最後に、文化芸術振興基本法以降策定された文化条例の新しい潮流の特徴を踏まえ、文化条例のあるべき枠組みの提示を行う。

　第3章では、文化条例の制定の意味として、文化芸術振興基本法に追随する根木昭らの従来の見解に替え、新たな4つの独自性を示している。そのうえで、そうした独自性を持つ静岡県・奈良市・逗子市・さいたま市の文化条例を取り上げ、望ましい制定手法を検討する。その結果、手法としては、文化条例検討委員会の設置に加えて、文化条例の独自性が一般化していない現状では、文化政策の専門家が参加・協力することが必要だとする。

　第4章では、京都市の文化条例に着目する。他分野との融合等の独自性を有し、首長が交替しながらも10年間以上継続的に文化政策に影響を与えているからである。望ましい制定手法について前章で提示する以外の条件がないかを調査・

検討する。その結果、有識者が文化条例検討委員会などで議論を重ね、理念等を明確にすること、かつ、制定後も有識者・職員らが継続的に関与し理念等を共有することを望ましい条件とする。

いずれの章も2013年度以降共著者の吉田隆之が発表・公表してきた次の論文を大幅に加筆修正したものである。

1 創造都市的政策の意義は多様な意味で使用される。本編では第2章で詳述するが、芸術文化の創造性を領域横断的に活用することで地域の課題を解決していくこと、もしくは、文化政策を都市政策の中心に置くことを包括的に創造都市的政策として扱う。

参考文献
吉田隆之「各自治体の文化条例の比較考察―創造都市政策に言及する最近の動きを踏まえて」文化政策研究6号（2013年）114-132頁。
吉田隆之「文化条例の望ましい制定手法―制定過程等の調査・比較から」文化経済学会〈日本〉12巻1号（2015年）26-39頁。
吉田隆之「文化条例の望ましい制定手法―京都文化芸術都市創生条例を事例に」文理シナジー20巻2号（2016年）119-126頁。

第1章　各自治体の文化条例の比較考察

1　本章の目的

1　先行研究

　文化条例に関しては、文化権の社会権的側面を積極的に解する立場から、小林真理が「市民参画による制定・評価プロセスの検討」[1]の必要性を指摘し、藤野一夫が「常設の第三者機関の設置」「継続的・安定的な財源確保のためのシステムづくり」[2]の必要を指摘する[3]。いずれの先行研究も文化芸術振興基本法が2001年に制定されてから時間を待たずに文化条例を取り上げており、それ以降つぶさに比較考察した研究は存在せず、特に直近の動向の考察がなされていない。

2　本章の目的

　そこで、本章では文化芸術振興基本法制定前後の変化を踏まえ直近の動向も含めた各自治体の文化条例の比較考察を行う。考察により次の2点を主に明らかにする。一つめに、文化芸術振興基本法が制定されると、自治体が無自覚に国に追随する状況が見てとれ、しかも文化法の基本原則等が骨抜きのまま模倣されるなど弊害が大きいことである。二つめに、その一方で先行研究が指摘した「市民参画による制定・評価プロセス」や、「継続的・安定的な財源確保のためのシステムづくり」を取り入れるなど自治体が独自に工夫した文化条例が多く見られ、特に2005年度以降過半を占めていることである。

2　文化条例の必要性と動向

　文化条例の比較考察を行う前に、その必要性と動向に触れておこう。

1 文化条例の必要性

2000年4月の地方自治法改正により機関委任事務が廃止された。コミュニティの崩壊など地方の課題が山積するなか、政策形成能力はもちろん民間企業の経営戦略に相当する経営政策を有することが、自治体に一層求められることとなる。すなわち、経営とは事業の継続である。事業の継続のため民間企業はP（計画）D（実行）C（評価）A（改善）のサイクルの中で、目標や戦略体系を策定する。これが経営戦略である。自治体も同様のサイクル（課題設定・政策立案・政策決定・政策実施・政策評価）の中で、目標や戦略体系、いいかえれば経営政策を有することが必要とされる[4]。

自治事務（地方自治法2条2項、8項）とされた文化政策の分野も例外ではない。自治体が経営政策を有するには、理念と目標等を有し、その理念等がまずは文化基本計画に根拠づけられなければならない。文化基本計画により自治体は目標を具体化・個別化し、かつ住民と協働で策定することで民意を反映させることもできる。場当たり的な文化事業を打ち上げ花火的にやることを一定程度防ぐ効果も期待できよう。

しかし、文化基本計画は通常5年ないし10年と期間が定められることから、政策のより長期的な継続性という点で難がある。優れた文化政策が一時的に実現したとしても、首長の交替や財政上の理由で継続性が担保されないことも多い。また、審議会の意見を聴く等規定を置くものの、議論の時間が限られ結果として役所主導で策定される場合も少なくない。

そこで、必要性が浮かび上がってくるのが文化条例の制定である。政策の継続性という点で強みを発揮するほか、役所主導で策定されることが多い文化基本計画より、議会という民主主義の担保がある点でメリットがある。もちろん、議員立法が少ない中で首長の政策への追随が常態化し、地方議会での民主主義が形骸化しているかもしれない。しかし、現首長では実現できない政策がある場合に、地方議会に民意を反映させ、住民自らが政策を実現する手段が条例により保障されている[5]。

たしかに、条例は一度制定すると簡単には変更できないので、合意形成が困難で、かつ条項が抽象的になるというデメリットもある。しかし、条項の抽象性については、自治体にとって継続させたい政策等を措置義務規定とし、さらに文化

表 1 - 1　文化基本計画と文化条例のメリット、デメリット

	メリット	デメリット
文化基本計画	・具体的・個別的 ・場当たり的な文化事業の一定の歯止め	・政策の継続性に難点 ・役所主導で策定
文化条例	・政策の継続性 ・民主主義の担保	・合意形成が困難 ・抽象的、理念的

(筆者作成)

基本計画と連動させることで条項を具体化することが十分可能ではなかろうか（表2-1）。

　こうした文化基本計画との相違点からの説明に加え、給付行政について法律や条例の根拠を必要と解する見解（社会留保説）が昨今は台頭していることも指摘しておきたい[6][7]。自治体文化政策は市民に便益を提供する給付行政であるが、法治主義の観点からも文化条例を定める必要性が高まる可能性があるだろう。

2　文化条例制定の動向

　地方自治法改正前は、文化条例は一部を除いて制定されなかった。その理由は「機関委任事務型思考と、法治主義原則でいう侵害留保原則、つまり、権利を付与し義務を課す事項でない限り法律（条例）制定の対象とならない、という思考が多く働いているから」[8]とされる。ところが、2001年文化芸術振興基本法の制定後、文化条例を定める自治体が増加する。2014年10月1日現在、116自治体（27都道府県・5政令指定都市・8中核市・76市区町村）が文化条例を制定している（図2-1）[9]。

　条例を定める中核市未満の市区町村は76を数えるが、中核市未満の市区町村数（1684）のなかでの割合は約5パーセントに過ぎない[10]。逆に、文化条例を定める都道府県は27を数え、全都道府県数（47）の過半数を超えている。制定した他自治体の数が増えると、自治体内部、あるいは文化団体等からも「制定すべきではないか」という圧力がかかり易くなる。過半数を超える都道府県が文化条例を制定していることから、人口が多く、かつ他県への影響力もありながら未制定の兵庫県・愛知県・福岡県などの今後の動向が注目される（表1-2）。

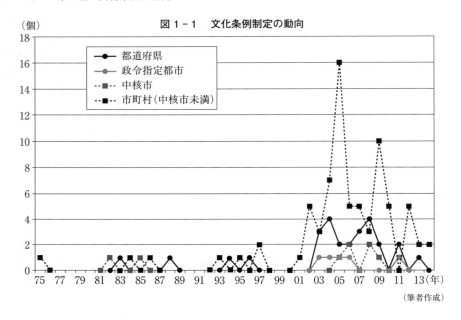

図1-1 文化条例制定の動向

（筆者作成）

表1-2 全自治体に占める文化条例を有する自治体の割合

	都道府県	政令指定都市	中核市	中核市未満の市区町村	計
文化条例を有する自治体数	27	5	8	76	116
全自治体数	47	20	43	1684	1794
全自治体に占める文化条例を有する自治体の割合	57%	25%	19%	5%	6%

（筆者作成）

3　自治体の文化条例の各項目の比較考察

　本編では前述の計116自治体（2014年10月1日現在）の文化条例を考察の対象とする[11]（表1-3）。

　文化条例の構造は、総則（目的、定義あるいは対象、基本理念、自治体や住民等の役割、責務規定）、基本計画（基本方針）、基本的施策、推進体制、その他からなるの

表1-3　文化条例の制定年度と名称

	制定年度	名　称
1	1975(S50)	(旧)釧路市文化振興条例
2	1982(S57)	秋田市文化振興条例
3	1983(S58)	東京都文化振興条例
4	1984(S59)	(旧)津市文化振興条例
5	1985(S60)	(旧)横須賀市文化振興条例
6	1986(S61)	江戸川区文化振興条例
7	1988(S63)	熊本県文化振興基本条例
8	1993(H5)	様似町文化振興条例
9	1994(H6)	北海道文化振興条例
10	1995(H7)	矢吹町文化・スポーツ振興条例
11	1996(H8)	富山県民文化条例
12	1997(H9)	(旧)出雲市文化のまちづくり条例
13	1997(H9)	太宰府市文化振興条例
	2001(H13)	文化芸術振興基本法
14	2001(H13)	苫小牧市民文化芸術振興条例
15	2002(H14)	四日市市文化振興条例
16		目黒区芸術文化振興条例
17		春日井市文化振興基本条例
18		気仙沼市文化振興条例
19		牛久市文化芸術振興条例
20	2003(H15)	松本市文化芸術振興条例
21		鳥取県文化芸術振興条例
22		富士河口湖町心豊かな文化の町づくり振興条例
23		千代田区文化芸術基本条例
24		福島県文化振興条例
25		大阪市芸術文化振興条例（政令指定都市）
26		大分県文化振興条例
27	2004(H16)	宮城県文化芸術振興条例
28		つくば市文化芸術振興基本条例
29		三笠市民文化芸術振興条例

30		立川市文化芸術のまちづくり条例
31		練馬区文化芸術振興条例
32		丸亀市文化振興条例
33		川崎市文化芸術振興条例（政令指定都市）
34		鹿児島県文化芸術振興に関する条例
35		大阪府文化振興条例
36		徳島県文化振興条例
37		八幡市文化芸術振興条例
38		渋谷区文化芸術振興基本条例
39	2005（H17）	足立区文化芸術振興基本条例
12		21世紀出雲芸術文化のまちづくり条例
40		東京都板橋区文化芸術振興基本条例
41		宇城市伝統文化継承条例
42		士別市文化振興条例
1		釧路市文化振興条例
43		京都府文化力による京都活性化推進条例
44		城陽市文化芸術の振興に関する条例
4		津市文化振興条例
45		世田谷区文化及び芸術の振興に関する条例
46		利府町文化芸術振興条例
47		函館市文化芸術振興条例（中核市）
48		岡山県文化振興基本条例
49		日田市文化振興条例
50		京都文化芸術都市創生条例（政令指定都市）
51		小樽市文化芸術振興条例
52		豊島区文化芸術振興条例
53		久留米市文化芸術振興条例（中核市）
54		浄瑠璃の里文化振興条例
55		小山市文化芸術振興条例
56		摂津市文化振興条例
57		吹田市文化振興基本条例
58		豊中市文化芸術振興条例（中核市）

59	2006(H18)	港区文化芸術振興条例
60		飯塚市文化振興基本条例
61		広島県文化芸術振興のまちづくり推進条例
62		静岡県文化振興基本条例
63		鳴門市文化のまちづくり条例
64		泉大津市文化芸術振興条例
65		札幌市文化芸術振興条例（政令指定都市）
66		小金井市芸術文化振興条例
67		門真市文化芸術振興条例
5		横須賀市文化振興条例（中核市）
68		奈良市文化振興条例（中核市）
12	2007(H19)	21世紀出雲「神在月」文化振興条例
69		国分寺市文化振興条例
70		松坂市文化芸術振興条例
71		品川区文化芸術・スポーツのまちづくり条例
72		文化芸術の振興による心豊かで活力あふれる香川づくり条例
73		山口県文化芸術振興条例
74		都留市文化のまちづくり条例
75		中野市文化芸術振興条例
76		岩手県文化芸術振興基本条例
77	2008(H20)	岐阜県文化芸術振興基本条例
78		神奈川県文化芸術振興条例
79		古賀市文化芸術振興条例
80		昭島市文化芸術振興基本条例
81		旭川市文化芸術振興条例（中核市）
82		和歌山県文化芸術振興条例
83		栃木県文化振興条例
84		明石市文化芸術創生条例
85		東大阪市文化芸術振興条例（中核市）
86	2009(H21)	我孫子市文化振興条例
87		埼玉県文化芸術振興基本条例
88		滋賀県文化振興条例

89		長野市文化芸術及びスポーツの振興による文化力あふれるまちづくり条例（中核市）
90		西東京市文化芸術振興条例
91		逗子市文化振興条例
92		宗像市文化芸術振興条例
93		寝屋川市文化振興条例
94		大和市文化芸術振興条例
95		朝倉市文化芸術振興条例
96		新宿区文化芸術振興基本条例
97		芦屋市文化基本条例
98		筑紫野市文化芸術振興条例
99	2010（H22）	宇部市文化の振興及び文化によるまちづくり条例
100		小豆島町芸術文化のまちづくり条例
101		久米南町文化振興条例
102		清須市文化芸術振興条例
103		高砂市文化振興条例
104	2011（H23）	島根県文化芸術振興条例
105		さいたま市文化芸術都市創造条例（政令指定都市）
106		群馬県文化基本条例
107	2012（H24）	常総市文化芸術振興条例
108		富士見市文化芸術振興条例
109		墨田区文化芸術振興基本条例
110		厚木市文化芸術振興条例
111		岸和田市文化振興条例
112	2013（H25）	沖縄県文化芸術振興条例
113		釧路市文化芸術基本条例
114		近江八幡市文化振興条例
115	2014（H26）	三島市文化振興基本条例
100		海の道を活かしアートや文化による地域活性化を目指す条例
116		草加市文化芸術振興条例

（筆者作成）

※制定年度は公布日により決定し、公布日順に並べた。同日の場合はアルファベット順とした。
※条例の内容を修正する場合、改正の手続きを取る場合（東京都、横須賀市等）、新条例（津市、出雲市等）を

制定する場合がある。新条例制定の場合は旧条例と別に紹介したが、文化条例を有する自治体数を明らかにする観点から同一番号を振った。
※出雲市は、21世紀出雲芸術文化のまちづくり条例と21世紀出雲「神無月」文化振興条例の 2 条例を有する。前者は、基本法的性格、後者は出雲文化に重きを置いた振興法的性格を有するものとして、両者を区別し 2 条例として数えるが、同一番号を振る。
※小豆島町は、小豆島町芸術文化のまちづくり条例と海の道を活かしアートや文化による地域活性化を目指す条例の 2 条例を有する。前者は、基本法的性格、後者はアートや文化による地域づくりを目的とした振興法的性格を有するものとして、両者を区別し 2 条例として数えるが、同一番号を振る。

が一般的である。そこで、文化条例の名称、対象領域・定義、文化法の基本原則、基本計画等、個別の施策等、推進体制について、文化芸術振興基本法制定前後の変化を踏まえ各自治体間の比較考察を行う。

1　文化条例の名称

一つめの名称については、文化芸術振興基本法の制定前は、文化振興条例という名称を13のうち10自治体が使用していた[12]。逆に、文化芸術振興基本法が制定されると、この名称を107のうち21自治体が使うにすぎない[13]（表 1 - 3 参照）。他方で、文化芸術振興基本条例、文化芸術振興条例、文化振興基本条例など文化芸術振興基本法に類似する名称を、107のうち59自治体が使用する。果たしてこうした名称は文化条例に相応しいのだろうか。

そもそも文化芸術振興基本法は一般法的性格を持つ基本法なのか、特別法的性格を持つ振興法なのか定かではない。こうした中途半端さが、文化基本法と芸術文化振興法という名称を折衷する形で、「文化芸術」という概念を生じさせたのではなかろうか。もとより文化は芸術の上位概念で、文化には、芸術文化、学術文化もあれば、生活文化もあるとの使い方が一般的である[14]。一般的な使い方からすれば、「文化芸術」と言う概念は曖昧である。文化法の基本原則等を内容とする文化基本条例とそれ以外を内容とする芸術文化振興条例を別個に制定し、それぞれの名称とするのが理想的なのかもしれない[15]。

2　文化条例の対象領域・定義

二つめの対象領域・定義であるが、文化条例の性格とその対象領域は対応関係にある。一般法的性格を持つ文化基本条例は文化、特別法的性格を持つ芸術文化振興条例は芸術文化を対象としていると考えるのが妥当であろう。しかしなが

ら、多くの文化条例は、一般法か特別法のいずれの性格なのかが明確でない。対象領域についても、芸術文化だけを対象とするものから広く生活文化を含むものまで様々である。

（1）文化芸術振興基本法の制定前

　文化芸術振興基本法の制定前の13自治体を見ると、芸術文化に限定せず対象を広く捉える考え方が一般的であった。東京都［1983］[16]は「芸術文化」（6条）や「伝統的文化」（7条）を含み、「都民の自主的な文化活動」（8条）をも対象とする。富山県［1996］は「生活文化」（11条）を含むとする。北海道［1994］は「生活の全般」（前文）、太宰府市［1997］は「人々が豊かで、安らかな人間らしい生活を求めて行うあらゆる活動から生まれるもの」（前文）とした。

（2）文化芸術振興基本法の制定後

　一方、文化芸術振興基本法は、目的、基本理念規定で文化芸術活動（1、2条）と使うほか、定義規定を置かずに、芸術、メディア芸術、伝統芸能、生活文化、文化財等の個別の施策規定を置くことで対象領域を明らかにした。その後に制定された文化条例にいかなる影響を与えたのか。影響の有無を一覧にしたのが表1-4で、以下で説明する。

　対象領域について文化芸術振興基本法の内容や定め方をほぼ踏襲しているのが、52自治体である。そのうち、気仙沼市［2002］、宮城県［2004］ほか6県が、文化芸術振興基本法とほぼ同内容で、個別条項を置く。その他にも市町を中心に43自治体が、個別条項を置かないまでも、文化芸術振興基本法の「文化芸術」という概念を取り入れ文化芸術活動を対象とした。

　これに対して、文化芸術振興基本法の内容や定め方をそのまま踏襲しない自治体がある。

　まず、徳島県［2004］ほか5自治体は、文化芸術振興基本法の内容を踏襲しながらも定義規定を置いた。このうち、さいたま市［2010］は国の振興基本法の内容を踏襲しながらも、「盆栽、漫画、人形、鉄道といった地域の活性化及び都市としての魅力の増進に資するもの」という要件をつけ加え特色を出している。

　次に、文化芸術振興基本法とは異なる内容を有し、かつ個別条項で定めたのが、およそ20自治体である。大阪府［2004］は上方演芸（11条）、スポーツ文化

表1-4 文化芸術振興基本法制定後の文化条例の対象領域、定義等のまとめ

	対象領域		該当する条例ないしは、その数
文化芸術振興基本法とほぼ同内容	個別条項等	芸術、メディア芸術、伝統芸能、生活文化、文化財等	気仙沼市［2002］、宮城県［2004］、鹿児島県［2004］、岩手県［2007］、神奈川県［2008］、和歌山県［2008］、埼玉県［2009］、群馬県［2011］
		文化芸術活動	43自治体
	定義	芸術、メディア芸術、伝統芸能、生活文化、文化財等	徳島県［2004］、広島県［2006］、品川区［2007］、香川県［2007］、さいたま市［2010］、岸和田市［2012］
文化芸術振興基本法と異なる内容	個別条項	上方演芸（11条）、スポーツ文化（13条）、学術文化（14条）を加える	大阪府［2004］
		京都の文化（10条）、文化的創作物（11条）	京都府［2005］
		伝統的な文化芸術（11条）、新たな文化芸術（12条）	京都市［2005］
		その他	約20自治体
	定義 文化芸術	「芸術文化に限らず、地域の伝統や生活に根ざした文化などを含む幅広いもの」（3条）	久留米市［2005］
		「美術、音楽、演劇、伝統芸能その他の芸術並びに地域の伝統及び生活に根ざした文化をいう」（2条）	古賀市［2008］
		≒古賀市型（2条）	朝倉市［2009］
	定義 文化	「芸術、芸能、伝統文化及び生活文化をはじめ、学術、景観、観光及び市民が主体となって行う生涯学習等を含む創造的な諸活動」（2条）	奈良市［2006］
		≒奈良市型（2条）	宇部市［2012］

16　第1編　文化条例の研究

芸術文化と文化活動の両者の定義規定を置く		文化活動	「創造」「享受」「支える活動」（2条1項）	静岡県［2006］
		芸術文化	「音楽、演劇、舞踏、美術…その他の芸術に関する文化」（2条）	大阪市［2003］
		芸術活動	「創作」「発表」（2条）	
		芸術文化	「人間の感性を豊かにする知的かつ創造的な活動で、多様な芸術文化領域を含むもの」（2条1項）	小金井市［2006］
		芸術文化活動	「鑑賞」「創造」「参加」（2条2項）	
		芸術文化	≒小金井市型（2条）	明石市［2008］
		文化芸術活動		
		文化	≒小金井市型（2条1項）	逗子市［2009］
		文化活動	≒小金井市型+「継承」（2条2項）	
		文化芸術	≒古賀市型（2条）	宗像市［2009］
		文化芸術活動	≒逗子型－「参加」（2条）	
		文化	≒奈良市型（2条）	芦屋市［2009］、高砂市［2010］
		文化活動	≒静岡県型+「継承」（2条）	
		文化芸術	≒小金井市型（2条）	富士見市［2012］
		文化芸術活動	≒小金井市型+「発信」（2条）	
		文化	芸術、文化的資産、魅力ある風景（2条）	近江八幡市［2013］
		文化活動	＝静岡県型（2条）	
		文化	人間及び人間の生活に関わる総体（2条）	三島市［2014］
		文化活動	≒静岡県型（2条）	
	その他			宇城市［2005］、津市［2005］、能勢町［2005］、摂津市［2005］

※文化芸術振興基本法の影響を受け、内容や定め方をほぼ踏襲した文化条例を　　　で囲んだ。（筆者作成）

(13条)、学術文化（14条）を対象に加える。京都府［2005］は「京都の文化」（10条）、「文化的創作物」（11条）という独自の概念を対象とした。文化芸術振興基本法の制定以降、日本古来の「伝統芸能」・「生活文化」等を「芸術」とは区別するのが一般的になりつつあったところ、大阪市［2003］・京都市［2005］等は「伝統的な芸術文化」・「伝統的な文化芸術」という言葉を使う。

　さらに、文化芸術振興基本法とは異なる内容を有し、かつ定義規定を置いたのが、20自治体である。久留米市［2005］・奈良市［2006］・古賀市［2008］・朝倉市［2009］・宇部市［2010］は「文化（芸術）」を定義した。これに対して、「文化活動」を定義したのが静岡県［2006］で、「文化を創造し、若しくは享受し、又はこれらの活動を支える活動」（2条1項）とし、「創造」「享受」するだけでなく「支える活動」を加えた。条例制定にあたり2005年3月「静岡県文化政策推進会議」のなかに条例のワーキンググループを設置する。伊藤裕夫（静岡文化芸術大学文化政策学部教授（当時））、片山泰輔（跡見学園女子大学マネジメント学部助教授（当時））、小林真理（東京大学大学院人文社会系研究科助教授（当時））、中川幾郎（帝塚山大学法政策学部教授）らがメンバーとなっている[17]。

　それに対して、芸術文化と文化活動の両者の定義規定を置くのが、大阪市ほか9自治体あり、近時増加傾向にある。大阪市は最初のきっかけを作り、小金井市［2006］は他市のモデルとなった。明石市［2008］・逗子市［2009］・富士見市［2012］は、小金井市をほぼ踏襲する。宗像市［2009］は、古賀市の「文化芸術」の定義を踏襲し、逗子市の「文化活動」の定義から「参加」を外している。芦屋市［2009］・高砂市［2010］は奈良市の「文化」の定義を踏襲し、静岡県の「文化活動」の定義に「継承」を加える。近江八幡市［2013］・三島市［2013］は「文化」を独自に定義したうえで、静岡県の「文化活動」の定義をほぼ踏襲する。

　景観・風景についても積極的に条例の対象として意識する自治体が現われている。奈良市・芦屋市・近江八幡市が文化の定義に景観・風景を入れることを明記するほか、京都府・京都市が、それぞれ景観保全に関する措置義務規定を置く[18]。

　以上から、条例の対象領域については、文化芸術振興基本法の内容を踏襲しながらも文化芸術の定義規定を置いたり、国の振興基本法と異なる内容としたりする自治体が相当数あることが明らかとなった。なかでも、文化芸術振興基本法と異なる内容とし、かつ定義規定を置く自治体では、奈良市・静岡県・小金井市・

明石市・逗子市・芦屋市・近江八幡市等で文化政策の専門家[19]が策定に関わり、もしくは協力することで、より熟慮された規定になっている[20]。

なお、小金井市は芸術文化振興条例、芦屋市・群馬県［2011］は文化基本条例という名称を使う。しかし、その名称が必ずしも条例の法的性格を反映しているわけではない。名称・法的性格・対象領域の関係について今後整理が必要であろう。

3 文化条例の目的

三つめの目的について、文化芸術振興基本法の制定前、東京都が「都民生活の向上」（1条）を目的としたことで、「県（市）民生活の向上」が津市［1984］、富山県ほか大半の自治体で採用されていた。

ところが、2001年文化芸術振興基本法が「心豊かな国民生活及び活力ある社会の実現に寄与すること」（1条）を目的とする。すると、107のうち48自治体が「国民生活」を「県（市）民生活」に置き換え、「心豊かな県（市）民生活及び活力ある社会の実現に寄与すること」を目的とした。それでも、目黒区［2002］ほか4自治体[21]は少数ながら「文化の振興等」自体を目的とし、新宿区［2009］は「文化芸術の創造に資すること」（1条）を目的とした。

その一方で、四日市市［2002］が「文化を活かした個性豊かな地域づくり」（1条）を、富士河口湖町［2003］が「心豊かな文化の町づくり」（1条）を目的とした。それ以降、政令指定都市の川崎市［2004］、中核市の奈良市ほか14自治体[22]が文化（芸術）による「まち（地域）づくり」を目的とした。直近では宇部市［2010］・久米南町［2010］・高砂市［2010］が、まち「の創造に寄与すること」を目的としている。広島県［2006］ほか8自治体[23]は、目的そのものとしないが、文化（芸術）による「まち（地域）づくり」を目的規定に掲げる。

これらの文化条例には、後述する創造都市的政策を採用する札幌市・奈良市なども含まれており、都市文化政策が文化条例で意識され条項化されたことの表れでもある。大阪市・京都市・さいたま市は、「文化（芸術）都市の創造（創生）」を目的として掲げ、文化政策を都市政策として捉えることを明確に謳う。これらの条例は次章で改めて取り上げる。

最近では「まちづくり」だけでなく、明石市が「人づくりに寄与すること」（1条）、芦屋市が「豊かな人間性をはぐくむ人づくり」（1条）を目的とする例も

見られる。

4 文化条例における文化法の基本原則等

（1）文化法の基本原則

四つめに、文化条例を定めるからには文化法の基本原則が内容とされなければならない。

小林真理は次の4つを挙げる[24]。
　① 文化・芸術の自由の原則
　② 地域主義・地方分権の原則
　③ 文化的多様性・民主主義の原則
　④ 参加の原則

（2）文化芸術振興基本法の制定前

文化芸術振興基本法の制定前、こうした基本原則に関わるものとして、東京都が基本理念に都民の自主性、創造性の尊重（2条1項）と都の文化内容に不介入、又は不干渉の留意（2条2項）を定めた。太宰府市も行政の文化活動への不介入を規定する（前文）。文化・芸術の自由の原則をさらに発展させた例として、北海道は「一人一人がひとしく豊かな文化的環境の中で暮らす権利を有する」（前文）とし、文化権の社会権的側面を明記した。

文化権の権利の内実に関しては諸説があるものの、行政は市民が芸術文化活動をおこなうための環境整備をおこなう義務があると解すべきである[25]。日本が批准している国際人権規約第15条「文化的な生活に参加する権利」等に照らせば、自由権的側面のみならず社会権的側面が重要だからである。

数は決して多くないものの文化法の基本原則や文化権の社会権的側面を積極的に取り入れていこうという姿勢が見られるが、こうした姿勢は文化芸術振興基本法の制定によって影響を受けたのだろうか。その影響を見る前に、文化法の基本原則に関する文化芸術振興基本法の問題点を見ておきたい。

（3）文化芸術振興基本法の問題点

文化芸術振興基本法は、基本理念（2条）で文化法の基本原則を定めるが、多くの研究者によっていくつかの問題点が指摘されている。筆者の見解も一部付け

加えたうえで、それらをまとめると以下の5点に集約しうる。

　第一に、自主性の尊重、創造性の尊重（2条1項、2項）は表現の自由（憲法21条）で保障され、注意規定としての意味しか持たない。アームス・レングスの原則を明確にするためにも、行政の文化内容に不介入、又は不干渉の留意規定を置く必要がある[26]。

　第二に、文化権に関しては「文化芸術を創造し、享受することが人々の生まれながらの権利であることにかんがみ、国民がその居住する地域にかかわらず等しく、文化芸術を鑑賞し、これに参加し、又はこれを創造することができるような環境の整備が図らなければならない」（2条3項）とした。「生まれながらの権利」、すなわち自然権であることが強調され、自由権的性格はもちろん社会権的性格を有する文化権自体を新しい権利として認めない姿勢が顕著である[27]。

　第三に、「多様な文化芸術の保護及び発展」（2条5項）が文化的少数者の保護を含むのか、「多様」（2条5項）の内容が不明確である。

　第四に、「国民の意見」（2条8項）の反映といっても権利としての国民の参加がない[28]。

　第五に、「国との連携を図りつつ」（4条）「国の施策を勘案し」（35条）としながら、一方で自治体に「自主的かつ主体的に」施策の策定・実施する責務を課している（4条）。こうした論理矛盾の記述を残しながらも国が関与する余地を残している点で、地域主義・地方分権の原則に反する[29]。

（4）文化芸術振興基本法の制定後

　文化法の基本原則等について、文化芸術振興基本法のこうした問題点があるにも関わらず、文化芸術振興基本法の制定以降、107のうち73自治体がほぼ同内容の基本理念を定め、文化法の基本原則等がないがしろにされている。

　それでも、苫小牧市［2001］ほか10自治体[30]が文化内容に不介入、又は不干渉の留意規定を置く。静岡県は地域における多様な文化の共生への配慮の規定を置き（2条3項）、この規定は芦屋市でも取り入れられた。旭川市［2008］は、「アイヌの人々をはじめ、先人から受け継がれてきた文化芸術の保存、継承及び発展が図らなければならない」（2条4項）との規定を置いた。

　文化権についてまとめておくと、いくつかの自治体で社会権的側面への配慮が見られる。千代田区［2003］ほか10自治体[31]で、自然権的記述を外し「文化芸術

を創造し、享受する権利」とした。宮城県は「文化芸術を創造し、享受すること」（2条2項）を、静岡県は「文化を創造し、若しくは享受し、又はこれらの活動を支える活動」（2条1項）を、小金井市は「芸術文化活動」（3条2項）を、明石市は「文化芸術活動」（3条2項）を、近江八幡市・三島市は「文化活動」（3条1項）それぞれ「県（市）民の権利である」とした。これらを「権利」とすることで文化権の保障が「創造」「享受」等自由権的側面に留まらない可能性を示している。東大阪市［2008］はこうした規定を一歩進めて「文化芸術を享受し、文化芸術活動に参加し、及び文化芸術を創造することのできる権利が、文化的権利として確立されなければならない」とする。文化権や文化芸術振興基本法の環境整備の条項で使われた参加権を明記し、文化権の保障が社会権的側面に及ぶ可能性を示唆した。静岡県・小金井市・明石市・東大阪市[32]・近江八幡市は、いずれも文化政策の専門家が策定に関わり、もしくは協力しており、文化芸術振興基本法の影響を排し、文化権の社会権的側面を文化条例に反映させ進展させようという意図が色濃く感じられる。

5 　文化条例の文化基本計画等

　五つめに、文化基本計画等は、文化芸術振興基本法が文化条例に好影響を与えた数少ない例の一つである。文化芸術振興基本法の制定前は、文化基本計画等の策定義務を定めていたのは11のうち5自治体[33]に過ぎない。ところが、文化芸術振興基本法の制定に従い（7条）、107のうち76自治体が文化基本計画等の策定を義務付けるようになる。

　文化審議会の意見を聴いて基本方針の案を作成する（7条3項）とされたことから、多くの自治体が審議会の意見を聴くか、もしくは基本計画の策定を審議会の審議事項とする。うち約30自治体が「広く市（府県）民の意見を反映する」等の規定を置く。これに関して、久留米市が努力義務規定とする以外は、いずれの自治体も措置義務規定とする。一歩進めて、宮城県は議会の議決を必要と定めた（4条4項）。のみならず、基本計画策定に関わることを目的とした組織を設置したのが、小金井市・逗子市・富士見市である。逗子市は構成員を「市民、学識経験者、市内の文化活動を行う団体等から推薦を受けたもの等」（5条3項）と明確にした。文化基本計画策定に市民等が関わる仕組みとして評価できる。

6　文化条例の個別の施策

　六つめに、文化芸術振興基本法の制定以降、都道府県を中心に多くの文化条例が国の振興基本法に倣った個別の施策を取り入れる。とはいえ、地域の実情に合わせた独自規定をおくことも多い。たとえば、春日井市［2002］・宮城県・埼玉県［2009］のメセナ活動の促進（14、15条）[34]、広島県の文化芸術活動に関するボランティア活動の推進（9条）、小樽市［2005］のアーティストバンク（11～5条）、港区［2008］・新宿区・清須市［2010］・墨田区［2012］の文化芸術に関するネットワークの整備等、豊島区［2006］の芸術顧問の設置（7条）、大和市［2009］の多文化共生施策の推進（6条）等である。これらの条項のうち、小樽市・港区・大和市が措置義務規定となっている。

　また、文化芸術振興基本法には規定がなく、むしろ国の「文化芸術の振興に関する基本的な方針」を先取りして増加してきたのが、芸術文化と産業の融合を図る規定である。文化芸術振興基本法制定以前から、富山県が文化に関する産業振興の努力義務規定を置いていた（19条）。国の振興基本法の制定後、宮城県がこの規定を取り入れ（15条）、静岡県は類似の措置義務規定を置いた（13条）。2003年以降、大分県［2003］ほか4自治体が、文化（芸術）が観光振興、産業創出等地域の発展に寄与することに着目し「文化（芸術）による地域づくり」の努力義務規定を置き、類似の内容が国の「第2次基本方針」[35]にも取り入れられている。2005年には岡山県が地域文化と地域産業の相互連携の努力義務規定を置いた（23条）。2006年以降は、鳴門市［2006］・香川県［2007］ほか3自治体が市民の文化活動の成果や文化資源を活用した産業の振興等の努力義務規定を置き、滋賀県は措置義務規定として取り入れた（11条）。同内容が国の「第3次基本方針」[36]でも取り上げられている（表1-5）。

　このほかにも、2003年以降前文・目的等に積極的に創造都市的政策を掲げる自治体が増加し、その多くは芸術文化を他分野で領域横断的に活用する個別規定を置く。こうした創造都市的政策に言及する文化条例については次章で扱う。

7　文化条例の推進体制

（1）審議会の設置等

　最後に、文化条例の推進体制であるが、文化芸術振興基本法制定とほぼ時期を

表1-5　芸術文化を他分野に活用する規定のまとめ

条項の見出し等	自治体［制定年］	条　項　等
文化（芸術）に関する産業振興の振興等	富山県［1996］	19条、努力義務
	宮城県［2004］	15条、努力義務
	静岡県［2006］	13条、措置義務
文化（芸術）による地域づくり（地域活性化等に役割を果たすことに着目）	大分県［2003］	16条、努力義務
	宮城県［2004］	8条、努力義務
	鹿児島県［2004］	9条、努力義務
	栃木県［2008］	20条、努力義務
	埼玉県［2009］	7条1項、努力義務
iv 地域文化の振興 「地域の文化力を、地域経済や観光、教育、福祉等の分野はもとより、広くまちづくりに生かす」	国 第2次基本方針［2006］	3（1）iv
地域文化と地域産業との相互連携	岡山県［2005］	23条、努力義務
文化活動の成果、文化資源等を活用した産業の振興等	鳴門市［2006］	14条、努力義務
	香川県［2007］	16条、努力義務
	岐阜県［2008］	11条、努力義務
	神奈川県［2008］	14条、努力義務
	滋賀県［2009］	11条、措置義務
5 文化芸術の地域振興、観光・産業振興等への活用 「文化芸術資源…を発掘し、それらを活用する各地域の主体的な取組を支援するとともに、…地域振興、観光・産業振興等を図る。	国 第3次基本方針［2010］	第2、1.重点戦略5

（筆者作成）

同じくして、文部科学省設置法が文化審議会の設置を義務付けた。しかし、その前後を問わず文化条例は8割が審議会の設置を義務付けているので、審議会の設置に関しては文部科学省設置法が文化条例に特段の影響を与えたとはいえない。

　審議会の設置自体より重要なことは、文化基本計画の策定への関与（3.5参照）や文化基本計画・事業の評価に、行政だけでなくいかに専門家や住民の意見を取り入れていくかである。審議会では優れた意見がでたとしても必ずしも反映され

る保障がない。議論の時間が限られ、結果として事務局の意見の追認に終わることも多い。市民等の意見を反映する仕組みづくりが求められている[37]。この点、札幌市は市民、芸術家等と市との意見交換の仕組みの整備を規定する（10条）。

　また、文化基本計画等の評価の仕組みに関して、いくつかの注目すべき取り組みがある。

　川崎市は、振興計画にもとづく事業の成果又は経過について川崎市文化芸術振興会議の評価を受けなければならないという文化アセスメントの規定を置く（8条）。久留米市（15条3項）、静岡県（14条2項）も同様の規定を置く。小金井市は推進機関を設置し、基本計画の評価及び見直し等を行う（9条）。逗子市は基本計画の調査、評価組織を設置する（7条）。国分寺市［2007］は文化振興に関する施策の立案、実施及び評価にあたり市民の意見を反映させる措置義務規定を置いた（8条5項）。文化政策の専門家等の協力はなく、文化振興計画によって設置された文化振興市民会議が条例制定に関わったことがきっかけになった[38]。

　なお、東京都は2006年度改正により2007年に東京芸術文化評議会を設置する（17条）。文化予算の配分を行政でなく第三者機関に委ねるアーツカウンシルを想起させる。実際、吉本光宏（ニッセイ基礎研究所芸術文化プロジェクト室長）を始めとした芸術文化の専門家が集められ、アーツカウンシルを意識した文化都市政策検討部会が作られた。しかし、評議会そのものは年2回程度しか開かれず[39]、実態は審議会となんら変わらなかった。ところが、2012年度に評議会とは別に公益財団法人東京都歴史文化財団に「アーツカウンシル東京」が設置され、2015年度には「東京文化発信プロジェクト室」とともに事業を再編し、「アーツカウンシル東京」として組織統合された[40]。実行力・実働性のある組織となるかが注目される。

（2）財政上の措置

　文化芸術振興基本法の制定前は、熊本県・富山県が財政上の措置に関する努力義務規定を置き、北海道が基金の設置を規定する。しかし、その他の10自治体は財政上の措置に関する規定がない。

　文化芸術振興基本法には財政上の措置に関する規定がない。にもかかわらず、文化芸術振興基本法の制定後47自治体が努力義務規定であるものの財政上の措置に関する規定を置く。さらに、鳥取県［2003］を含む7自治体[41]は措置義務規定

を置く。うち鳥取県・さいたま市を除く4自治体は、文化条例に芸術文化振興等のための基金の活用等を謳い、もしくは基金の設置条例をおくことで、実際に基金が活用され措置義務規定の実効性が担保されている[42]。

財政上の措置の措置義務規定は、継続したい施策等が明確にあれば、文化担当課が財政当局を、また市民が行政を説得する武器となりうる[43]。文化条例が財政の前に沈黙しているとも言われるが[44]、財政上の措置に関する措置義務規定があれば、継続したい施策があるか、使いこなす努力をしているかが問われているのではないだろうか。

8　小　括

ここまで文化条例を個別の項目ごとに比較考察を行ってきたが、まとめておきたい。

文化芸術振興基本法の制定前は法律がなかったこともあり、各自治体が相互に影響しあいながら文化条例の構造や内容を独自に発展させていった。特に、文化内容の不介入、又は不干渉を定める文化法の基本原則や文化権の社会権的側面を積極的に取り入れていこうという姿勢が見られた。

ところが、これまでの考察から個々の項目について文化芸術振興基本法をほぼ踏襲したと考えられる文化条例の数をまとめると、以下のようになる（表1-6）。文化芸術振興基本法の制定が、名称、対象領域・定義、目的、文化法の基本原則などの点で文化条例の内容等に影響を与えている。本来条例は自治体の政策的自立を目的とする。にもかかわらず、自治体が無自覚に国に追随する状況すら見てとれる。しかも、好影響を与えた基本計画の策定義務の点はともかく、

表1-6　文化芸術振興基本法をほぼ踏襲したと考えられる文化条例

項目	自治体数
名称	59／107自治体
対象領域・定義	52／107自治体
目的	48／107自治体
文化法の基本原則等	73／107自治体
基本計画等の策定義務	76／107自治体

※各項目の自治体の内訳については巻末資料参照。　　　（筆者作成）

表1-7 文化芸術振興基本法の制定後独自の工夫をする文化条例数（個）

制定年度		条例制定数	対象領域、定義	基本原則	推進体制	計
2001	H13	1		1		1
2002	H14	5				
2003	H15	7	1	1	2	4
2004	H16	12	2	1	2	4
2005	H17	21	7	5	2	12
2006	H18	10	4	4	3	6
2007	H19	10	2	1	1	4
2008	H20	9	2	5	2	6
2009	H21	13	4	3	1	4
2010	H22	5	2		1	3
2011	H23	3	1		2	2
2012	H24	5	2		2	3
2013	H25	3	1	1		1
2014	H26	3	1	1	1	2
計		107	29	23	19	52

※出雲市・小豆島町が2条例を有することから、計107条例となっている。 （筆者作成）

文化法の基本原則等が骨抜きのまま模倣されるなど弊害が大きい。

　文化芸術振興基本法をそのまま引き写したともいうべき条例も見られるが、実際はどうなのか。名称、対象領域・定義、目的、文化法の基本原則等、基本計画の策定義務の5項目全て影響を受けた条例を数えると、実際は16自治体[45]にとどまる。裏を返せば、表1-7が示すとおり文化芸術振興基本法を引き写しせず、定義等、文化法の基本原則、推進体制のうち少なくとも一つ以上は独自の工夫をする文化条例の割合が増加傾向にある。2005年度以降で見れば半数弱を占めていることが明らかとなった。特に文化政策の専門家が条例策定に参加・協力することで、定義、文化権、基本計画の策定や評価の仕組み等の点で、自治体が無自覚に国に追随する状況に歯止めをかけ、時に進歩的な影響を与えている。

　その一方で、これまで見てきたとおり、大阪市［2003］・大阪府［2004］、京都府［2005］・京都市［2006］が前文や目的に積極的に創造都市的政策を掲げる（3.3参照）。また、芸術文化を他分野に活用する規定を置く文化条例が増えている

（3.6参照）。こうした創造都市的政策に言及する文化条例については次章で考察を行う。

1　小林真理「制作基礎知識シリーズVol.15　文化政策に関する法律知識（2）文化振興条例について」地域創造レター83号（地域創造、2002年）。
2　藤野一夫「日本の芸術文化政策と法整備の課題—文化権の生成をめぐる日独比較をふまえて」国際文化学研究：神戸大学国際文化学部紀要18号（2002年）89-90頁。
3　これ以外の先行研究としては、小林、藤野と異なり文化権の社会権的側面を消極的に解する根木昭（『文化政策の法的基盤—文化芸術振興基本法と文化振興条例』（水曜社、2003年）164-7頁）の研究がある。
4　中川幾郎「分権時代の自治体文化政策①—その基本的視点」地方自治判例研究会編『判例地方自治』319号（2009年）118-121頁；「アートマネジメント基礎講座　地域につながる劇場でのアートマネジメント」（愛知芸術文化センター、2012年）1-16頁 available at http://www.aac.pref.aichi.jp/bunjyo/jishyu/2011/11am/11management1.pdf（2016年7月1日最終確認）。
5　苫小牧市民文化芸術振興条例・四日市市文化振興条例・宮城県文化芸術振興条例・埼玉県文化振興条例・島根県文化芸術振興条例等は、議員立法で制定されている。うち苫小牧市・四日市・宮城県は、田中孝男（九州大学大学院法学研究院教授）が開設する『自治体法務（ホーム）パーク』（「7-4-3　資料法令・条例コーナー（自治体文化政策＆アーツマネジメント法）」（2014年 a）available at http://www1.ocn.ne.jp/~houmu-tt/index.html（2014年3月1日最終確認）））のWebページを参考にした。埼玉県・島根県は各自治体のWebページで筆者が確認した。
6　原田尚彦『行政法要論（全訂第七版補訂二版）』（学陽書房、2012年）85頁。
7　なお、原田は社会留保説が台頭していると紹介するが、原田自身の立場とは異なる。
8　中川幾郎『分権時代の自治体文化政策—ハコモノづくりから総合政策評価に向けて』（勁草書房、2001年）24頁。
9　文化庁長官官房政策課（『地方における文化行政の状況について』（2014年）15-17頁）の調べによる。117自治体のうち2006年公布の「二戸市宝を生かしたまちづくり条例」は、「自然、歴史、文化及び人物」を宝としてまちづくりに生かしていく趣旨で制定された。自治体の文化政策全般を規定するとはいえないことから考察の対象から外した。なお、76市区町村のうち、区は東京都特別区を指す。
10　2014年10月1日現在の政令指定都市を除く市区町村数（1727）から中核市数（43）を引いて、中核市未満の市区町村数を算出した。市区町村数は「e-stat（政府統計の総合窓口）」（統計センター「e-stat（政府統計の総合窓口）」（2016年）available at http://www.e-stat.go.jp/SG1/hyoujin/initMunicipalityCount.do（2016年7月1日最終確認））で確認し、中核市数は「中核市指定状況の変遷」（総務省「政策＞地方行財政＞中核市・特例市＞中核市指定状況の変遷」（2016年）available at http://www.sou-

mu.go.jp/main_content/000019090.pdf（2016年 7 月 1 日最終確認））で確認した。
11　本研究で紹介する文化条例の内容は、各自治体の Web ページで確認した。アドレス等は紙幅の関係で省略する。
12　矢吹町文化・スポーツ振興条例は、文化振興条例という名称を使用する自治体として数えた。
13　文化芸術振興基本法の制定後内容が大幅に変更された出雲市の 2 条例と、小豆島町の 2 条例をそれぞれ考察の対象とするので、制定前を計13自治体、制定後が計107自治体として数える。
14　中川幾郎、前掲書（2001年）18-19頁。
15　文化財はすでに文化財保護条例で別途定められことが多い。その他、振興条例の対象としては、教育、スポーツ等が考えられる。
16　本章の文化条例の表記について、原則として名称を省略し自治体名［公布年度］を記すこととする。なお、再掲の場合は公布年度が説明に必要な場合を除いて省略した（表は除く）。
17　当時の静岡県文化政策推進会議の専門部会の委員構成は Web ページ等で公開されておらず、2011年12月26日静岡県文化・観光部文化学術局文化政策課から名簿を取り寄せた。
18　京都府が歴史的又は文化的な景観の保全等（12条）、京都市が景観を保全し、及び再生するための施策（17条）に関してそれぞれ措置義務規定を置く。
19　文化支援、文化と社会、文化と行政等をテーマに経済学・法学・経営学・建築学・社会学等学際的なアプローチで近時文化政策分野の研究が進められており、2006年日本文化政策学会が設立された。そうした学会等に集い、文化政策に関する知見を有する研究者を想定している。
20　中川は奈良市では検討委員会の座長を務め（奈良市市民活動部文化振興課「奈良市文化芸術振興条例（仮称）検討委員会について」（2005年；2006年）available at http://www.city.nara.lg.jp/www/contents/1147845832716/index.html（2016年 7 月 1 日最終確認））、芦屋市ではそれぞれ条例原案策定委員会の委員長を務めた（芦屋市総務部行政経営課「第 1 回芦屋市文化振興審議会会議録」（2009年）available at http://www.city.ashiya.lg.jp/gakushuu/fuzokukikan/documents/syougaigakusyu_bunka_genan_h21_1.pdf（2016年 7 月 1 日最終確認））。小林は小金井市で事務局運営に協力し、その経過は「テアトロンK」の Web ページで小金井プロジェクト（小金井市芸術文化振興条例と計画の策定）として紹介されている（東京大学大学院人文社会系研究科文化資源学研究室「テアトロンK」（2016年）available at http://www.l.u-tokyo.ac.jp/CR-Mari/greet.html（2016年 7 月 1 日最終確認））。また、小林は逗子市では検討委員を務めた（逗子市市民協働課「平成21年第 2 回まちづくりトーク　会議録」（2009年）available at http://www.city.zushi.kanagawa.jp/global-image/units/45203/1-20121211140353.pdf（2016年 7 月 1 日最終確認））。藤野一夫（神戸大学国際

文化学部教授)は明石市で事務局をサポートした(明石市文化芸術部文化振興課「第1回明石市文化芸術振興基本条例検討委員会会議録」(2007年) available at http://www.city.akashi.hyogo.jp/bungei/b_shinkou_ka/documents/kaigiroku190809.pdf (2012年10月1日最終確認))。

　なお、高砂市については芦屋市をほぼ踏襲していることから、企画総務部経営企画室に2012年10月19日電話で問い合わせた。「県内の芦屋市、明石市を参考にしながら、担当課が中心となって文化団体等聞き取りを行いながら策定した。文化条例策定委員会などは設置していない」という。文化政策の専門家が参加・協力することはなかったが、芦屋市、明石市を参考にしたことで、定義・対象領域については専門家の間接的な影響を受ける結果となっている。

21　立川市［2004］・泉大津市［2006］・小金井市・西東京市［2009］。
22　丸亀市［2004］・日田市［2005］・久留米市［2005］・吹田市［2005］・札幌市［2006］・門真市［2006］・奈良市・品川区［2007］・都留市［2007］・長野市［2009］・宗像市［2009］・朝倉市［2009］・芦屋市・筑紫野市［2009］。
23　立川市［2004］・出雲市［2005］・鳴門市［2006］・神奈川県［2008］・宇部市［2010］・小豆島町［2010］・久米南町［2010］・高砂市［2010］。
24　小林真理『文化権の確立に向けて—文化振興法の国際比較と日本の現実』(勁草書房、2004年)19-20頁。
25　中川、前掲書(2001年)26-27頁；小林、前掲書(2004年)43-51頁。
26　この点、根木昭は自主性の尊重(2条1項)について「内容不関与の原則が措定されているのはいうまでもない」(根木、前掲書(2003年)74-77頁)とする。これに対しては、中川幾郎が「『支援はすれども干渉せず』というアームス・レングスの原則が謳われなかった」(中川、「世界人権宣言と文化権」(部落解放・人権研究所、2008年) available at http://blhrri.org/info/koza/koza_0164.htm (2016年7月1日最終確認))と指摘するほか、田中(「7-1-1　自治体文化政策＆アーツ・マネジメント法の体系(試論)(第1.12版)」自治体法務(ホーム)パーク(2014年b) available at http://www1.ocn.ne.jp/~houmu-tt/index.html (2014年3月1日最終確認))も筆者と同様の立場をとる。
27　藤野一夫も「文化の権利を人々の生まれながらの権利である『自然権』の観点から補足しているが、21世紀の人権理解としてはまったく不完全である」(藤野［2002年］74-5頁)と同様の指摘をする。
28　田中、前掲Webページ(2014年b)。
29　藤野、前掲論文(2002年)75-76頁；松下圭一「市民文化と自治体文化戦略—文化の座標軸と都市型社会」(公人の友社、2003年)17-8頁；中川、前掲Webページ(2008年b)。
30　足立区［2005］・小樽市［2006］・飯塚市［2006］・静岡県・小金井市・奈良市・松坂市・明石市・逗子市・芦屋市。

31　足立区・板橋区［2005］・函館市［2005］・豊島区［2005］・奈良市・古賀市・昭島市［2008］・旭川市［2008］・逗子市・朝倉市。
32　東大阪市では、市民文化協議会が条例策定に関わり中川がその会長を務めた。Webページでは会議録等の発言者が会長名も含め匿名とされていることから、2012年3月5日東大阪市人権文化部文化国際課に電話で確認した。
33　秋田市［1982］・津市・熊本県［1988］・北海道・富山県。
34　文化芸術振興基本法でも民間の支援活動の活性化等（15条）の規定が置かれたが、春日井市等は条項にメセナ活動を明記した点で独自性を認めることができる。
35　文化庁『文化芸術の振興に関する基本的な方針（平成十九年二月九日閣議決定）』（2007年）8-9頁。
36　文化庁『文化芸術の振興に関する基本的な方針（平成二三年二月八日閣議決定）』（2011年）7-8頁。
37　滋賀県が都道府県で初めて公募県民を審議会の委員とした（17条2項）点が注目される。
38　国分寺フィルハーモニー管弦楽団団長（当時）でもあった国分寺市文化振興市民会議会長木村智行（当時）に、2011年12月27日電話で問い合わせた。
39　東京都生活文化局文化振興部「文化振興／過去の評議会について／評議会・検討会等ほか」（2016年）available at http://http://www.seikatubunka.metro.tokyo.jp/bunka/hyougikai/0000000753.html（2016年7月1日最終確認）。
40　東京都歴史文化財団アーツカウンシル東京「沿革」ARTS　COUNCIL TOKYO（2016年）available at https://www.artscouncil-tokyo.jp/ja/who-we-are/history/（2016年7月1日最終確認）。
41　鳥取県のほか大分県・宮城県・世田谷区［2005］・久留米市・旭川市・さいたま市が措置義務規定を置く。
42　宮城県は文化条例で既に設置された基金の有効活用を謳う。大分県・世田谷区・旭川市は文化条例にこうした記載はないが、1979年に大分県芸術文化基金条例、1994年に世田谷区文化振興基金条例、2010年に旭川市文化芸術振興基金条例を、それぞれ別途制定している（大分県総務部法務室「大分県芸術文化基金条例」『大分県法規集』（2016年）available at http://www1.g-reiki.net/ pref_oita/reiki.html（2016年7月1日最終確認）；世田谷区総務部区政情報課法規係「世田谷区文化振興基金条例」『世田谷区例規類集』（2016年）available at http://www.city.setagaya.lg.jp/static2/houki/d1w_reiki/reiki.html（2016年7月1日最終確認）；旭川市「旭川市文化芸術振興基金条例」『旭川市例規類集』（2016年）available at http://www.city.asahikawa.hokkaido.jp/files/soumu_soumu/d1w_reiki/reiki.html（2016年7月1日最終確認））。
　　一方、鳥取県は「知事が提案した内容から、『基金の設置』という財源措置の部分を議会が修正・削除して成立した」（田中「第5回　自治体文化政策の法体系構築—文化政策に関する基本条例のベンチマーキング」自治体法務ナビ4号（2005年）33頁）。ま

た、さいたま市も財政上の措置の条項に基金の設置を謳い、併せてさいたま市文化芸術都市創造基金条例を制定しようとした。しかし、「具体的な計画もないのになぜ基金が必要なのか」等議会の理解が得られず、基金の設置を条項から削除し、基金条例について継続審議となる（さいたま市（市民・スポーツ文化局スポーツ文化部）文化振興課「(仮称)さいたま市文化都市創造条例制定検討討委員会」(2010年 b) 第 1 ～ 3 回議事録；資料）。結局、財政上の措置義務規定のみが残り、2011年12月議会で可決した（9 条）。基金の設置について議会の理解を得るのが容易でない現実もある。

43 基金の設置は制定過程の議論で削除されたが、制定後、財政上の措置義務規定を根拠に基金の設置に向け継続して検討を進めているという。2015年 2 月20日さいたま市文化振興課からメールで回答を得た。財政上の措置に関する措置義務規定が、文化施策等の予算措置の後押しとなることを示唆している。

44 日本文化政策学会第 5 回研究大会で、座長直田春夫が重点テーマ ④「文化政策と分権化―政策の主軸はどこに」で「文化条例は財政難の前に沈黙しているという現実がある」と問題提起している（直田春夫「重点テーマ④文化政策と分権化―政策の主軸はどこに？」日本文化政策学会第 5 回研究大会研究発表募集要項（2011年））。

45 牛久市［2002］・松本市［2003］・宮城県・つくば市［2004］・三笠市［2004］・鹿児島県・八幡市・利府町［2005］・小山市［2005］・泉大津市・山口県［2007］・和歌山県［2008］・埼玉県［2009］・大和市・常総市［2012］・厚木市［2012］。

第2章 創造都市的政策に言及する文化条例の考察

1 本章の目的

　前章の最後に、創造都市的政策に言及する文化条例が増加しつつあることを指摘した。本章では、文化条例のうち創造都市的政策に言及すると考えられる文化条例を二類型に分類したうえで、法と現実との齟齬について整理し、意義・問題点等を明らかにしていきたい。

　これまで文化条例は市民の文化権保障に直接関わる市民文化政策に比重が置かれてきた。もちろん、文化的まちづくりという視点で都市空間や都市景観の整備の条項が置かれる場合もあった[1]。しかし、1980年代後半から1990年代初期のバブル経済により、多くの自治体が文化施設建設や大型イベントに追随し、都市文化政策を十分に展開してこなかった[2]。それゆえ、都市文化政策が文化条例に反映されることも少なかったのである。

　ところが、中川幾郎が「現代の自治体文化政策は、地方自治における二つのカテゴリーである市民自治、団体自治に対応して、市民文化政策と都市文化政策の二つの主要な柱とする」[3]と指摘するように、文化条例も本来二つの柱を持つことが求められるはずである。実際最近になり都市文化政策、なかでも創造都市的政策に言及する文化条例が増えつつある。

　そこで、創造都市的政策に言及している文化条例を考察し、クリエイティブ（創造）型とシティ（都市）型に二分類できること、文化条例と文化基本計画・事業が齟齬をきたす場合があることを指摘する。そのうえで、これまで考察の対象として意識されることが少なかった文化条例の都市文化政策の側面について新たな意義を明らかにする。その際、住民自治に対する配慮を欠いていないか、都市文化政策を積極的に採用することで市民文化政策や文化権保障を軽視することはないかなどの問題点の検証も行いたい。

　最後に、文化芸術振興基本法以降策定された文化条例の新しい潮流の特徴を踏

まえ、文化条例のあるべき枠組みを提示する。

2 クリエイティブ(創造)型とシティ(都市)型

佐々木雅幸[4]らは、創造都市に求められる文化政策として次の4点を挙げる。

① 文化政策を都市政策の中心に位置づけ、都市固有の文化伝統や歴史的文脈を現代的視点から読みとき再編集して独自の文化政策を確立すること、
② 現代アートの持つ創造性を重視し、時には伝統と先端の「衝突」を起こして、絶えず文化を革新していくこと、
③ 文化政策、産業政策、都市空間形成政策の融合を重視すること、
④ 芸術評議会制度の導入[5]。

創造都市的政策は多義的に使われることから、文化条例のうち名称や前文・条項等文言を勘案し、創造都市的政策に言及していると考えられる条例について、上記の条件を参考に②、③を重視するクリエイティブ（創造）型と①を重視するシティ（都市）型に分類することとした。

3 クリエイティブ(創造)型

クリエイティブ型とは、芸術文化の創造性を領域横断的に政策に活用しようという姿勢が見られる文化条例をいう。その多くは産業政策との融合を重視するが、後述するように香川県は現代アートの創造性を重視した地域活性化に力点を置く[6]。

1 大阪府文化振興条例[7]

大阪府は「まちを魅力的でにぎわいのあるものとするために、新たな文化や産業が次々と生まれるような創造的活動が活発に行われる土壌づくりを行う」（前文）とし、「映像に係る産業、音楽に係る産業、放送業、出版業その他文化の創造等に資する産業との連携により文化の振興に努めるものとする」（23条）との規定を置く。文化の創造性に着目したうえで、産業振興に結びつける視点を有す

る。
　文化基本計画を見ると、以下のことが確認できる。

① 　太田房江元知事のもと作成された「おおさか文化プラン（第1次大阪府文化振興計画）」[8]では、文化創造等に資する産業との連携等の項目が設けられ、デジタルコンテンツ産業振興事業等が取り組まれていた。
② 　橋下徹・松井一郎府政のもとで作成された「大阪文化振興新戦略（第2次大阪府文化振興計画）」[9]「第3次大阪府文化振興計画」[10]では、目標として「文化自由都市」が掲げられ、4つの理念の一つに「アーティストが集う都市」を掲げる。ところが、こうした理念のもと、「大阪の街をつかいこなす」「エンターテインメントによる都市の活性化」等施策の方向性を打ち出して、水都大阪・大阪バカンス推進事業などを実施し、ややエンターテインメントの色合いが濃くなっている。それに対して、「府民の思いを都市づくりに活かす」「あらゆる施策に文化力の活用」という施策では、江之子島文化芸術創造センター（enoco）のネットワークを活用したプラットフォーム機能の充実、アートを活かした障害者の就労支援に関する取り組みなど、市民文化政策を意識した地道な取り組みも見られる（表1-8）。

　橋下・松井府政のもとでは、文化と産業との連携の視点よりも、文化力を産業以外のあらゆる施策に活用することが謳われている。とはいっても、産業発展型の文化政策が記載された文化条例が、エンターテインメントに重きを置きつつも現時点では文化基本計画や実際の事業等に反映されている。また、市民文化政策を意識した取り組みもないわけではない。
　その一方で、文化の創造等に資する産業との連携（23条）、障害者等の文化活動の充実（18条）の条項はいずれも努力義務規定であるし、「府民の思いを都市づくりに活かす」施策が計画等で掲げられているものの、それを根拠付ける条項は現時点ではみられない。したがって、今後もこうした事業が継続される保証はない。また、国際児童文学館の閉館[11]・センチュリー交響楽団の補助金廃止[12]など、文化を自由競争原理の土俵にあげ、採算や効率性で切り捨てようとする姿勢も見え、文化条例に記載がない文化権の社会権的側面の軽視の傾向が見受けられる。

表1-8 第3次大阪府文化振興計画の全体の概要

目指す将来像	「文化自由都市、大阪」		
理念	「社会を支える文化」「都市全体に開かれた文化」「未来へ伝え育む文化」「アーティストが集う都市」		
施策の方向	A「文化創造の基盤づくり」	B「都市魅力の向上」	C「人と地域のエンパワーメント」
	①大阪の街を使いこなす	④地域資源を活かした大阪の魅力向上	⑦あらゆる施策に文化力を活用
	②府民の思いを都市づくりに活かす	⑤大阪固有の文化の継承、新たな文化の創造	⑧未来を担う次世代の育成
	③府民の力で文化を育てる	⑥エンターテインメントによる都市の活性化	⑨文化振興への府民意識の醸成
推進に向けて	○民間の力を最大限に活かし、府民の自主性、創造性が発揮され、文化活動が活発に行われるようサポート ○大阪市の事業との融合・統合・連携を図り、さらなるパワーアップ ○複数の市町村にまたがる施策や広域的な文化振興に関する施策は広域自治体が中心	○アーツカウンシルで、広く深い知見を有する専門家が評価、企画、調査を行い、大阪にふさわしい文化施策を展開 ○実態や経験等による具体的な指標のほか、施策が府民や社会に与える様々なインパクトについて評価	

(『第3次大阪府文化振興計画』の1(3)計画の構成(全体概要)をもとに筆者作成)

なお、大阪府市再編の議論の中で、2013年4月1日文化条例が改正され、大阪府文化振興会議に替え、大阪府市文化振興会議が設置された(7条)。この会議の専門部会として大阪アーツカウンシルが設立されることは、4.1大阪市芸術文化振興条例で詳述する。

2 京都府文化力による京都活性化条例

京都府は前文で「これまで培われてきた文化を新たな価値の創造のために活用することができる環境の整備等を通じて、文化力の向上を図り、京都の多様な文化を生かす創造活動が活発に行われる社会を実現していくことが緊要な課題となっている」とし、また文化力による京都の活性化の推進は「知的資産を活用した活動が活発に行われるよう環境を整備」(1条4項)や「基礎的な学問、研究等の振興」(1条5項)を配慮するとし、芸術文化を領域横断的に活用する視点

を基本理念に謳う（1条）。地域における文化の振興等（13条）、知的資産の活用（16条）、文化的創作物による活性化（17条）、文化資源の観光資源としての活用（18条）などの措置義務規定を置く。特に、13条では「文化活動を行う者と文化活動を支援する者、観光、教育、福祉その他の分野における活動を行う者等との相互交流の機会の提供その他必要な施策を実施する」（13条2項）とする。ここでは、文化力や文化の創造性その領域横断的な活用が重視されていることが伺える。

文化基本計画に関しては、2006年に京都府文化力による京都活性化推進条例に基づく基本方針「21世紀京都の文化力創造ビジョン」[13]が、2012年にその改定版「京都こころの文化・未来創造ビジョン」[14]が策定された。それらにもとづき、文化をテーマとした起業コンペティション「京都・文化ベンチャーコンペティション」（2007年～）や、若手作家等が自由に販売できる「京都アートフリーマーケット」（2005年～）を開催している。

改定前の文化基本計画は、文化条例の個別条項に結びつけて作られていた。その点が引き継がれなかったことが惜しまれる。それでも、文化条例が文化基本計画や実際の事業に反映されており、しかも文化条例の個別施策はいずれも措置義務規定であるから、今後も個別施策の具現化が期待できる。

3　札幌市文化芸術振興条例

札幌市は「文化芸術を地域の産業としてはぐくみ」（前文）とし、「文化芸術が地域の産業として育成されること」（7条1項6号）について「環境の整備を図るために必要な措置を講じるものとする」（7条）。文化芸術自体を地域の産業とする点に特色がある。「札幌市文化芸術基本計画」[15]を見ると、「花開く創造都市政策の実現」を明確に謳う。そのほか、企画部門主導で創造都市さっぽろ推進会議を設置し、「『創造都市さっぽろ』への提言～創造性と暮らす街、さっぽろ～」を作成するなど創造都市政策を推進している。そうした政策を推進するプロジェクトとして2014年に札幌国際芸術祭を開催した[16]。

文化基本計画や実際の事業が文化条例よりも進んだ取り組みをしている。しかし、首長が交替しても政策を継続していくため、芸術祭の開催など実際の事業を反映した個別施策を、文化条例の条項に明文化し、できれば措置義務規定とし、創造都市政策をより明記することが求められよう。住民の草の根の支持を得るこ

とはもちろんである。

4 奈良市文化振興条例

奈良市は「文化は創造力の源泉であり、様々な分野の活力を促し、まちを豊かにする。～それを、人づくり、まちづくりに生かすことによって、古都奈良を生き生きとしたまちに 蘇(よみがえ) らせることができるのではないだろうか」（前文）とし、基本方針に「文化の振興と経済との連携」（7条2項）を掲げる。文化の創造力を領域横断的に活用する姿勢が見て取れる。しかし、実際の「奈良市文化振興基本計画」では歴史文化と産業との結合、いわば観光振興にとどまる[17]。前文・基本方針等に創造都市的政策が抽象的に記されていることもあり、文化条例が文化基本計画等に反映されていない。

ただ、文化の他分野への活用以外に、定義規定を置いたり、文化法の基本原則を定めたり独自性を有していることから、改めて第3章で望ましい制定手法を検討する際に、奈良市を取り上げたい。

5 文化芸術の振興による心豊かで活力あふれる香川づくり条例

香川県は前文で「文化芸術を創造し、活用し」「地域社会の活性化にもつながる」「こうした文化芸術の持つ力を認識した上で、香川を創造することを目指」すと記載する。個別施策で、現代美術、映像等振興（8条）、アーティスト・イン・レジデンスの推進等（14条）と努力義務規定を置く。これまでの実績を踏まえた現代美術を重視する姿勢が顕著である。

一方で、2008年から2012年までの5年間を定めた「香川県文化芸術振興計画」[18]は、文化条例の個別の施策が意識された整理がされているものの、アーティスト・イン・レジデンス事業、瀬戸内国際芸術祭開催事業等既存の事業を書き並べたようにしか見えなかった。ところが、2013年から2017年までの5年間を定めた「香川県文化芸術振興計画」[19]では、たとえば、アーティスト・イン・レジデンスで、招致後の芸術家の活動状況に加えて、地元参加者の意識という項目が新たに設けられ、その目標が作られたり、芸術祭を活用した観光産業の振興や持続的な地域活性化が明記されたり、やや改善が見られる[20]。文化条例が文化基本計画や実際の事業等に一応反映されている。とはいえ、文化条例の個別施策が

努力義務規定であることから、これらの事業の継続の保障は十分でない。

4 シティ(都市)型

シティ型とは、前文・目的等で文化都市創造を宣言的に謳い、文化政策を都市政策としても捉えることを明確にする文化条例をいう。

1 大阪市芸術文化振興条例

大阪市は前文で「国際化がますます進展し、都市と都市とがその魅力を競い合う時代において、長期的な視点に立って芸術文化を振興することにより、芸術文化の薫り高い、心豊かでいきいきとした活力に満ちた、都市として魅力あふれる『芸術文化都市』を創造することが、これからの大阪に強く求められている」とし、「『芸術文化都市』の創造を目指すことを決意」している。そして「芸術文化都市の創造に寄与することを目的」（1条）として掲げる。個別の施策で芸術家及びアートマネージャー等育成など必要な措置を講ずる（8条）と措置義務規定を置く。前文・目的で文化政策を都市政策と捉えることを明確にし、芸術家育成等に重きを置いている。前文、目的等に積極的に創造都市的政策を掲げる最初のきっかけとなった文化条例である。また、「芸術文化」と「芸術活動」の両者の定義規定をおいた。国の基本法に追随して「文化芸術」とせず、「芸術文化」とした点でも画期的である。

2003年度に公布された本条例のもと、關淳一元市長は2006年頃から経営企画室主導で創造都市づくりを進める。ところが、在任中の2007年7月新世界アーツパーク事業[21]を終了させ[22]、当初から創造都市政策は失速してしまう[23]。条項の一部に創造都市的政策を記すにとどまっていたし、審議会の設置や財政的措置などの規定がなく、政策を継続させる推進体制も不十分だった。くわえて、「あまり公表されない形で審議会の組織により答申を経て提案された」[24]ことから、文化条例が市民に認知や支持されることもなかったのではないか。文化条例が創造都市的政策後退の歯止めとなることはなかった。創造都市的政策は政策中枢部門や首長のトップダウンで行われることも多く、市民の支持がなければ容易に政策が転換されてしまう。大阪市もその一例である。

2011年橋下徹が市長に就任すると、大阪府知事時代と同様に、2014年大阪市音

楽楽団の直営廃止[25]、文楽協会への補助金廃止[26]など文化を採算や効率性で切り捨てようとする姿勢を強めた。その一方で、2013年大阪府市文化振興会議（3.1参照）の専門部会として大阪アーツカウンシルを設立する。助成よりも大阪府市の文化事業の評価を担うことに主眼が置かれている点が、アーツカウンシルとしては異例である。「文化行政の評価は専門家に」との橋下の思惑が反映したとも言われる。彼の思惑はともかく、それ以前から大阪では、市民主導でのアーツカウンシル実現に向けた取り組みや、「ぶれない文化行政」への文化政策研究者の願いがある[27]。市民・現場、研究者、アーツカウンシル、行政等が連携した今後の運用・改革に期待したい。

2　京都文化芸術都市創生条例

京都市は「文化芸術都市の創生に積極的に取り組むことを決意し」（前文）、「文化芸術都市の創生」を目的とする（1条）。また、基本理念で「文化芸術に関する活動と学術研究又は産業に関する活動との連携を促進」を謳う（3条5項）。そのほか、新たな文化芸術の創造に資するための施策（12条）のほか、文化芸術と産業政策、もしくは学術研究の融合を図る措置義務規定を置く（19、20条）。

これまで同市は京都芸術センター（元明倫小学校）を拠点とした若手アーティストの制作・練習の場の提供、アーティスト・イン・レジデンスや文化ボランティア制度等施策を実施してきた。文化条例が反映された既存の施策に加え、いずれも京都府同様に文化条例の個別施策が措置義務規定となっており、今後も措置義務の具現化が期待できる。その詳細は第4章で改めて取り上げたい。

3　さいたま市文化芸術都市創造条例

さいたま市は前文で「文化芸術の持つ伝統と新しい文化芸術の持つ創造性により、本市の経済や教育、都市計画等の様々な分野に影響を与え、地域の活性化を図り、新たな都市としての魅力を高め、文化芸術都市としてのさいたま市を創造することが必要である」とし、文化芸術都市（2条2項）を定義する。文化芸術の創造性に着目し、文化芸術を領域横断的に活用し、文化政策を都市政策の中心に置くという創造都市的政策を明確に謳う。

これまで実績がないにも関わらず、創造都市的政策を明確に謳う文化条例を制定したのは、2009年5月の市長選挙で清水勇人候補が文化芸術都市創造条例の制

定をマニフェストに記し、当選したことによる。この条例の制定をきっかけに施策をこれから具体化していこうとする[28]。なお、条例制定委員会の委員長を務めたのは加藤種男（アサヒビール芸術文化財団事務局長）である。

さいたま市についても、都市政策の視点に加え、定義規定、推進体制という三つの独自性を有していることから、次章の文化条例の望ましい制定手法の検討で改めて取り上げたい。

5　創造都市的政策に言及する文化条例の意義、問題点

1　意　義

ここまでで、創造都市的政策に言及する文化条例を紹介し、二類型に分類できること、文化条例と文化基本計画・事業が齟齬をきたす場合もあることを明らかにしてきた。文化条例と文化基本計画・事業の関係、特徴、文化条例から見た創造都市的政策の継続性をまとめたのが表1-9であり、以下で説明を行う。

表1-9　文化条例と文化基本計画・事業等の関係等まとめ

	文化条例と文化基本計画・事業の関係	特　徴	条例から見た創造都市政策の継続性
大阪市、奈良市	文化条例＞文化基本計画・事業	抽象的、あるいは条項の一部に創造都市政策を記すにとどまる	無
さいたま市		前文に創造都市政策の採用を明記	有
京都府、京都市	文化条例＝文化基本計画・事業	個別の施策（継続させたい施策）が措置義務規定	有
香川県、大阪府		個別の施策（継続させたい施策）が努力義務規定	無
札幌市	文化条例＜文化基本計画・事業	文化基本計画・事業により創造都市政策に取り組む	無

（筆者作成）

① 大阪市・奈良市は、現時点で文化条例が実際の文化基本計画・事業に反映しているとはいえない。前文・基本方針で抽象的に文化の領域横断的な活用が謳われ、あるいは条項の一部に創造都市政策を記すに止まったことが理由の一つである。加えて、大阪市では創造都市的政策が政策中枢部門のトップダウンで採用されたことが、当該政策の当初からの失速を招いた。
② マニフェストに記したことを契機として、さいたま市でもトップダウンで創造都市的政策に言及する文化条例が制定されたことから、大阪市と同じ轍を踏む可能性がなくはない。しかし、創造都市的政策を前文等に明記している点で、これからの取り組みが注目される。
③ 京都府・京都市では、文化条例が文化基本計画・事業に反映されている。しかも、個別の施策がいずれも措置義務規定となっていることから、文化条例に記された創造都市的政策を具現化する様々な取り組みが今後も期待される。
④ 香川県・大阪府でも、文化条例が文化基本計画・事業に反映されている。ところが、個別の施策がいずれも努力義務となっているため、これからの創造都市的政策の輪郭が文化条例からは伺われない。
⑤ 札幌市では、実際の文化基本計画・事業が、文化条例より進んだ取り組みをしていた。しかし、こうした進んだ取り組みを首長が交替したとしても継続していくためには、個別施策を条例化し、できれば措置義務規定とし、創造都市的政策をより明確にすることが望ましい。住民の草の根の支持も必要となる。

　以上から、自治体が具体化かつ継続させたい施策を措置義務規定とし、または前文や基本原則等に創造都市的政策の採用を明記することで、創造都市的政策を文化基本計画や実際の事業に継続的に反映させられることが明らかとなった。これは文化条例の都市文化政策の側面の新たな意義と言えよう。
　また、創造都市の政策の観点が、これまでも文化基本計画では取り入れられてきたが、文化条例でも謳われることが多くなったことから、長期的スパンで定着する兆しがあると言えるのかもしれない。市民文化政策に加えて、自治体文化政策のもう一つの柱である都市文化政策の文化条例化の表れとして評価できよう。

2 問題点

もちろん、以下の問題点の検証が欠かせない。

第一に、創造都市的政策に言及する文化条例についても、草の根や住民主導で、かりに行政主導であっても、多くの市民の参画のもとで策定することが望ましい。創造都市的政策等都市文化政策は地方自治の団体自治に対応するものの、首長の交替により容易に政策が転換されないためには住民自治の裏付けが必要不可欠だからある。

第二に、都市文化政策を積極的に文化条例に採用することで、市民の文化権保障が軽視されてはならない。創造都市政策に言及する文化条例は、奈良市を除いて文化法の基本原則等を採り入れていない。特に大阪府などは、エンターテインメントに重きをおいた産業発展型の文化政策が重視され、市民文化政策を意識した取り組みもないわけではないが、文化権軽視の傾向が顕著である。都市型芸術祭が流行するなど都市文化政策が奨励される一方で、文化権をはじめとした市民の人権を適当にしておこうとするこうした最近の傾向に対しては警鐘を鳴らしておきたい。都市文化政策の励行を市民の文化権の軽視に繋げないためには、文化条例で文化権の社会権的側面を明記することが有効であろう。そもそも市民文化政策であれ、都市文化政策であれ市民自治が必要とされるのは、自治体文化政策の目的が市民の文化権の保障にあるからだ。これは憲法が国民主権（前文、1条）を採用する目的が国民の人権保障（憲法13条）にあることと同様である。文化条例の究極の目的は市民の文化権の保障にあり、市民文化政策と都市文化政策は手段に過ぎないのである。

6 小 括

最後に、前章と本章で言及した文化芸術振興基本法以降の文化条例制定における新しい潮流の特徴を踏まえて、文化条例のあるべき枠組みについて考えてみたい。

文化条例には、対象領域・定義、文化法の基本原則、基本計画策定義務、審議会（住民参加を前提にした基本計画の策定への関与と評価機能の明記）、アーツカウンシルの設置、財政上の措置、継続させたい施策等を記すことになろう。財政上の措

置、継続させたい施策等は、いずれも措置義務規定となっているものが想起される。

もちろん、第1章3.1で指摘したように理論的には文化基本条例と芸術文化振興条例を別個に制定することが望ましい。しかし、文化財・スポーツはともかく、教育等芸術文化以外で文化に含まれる対象領域との調整に理解を得るのは容易ではない。文化基本条例を制定し、芸術文化振興条例の内容も含めるのが現実的であろう。

そして、具体化かつ継続させたい施策を措置義務規定とし、あるいは前文や基本原則等にその採用を明記することで、創造都市的政策を文化基本計画や実際の事業に継続的に反映することができる。都市型芸術祭の継続を企図するならば、文化条例にそうした措置義務規定を置くことも有効であろう。この点、出雲市［2005］は「本物志向と住民参加による出雲総合芸術文化祭等を推進」（8条）とし、努力義務規定ではあるものの文化条例に特定の芸術祭を明記していることが参考になる。

なお、第1章3.8で考察したとおり文化政策の専門家が、時に進歩的な影響を与えている状況を後押しするため、専門家有志らが文化条例のデータベースの整備、リーフレット等の作成・配布、専門家派遣、研究会等をおこなうNPO、あるいは任意団体を設立し、市民や自治体を側方支援し、あるいは文化条例制定の世論を喚起していくことを提案したい。

1　東京都［1983］4条1項、様似町［1993］15条1項などがある。
2　中川、前掲書（2001年）5-6頁;「自治体にとって文化・コミュニティとは何か」地方自治職員研修2007年12月号、14-21頁。
3　中川、前掲論文（2008年 a）5頁。
4　佐々木、前掲論文（2010年）。
5　同論文、6頁。
6　本文では都道府県・政令指定都市・中核市の紹介に止めたが、それ以外に、鳴門市［2006］・宗像市［2009］が前文もしくは基本理念と個別施策に芸術文化を領域横断的に活用する規定を置く。詳しくは第4編資料を参照されたい。
7　本章の文化条例の表記については、見出しを除き自治体名［公布年度］を記すこととする。なお、再掲の場合は公布年度が説明に必要な場合を除いて省略した（表は除く）。
8　大阪府生活文化部文化・スポーツ振興室文化課『おおさか文化プラン』（2006年）。

9　大阪府府民文化部都市魅力創造局文化課『大阪文化振興新戦略（第2次大阪府文化振興計画）』（2010年）。
10　大阪府府民文化部都市魅力創造局文化・スポーツ課『第3次大阪府文化振興計画』（2013年）。
11　「大阪府の橋下徹知事は30日、改革プロジェクトチーム（PT）が廃止方針を打ち出していた府立8施設のうち、国際児童文学館など5施設を廃止する方針を決めた」（朝日新聞「児童文学館、廃止決定　体育会館は存続　橋下・大阪知事」（2008年5月31日朝刊1総合）1頁）。5施設には現代美術センター、文化情報センター（いずれも大阪市中央区）も含まれた。なお、国際児童文学館は2009年12月閉館するも、文化人や府民らの反対の声が上がり、2010年5月移転先の府立中央図書館（東大阪市）でオープンした（朝日新聞「国際児童館、大阪府立中央図書館に移転し開館」（2010年5月6日夕刊2社会）10頁）。
12　2009年12月16日の大阪府戦略本部会議で、2011年度以降のセンチュリー交響楽団の補助金廃止・自立化の方針が決定された（大阪府政策企画部企画室「平成21年度第27回大阪府戦略本部会議　議事概要」『大阪府戦略本部会議』（2009年）available at http://www.pref.osaka.jp/kikaku/senryaku/2127giji.html（2016年7月1日最終確認））。
13　京都府『21世紀京都の文化力創造ビジョン』（2006年）available at http://www.pref.kyoto.jp/bunsei/documents/bijon.pdf（2016年7月1日最終確認）。
14　京都府『京都こころの文化・未来創造ビジョン』（2012年）available at http://www.pref.kyoto.jp/bunsei/documents/vision-web.pdf（2016年7月1日最終確認）。
15　札幌市『札幌市文化芸術基本計画』（2009年）。
16　札幌市『札幌国際芸術祭（仮称）基本構想』（2012年）。
17　奈良市市民活動部文化振興課『奈良市文化振興計画』（2009年）。
18　香川県『香川県文化芸術振興計画』（2008年）available at http://www.pref.kagawa.lg.jp/bunka/kagawaart/bunkasinkoukeikaku.pdf（2016年7月1日最終確認）。
19　香川県政策部文化振興課『香川県文化芸術振興計画』〔平成25年度～平成29年度〕（2013年）http://www.pref.kagawa.lg.jp/bunka/kagawaart/shinkoukeikaku%20h25-h29.pdf（2016年7月1日最終確認）。
20　香川県政策部文化振興課、前掲資料（2013年）18頁；26頁。
21　1997年7月大阪市が都市型遊園地「フェスティバルゲート」を開発するが、入場者数激減で空きテナントがでたため、2002年から大阪市が家賃と光熱費等を負担し、アートNPOに事業運営を委ねた事業である（吉本光宏「大阪市とNPOの新たな取り組み『新世界アーツパーク事業』」地域創造14号〔2003年〕）。「コンテンポラリーダンスに前衛音楽、映像を中心としたメディア表現。これまで行政がこうした分野を取り上げることは限られていた」、「アーティストや専門家を信頼して手を組み、芸術創造環境の整備に取り組む」（同論文〔2003年〕47頁）として注目されていた。

22 野田邦弘「自治体文化政策の新モデル＝アートＮＰＯと行政の協働―「新世界アーツパーク」の事例を通して考察する」文化経済学7巻1号（2010年）14-15頁。
23 この点、野田は2007年11月關元市長が平松邦夫前市長に選挙に敗れてから創造都市政策が後退したとする。關元市長は、事業を終了させたものの、暫定的な移転先をNPOに提供したことなどを評価している（野田、同論文〔2010年〕14-15頁）。
24 田中孝男「7-4-3 資料法令・条例コーナー（自治体文化政策＆アーツマネジメント法）」『自治体法務（ホーム）パーク』（2014年c）、available at http://www1.ocn.ne.jp/~houmu-tt/index.html（2014年3月1日最終確認）。
25 大阪市教育委員会事務局生涯学習部「大阪市音楽団は生まれ変わりました〜Osaka Shion Wind Orchestra 誕生〜」（2015年）、available at http://www.city.osaka.lg.jp/kyoiku/page/0000303588.html（2016年7月1日最終確認）。
26 その経緯については、「（幕が下りて 橋下文化行政）補助金激減 手探りの文楽」（朝日新聞2015年10月28日夕刊大芸能1、4頁）に詳しい。
27 大阪アーツカウンシルが生まれた背景については、文化経済学会〈日本〉2016年度研究大会特別セッション2「地域アーツカウンシルの現状と展望」でのパネリスト佐藤千晴（大阪府市文化進行会議）の発言にもとづく。
28 市長のマニフェスト「さいたま市民しあわせ倍増計画」で「文化芸術都市創造条例」の制定が挙げられたことを受け、マニュフェストを市の計画として位置づけ実現していくための『しあわせ倍増プラン2009』のなかで「文化芸術都市創造条例」の制定が採りあげられた（さいたま市政策局都市経営戦略室『しあわせ倍増プラン2009』（2009年））。

第3章　文化条例の望ましい制定手法（1）
―静岡県・奈良市・逗子市・さいたま市の
　制定過程等の調査、比較から―

1　本章の目的

　第1章で紹介したように、文化芸術振興基本法の制定が、名称、定義・対象領域、目的、文化法の基本原則[1]、基本計画の策定義務などで文化条例の内容に影響を与えている。こうした状況に対して、根木ほか[2]は、苫小牧市［2001］[3]・神奈川県［2008］など文化芸術振興基本法に準じた条例をモデルとして取り上げ、概して文化芸術振興基本法の影響を受けることを是とするようである。

　たしかに、基本計画の策定義務など、文化芸術振興基本法が文化条例に好影響を与えた例もある。しかし、その他の多くの項目は自治体が独自性を打ち出すことなく、無自覚に国に追随していると見受けられ、政策的自立を図るという条例のそもそもの目的に反する点で地方分権に反しないか。特に、文化法の基本原則に関しては、その原則が骨抜きのまま模倣されるなど弊害が大きい（第1章3.4.4参照）。

　その一方で、昨今は定義、文化法の基本原則、推進体制などで独自性を一つ以上有する文化条例の割合が増加しつつあり（表1－7参照）、こうした文化条例の内容に文化条例検討委員会の設置など制定手法が影響を与えていると考えられる。しかしながら、制定手法を問う研究は管見の限りない。そこで、まずは、文化条例の昨今の状況を踏まえ、自治体の政策的自立などの観点から独自性に配慮した文化条例の制定の意味を示す。そのうえで、こうした独自性を有する4自治体の文化条例の制定過程と効果・課題を調査・比較し、文化条例の望ましい制定手法を検討することを本章の目的とする。

2　文化条例制定の意味

　まずは、文化条例の制定の意味を示しておこう。

根木ほか[4]は、文化条例の制定の意味として、①文化振興の基本理念の明示、②文化活動に対する財政的な支援措置、③文化計画等の策定、④審議会等における住民の政策決定への参加の4要件を挙げる。しかし、4要件を個別に見ていくと、①は理念規定である。②は努力義務規定であることが多い。③と④はその運用が形骸化していることが少なくない。総じて、文化条例制定後の自治体の文化政策に影響を与えるか否かの視点がないとの批判が可能である。また、第1章で言及したとおり、定義・対象領域、文化法の基本原則、推進体制それぞれに独自性を有している文化条例の割合が増加傾向にある。加えて、第2章で触れたとおり、芸術文化の他分野への活用、もしくは、都市政策の視点を有する文化条例も増加している（表1-10）[5]。

表1-10 文化芸術振興基本法の制定後独自性を一つ以上有する文化条例数

制定年	条例制定数	定義等	文化法の基本原則	推進体制	他分野への活用、都市政策の視点	計
2001	1		1			1
2002	5					
2003	7	1	1	2	1	4
2004	12	2	1	2	1	4
2005	21	7	5	1	2	12
2006	10	4	4	3	3	7
2007	10	2	1	1	1	4
2008	9	2	5	2		6
2009	13	4	3	1	1	4
2010	5	2		1		3
2011	3	1		2	1	2
2012	5			2		3
2013	3	1	1			1
2014	3	1	1	1		2
計	107	29	23	18	10	53

(筆者作成)

そこで、文化条例の昨今の状況を踏まえつつ、文化法の基本原則を始めとした自治体の政策的自立、制定後文化政策に与える影響に重きを置く観点から、文化条例を制定する意味として以下の四つの独自性を示した。なお、表1-11では四つの独自性に対応する根拠をそれぞれ明示した。
(1) 定義規定を置くこと、もしくは、対象領域の明示があること
(2) 文化法の基本原則の明示があること
・文化権について社会権的性格への配慮
・行政の文化内容に不介入、又は不干渉の規定
(3) 推進体制について、財政的措置の努力義務・審議会の設置に止まらない工夫があること
(4) 産業政策を始めとした他分野への活用、もしくは、都市政策の視点を、前文・条項で明確に有すること（総合行政）

こうした四つの独自性すべてを満たす文化条例は見つけられなかったが、静岡県［2006］・小金井市［2006］・奈良市［2006］・逗子市［2009］・さいたま市［2011］の五つの文化条例が三つの独自性を有していた。

3　文化条例の制定過程、効果と課題の調査

では、制定手法の検討の前提として、制定年度順に静岡県・奈良市・逗子市・さいたま市の文化条例を取り上げ、制定過程と、効果と課題について行政文書[6]と行政担当者へのインタビューにより調査を行う（表1-12）。四つの文化条例を取り上げるのは、上記で示した文化条例の制定の意味を踏まえ、自治体の規模、地域バランス、制定年が直近であること（調査の便宜）などを考慮した結果である。

表1-11　四つの独自性とそれぞれの根拠

	政策的自立	制定後の文化政策への影響	昨今の状況
(1)定義規定	○		○
(2)文化法の基本原則	○	○＊根木①に対応	○
(3)推進体制の工夫	○	○＊根木②、④に対応	○
(4)総合行政	○	○	○

（筆者作成）

1 静岡県

(1) 概　観

一つめに、静岡県である。文化条例の独自性に言及する前に制定過程を概観する。

文化政策への転換がいわれ始めた時代背景のもと[7]、まずは、2004年静岡県文化政策推進会議（以下推進会議）を設置し、文化条例の制定自体を目的とせず、静岡県の文化政策の基本的な方向を議論することから始めた[8]。推進会議には、2人の文化政策専門家[9]が加わる。2004年の議論を踏まえ、2005年2月に推進会議が「静岡県におけるこれからの文化政策のありかた」を提言する。他の3自治体と異なる特徴は、中間支援組織の必要性に議論の重きがおかれ、しかも、県の役割として、市町村連携・地域格差是正・世界的視野での文化の創造・発信などに言及があったことである。文化政策審議機関については、諮問機関と、予算配分の権限と責任を持つ審議・執行機関（アーツカウンシル型モデル）が両論併記された[10]。ただ、アーツカウンシル型モデルは、翌2006年2月に制定された「静岡県の文化振興に関わる基本政策」では、将来的な検討課題とされる[11]。こうした県庁内部の議論だけでなく、2004年度から2005年度にかけシンポジウム、フォーラムを適宜開催し[12]、議論の周知を企図した[13]。

つづいて、先の提言を受け、推進会議の下に置かれていた専門部会を2005年度に再編し、5委員全てが文化政策専門家[14]で構成される条例 W.G. を設置した[15]。推進会議と専門部会の議論を踏まえ、2006年3月に「静岡県における新しい文化政策の具体化について」を提言する。第1章を「条例の制定」とし、文化権が「支える」こと、文化内容に不介入、又は不干渉の規定をおくことの2点を、基本理念の内容として明記した。また、文化政策審議会・文化政策評価専門委員会の設置も盛り込むべき事項とされた[16]。ただ、実際の条例では評価機関の設置にはいたらず、審議会の事務として評価を明記するにとどまった（14条）。ちなみに、文化条例の議論とは別に、提言の第2章が中間支援組織に充てられ、センター的機能を有する中間支援組織の必要性と、その支援組織として文化振興財団の活用が提案されている（表1-13）。

表1-12　4自治体の文化条例の独自性、制定過程、効果と課題に関する調査結果のまとめ

		静岡県［2006］	奈良市［2006］	逗子市［2009］	さいたま市［2011］
独自性	定義	・「文化活動」を「創造」「享受」「支える」と定義したこと（2条1項）	・「文化」の定義規定（2条）	・「文化」「文化活動」の定義規定（2条）	・「文化芸術」の定義規定（2条）
	文化法の基本原則	・「文化活動」が権利であることを明記（2条1項） ・多文化共生に関する規定（3条） ・文化内容に不介入・不干渉の規定（3条）	・文化権（3条2項）、文化の内容に不介入・不干渉の規定（3条5項）	・文化権（3条1項）、文化の内容に不介入・不干渉の規定（3条2項）	
	推進体制	・審議会の事務として文化振興施策の目標達成度、効果等について検証し、及び評価することを明記（14条3項） ・民間活動等が行う支援活動の普及啓発等（12条）		・基本計画策定の組織を設置（5条） ・市民との協働の組織により基本計画を推進する努力義務規定（6条） ・調査、評価組織の設置（7条）	・財政上の措置の措置義務規定（9条） ・施策の効果的な推進のための意見交換の規定（11条）
	他分野との融合、都市政策の視点		・前文や7条2項で文化の創造力を領域横断的に活用する姿勢がみられること		・文化芸術都市の創造を掲げたこと
特徴	その他		・サスティナブル・ディベロップメントの視点を基本方針の具体的条項に掲げたこと（7条2項11号） ・推進委員会の設置（8条）		
制定過程	文化条例検討委員会	○（文化政策の有り方を推進会議で調査検討→専門部会で条例制定について議論）	○	定義、文化の創造力を領域横断的に活用	○	定義、文化法の基本原則（不介入・不干渉）	○	

第3章　文化条例の望ましい制定手法（1）　51

制定過程	文化政策の専門家の参画・協力	（推進会議）熊倉純子、佐々木雅幸	定義、文化法の基本原則、推進体制の大枠	中川幾郎（座長）	定義、文化法の基本原則（文化権、不介入・不干渉）	小林真理（委員）（仮称）逗子市文化振興条例要綱案（小林委員案）提示　中村美帆（協力）ずし文化機関（アーツカウンシル的性格）の提案	定義、文化法の基本原則（文化権、不介入）、推進体制	加藤種男	都市政策の視点
		（専門部会）青木圭介、伊藤裕夫、片山泰輔、小林真理、中川幾郎	定義、文化法の基本原則、推進体制						
	庁内検討委員会	×		×		×		○	定義規定
	幹部会議	○（文化条例×）		×		×		○（都市経営戦略会議）	推進体制都市政策の視点
	シンポジウム・意見交換会・ワークショップ	○（文化政策のあり方についてシンポジウム・フォーラム等開催）	議論の周知に止まった	○（市民意見交換会）	サスティナブル・ディベロップメント条項	○（ワークショップ）	想定の範囲内の意見に収まる	×	
	パブリックコメント	○		○		○	批判的な意見はでていない	○	
	議会・議員	○（積極的関与無）		○（文化条例制定のきっかけ）	定義	○（積極的関与無）		○	都市政策等条項の修正　定義規定
	首長	○（積極的関与無）		○（積極的関与無）		○（首長が後押し）		○首長がリーダーシップ	都市政策の視点

効果	・審議会の設置 ・ふじのくに文化振興基本計画の策定	・推進委員会（審議会）の設置、奈良市文化振興計画の策定 ・ただ、首長の交替により、補助金、顕彰制度の改革が宙に浮く。	・推進体制に関する規定を置いたことで、文化基本計画を策定し、文化振興課設置にも結び付いた。 ・文化条例に基づき文化基本計画を評価する組織を設置し、専門家を委員として全国でも稀有な評価の実践を行っている。		・文化条例によって審議会・意見交換会を設置し、文化基本計画を策定。法的根拠の下に総合的計画的な施策展開を行う。文化条例で創造都市的政策を謳ったこと、市長の後押しもあり、トリエンナーレ開催を決定し、文化条例制定が分かり易い形で具体的な政策実現に結びついている。
課題	・専門家集団が先進的な理念を取り入れた。しかし、職員の交替などで条例の理念の具体が不十分となっている。	・担当課が条例・計画を具現化していく強い意識を持ち、文化政策の専門家が審議会に入ったとしても、首長の理解を得られないと文化条例自体が反故にされてしまう。	・推進のための組織の性格が、諮問機関として審議機能を有しない一会議でしかない。よって、市民の声を味方にして文化基本計画を推進していくことが困難となっている。 ・評価に関する課題として、評価の結果を翌々年度にしか反映することができず、長期的な見直しにはよいが、直近の文化事業の見直しに反映するのが難しい。		・庁内横断的な取り組みへの発展

※ □□□ 部分は制定過程が影響を与えた文化条例の独自性である。　　　　　（筆者作成）

（2）独自性

制定過程を概観したが、独自性として定義、文化法の基本原則、推進体制の三つを挙げることができる。

1）「文化活動」を「創造」「享受」「支える」と定義したこと（2条1項）
2）「文化活動」が権利であることを明記し（2条1項）、多文化共生に関する規定（3条）、文化の内容に不介入、又は不干渉を規定したこと（3条）
3）審議会を設置し(14-20条)、その事務として文化振興施策の目標達成度、効果等について検証し、及び評価することを明記したこと（14条3項）、民間団体等が行う支援活動の普及啓発等の規定を置いたこと（12条）

第3章 文化条例の望ましい制定手法（1） 53

表1-13 静岡県の文化政策（文化条例・文化基本計画）に関わる年表

年	元号	月	文化条例に関わる事項	知事	月	それ以外の事項
1996	H8		静岡県文化振興指針	石川嘉延 (1993-2009)		
2001	H13				12月	文化芸術振興基本法
2003	H15	5月	文化政策研究会設置			
2004	H16	3月	静岡県文化政策推進会議設置 専門部会			
2005	H17	2月	「静岡県におけるこれからの文化政策のあり方」提言			
	H17	9月	平成17年度第1回静岡県文化政策推進会議			
2006	H18	2月	「静岡県の文化振興に関する基本政策」策定			
		3月	「静岡県における新しい文化政策の具体化について」提言		3月	京都文化芸術都市創生条例
		10月	静岡県文化振興基本条例			
2007	H19				3月	小金井市芸術文化振興条例 奈良市文化振興条例
2008	H20	3月	静岡県文化振興基本計画			
2009	H21			川勝平太 (2009-	10月	逗子市文化振興条例
2011	H23	3月	第2期ふじのくに文化振興基本計画		12月	さいたま市文化芸術都市創造条例
2014	H26	3月	第3期ふじのくに文化振興基本計画			

（筆者作成）

（3）文化条例の独自性に影響を与えた制定過程

　上記の独自性に影響を与えたのは、文化政策の専門家集団が参加した推進会議と専門部会である。推進会議には2委員、専門部会には5委員全てが、それぞれ文化政策専門家として参加した。推進会議の議論を踏まえ、2005年2月「静岡県におけるこれからの文化政策のありかた」のなかで、文化権の明記、審議機関・評価機関の設置を知事に提言する[17]。この提言を踏まえ、条例 W.G. が専門部会に設置され、文化条例制定の議論を行う。2006年3月には、「静岡県の新しい文化政策の具体化に向けて」で、定義、文化法の基本原則、推進体制に関わる提言を行う[18]。この提言が、評価機関の設置を除き文化条例に反映され、上記の独自性に結びついた。

（4）効果と課題

　効果は、文化基本計画を定めることと（6条）、審議会の設置（14条）を文化条例に規定したことで、2007年度から審議会を設置し、2008年度に文化基本計画を策定した。しかも、3年毎に見直しをし、2014年3月3期目の文化基本計画を策定した[19]。その一方で、課題は、文化条例制定後8年が経過するにも関わらず、条例の理念を具体化するほど事業が十分に展開できていないことである。これは、「支える」という基本方針が担当職員の具体的なイメージとして結べていないことも一因だという[20]。担当職員の交替などで、条例の理念の具体化が不十分となっている。とはいえ、2014年3月に策定された「第3期ふじのくに文化振興基本計画」では、「支える」を重点的な取り組みとするなど[21]、変化の兆しが見られる。

（5）静岡県のまとめ

　静岡県の調査結果をまとめると、静岡県や自治体のあるべき文化政策の姿を文化政策の専門家集団が議論した。また、中間支援組織の必要性と、県の役割に関わる議論があった。その結果、自治体文化政策の基本的方向の一方策として文化条例制定を提起した。文化政策の専門家集団の議論が文化条例の独自性に直接影響を与えた。一方で、職員の交替などで条例の理念の具体化が不十分という課題がある。

2 奈良市

(1) 概　観

　二つめに、奈良市の制定過程を概観すると、きっかけを作ったのが当時「文化芸術立国」を看板政策に掲げた公明党である。2004年9月議会の代表質問でとりあげられ、鍵田忠兵衛市長（当時）が「市民参画で研究を進めてまいりたい」と答弁した[22]。

　市長の答弁を受け、2005年度から奈良市文化芸術振興条例（仮称）検討委員会（以下検討委員会）を設置する。2005年から2006年にかけ計5回の検討委員会を開催した。座長を務めたのが文化政策専門家の中川幾郎（帝塚山大学大学院法政研究科教授：当時）である。当初2回は自由に意見交換を行う。当時の状況を中川はのちの奈良市文化振興計画推進委員会（以下計画推進委員会）で「条例を作ること自体が文化振興に関する計画と事業の決定をするものという誤解があって、もう百花斉放の状態だった」[23]と振り返る。「骨格をつくる話、コンセンサスを作って条例をつくるため」[24]、中川が、第2回検討委員会の議論をキーワードでまとめる。第3回検討委員会では、たたき台としてそのキーワードをあてはめた事務局案が提示された。3回、4回目の議論を踏まえ、2006年2月に中間報告の原案を作成する。2006年7月にパブリックコメントを実施し、8月には市民意見交換会を開いた。「議会筋の関心が高く、たくさんの議員も発言したり、公開シンポジウムに来た」[25]という。こうした議論を踏まえ、第5回検討委員会を開催し、文化条例の原案を確定し、2007年1月最終提言を市長に対して行う。2007年3月に文化条例を公布する（表1-14）[26]。

(2) 独自性

　制定過程を概観したが、独自性として定義、文化法の基本原則、他分野への活用を挙げることができる。
　1）「文化」の定義規定（2条）
　2）文化権（3条2項）や文化内容に不介入、又は不干渉の規定（3条5項）
　3）前文・7条2項で文化の創造力を領域横断的に活用する姿勢がみられること

表 1-14 奈良市の文化政策（文化条例・文化基本計画）に関わる年表

年	元号		文化条例に関わる事項	市長		それ以外の事項
2001	H13			大川靖則 (1992-2004)	12月	文化芸術振興基本法 苫小牧市市民文化芸術振興条例
2004	H16			鍵田忠兵衛 (2004- 5)		
2005	H17	6月	第 1 回検討委			
		8月	第 2 回検討委	藤原昭 (2005- 9)		
		11月	第 3 回検討委 京都市の条例の中間報告を参考に枠組みについての事務局案			
2006	H18	2月	第 4 回検討委 中間報告の原案作成		3月	京都文化芸術都市創生条例
		7月	パブリックコメント実施			
		8月	市民意見交換会			
		10月	第 5 回検討委		10月	静岡県文化振興基本条例
2007	H19	1月	最終提言			
		3月	奈良市文化振興条例		3月	小金井市芸術文化振興条例
		10月	奈良市文化振興計画推進委員会第 2 回			
		12月	奈良市文化振興計画推進委員会第 3 回			
2008	H20		奈良市文化振興計画推進委員会第 4 回～ 7 回			
2009	H21	2月	奈良市文化振興計画推進委員会第 8 回 最終提言			
		3月	文化振興計画	仲川元庸 (2009-)		
		12月	奈良市文化振興計画推進委員会第 9 回		10月	逗子市文化振興条例

第3章　文化条例の望ましい制定手法（1）　57

2010	H22		奈良市文化振興計画推進委員会第10回〜第12回		
2011	H23		奈良市文化振興計画推進委員会第13回〜第14回		
		7月	市長への中間報告		
		10月	奈良市文化振興計画推進委員会第15回	12月	さいたま市文化芸術都市創生条例
2013	H25	6月	奈良市文化振興計画推進委員会第16回		

（筆者作成）

（3）文化条例の独自性に影響を与えた制定過程

上記の独自性について影響を与えた制定過程を、順に検討していこう。

①「文化」の定義規定（2条）

第3回検討委員会で提示された事務局案（以下事務局案（第3回））で、定義規定はない。しかし、目的・基本理念の項目で文化芸術振興基本法と同様の「文化芸術」という言葉が使われていたことに対し、委員から「文化・芸術」なのか「文化及び芸術」なのかと疑問が投げかけられる。これに対して中川座長が、「文化芸術」の用語法のおかしさを指摘したうえで、定義規定を置くことを提案した[27]。その結果、第4回検討委員会で示された中間報告の原案では定義規定が入れられる[28]。

②文化権（3条2項）や文化内容に不介入、又は不干渉の規定（3条5項）

「藤原昭市長（当時）が提唱するユニーバーサルデザインを文化にも波及させたい」と、事務局案で「文化的利益が、年齢や性別、住所などを理由とした偏りがないよう配慮されなければならない」と規定された。これに対し、中川座長が文化権に踏み込むことを提案する[29]。この提案を受け、中間報告の原案で文化権の規定が置かれた[30]。「生まれながらの権利」としない点で、文化権自体を新しい権利として認めようとしない文化芸術振興基本法より、やや積極的な規定となっている。

また、事務局案として、苫小牧市民文化芸術振興条例を参考に文化内容に不介入、又は不干渉の規定をおいた。「活動の内容の中身が、勤務怠慢ということが

起きないか」という委員の意見に対しては、「助成、補助の際、審査をかけて決定し、その結果報告も一般市民に公開するという仕組みが必要になる」と中川座長がその趣旨を丁寧に説明し、他委員の理解を得る[31]。

③前文や7条2項で文化の創造力を領域横断的に活用する姿勢がみられること

第2回検討委員会で商工会議所会頭の委員から芸術文化によって地域を活性化させる視点を持つことの指摘がある[32]。事務局案の基本方針の一事項に「経済団体との連携」が取り入れられる。中川座長も「今度の条例は経済ということもちゃんと意識に入れましょう」と後押した[33]。議論をまとめるなかで、事務局が中心になり前文等に文化の創造力を領域横断的に活用する条項が作られた[34]。

④サスティナブル・ディベロップメントな視点を基本方針の具体的条項（7条2項11号）に掲げたこと

独自性とまではいえないが、他の文化条例にない特色として触れておくと、市民意見交換会ででた意見をもとに中川座長が呼応し、サスティナブル・ディベロップメントな視点を基本方針の具体的条項に掲げた[35]。

⑤審議会の設置

上記同様に独自性とはいえないが、効果に影響を与えた条項として、審議会の性格を有する推進委員会が設置されたことを（8条）、付け加えておきたい。「条例・計画を作ったら安楽死することが少なくない。奈良では繰り返さない。推進システムを作りたい（要旨抜粋）」[36]などの中川座長の発言などを受けて作られることとなった。

（4）効果と課題

効果は、基本方針を定めること（7条）、計画推進委員会の設置を規定したことで（8条）、2007年度、2008年度計8回の計画推進委員会を開催し、2009年3月文化基本計画を策定したことである。

一方で、課題は、首長の理解を得られないと、担当課が条例・計画を具現化していく強い意識を持ち、文化政策専門家が審議会に入ったとしても、文化条例自体が反故にされてしまうことである。その経緯を紹介すると、文化基本計画にもとづき、2009年度～2011年度にかけ、第9回～第15回の計画推進委員会で文化振興補助金・顕彰制度について議論する。2011年7月、前々年に交替した仲川元庸市長に中間報告をおこなう。ところが、市長の理解を得られず[37]、その後、2013

年6月に至るまで計画推進委員会は開催されない。再開された委員会も文化振興計画の見直しを目的とし[38]、補助金等の提案は宙に浮いてしまう。こうした現状に対しては、検討委員会による文化事業の成果の検証などの改善策を通じて、地道に市民に文化政策の意義・効果を発信し、計画推進委員会が市民の声を味方にして、文化条例や文化基本計画、それらにもとづく文化施策を実現していくことが求められよう。

(5) 奈良市のまとめ

奈良市の調査結果をまとめておくと、公明党が議会の代表質問で条例制定のきっかけを作った。文化政策専門家の中川が制定委員会の座長となったことが、定義、基本原則など文化条例の独自性に大きく影響を与えている。文化と経済の融合の視点も取り入れられた。一方、文化条例制定後、担当課と審議会が条例の具現化の意識を共有しても、首長が変われば政策を継続できないという課題が奈良市では露呈している。

3 逗子市

(1) 概　観

三つめに、逗子市の制定過程を概観すると、2000年以前から逗子市文化・教育ゾーンに複合施設を整備する議論が積み重ねられていた[39]。そうしたなか、教育長から委嘱を受けた逗子市文化・教育ゾーン管理運営検討協議会が、「(協議会に参加する) 一部の市民は教育委員会 (だけ) ではなく市役所全庁的に支援してほしいという思い」[40]で、2002年の報告書で文化振興条例制定マスタープランの要望を出す[41]。これがきっかけの一つとなった[42]。

文化芸術振興基本法が2001年に制定され、各地で文化条例の制定が着手され始めた時期でもある。市長の意向も強かったようだ[43]。2003年市長をトップとする文化・教育ゾーン施設整備推進本部が条例検討の道筋を決定する[44]。2005年には図書館・文化プラザホールが開館したことも後押しした[45]。

同年度に検討委員会が設置され、その後2年間で計12回の検討委員会を開催し、文化政策専門家の小林真理 (東京大学大学院人文社会系研究科文化資源学研究専攻准教授) が委員となる[46]。検討委員会の議論を踏まえ、第9回目の検討委員会では、(仮称) 逗子市文化振興条例要綱案 (以下要綱案) を小林が委員案として提出

する[47]。中村美帆（東京大学大学院人文社会系研究科修士課程：当時）はアーツカウンシル的性格を有する「ずし文化機関」の提案を行うなど協力をした[48]。2006年6月にはワークショップ的性格の「逗子の文化フォーラム」を開催する。ただ、想定外の意見はなく、今まで聞いている範囲内だったという[49]。以上の議論を踏まえ、2006年12月に検討委員会が中間報告書を市長に提出する。

その後、2007年2月～3月にパブリックコメントを実施した。これに対して、批判的な意見はでていない。にもかかわらず、2006年12月市長が交替したこと、機構改革等で2年余りの空白があく[50]。2009年10月に漸く逗子市文化振興条例が成立した（表1-15）。

（2）独自性
制定経緯を概観したが、定義、文化法の基本原則、推進体制の三つの独自性を挙げることができる。
1)「文化」「文化活動」の定義規定（2条）
2) 文化権（3条1項）や行政の文化内容に不介入の規定（3条2項）
3) 基本計画を策定する組織（5条）、推進する組織（6条）、調査・評価する組織（7条）の三つを置いたこと

（3）文化条例の独自性に影響を与えた制定過程
上記の独自性について影響を与えた制定過程を順に検討していこう。
①「文化」「文化活動」の定義規定（2条）
第2回、第3回の検討委員会で文化について議論を行う。「市民の活動が盛んで市民のための文化振興（を作る）という方向で」話が進んでいることに対して、文化に観光資源や観光による経済効果の側面があることを小林委員が指摘する[51]。だが、議論は発展しない。その後、文化や定義に関する議論は見られないが[52]、第9回検討委員会で小林委員の要綱案が出された際、複数の委員からも定義規定を入れるよう意見が出される[53]。その結果、「文化」と「文化活動」の定義規定を置き、文化を「多様な芸術及び人間の感性を豊かにする知的な活動」（2条）とする小林委員の要綱案が、実際の条例に反映される。
②文化権（3条1項）や行政の文化内容に不介入の規定（3条2項）
文化権に関して、奈良市と同様「生まれながらの権利」であるとせず、「文化

第3章 文化条例の望ましい制定手法（1） 61

表1-15 逗子市の文化政策（文化条例・文化基本計画）に関わる年表

			文化条例に関わる事項	市長		それ以外の事項
2001				長島一由 (1998-2006)	12月	文化芸術振興基本法
2002	H14		市政50周年記念事業として施設整備文教ゾーン工事着工			
		7月	文教ゾーン管理運営検討協議会設置			
		12月	文育ゾーン管理運営検討協議会報告書で文化振興条例制定マスタープランの要望			
2003	H15	4月	文化教育ゾーン施設整備推進本部市長がトップで条例検討の道筋決定			
2004	H16					市政50周年
2005	H17	8月	教育部行政課題研修『文化振興条例を制定する意義』		6月	逗子市立図書館・逗子文化プラザホール開館
		11月	文化振興条例（仮称）検討委員会第1回 2006（H18）年12月まで計12回実施			
2006	H18	6月	逗子の文化フォーラム			京都文化芸術都市創生条例
				平井竜一 (2006-)	10月	静岡県文化振興基本条例
		12月	中間報告書提出			
2007	H19	2月〜3月	パブリックコメント実施		3月	小金井市芸術文化振興条例 奈良市文化芸術振興条例
2009	H21	10月	逗子市文化振興条例			
2011	H23				12月	さいたま市文化芸術都市創造条例

| 2012 | H24 | | | 逗子市文化振興計画策定・推進会議設置
逗子市文化振興計画調査・評価委員会設置 |

（筆者作成）

活動」（3条1項）を権利としている。しかし、文化権については然したる議論は無く、小林委員の要綱案がそのまま受け入れられた。一方、文化内容に不介入の規定（3条2項）については、事務局から「カルトが心配なので不介入、不干渉はとりたい」との意見がある。文化政策の実践的経験を有し、逗子文化プラザホールコーディネーター（当時）を務めた間瀬勝一委員などから「表現の自由は尊重したい」との意見があり、市が受け入れる[54]。

③推進体制

第8回の検討委員会以降、継続性を担保するための仕組みについて議論を行う。議論を牽引したのが小林委員と大学院生の中村だった。まず、第8回に、中村からアーツカウンシル的性格を持つ「ずし文化機関」の提案がある[55]。資料に明示がないが、第9回の議論のやり取りから小林委員の要綱案に「ずし文化機関」と評価機関の設置の提案があったと推測される[56]。

ところが、第10回、第11回で提示された事務局案では、現条例に見られる基本計画策定の組織（5条）、調査・評価する組織（7条）の設置がそれぞれ定められるが、既存の組織との調整が困難との理由で、基本計画推進の組織が削られる。この事務局案に対して、小林を始めとした委員が強く反対する[57]。結局何らかの組織を設置することについて努力義務規定を置くことで決着した（6条参照）[58]。

（4）効果と課題[59]

効果は、推進体制に関する規定を置いたことで、文化基本計画を策定し、文化振興課設置にも結び付いたことである。また、文化条例に基づき文化基本計画を評価する組織を設置し、専門家を委員として全国でも稀有な評価の実践を行っている。一方、課題は、推進のための組織の性格が、諮問機関として審議機能を有しない一会議でしかないことで、市民の声を味方にして文化基本計画を推進して

いくことが困難となっている。また、評価に関して、評価報告書を翌年度12月にまとめるので、評価の結果を翌々年度にしか反映することができない。長期的な見直しにはよいが、直近の文化事業の見直しに反映するのが難しい。

（5）逗子市のまとめ

逗子市の調査結果をまとめると、市民の意見が文化条例制定のきっかけの一つとなり、首長も後押しした。小林が検討委員会の委員を務め、議論の結果をまとめて示した要綱案が独自性に影響を与えている。文化内容に不介入の規定や推進組織に関する規定については、市職員から抵抗する意見も見られた。これに対して、小林委員とともに、文化政策の実践的経験を有する間瀬委員なども事務局の説得に加わるが、審議機関は未設置となった。それでも評価機関を設置したことは、全国でも希有な評価の実践に結びついている。しかしながら、審議機関が設置されなかったことで市民の声を味方にして文化計画を推進していくことが困難となっている。

これらに加えて、逗子市文化振興条例の特徴は、パブリックコメントだけでなく市民参加ワークショップなど住民参加を積極的に取り入れたことである。ただ、意見は想定の範囲内で必ずしも文化条例の独自性に寄与したわけではない。

4　さいたま市

（1）概　観

四つめに、さいたま市の制定過程を概観しよう。

マニュフェストに「文化都市創造条例の制定」を掲げ、2009年5月清水勇人が市長に当選したことがきっかけとなった[60]。早速有識者や市民代表を構成員とする委員会の設置が検討される。文化政策専門家の加藤種男（アサヒビール芸術文化財団事務局長：当時）が、さいたま市在住という縁で、有識者の候補の一人として最初に挙がった。彼は委員長に就任し、後述のとおり当該文化条例が都市政策の視点を有していくことに影響を与えていく[61]。

2010年6月に（仮称）さいたま市文化都市創造条例制定庁内検討委員会（以下庁内検討委員会）、2010年7月に「（仮称）さいたま市文化都市創造条例制定検討委員会」（以下有識者検討委員会）をそれぞれ開催する。その後、8月に2回目の有識者検討委員会を開いたほか、（仮称）庁内検討委員会、都市経営戦略会議[62]をそ

れぞれ2回ずつ開催する。他市の状況を調査し、事務局が作成した（仮称）さいたま市文化都市創造条例（骨子案）イメージ（以下骨子案イメージ）を、（仮称）さいたま市文化都市創造条例（骨子案）中間報告（以下中間報告）、さいたま市文化都市創造条例骨子案（以下骨子案（文化都市））と練り上げる。10月にはさいたま市文化芸術都市創造条例骨子案（以下骨子案（文化芸術都市））を策定した。

　10月15日からは1か月間パブリックコメントに付した。その終了を待って、第3回有識者検討委員会を開催し、「文化芸術振興条例」でなく「文化芸術都市創造条例」なので「都市の創造」と結びつけるべきだと加藤委員長が指摘する。この指摘により、さいたま市の文化条例に都市政策の要素が色濃く入る結果となる[63]。12月には有識者検討委員会が市長に提言を提出する。この提言を踏まえ、担当課が12月に文化条例案を作成し、2011年1月に市長決裁を経て、2011年2月議会に上程した。

　ところが、基本理念の条項に義務規定があること、基金の設置について目的が明らかでないことから、自民党が難色を示す[64]。3月継続審議となり、4月市議会改選により廃案となる。2011年9月議会では、義務規定を改め、基金の設置を削除した。再度条例議案の提出を行うが、これに対しても、自民党が「地域経済の活性化と関連産業の振興をさらに配慮すべき条項を設けるべきだ」とし、10月に継続審査となる[65]。11月に自民党案を受け入れた修正案がだされ、ようやく12月修正案が可決された（表1-16)[66]。

（2）独自性

　制定過程を概観したが、文化条例の独自性として定義規定、推進体制、都市政策の視点の三つを挙げることができる。

　1)「文化芸術」の定義規定（2条）
　2) 財政上の措置の措置義務規定（9条）、施策の効果的な推進のための意見交換の規定（11条）
　3) 前文、目的（1条）・定義（2条）・基本理念（3条）など各条項で文化芸術都市の創造を掲げたこと。

　なお、都市政策の視点が挙げられたのは、他の3自治体と異なる特徴であり、政令指定都市の性格を踏まえたものである。

表1-16 さいたま市文化芸術都市創造条例の制定経緯

文化条例の進捗状況（担当課作成）		庁内検討委員会	有識者検討委員会	戦略会議
		2010/ 6 /28		
骨子案イメージ	・財政上の措置、推進体制 ・文化都市の規定			
		2010/ 8 / 9	2010/ 7 / 6	
中間報告	・文化を定義 ・財政上の措置の努力義務、推進体制 ・文化都市の規定			
		2010/ 8 /30	2010/ 8 /19	2010/ 8 /23
骨子案 （文化都市）	・文化の定義無し ・計画推進のための会議、1％ルール、基金の設置、財政上の措置の努力義務、意見交換等 ・文化都市を定義			
				2010/10/ 1
骨子案 （文化芸術都市）	・文化芸術の定義無し ・審議会設置、基金の設置、財政上の措置の措置義務、意見交換等 ・文化芸術都市を定義			
			2010/11/18	
条例案 （2011年2月）	・骨子案（文化芸術都市） ・文化芸術の定義			
修正案 （2011年12月）	・基金の設置規定を削除			

（筆者作成）

（3）文化条例の独自性に影響を与えた制定過程

上記の独自性について影響を与えた制定過程を、順に検討していこう。

①「文化芸術」の定義規定（2条）

加藤委員長の意見を受け、一旦「文化」の定義規定が削除される[67]。だが、第3回庁内検討委員会で、文化を定義しないと、「財政上の措置」を盛り込むならばその措置範囲が広がることの懸念が強く示された[68]。こうした懸念もあり、最終的に条例案の段階では文化芸術を「文学、音楽、美術その他の芸術、芸能（伝統芸能を含む。）、生活文化及び国民娯楽」（2条）とする定義規定が復活する。さらに、自民党の修正案では「盆栽、漫画、人形、鉄道」（2条）などさいたま市の特徴的な文化が具体的に示された。

②財政上の措置の措置義務規定、施策の効果的な推進のための意見交換の規定

両規定に影響を与えたのは、都市経営戦略会議である。

1回目の都市経営戦略会議でさいたま市の独自性を強く打ち出すよう指示がだされる[69]。その結果、1）マニュフェストで謳われた建設事業費の1％を新しい文化・芸術事業に充てる仕組み（以下1％ルール）、2）計画推進のための会議（以下計画推進会議）の整備、3）市、市民等及び事業者の意見交換、協力体制の整備のそれぞれの条項化が検討され、骨子案（文化都市）に記載される[70]。

2回目の都市経営戦略会議では、1）について条項化自体は断念に傾く[71]。ただ、骨子案（文化芸術都市）では、1％ルールを実現するための基金の設置、それに関連した財政上の措置の措置義務規定が記載される[72]。そのまま2月議会に上程されるが、基金の設置は「その目的が明らかでない」と、自民党が反対し継続審議となる[73]。結局、財政上の措置義務規定のみが残り、2011年12月議会で可決した（9条）。

それに対して、2）3）については、2回目の都市経営戦略会議では、両者の位置づけを再度整理するよう指示が出された[74]。その結果、骨子案（文化芸術都市）では計画推進会議が審議会に置き換わり、推進体制の条項は、「市民や専門家が意見交換や計画の効果的推進を図るための体制を整備する」と記載される[75]。結局、「意見を交換するための場を設ける」（12条）に改められた。

③文化芸術都市の創造

文化芸術都市の創造については、首長、文化政策専門家、都市経営戦略会議がそれぞれに影響を与えた。

きっかけは、市長がマニュフェストに「文化都市創造条例」を掲げたことだった[76]。しかしながら、当初から都市政策的側面が明確に意識された訳ではない。

第 3 章　文化条例の望ましい制定手法 (1)　67

しかも、第 2 回有識者検討委員会では、地元文化団体の代表から経済効果と文化を結びつけることに抵抗を示す意見がでる。これに対して、加藤委員長が創造都市政策の紹介を行い、文化振興自体が重要であること、その上で「文化都市創造」条例を作る以上は何かに役立つことも強調しなければならないことが確認された[77]。

そして、 2 回目の都市経営戦略会議では独自性を出すことが求められ、都市創造をいかに打ち出していくかという指示がでる[78]。加えて、第 3 回有識者検討委員会で、加藤委員長が「都市の創造」と結びつける視点の必要性を指摘したことで、文化芸術を多分野に活用するだけでなく、地域を活性化し都市を創造していくという都市政策的側面がより意識され、文言に反映された[79]。

（4）効果と課題

効果は、文化基本計画策定と審議会・意見交換会設置を条例に明記したことで、法的根拠のもと審議会を設置し、計画を策定し、総合的計画的な施策展開をおこなったことである[80]。より具体的には、2012年度に審議会と意見交換会を設置し、文化条例で創造都市的政策を謳ったことから、実現のための計画・施策の方向性を議論する。有識者検討委員会に引き続き、さいたま市文化芸術都市創造審議会（以下審議会）でも加藤が会長となる。審議会は2013年度、2014年度に計 5 回開催され、「地道に文化芸術都市の創造に向けた施策を展開する一方で、何かインパクトのある事業を開催しないと、全体がうまく回転していかない」[81]と加藤会長が議論をリードする。もちろん、トリエンナーレ開催をマニュフェストに掲げ、2013年 5 月再選した市長の後押しも大きい。2014年 3 月には国際芸術祭開催を明記した文化基本計画を定め、トリエンナーレ基本構想を策定した。それに加えて、 1 ％ルールと基金の設置が制定過程の議論で文化条例案から削除されたが、制定後、財政上の措置の措置義務規定を根拠に、基金の設置に向け継続して検討を進めている[82]。審議会、首長、担当者が意識を共有し、文化条例制定が具体的な政策実現に分かり易く結びついている。

その一方で、課題は庁内横断的な取り組みに発展させることである[83]。

（5）まとめ

さいたま市の調査結果をまとめると、市長が文化都市創造条例のきっかけを

作ったが、当初から都市政策的側面が意識された訳ではない。制定過程では、加藤が有識者検討委員会の座長を務め、時には委員の疑義に丁寧に説明を行い、当該条例が創造都市の都市政策的側面に明確に言及することに影響を与えた。庁内検討委員会では質疑中心で政策的な議論はなかったが、定義規定に影響を与えた。一方、都市経営戦略会議が独自性を後押しし、1％ルールを念頭に置いた財政上の措置の措置義務規定や創造都市的政策など、担当課の判断だけでは打ち出せない先進的、かつ、領域横断的な政策立案に寄与した。制定後、審議会、首長、担当者が意識を共有し、文化条例の理念を具体化し、トリエンナーレ開催を決定した。

4　制定手法の検討

では、ここまでの調査結果を踏まえ、制定過程等を比較し、望ましい制定手法を検討したい。なお、文化条例検討委員会の委員の構成等については自治体の規模、役割等の差異にも配慮した。

1　各制定過程の制定手法としての妥当性

まず、制定過程が文化条例の独自性に影響を与えていたか否かについて、表1-12を参照し、その過程毎に4自治体の比較を行う。そして、制定手法として取り入れるべきかを考察する。

①文化条例検討委員会等

静岡県では、2004年～2006年にかけ、当時の静岡県、もっといえば自治体のあるべき文化政策の姿を推進会議で議論し、その一方策として文化条例制定を提起した。推進会議のもと専門部会を置き、いずれも文化政策の専門家が多数参画、協力した。専門家集団の議論が、定義・文化法の基本原則・推進体制の独自性に大きな影響を与えた。当該自治体の文化政策の在り方を議論し、その一方策として文化条例を制定するのが本来的には望ましい。当時の時代背景があったとはいえ、そうした議論を、文化政策研究者が多数参加する専門家集団がおこなう静岡方式は、理想であろう。

ただ、制定手法としては、最低限の必要条件であるが、文化条例検討委員会の設置でもよい。奈良市・逗子市ではそれぞれ三つの独自性に影響を与えていた

し、さいたま市では一つの独自性に影響を与えていたからだ。もちろん、文化条例検討委員会の設置だけでなく、次に紹介する他の制定手法を適宜組み合わせていくことが望まれる。

　また、文化条例検討委員会では、文化政策研究者以外の有識者や自治体職員が、独自性に対して消極的な意見を出す場合が多々見られ、これらの疑義を一人の文化政策の専門家が丁寧に説明、説得していた。たしかに、文化政策専門家が参加しなくとも、川崎市［2004］・国分寺市［2007］・厚木市［2012］など評価に関する規定は取り入れられている例がある。しかし、文化条例の独自性が一般化していない現状では、知見を持つ文化政策の専門家が積極的に参加・協力していく必要がある。

　なお、これまで触れてきたとおり、自治体の役割に応じ、静岡県（都道府県）は地域格差是正、世界視野での芸術文化の創造の点で（3.1.1参照）、さいたま市（政令指定都市）は都市文化政策の点で（3.4.2参照）、それぞれ専門性が要求される。よって、文化条例検討委員会の委員として、芸術文化の専門家のみならず都道府県では都市・地域文化政策、政令指定都市では都市文化政策に精通した専門家がそれぞれ必要となってくる。それに対して、逗子市（中核市未満）は、住民自治に対応する市民文化政策に重きがおかれる。よって、中核市未満の自治体では、文化法の基本原則など専門性も重要であるが、代表制、つまり、市民や文化団体の意見を適切に反映しているかが問われる。実際、逗子市では、学識経験者だけでなく、市民や文化団体の代表を委員とする規定が文化条例に置かれている（5条3項）。ただ、奈良市など中核市になると、委員に都市文化政策に精通した専門家を増やすなどの配慮が必要となってくる。

②庁内検討委員会

　庁内検討委員会の設置は、さいたま市で確認でき、定義規定を置くという独自性につながった。ただ、大方は質疑中心で政策的な議論はなかった。それでも、制定後庁内横断的な取り組みに発展させるために、庁内検討委員会の設置を取り入れていくことが望ましい。

③幹部会議

　昨今、政令指定都市で幹部会議が取り入れられ、首長を始めとした幹部が当該自治体運営の基本方針及び重要施策の意思決定を行う。担当課の判断だけでは打ち出せない先進的な、もしくは、領域横断的な政策を、容易に実現できる可能性

がある。さいたま市では、都市経営戦略会議の名称で、この会議を通じて独自性を後押しし、推進体制の規定をおいた。庁内横断的な取り組みの発展という課題を制定後も全庁で認識することに結びついている。未設置の自治体にとっては組織改編が必要となってくるが、制定手法として取れ入れることが望ましい。

④シンポジウム、意見交換会、市民参加ワークショップ

静岡県ではシンポジウム、奈良市では意見交換会、逗子市では市民参加ワークショップが開催された。静岡県は自治体文化政策の有り方の議論の周知に止まり、逗子市は想定内の意見だった。一方、奈良市では、意見交換会をきっかけにサブスティナブル・ディベロップメント条項が設けられた。概して独自性に影響を与えていないが、市民の視点を補完するため、もしくは、専門家の議論の見落としを見つけるために、制定手法として取り入れていることが求められよう。

奈良市の事例が示すとおり、首長が交替しても政策を継続していくためには、文化条例の制定だけでは不十分で、市民の支持が欠かせない。文化条例が市民に支持され、アドボガシーとなるためにも、シンポジウムなどで文化条例を周知し、市民がアクセスする方途を確保しておくべきである。

⑤パブリックコメント

パブリックコメントは4自治体全てが実施している[84]。しかし、独自性の影響が見られないのは無論、市民参加という本来の機能が形骸化している。上述のシンポジウムなどと連動させ、市民に積極的に情報提供を行い、活用していくことが期される。

⑥議　会

奈良市では、議会が条例制定のきっかけを作った。現首長や官僚が文化条例に消極的な場合、直接民主主義の補完機能として、地方議会に民意を反映させ、住民が自ら政策を実現する手段として有効である。しかし、さいたま市では、基金規定を削除するなど独自性のブレーキとなった。奈良市を始め他自治体でも、文化条例の独自性に影響を与える政策的な議論がおこなわれたとはいえない。行政機関に対抗しうる政策形成能力の向上が、言論の府として地方議会に求められる。

⑦首　長

さいたま市では首長がリーダーシップを発揮し、逗子市でも首長の後押しがあり、文化条例制定のきっかけを作った。のみならず、さいたま市では、文化条例

第3章　文化条例の望ましい制定手法（1）　71

の独自性に寄与し、制定後もトリエンナーレ開催を決め、文化条例の理念の具体化につなげた。しかし、奈良市では、首長の無関心から補助金改革などが宙に浮いた。

　首長の関心は、制定のきっかけを作り、独自性ある文化条例制定に寄与する。のみならず、制定後も文化条例の理念を具体化する力となる。しかし、関心を持たれないことで、制定後ブレーキとなる例がある。このことは制定時にもブレーキとなることを示していよう。

　以上、文化条例検討委員会・幹部会議が独自性に影響を与えていたこと、そして、必要性の大小はあるがいずれの制定手法も取り入れ、かつ、適宜組み合わせるべきであることを明らかとした。一方で、議会・首長は独自性に寄与するがブレーキともなることを指摘した。

2　文化条例の独自性のいずれが効果に結びついたか

　ここで、四つの独自性のうちいずれが、文化条例の効果に結びついているかに言及しておきたい。効果を確認できた独自性に対して、影響を与えられる制定手法は、積極的に取り入れていくべきだからである。

　表1-12でまとめたとおり、効果が確認できたのは主に推進体制に関わる独自性であった。個別に見ていこう。

　一つには審議会の設置である。逗子市では、基本計画推進のための組織が審議機能を有しない一会議に過ぎない。それゆえ、市民の声を味方にして文化基本計画を推進していくことが困難となっている。裏を返せば、審議会の設置により、文化基本計画を推進する法的裏付けを持つことができる。実際、さいたま市では審議会を設置することで、市民の声を味方にしたかは疑問があるものの、首長・審議会・担当課が意識を共有し、基本計画を推進する事業としてトリエンナーレ開催を具体化した。

　一方で、静岡県では審議会を設置するが、職員らが条例の理念の具体的イメージを持てないことで、基本計画の推進を十分に展開できていない。また、奈良市では審議会を設置するが、審議会と担当課が意識を共有できても、市長の理解を得られないことで、補助金改革等が宙に浮いている。効果の観点から審議会は必須だが、それだけでは不十分である。審議会と担当課が意識を共有し、首長の理解を得られないときは、それに加えて、事業の効果の検証を行うなど市民を味方

にする議論をしていくことが必要である。

二つには評価機関の設置である。逗子市では評価機関を設置し、長期的な見直しに寄与しようとしている。ただ、評価の結果を直近の文化事業の見直しには反映できないという課題がある。

三つには財政上の措置の措置義務規定である。さいたま市では、1％ルールや基金の設置が制定過程の議論で文化条例案から削除された。しかし、制定後、この規定を根拠に両者を実現しようとしつつある。

3　効果を勘案した望ましい制定手法

推進体制に関わる独自性が効果に結びついているならば、その効果を勘案した、望ましい文化条例の制定手法は次のとおりである（表2-10参照）。

推進体制の条項に影響を与えていたのは、逗子市では文化条例検討委員会、静岡県では推進会議、特に、それぞれの委員会等に参加、協力した文化政策専門家であった。奈良市では推進体制が独自性とならなかったものの、審議会の設置に文化政策の専門家が影響を与えていた。したがって、制定手法としては、文化条例検討委員会の設置と、文化条例の独自性が一般化していない現状では、知見を持つ文化政策の専門家が参加・協力することが必要となる。幹部会議の設置も望まれる。主に政令指定都市で取り入れられている会議であり、未設置の自治体にとっては組織改編が必要となってくるが、さいたま市では先進的な推進体制の規定を置くことに繋がった。

5　おわりに

最後に、結論をまとめておきたい。

本章は、独自性に配慮した文化条例の制定の意味を示し、制定過程等を調査、比較し、制定手法の検討をした。検討の結果、効果を勘案した望ましい制定手法とは、文化条例検討委員会を設置すること、加えて、知見を持つ文化政策専門家が参加・協力することが必要である。幹部会議の設置も望ましい。

また、かりに独自性が効果に結びつかなくとも、以下の二つの制定手法を取り入れていくことも求められよう。

一つめに、庁内検討委員会の設置である。庁内横断的な取り組みに発展させる

こととなるからだ。

　二つめに、意見交換会・ワークショップなどである。さいたま市では首長の関心が推進体制を置くことに寄与したが、議会がブレーキとなった。首長や議会が関心を持つと独自性に寄与するが、反対に、無関心であったり、目指す方向が独自性とは異なったりすると、ブレーキとなる。いずれにせよ制定後文化条例を行政の組織の内外で根付かしていくためにも、制定時から市民を味方にした意見交換会、ワークショップなどを活用した議論が必要である。

　さて、これまでの調査結果・結論を踏まえ、改めて、文化条例の制定の意味として示した四つの独自性について条件や課題を検討しておきたい。

　独自性の一つである文化法の基本原則の明示については、その根拠として制定後の文化政策の影響を挙げた（表1-11参照）。だが、数ヶ年では明確な効果を確認できなかった（表1-12の効果欄参照）。そうはいっても、大阪府［2004］などは、実際の施策で産業発展型の文化政策が重視される一方、国際児童文学館廃止等文化権軽視の傾向が見られる（第2章3.1参照）。しかも、さいたま市［2011］など創造都市的政策に言及する文化条例が増加傾向にある一方で、文化法の基本原則に関わる規定が見られない。昨今、文化条例上も文化権軽視の傾向が強まっているように見受けられる。だからこそ、文化法の基本原則の独自性を制定の意味として挙げる意義があると考える。

　一方、推進体制と他分野への活用の二つの独自性は、自治体の規模、役割、文化政策の目的等を考慮した検討が必要である。

　推進体制から主なものを見ていこう。4自治体の事例では、文化条例の制定手法についてワークショップ、パブリックコメントなど形式的な市民参加の提案に止まった。だが、制定前後を問わず本格的な市民協働に発展させていくには、中間支援型NPOの活用、支援が必須である。特に、これまでの静岡県の議論でも触れたとおり、都道府県は市町村連携、地域格差是正等広域行政を担う。そうした役割を踏まえ、センター的な機能を有する広域的な中間支援組織が必要となる。その組織としては文化振興財団の活用が望まれる（3.1.1参照）。実際、静岡県は、文化条例に民間団体等の支援活動の普及啓発等の措置義務規定を置く（静岡県［2006］12条）[85]。ただ、条項で中間支援組織の支援に明確に踏み込んでいないことも一因となり、特に広域的な中間支援組織の設置などには十分に取り組めていない。それでも、新たな文化基本計画で「支える」を重点的取り組みとするなど

変化の兆しが見られ、注目したい（3.1.4参照）。

次に、他分野への活用を見ると、自治体の種類を問わず、地域資源を活用した観光・教育・福祉などへの活用を図ることとなる。それに加えて、政令指定都市では、都市間競争に勝ち抜くため都市文化政策の視点が必要だ。実際、さいたま市では創造都市的政策を文化条例の前文、条項に明記することが（さいたま市[2011]前文、2条2項[86]参照）、トリエンナーレ開催などに結びついている（3.4.4参照）。

なお、本稿では自治体の規模・役割の差異を概括的に見てきたが、例えば、小規模かつ独自性が見られる小金井市［2006］・国分寺市［2007］・明石市［2008］・逗子市［2009］など、自治体の種類ごとに独自性、制定手法を検討していくことを今後の課題としたい。

1　第1章でも紹介したが、文化法の基本原則として小林真理は次の四つを挙げる。①　文化・芸術の自由の原則、②　地域主義・地方分権の原則、③　文化的多様性・民主主義の原則、④　参加の原則（小林、前掲書（2004年）19-20頁）。
2　根木、前掲書（2003年）根木昭＝佐藤良子『文化芸術振興の基本法と条例—文化政策の法的基盤Ⅰ』（水曜社、2013年）。
3　本章でも、文化条例の表記について名称を省略し自治体名［公布年度］を記す。
4　根木、前掲書（2003年）根木昭＝佐藤良子、前掲書（2013年）。
5　文化芸術振興基本法制定後から2012年度までに、定義等・基本原則・推進体制・他分野への活用等の4つの独自性を一つ以上有する文化条例数については、第1章で言及した（表1-7参照）。本章では、他分野への活用、都市政策の視点という独自性を付け加え、2014年度も含め再調査した。
6　行政文書とは「行政機関の職員が職務上作成し、又は取得した文書（中略）であって、当該行政機関の職員が組織的に用いるものとして、当該行政機関が保有しているものをいう」（公文書管理法第2条第4項）。
7　中川幾郎が『分権時代の自治体文化政策—ハコモノづくりから総合政策評価に向けて』（勁草書房、2001年）を刊行し、「地方自治体の文化政策全般を見渡した総合的な理論と、これにつながった政策体系モデル」（中川、前掲書［2001年］）を示した。
8　静岡県生活・文化部文化政策室「第1回文化政策推進会議会録」（2004年）available at http://www.pref.shizuoka.jp/bunka/bk-110/bunkasouzou/bunkatorikumi.html（2016年7月1日最終確認）。
9　熊倉純子（東京藝術大学音楽学部音楽環境創造科助教授：当時）、佐々木雅幸（大阪市立大学大学院創造都市研究科教授：当時）
10　静岡県文化政策推進会議『これからの静岡県における文化政策のありかた』（2005

年）。
11 　静岡県生活・文化部文化政策室『静岡県の文化振興に関する基本政策』（2006年）。
12 　静岡県生活・文化部文化政策室「２　静岡県文化政策推進会議（平成17年９月21日）」（資料）（2005年）available at http://www.pref.shizuoka.jp/bunka/bk-110/bunkasouzou/bunkatorikumi.html（2016年７月１日最終確認）。
13 　シンポジウム等の狙いについては、2014年５月23日静岡県文化・観光部文化学術局文化政策課班長岩瀬智久への聞き取り調査結果にもとづく。
14 　青木圭介（京都橘女子大学文化政策学部教授：当時）、伊藤裕夫（静岡文化芸術大学文化政策学部教授：当時）、片山泰輔（跡見学園女子大学マネジメント学部助教授：当時）、小林真理（東京大学大学院人文社会系研究科助教授：当時）、中川幾郎（帝塚山大学法政策学部教授：当時）。
15 　静岡県生活・文化部文化政策室、前掲資料（2005年）。
16 　静岡県文化政策推進会議『静岡県における新しい文化政策の具体化について』（2006年）。
17 　静岡県文化政策推進会議、前掲資料（2005年）。
18 　静岡県文化政策推進会議、前掲資料（2006年）。
19 　静岡県文化・観光部文化学術局文化政策課『第３期ふじのくに文化振興基本計画』（2014年）。
20 　「支える」事業の展開が不十分な理由については、2014年５月23日岩瀬への聞き取り調査結果にもとづく。
21 　静岡県文化・観光部文化学術局文化政策課、前掲資料（2014年）。
22 　奈良市市議会「平成16年９月定例会議事録」（2004年）。
23 　奈良市市民活動部文化振興課「平成25年度第16回奈良市文化振興計画推進委員会会議の詳細」（2013年）５-６頁 available at http://www.city.nara.lg.jp/www/contents/1373952620268/files/16bunkaiinkaikaigisyousai.pdf（2016年７月１日最終確認）。
24 　奈良市市民活動部文化振興課、前掲資料（2013年）。
25 　奈良市市民活動部文化振興課、前掲資料（2013年）。
26 　検討委員会設置後の経緯については、奈良市では、検討委員会の議事録・資料がWebページで公開されており、その全資料にあたり確認した（奈良市市民活動部文化振興課、前掲資料（2005年）第１回～３回摘録；（2006年）第４-５回摘録）。
27 　奈良市市民活動部文化振興課、前掲資料（2005年）第３回摘録、３-４頁。
28 　奈良市市民活動部文化振興課、前掲資料（2005年）第４回資料１。
29 　奈良市市民活動部文化振興課、前掲資料（2005年）第３回摘録、４-５頁。
30 　奈良市市民活動部文化振興課、前掲資料（2006年）第４回資料１
31 　奈良市市民活動部文化振興課、前掲資料（2005年）第３回摘録、６-８頁。
32 　奈良市市民活動部文化振興課、前掲資料（2005年）第２回摘録、８頁。

33 奈良市市民活動部文化振興課、前掲資料（2005年）第 3 回摘録、11頁。
34 2014年 3 月17日奈良市文化振興課参事文化振興課長事務取扱西崎美也子への聞き取り調査結果にもとづく。
35 奈良市市民活動部文化振興課、前掲資料（2006年）第 5 回摘録、7 頁。
36 奈良市市民活動部文化振興課、前掲資料（2006年）第 5 回摘録、10-11頁。
37 平成25年度、平成26年度計15回の奈良市文化振興計画推進委員会の議事録（奈良市市民活動部文化振興課「奈良市文化振興計画推進委員会について（平成23年度まで）」（2007-2009年）第 1 -15回摘録 available at http://www.city.nara.lg.jp/1261371655113/（2016年 7 月 1 日最終確認））による。
38 奈良市市民活動部文化振興課、前掲資料（2013年）。
39 逗子文化プラザ「経緯／逗子文化プラザ」（パンフレット）（2014年）。
40 逗子市文化振興条例（仮称）検討委員会「逗子市文化振興条例（仮称）検討委員会報告書」（2006年）参考資料②第 1 回 4 頁。
41 逗子市文化・教育ゾーン管理運営検討協議会「逗子市文化・教育ゾーン管理運営検討協議会報告書」（2002年）6 - 7 頁。
42 逗子市文化振興条例（仮称）検討委員会「逗子市文化振興条例（仮称）検討委員会報告書」（2006年）参考資料②第 1 回 3 頁。
43 逗子市文化振興条例（仮称）検討委員会「逗子市文化振興条例（仮称）検討委員会報告書」（2006年）参考資料②第 3 回 2 頁小林真理委員発言。
44 逗子市文化振興条例（仮称）検討委員会「逗子市文化振興条例（仮称）検討委員会報告書」（2006年）参考資料②第 1 回 3 頁。
45 逗子市市民協働部市民協働課、前掲資料、2009年。
46 逗子市文化振興条例（仮称）検討委員会「逗子市文化振興条例（仮称）検討委員会報告書」（2006年）15頁。
47 逗子市文化振興条例（仮称）検討委員会「逗子市文化振興条例（仮称）検討委員会報告書」（2006年）参考資料②第 9 回 1 頁。
48 逗子市文化振興条例（仮称）検討委員会「逗子市文化振興条例（仮称）検討委員会報告書」（2006年）参考資料②第 8 回 4 - 5 頁。
49 逗子市文化振興条例（仮称）検討委員会「逗子市文化振興条例（仮称）検討委員会報告書」（2006年）参考資料②第 4 - 7 回。
50 パブリックコメント実施後の経緯については、2014年 3 月 3 日逗子市文化振興課専任主査伊藤裕夫（当時）への聞き取り調査結果にもとづく。
51 逗子市文化振興条例（仮称）検討委員会「逗子市文化振興条例（仮称）検討委員会報告書」（2006年）参考資料②第 3 回 2 - 3 頁。
52 逗子市文化振興条例（仮称）検討委員会「逗子市文化振興条例（仮称）検討委員会報告書」（2006年）参考資料②第 3 - 8 回。
53 逗子市文化振興条例（仮称）検討委員会「逗子市文化振興条例（仮称）検討委員会

報告書」（2006年）参考資料②第9回4頁。
54 逗子市文化振興条例（仮称）検討委員会「逗子市文化振興条例（仮称）検討委員会報告書」（2006年）参考資料②第10回4-5頁。
55 逗子市文化振興条例（仮称）検討委員会「逗子市文化振興条例（仮称）検討委員会報告書」（2006年）参考資料②第8回4-5頁。
56 逗子市文化振興条例（仮称）検討委員会「逗子市文化振興条例（仮称）検討委員会報告書」（2006年）参考資料②第9回。
57 逗子市文化振興条例（仮称）検討委員会「逗子市文化振興条例（仮称）検討委員会報告書」（2006年）参考資料②第10-11回。
58 逗子市文化振興条例（仮称）検討委員会「逗子市文化振興条例（仮称）検討委員会報告書」（2006年）参考資料②第12回。
59 効果と課題については、2014年3月3日伊藤への聞き取り調査結果にもとづく。
60 さいたま市政策局都市経営戦略室、前掲資料（2009年）。
61 2014年1月28日さいたま市文化振興課主任横溝広記（当時）への聞き取り調査にもとづく。
62 市長、副市長、局長級をメンバーとする市政運営の基本方針及び重要施策の意思決定機関である。
63 有識者検討委員会設置後の経緯については、さいたま市では、都市経営戦略会議の議事録・資料がWebページで公開されており、有識者検討委員会、庁内検討委員会についても資料の提供を受けた。その全資料にあたり確認した（さいたま市市民・スポーツ文化局スポーツ文化部文化振興課「（仮称）さいたま市文化都市創造条例制定庁内検討委員会」（2010年 a）第1～3回議事録；（2010年 b）第1～3回議事録；資料；さいたま市都市戦略本部都市経営戦略部「平成22年度第13回（第142回）都市経営戦略会議」（平成22年8月23日）（2010年 a）結果概要；資料 available at http://www.city.saitama.jp/006/007/002/015/004/p012690.html（2016年7月1日最終確認））。
64 さいたま市市議会「平成23年2月定例会議事録」（2011年 a）。
65 さいたま市市議会「市民生活委員会記録」（平成23年9月21日）（2011年 b）。
66 2011年12月以降のスケジュールは、2014年4月22日さいたま市文化振興課からメールで回答をえた。
67 さいたま市市民・スポーツ文化局スポーツ文化部文化振興課、前掲資料（2010a）第2回議事録5-6頁。
68 さいたま市市民・スポーツ文化局スポーツ文化部文化振興課、前掲資料、第3回議事録。
69 さいたま市都市戦略本部都市経営戦略部、前掲資料（2010年 a）。
70 さいたま市都市戦略本部都市経営戦略部、前掲資料（2010年 b）、資料。
71 さいたま市都市戦略本部都市経営戦略部、前掲資料（2010年 b）。
72 さいたま市市民・スポーツ文化局スポーツ文化部文化振興課、前掲資料（2010b）第

3回資料。
73　さいたま市市議会、前掲資料（2011年 a）。
74　さいたま市都市戦略本部都市経営戦略部、前掲資料（2010年）資料。
75　さいたま市市民・スポーツ文化局スポーツ文化部文化振興課、前掲資料（2010年 b）、第3回資料。
76　さいたま市政策局都市経営戦略室、前掲資料（2009年）。
77　さいたま市市民・スポーツ文化局スポーツ文化部文化振興課、前掲資料（2010b）第2回議事録。
78　さいたま市都市戦略本部都市経営戦略部、前掲資料（2010年 b）。
79　さいたま市市民・スポーツ文化局スポーツ文化部文化振興課、前掲資料（2010年 b）議事録5-6頁。
80　2014年1月28日横溝への聞き取り調査結果にもとづく。
81　さいたま市市民・スポーツ文化局スポーツ文化部文化振興課、「第3回さいたま市文化芸術都市創造審議会会議録」（2013年） 6頁 available at http://www.city.saitama.jp/006/008/002/012/004/008/p011870.html。
82　トリエンナーレ基本構想策定の経緯については、2014年1月28日さいたま市文化振興課高橋格への聞き取り調査結果にもとづく。
83　2014年4月22日さいたま市文化振興課からメールで回答をえた。
84　静岡県の実施について本文の言及はないが、2014年5月23日岩瀬への聞き取り調査結果にもとづく。
85　第12条　県は、民間団体等が行う支援活動が本県における文化の振興に果たす役割の重要性にかんがみ、その促進を図るため、当該支援活動の普及啓発その他の必要な施策を講ずるものとする。
86　前文で「文化芸術の持つ伝統と新しい文化芸術の持つ創造性により、本市の経済や教育、都市計画等の様々な分野に影響を与え、地域の活性化を図り、新たな都市としての魅力を高め、文化芸術都市としてのさいたま市を創造することが必要である」とし、文化芸術都市（2条2項）を定義する。

第4章　文化条例の望ましい制定手法（2）
―京都文化芸術都市創生条例を事例に―

1　先行研究と本章の目的

　第3章で言及したが、文化条例の制定の意味と望ましい制定手法について簡単に振り返っておきたい。

　この点、根木ほか[1,2]は、文化条例の制定の意味として、①文化振興の基本理念の明示、②文化活動に対する財政的な支援措置、③文化計画等の策定、④審議会等における住民の政策決定への参加の4要件を挙げる。しかし、①は理念規定である。②は努力義務規定であることが多い。③は策定したものの活用されないことが少なくない。④は審議会の運用が形骸化しがちである。総じて、文化条例制

表1-17　文化条例の制定の意味

根木ほか（2010；2013）	吉田（2015）
①文化振興の基本理念の明示	(1) 定義規定を置くこと、もしくは、対象領域の明示があること
②文化活動に対する財政的な支援措置	(2) 文化法の基本原則の明示があること ・文化権について社会権的性格への配慮 ・行政の文化内容に不干渉、又は不干渉の規定
③文化計画等の策定	(3) 推進体制について、財政的措置の努力義務・審議会の設置に止まらない工夫があること
④審議会等における住民の政策決定への参加	(4) 産業政策を始めとした他分野への活用、もしくは、都市政策の視点を、前文・条項で明確に有すること

（筆者作成）

定後の自体体の文化政策に影響を与えるか否かの視点がないといえる。
　そこで、吉田[3]は文化条例の昨今の状況を踏まえつつ、文化法の基本原則を始めとした自治体の政策的自立、制定後文化政策に与える影響に重きを置く観点から、文化条例を制定する意味として次の4つの独自性を示した。(1) 定義規定を置くこと、もしくは、対象領域の明示があること、(2) 文化法の基本原則の明示があること（文化権について社会権的性格への配慮、行政の文化内容に不介入、又は不干渉の規定）、(3) 推進体制について、財政的措置の努力義務・審議会の設置に止まらない工夫があること、(4) 産業政策を始めとした他分野への活用、もしくは、都市政策の視点を、前文・条項で明確に有すること（総合行政）。
　文化条例制定の意味の根木ほかと吉田の違いと対応関係を示したのが表1-17である。
　そして、吉田[3]は、三つの独自性を有する静岡県［2006][4]・奈良市［2006］・逗子市［2009］・さいたま市［2011][5]の制定過程・効果と課題を調査し、こうした独自性を持つ文化条例を制定する望ましい制定手法として、文化条例検討委員会の設置と、加えて、知見を持つ文化政策の専門家が参加・協力することが必要だとする。また、幹部会議、庁内検討委員会の設置、市民参加ワークショップなどを取り入れていくことも望ましいとする。
　一方で、京都市［2004］は文化条例検討委員会を設置するものの、文化政策の専門家が必ずしも加わっている訳ではない。しかしながら、上記(1)、(4)の独自性を有している。しかも、(4)については、制定後も首長が交替しながらも10年間以上長期的に京都市の文化政策に影響を与えている。さいたま市でも(4)については制定後文化政策に影響を与えているが、現時点では5年程度で、かつ首長の交替がない事例である。そこで、京都市の文化条例の制定過程と効果・課題を調査し、文化条例の望ましい制定手法について上記以外の条件を再検討することを本章の目的とする。

2　京都市の文化条例制定過程、効果と課題

1　制定経緯の概観

　まずは、京都市の文化条例の制定経緯を概観しておきたい。文化条例では基本

理念の条項を必ず置き、文化法の基本原則に関わる事項を定めるのが通例である。ところが、京都市の最大の特色は、基本理念条項でまさに基本理念を明確に謳っていることである。この理念は、1996年に策定された京都市芸術文化振興計画を引き継いだものとなっている。

（1）文化基本計画

1993年新京都市基本計画が策定される。副題を「文化首都の中核をめざして」とし、文化行政の指針策定が明記された[6]。それを受け、1994年文化基本計画の策定委員会等が設置される。こうした場合、数回の委員会の開催を経て事務局の策定案をそのまま承認することが少なくない。しかし、この文化基本計画策定では、策定委員会計4回、検討委員会計13回、「支援」「普及」「情報」「交流」の分科会を計21回[7]、非公式なものを含めると計約80回も会合を重ねた。鍵となったのが河野健二（京都大学名誉教授）、森口邦彦（染色家）、富永茂樹（京都大学人文科学研究所助教授・当時）らで、この3人を始めとした有識者らが全く白紙の状態から侃々諤々の議論をし、1996年京都市芸術文化振興計画を創り上げた[8]。長期的戦略として次の三つの基本的視点を掲げる。①新たな芸術文化の創造をめざす ②世界の芸術文化交流の拠点となる ③芸術文化活動を生活や産業と連動させる。こうした視点等の推進力となる拠点として「京都アートセンター」（仮称）の設立を明記する[7]。2000年に廃校になった明倫小学校を利用し、京都芸術センターを開設した[9]。

（2）文化条例

文化条例に関しては、きっかけを作ったのは当時「文化芸術立国」を看板政策に掲げた公明党である。2002年2月議会で公明党議員が「文化芸術振興条例の条例化の考え」を問うた。桝本頼兼市長（当時）は「条例化につきましてもその動向を見極めつつ研究して参りたい」と答弁する[10]。

2004年にその桝本市長が3期目に就任すると、先に作っていた「京都市基本計画」（2001-10）を2年前倒しし、「京都市基本計画第2次推進プラン」を策定する。京都市文化芸術振興条例（仮称）の制定を取り組み事項の最初に掲げた[11]。

こうして京都市は、2004年10月～2005年11月にかけ計7回の文化芸術振興条例（仮称）策定協議会（以下策定協議会）を開催し、文化条例制定に取り組む。梅原猛

(哲学者、国際日本文化研究センター顧問)を顧問とし、芸術大学関係者、華道・舞・茶道の家元・美術館長等文化人、経済界、行政、市民が広く参加した。うち上平貢(京都市芸術文化協会理事長)と富永茂樹の二人が、京都市芸術文化振興計画の策定に関わったメンバーである[12]。ただ、文化政策の専門家は入っていなかった。

2004年10月の初回は、冒頭に事務局から次の説明がされた。1)1996年に京都市芸術文化振興計画を策定したこと、2)あらたに2003年に「京都市芸術文化振興計画推進プログラム 芸術文化の都づくりプラン」が策定されたこと、3)京都市芸術文化振興計画の3つの視点等が長期的戦略として重要なもので、推進プログラムでも取組の土台となっていること等である。その後、自己紹介と意見交換を行う。1978年に制定された「世界文化自由都市宣言」との結びつきも指摘された。これは、桑原武夫、河野健二、梅原猛等京都の叡智が集まり作ったもので、「自由な文化交流を行う都市」「京都を世界文化交流の中心に据える」との記載を確認した。

11月に2回目を開催する。京都創生策(案)が事務局から紹介される。これは京都創生懇談会(座長梅原猛)が2003年「国家戦略としての京都創生の提言」を提出し、それを受け、京都市が景観・文化・観光という三つの柱で京都創生策を展開しようとしたのである[13]。策定協議会では「京都らしさ」、「京都市の条例に盛り込むべき内容について」の二つのテーマで議論した。「京都らしさ」については、伝統や生活文化とともに、新しいものを創り上げてきたこと、様々な人間が存在して作られた文化であることが指摘された。これらを踏まえ「京都市の条例に盛り込むべき内容について」は新たな芸術活動の支援や、生活文化を大切にすること、オペラ劇場整備などの意見がでた。ただ、オペラ劇場については、ハードよりソフト、とくにネットワークの重要性が指摘された。IT活用の意見も出た。最後に、上平会長から素案を作る提案がなされた。

この提案を受け、上平、中西進(京都市立芸術大学学長・当時)、富永(京都大学人文科学研究所教授・当時)、永田和弘(歌人、京都大学再生医科学研究所教授)の4名でワーキンググループを作り、2005年春中間報告作成を目途とし、素案を作成することとした。

12月に3回目を開催する。これまでの策定協議会での意見、ワーキンググループでの会議の議論を事務局が箇条書きに書き出し、議論を行う。コーディネー

ターの必要性、産業と文化芸術のつながりについての指摘が見られた。

翌年2月開催の4回目には中間報告（案）が出され、4月開催の5回目の計2回で中間報告（案）を揉んだ。「提言の前書き」と前文の関係、条例の名称について議論する。これらの議論のほか、『京都市芸術文化振興計画推進プログラム』に比べ新たな創造を目指す視点が弱くなっているのではないか、コーディネーターの役割など項目を付け加えれば新たな芸術の創造を強調できるのではなど、基本理念に関わることについて意見が交わされた。

この4回目と5回目の議論で条例の名称が固まっていくのだが、その経緯について紹介しておこう。当時梅原らが「国家戦略としての京都創生の提言」を提出し、京都市が京都創生策を展開しようとしていた。文化条例の名称を検討する際に、京都が「文化芸術都市」であり続けるためには、「これまで文化芸術都市であったこと」に安住することなく，これからも文化芸術のまちづくりに「創造的」に取り組み、魅力あるまちに「再生」していかなければならないとの思いを持たせたのだという。京都創生策を推進する市の流れと連動していくということがあった[14]。また、5回目の策定協議会で「『創生』という言葉を使うのであれば、「芸術文化創生」ではなく、「文化芸術都市」を「創生」するという方がぴったりくる」との意見があった。中間報告のなかで「現在の京都が必要としているのはまったくの無からの芸術文化育成ではなく、すでに存在するすぐれたものの発展的な継承とそれを踏まえた新たなる創造であるならば、「振興」や「推進」よりも「創生」という語を含む名称を採用」すべきだと明記されたことも、ワーキンググループなどでそうした議論があったことが推測される。そうした議論や意見を踏まえ、名称が決められたのだった。

2005年4月中間報告がまとめられる。振興計画の三つの基本的視点等がほぼ踏襲され、①文化芸術活動の継続・発展、②都市生活における文化芸術の充実、③文化芸術交流の促進、④文化芸術環境の向上、⑤文化芸術と産業の連携が基本理念として掲げられた。なお、②都市生活における文化芸術の充実は、策定協議会の議論などを踏まえ新たに付け加えられたものだ。

意見募集とフォーラム開催、8月と10月の計2回の策定協議会を経て、11月「京都市文化芸術振興条例（仮称）に盛り込むべき事項について提言」がまとめられた。策定協議会の意見などを受け、上記5つの理念のうち、①「文化芸術創造活動の継続と発展」が「伝統の継承と新たな創造活動の支援」に、②「都市生

活における文化芸術の充実」が「日常生活における文化芸術の定着」にそれぞれ置き換えられた。「新たな創造活動」という文言が入れられたことで、京都市芸術文化振興計画がより反映された内容となった（表1-18）。

定義規定を置くなど文書課（当時）との調整を経て、2006年3月京都文化芸術都市創生条例が公布され、2006年4月から施行される。

（3）小　括

以上から、京都市芸術文化振興計画の策定にあたり基本理念が徹底的に議論されたが、その理念が策定協議会の議論でもほぼそのまま引き継がれた[15]。その結果、基本理念の条項に次の5つが書き込まれた。①伝統の継承と新たな創造活動の支援、②日常生活における文化芸術の定着、③交流の促進、④文化芸術環境の整備、⑤学術又は産業との連携である（表1-18）。①、⑤の基本理念は、12条、13条、19条、20条など個別条項に反映されている[16]。

京都文化芸術都市創生条例の制定を受け、2007年には京都文化芸術都市創生計画を[17]、2012年にはその改訂版を策定する[18]。いずれも文化条例で謳われた基本理念が引き継がれ（表1-18）、具体的な施策が定められた（表1-19）。

表1-18　文化基本計画と文化条例の基本理念等経年変化

京都市芸術文化振興計画 [1996]	京都文化芸術都市創生条例 [2005]	京都文化芸術都市創生計画 [2006／2011（改定版）]
基本的視点	基本理念	基本理念
①新たな芸術文化の創造をめざす	①伝統の継承と新たな創造活動の支援	①文化芸術に関わる活動が盛んなまち ②文化財が社会全体で守られ、地域の活性化にもつながっているまち
	②日常生活における文化芸術の定着	③日常の生活シーンの中に文化芸術が溶け込んでいるまち
②世界の芸術文化交流の拠点となる	③交流の促進	
	④文化芸術環境の整備	
③芸術文化活動を生活や産業と連動させる	⑤学術又は産業との連携	④文化芸術によって社会全体が活気づいているまち

（筆者作成）

第4章 文化条例の望ましい制定手法（2） 85

表1-19 京都市の文化政策（文化基本計画・文化条例）に関わる年表

年度			市長	それ以外
1978	S53		世界文化自由都市宣言	舩橋求巳 (1971-81)	
1983	S58		京都市基本構想	今川正彦 (1981-89)	
1985	S60		京都市基本計画		
1993	H5		新京都市基本計画—文化首都の中核を目指して	田辺朋之 (1989-96)	
1994	H6		**芸術文化振興計画策定委員会（8月～）**		
1996	H8		**京都市芸術文化振興計画**		
1997	H9			桝本賴兼 (1996-2008)	
1999	H11		「京都市基本構想」「京都市基本計画（第1期）」(2001-10)		
2000	H12	4月	京都芸術センター開設		
2001	H13			12月	文化芸術振興基本法制定
2003	H15		京都市芸術文化振興計画推進プログラム　芸術文化の都づくりプラン（2010年まで）		
		6月	国家戦略としての京都創成の提言		
2004	H16	7月	京都市基本計画第2次推進プラン（2004-08）		
		10月	**第1回京都市文化芸術振興条例（仮称）策定協議会** 歴史都市・京都創生策（案）		
		11月	**第2回京都市文化芸術振興条例（仮称）策定協議会**		

年	元号	月	京都市関連	人物等	月	他自治体条例等
		12月	第3回京都市文化芸術振興条例（仮称）策定協議会			
2005	H17	2月	第4回京都市文化芸術振興条例（仮称）策定協議会			
		4月	第5回京都市文化芸術振興条例（仮称）策定協議会 中間報告			
		8月	第6回京都市文化芸術振興条例（仮称）策定協議会			
		11月	第7回京都市文化芸術振興条例（仮称）策定協議会 京都市文化芸術振興条例（仮称）に盛り込むべき事項について　提言			
2006	H18	3月	京都文化芸術都市創生条例公布			
		4月	京都文化芸術都市創生条例施行		10月	静岡県文化振興基本条例
2007	H19	3月	京都文化芸術都市創生計画（2007.3-17.3）		3月	小金井市芸術文化振興条例 奈良市文化振興条例
		11月	歴史都市・京都創生策Ⅱ			
2008	H20			門川大作（2008-）		
2009	H21				10月	逗子市文化振興条例
2011	H23		「京都市基本計画（第2期）」（2011-20）		12月	さいたま市文化芸術都市創造条例
2012	H24	3月	京都文化芸術都市創生計画改定版			
2015	H27	2月	京都文化芸術プログラム2020			
2016	H28	8月	京都文化芸術プログラム2020⁺			

※文化条例・文化基本計画に直接関わるものを太字としている。

（筆者作成）

2 独自性

ここまでで制定過程を概観したが、京都市の独自性を確認しておくと、次の二つを挙げることができる。

1）「文化芸術都市の創生」の定義規定（2条）
2）基本理念（3条）と個別条項（19条、20条）で学術研究又は産業に関する連携を掲げ各条項で他分野との連携の視点を有し、かつ「文化芸術都市の創生」を前文・条項で掲げ都市政策の視点を有すること

3 文化条例の独自性に影響を与えた制定過程

つづいて、上記の独自性について影響を与えた制定過程を順に検討していきたい。

①「文化芸術都市の創生」の定義規定

定義規定が策定協議会で議論された形跡はない。提言後、条例等法制を担当する文書課（当時）と調整する中で、「提言には含まれていなかった定義の条項を条例では置く必要がある。文化芸術の範囲は、芸術文化振興基本法で対象としている範囲に準じるという解釈もできる。文化芸術都市を創生するということが、どういう意味か分かりにくいので、定義として、説明すべきではないか」と議論があったという[19]。定義規定は、事務局と法制担当課の調整により置かれた。

②基本理念（3条）と個別条項（19条、20条）で学術研究又は産業に関する連携を掲げたこと、「文化芸術都市の創生」を掲げたこと

直接的には、梅原らが策定した「京都創生策」の提言などを踏まえ、策定協議会等での議論に基づく。その背景には、京都市芸術文化振興計画策定の際有識者らが白紙から京都市の文化政策の理念を徹底的に議論し、後述のとおりその理念がその後の施策の実現や文化条例制定の際も引き継がれたことがある。

ここで、独自性とまではいえないが、他の文化条例にない特色に2点触れておきたい。

③「伝統的な文化芸術」（11条）の規定を置いたこと

文化芸術振興基本法の制定以降、茶道、華道を「生活文化」とし、日本古来の「伝統芸能」を「芸術」とは区別するのが一般的であった。ところが、「京都は茶道、華道の多くの家元があるまちであり、国民娯楽と同じ並びの生活文化では括

られない。伝統芸能と併せて「伝統的な文化芸術」として扱うこととしたのだ」[19]という。

④個別条項を措置義務規定としたこと

「京都の文化芸術は担い手が引き継いでいく責務があるだけでなく、市民もそれを守っていく責務がある。努力義務規定みたいなものより、京都だからこそみんなが責務として感じて受け継いでいかないといけないという意識を強く出したほうがよい」[19]という議論がワーキンググループなどであった。そこで、本市の責務、市民の責務とともに、措置義務規定を置いたという。

4 効果と課題

さらに、効果と課題を検討しよう。

一つめの効果は、基本計画の策定（7条）の条項にもとづき、2007年に京都文化芸術都市創生計画を、2012年にその改訂版を策定したことである。文化条例の基本理念がいずれの文化基本計画にも引き継がれている（表1-17参照）。のみならず、文化条例の根拠条項が文化基本計画の各施策に明記され、基本理念を始めとした文化条例の内容が明確に意識されている[17]。一般的に基本計画は総花的になりがちであるが、たとえば改訂版では、三つの重要施策群（①継承と創造に関する人材の育成等、②創造環境の整備、③文化芸術と社会の出会いの促進）に絞り込み、メリハリをつけている。選択と集中である[18]。総じて、限られた予算のなかで実効性ある施策を着実に実現しようとする姿勢が見てとれる。先進的と注目されている事例として、若手芸術家等の居住・制作・発表の場づくりとして2011年「東山 アーティスツ・プレイスメント・サービス（HAPS）」を設置した[20]。いわば、アーティストに対するよろず相談窓口を作ったのだ。上記重要施策群のうち、創造人材の育成、文化芸術と社会の出会いの展開を具体化しようと、芸術家に適した空き家の紹介、閉校施設等の活用による制作場所の提供など施策をより充実させようとしている[20]。

二つめの効果は、審議会を設置したことである（22-24条）。2010年と、2012年からは毎年、施策の評価の取り組みを行っている[21]。評価を取り入れることで、計画（PLAN）・実行（DO）・評価（CHECK）・改善（ACTION）のサイクルを回し、条例・計画にもとづいた政策の継続をより制度的に保障しようとしている。

さて、文化条例制定後約10年余り、京都市芸術文化振興計画策定から約20年余

り、なぜ京都市では当時議論された基本理念を活用した施策を継続的に実現しているのだろうか。

　一つには、有識者らが白紙の状態から回数を重ねて徹底的に議論し、長期的な視野でその時代や都市のニーズに合致した理念を作ったことである。他自治体の文化基本計画策定のプロセスでは例がない。そうしたことで、当時の有識者や担当職員に理念が広く共有されることになった。二つには、京都市では担当者がジョブローテーションで専門性を高めるような配慮がなされていると見受けられることである[22]。京都芸術センター設置にあたり「文化専門官」的な役割を担い続けた南正博の存在を松本[23]が指摘するのもその一例である。三つには、有識者らのうちキーパーソンが継続的に条例制定・基本計画策定・審議会等の委員となって京都市の文化政策に関与し、メンバーこそ替われ時間を超えてその理念が引き継がれたものと考えられることである。

　一方、課題は、文化法の基本原則に関わる規定がそもそも見られなく、推進体制については、財政的措置の努力義務規定や審議会の設置にとどまらない工夫がないことが挙げられる。ただ、個別条項が努力義務規定でなく措置義務規定となっていることから、財政的措置に対する規範が発生しているとも考えられ、その点は他の文化条例に見られない先進的な規定として評価したい。なお、文化法の基本原則や推進体制に関わる条項に関して独自性がやや弱い点については、文化政策研究者が文化条例検討委員会に関与していなことに起因すると考えられる。第1章で言及したとおり、文化政策の研究者であれば、文化法の基本原則等知見を持ち合わせていることが多く、他の文化条例で実際にこれまでも進歩的な影響を与えてきたからである。

３　望ましい文化条例の制定手法

　ここまでで京都市を事例に制定経緯、効果と課題に論及してきたが、まとめておきたい。京都市は二つの独自性を有する。そのうち他分野への活用等については、文化条例制定以前の文化基本計画策定の際、有識者らが理念等を白紙から徹底的に議論し、その明確な理念がその後も有識者・職員らに引き継がれていることが一要因である。創造人材の育成・文化芸術の社会的展開等の理念を具体化し、継続した政策の実現につながっている。一方で、文化法の基本原則等に関す

表1-20　文化条例の独自性、制定過程、効果と課題のまとめ

独自性		制定過程			効果	課題
定義	他分野との連携、都市政策の視点	文化条例検討委員会	文化政策の専門家の参加・協力	庁内調整		
「文化芸術都市の創生」の定義規定（2条）	基本理念（3条）と個別条項（19条、20条）で学術研究又は産業に関する連携を掲げたこと、「文化芸術都市の創生」を掲げたこと	有	無	有	理念等が明確で、かつ有識者・職員らに共有されていることが、継続的に文化条例を意識した基本計画・事業の運営につながっている。	文化法の基本原則や、推進体制に関わる条項に関する独自性がやや弱い。
		その制定過程が影響を与えた独自性				
		他分野との連携、都市政策の視点		定義規定		

（筆者作成）

る独自性がやや弱い（表1-20）。

　以上から、京都市の文化条例を事例として見えてきた望ましい制定手法は、有識者が議論を重ね、長期的な視野で理念等を明確にすること、かつ、制定後も有識者・職員らが継続的に関与し理念等を共有することである。ただ、第3章で調査した4自治体では、京都市の事例検討から抽出された条件をいずれも確認できなかった。人選・時間等の制約から京都市芸術文化振興計画策定の際の議論やそのやり方を他の自治体がそのまま真似し難い。そうだとすると、必要条件とまではいえないが望ましい条件とはいえるだろう。

　繰り返しになるが、京都市では文化条例制定前にすでに京都市芸術文化振興計画があり、その計画を作る際に有識者らの徹底的な議論が行われた。一般的には文化条例制定前に文化基本計画が作られていることは少なく、多くの場合は文化

条例制定の場面で初めて理念等を議論することとなる。

　また、すでに吉田による先行研究[3]が提示した条件、すなわち、知見をもつ文化政策の専門家が参加・協力することが、京都市の文化条例でも必要条件として示された。

1　根木昭『文化政策の法的基盤―文化芸術振興基本法と文化振興条例』（水曜社、2003）。
2　根木昭＝佐藤良子『文化芸術振興の基本法と条例―文化政策の法的基盤Ⅰ』（水曜社、2013）。
3　吉田隆之「文化条例の望ましい制定手法―制定過程等の調査、比較から」文化経済学12巻1号（2015年）26-39頁。
4　本稿の文化条例の表記について、原則として名称を省略し自治体名［公布年度］を記すこととする。なお、再掲の場合は公布年度が説明に必要な場合を除いて省略した。
5　4つの独自性をすべて満たす文化条例はない。なお、小金井市［2006］も3つの独自性を有していたが、自治体規模、地域バランスなどから上記4市を調査したという。
6　京都市「新京都市基本計画　平成の京づくり―文化首都の中核をめざして―」（1993年）117頁。
7　京都市「京都市芸術文化振興計画―概要版―」（1996年）。
8　松本茂章『官民協働の文化政策　人材・資金・場、水曜社』（2011年）82-87頁。
9　京都芸術センター「京都芸術センターとは　沿革」available at http://www.kac.or.jp/history/（2016年7月1日最終確認）
10　京都市「京都市会会議録」available at http://www2.city.kyoto.lg.jp/shikai/kaigi/ka_index.html（2016年7月1日最終確認）
11　京都市「京都市基本計画第2次推進プラン～新しい時代は京都から～」（2004年）
12　京都市「京都市文化芸術振興条例（仮称）策定協議会」『京都市情報館』available at http://www.city.kyoto.lg.jp/bunshi/page/0000004402.html（2016年7月1日最終確認）
13　京都市「歴史都市・京都創生策（案）」『京都市情報館』available at http://www.city.kyoto.lg.jp/sogo/page/0000035090.html（2016年7月1日最終確認）
14　2015年12月7日京都市文化市民局文化芸術都市推進室文化芸術企画課計画推進担当課長吉岡久美子へのインタビューにもとづく。
15　京都市「京都市文化芸術振興条例（仮称）策定協議会」『京都市情報館』摘録第1回～第7回、（2004-2005年）available at http://www.city.kyoto.lg.jp/bunshi/page/0000004402.html（2016年7月1日最終確認）
16　京都市「京都文化芸術都市創生条例」『京都市情報館』available at http://www.city.kyoto.lg.jp/bunshi/page/0000004382.html（2016年7月1日最終確認）

17　京都市『京都文化芸術都市創生計画』(2007年)
18　京都市『京都文化芸術都市創生計画　改訂版』(2012年)
19　①、③、④の独自性について、いずれも2015年12月7日京都市文化市民局文化芸術都市推進室文化芸術企画課計画推進担当課長吉岡久美子へのインタビューにもとづく。
20　HAPS 東山アーティスト・プレイスメント・サービス「HAPSとは」available at http://Haps-kyoto.com/about/（2016年7月1日最終確認）
21　京都市「京都市文化芸術都市創生審議会」『京都市情報館』available at http://www.city.kyoto.lg.jp/bunshi/page/0000004534.html/（2016年7月1日最終確認）
22　平竹耕三は、2007年文化市民局文化芸術都市推進室長、2011年文化市民局文化芸術担当局長、2013年文化市民局長を経て文化芸術政策監を務める。専門性を活かし、2016年「自治体文化政策［まち創生の現場から］」（学芸出版社）を上梓した。また、本章の執筆にあたり2015年12月7日吉岡久美子にインタビューを行っているが、吉岡は文化条例制定に関わり、別の部署に転じた後、再度文化行政に従事している。
23　松本茂章『官民協働の文化政策　人材・資金・場』（水曜社、2011年）92-93頁。

［謝辞］　本編の執筆にあたり、静岡県文化・観光部文化学術局文化政策課（当時）、奈良市市民活動部文化振興課、逗子市市民協働部文化振興課（当時）、さいたま市市民・スポーツ文化局スポーツ文化部文化振興課（当時）、京都市文化市民局文化芸術都市推進室文化芸術企画課の皆さまにインタビュー等でご協力賜りました。また、各論文の執筆の際は、伊藤裕夫（文化政策研究者）、小林真理（東京大学大学院人文社会系研究科准教授）、中川幾郎（帝塚山大学名誉教授）、熊倉純子（東京芸術大学音楽学部音楽環境創造科教授）研究室を始めとして多くの先生方や学生仲間から、学会発表や査読の際ご指導・アドバイスをいただき、示唆を得ることができました。この場を借りて厚くお礼申し上げます。

第 2 編
スポーツ条例の研究

序　論

　本編は、スポーツに関する条例を研究した成果を所収するものである。
　第1章は、「地方自治体におけるスポーツ立法政策の展開〜条例政策の視座〜」（地域総合研究第12号139-156頁、松本大学地域総合研究センター、2011（平成23）年）に所収された論文である。執筆後、2011年6月17日にスポーツ基本法が制定された。その後、スポーツ基本計画が2012年3月30日に策定されている。しかし、スポーツ条例は、従前どおり制定されており、むしろスポーツ基本法後には、より多くのスポーツ条例が制定される傾向にあることは、共著論文（「スポーツ条例の比較考察―文化条例との対比から―」（日本スポーツ法学会第21号106頁、2014（平成26）年）の指摘するとおりである。
　第2章は、「2008国際学術大会（第6回）「スポーツ基本権の保障と国民体育振興の法的課題」大会論文集、445-467頁、（社）韓国スポーツ・エンターテイメント法学会、2008（平成20）年」に所収された論文である。執筆当時の感触を残すために当時のままに掲載する。当時は、スポーツ基本法（2011年6月制定）によって、いわゆるスポーツ権が規定されていなかった。スポーツ基本法によってスポーツ権が規定されてから、幾つかの地方公共団体条例によってスポーツ権に関する規定がおかれるに至っている。
　第3章は、「『韓国地方自治体でのスポーツ基本条例制定の可能性に関する一考察』スポーツと法、第11巻第14号（通巻第17号）235-249頁、（社）韓国スポーツ・エンターテイメント法学会2008（平成20）年」に所収された論文（他の共著者：徐相玉、黃龍）の原型となった日本語により執筆されたものである。同論文は、吉田が日本語により執筆し、それを他の共著者によって韓国語に翻訳され、3名の共著として発表されたものである。共著者の了解を得たのでここに掲載する。
　第4章は、日本におけるスポーツに関する個別的な条例について言及したものである。スポーツに関する条例は、スポーツに関する基本的・全般的な政策を内容とするスポーツ基本条例といってよい条例と対象範囲を限定した政策を規定する個別的な条例に大別することができる。本章は、その特徴を有する個別的条例について取り上げるものである。
　まず、第1節では、公園でキャッチボールができるようにした条例で、『スポーツ六法2014』114頁（信山社、2014年）に所収されたものである。第2節は、

長野県における登山の安全確保を目指した条例で、「条例ナビ：長野野県登山安全条例」（判例地方自治402号117頁［ぎょうせい、2016年］）として執筆されたものである。第3節は、滋賀県草津市の熱中症の予防に関する条例が廃止されたことについて論じたもので、「条例による熱中症予防政策の展開－『草津市熱中症の予防に関する条例』の制定及び廃止の検討－」（文理シナジー19巻1号［2015年］7-15頁）に所収されたものである。

なお、ここで「スポーツ条例」及び「スポーツ基本条例」の用法について付言しておきたい。文化政策学の研究分野では、文化に関する条例について、いわゆる振興条例を特別法的なものとしてとらえ、一般法的な性格のものを基本条例と考えている。しかし、本編では、「スポーツに関する基本的な政策を盛り込んだ条例」を「スポーツ基本条例」と理解しつつ、いわゆるスポーツ振興条例なども、「スポーツ基本条例」に含めている。ただし、本書の他の箇所では、「文化条例」の表記に合わせて「スポーツ条例」の表記を用いている。

スポーツ振興に関する条例については、「スポーツのまちづくり条例」などを指す（学校体育施設開放条例やスポーツ施設に関する条例は含まない）ものとして、「スポーツ振興に特定した条例」との表記をするケースもある（文部省委託調査「スポーツ政策研究」報告書（2011年7月、笹川スポーツ財団））ことを指摘しておきたい。

第1章　地方自治体における条例政策の視座

1　研究の目的

　近時、現在のスポーツ振興法の全面改正が検討されている。2009（平成21）年の第171回国会では、自民党有志（代表：森喜朗議員）らから「スポーツ基本法案」が提出された。結局、会期途中での衆議院解散により廃案となった。その翌年の第174回国会には、自民党・公明党から「スポーツ基本法案」が提出されたが、継続審議となり、未だ成立には至っていない。他方、与党の民主党からも、「スポーツ基本法案」の提出が検討されている。スポーツ振興法やスポーツ基本法（案）は、国のスポーツに関する基本的政策であり、国のスポーツに関する立法政策の中核をなすものである。

　他方、地方自治体では、スポーツに関する基本的な政策は、スポーツ振興法4条3項に基づくスポーツに関する各地方自治体の基本的な計画（以下、「地方スポーツ振興計画」という）によって個別的に策定されているケースが比較的多くみられる。観光、建設等の他の計画とともに総合計画の中でスポーツ関する計画が組み入れられているケースも少なくない。過去、スポーツ都市宣言が盛んに行われた時期もある。これは、数項目の宣言の文章を並べたもので、スポーツ団体関係者の集まりで唱和されることもある。

　ところが、地方自治体によっては、スポーツ関する基本的な政策が、地方自治体の最高規範であり、憲法とでもいうべき、「条例」によって制定されているところがある。特に、最近では、「まちづくり」政策とを関連させて、スポーツ振興をまちづくり政策に取り込むケースがしばしば見られるようになった。

　もちろん、地方自治体のスポーツに関する立法政策は、条例に限られるものではない。広く、規則、教育委員会規則、規程等といった呼称を付せられたものもある（例えば、松本市学校体育施設の開放に関する規則）[1]。しかし、地方自治体の憲法といわれ、住民の意思を代表する議会によって成立した条例によって決定された政策こそが、スポーツ立法政策を視座に置いた場合、まずもって考察の対象とさ

れるにふさわしいものである。

　そこで、本研究では、このようなスポーツに関する立法政策、特にスポーツに関する基本的な政策を盛り込んだ条例（以下「スポーツ基本条例」という）を対象として、まず、その制定の歴史とともに現状を概観し、その特徴や傾向を分析する。そして、その上で、今後の研究の視座をどのように持つかについて考察することを目的とする。該当する条例を所与のものとして、平面的に分析するのみでは、今後、条例を制定することによって政策を実効あらしめることは難しいからである。

2　本研究の対象とする条例及び地方自治体の範囲

（1）　考察の対象とした条例の範囲

　スポーツに関する条例という場合には、一つの法典としての条例の中に、スポーツに関する規定が含まれる場合がある。例えば、大阪府文化振興条例[2]の中で、13条では、スポーツ文化の振興を図ることが規定されているような場合である。他方、条例全体がスポーツに関するものである場合がある。例えば、北海道少年スポーツ振興基金条例[3]が該当する。本研究が対象とするのは、後者のケースである。前者の場合も、スポーツ立法政策に異ならないことから、本来ならば考察の対象とすることが望ましいが、後日を期すこととしたい。

　また、本研究では、条例名に「スポーツ」の語を含むものを取り出して考察の対象とした。「スポーツ」の語が条例名に使用されていることによって、当該条例がスポーツ政策を主として企図するものであることが、明確であるからである。例えば上記大阪府文化振興条例は、同条例の中でスポーツ政策について触れているが、その分量たるや、一つの条文のみである。これでは、あまりに抽象的で、限られた範囲の政策でしかない。十分なスポーツに関する政策が立法によって行われるとは言い難い。なお、山口県スポーツ交流まちづくり拠点施設条例[4]は、条例名に「スポーツ」「まちづくり」の語を含むものであるが、実質は、県有施設の管理条例である、県有施設である「山口県おのだサッカー交流公園」（山陽小野田市）を、「スポーツ活動を通じて県民の交流及び連携を促進し、もって個性豊かで活力に満ちたまちづくりを推進するため」の施設として位置づけたに過ぎないものである。したがって、本研究でいうところのスポーツ基本条例には含めない。

（2） 考察の対象とした地方自治体の範囲

2010（平成22）年4月1日現在、全国の地方自治体の数は、1,797である[5]。本研究では、そのうち、Webサイトにおいて、例規を「○○市例規集」や「○○県法規集」等として公開している全地方自治体を対象とした[6]。

調査のできた地方自治体は、都道府県（47）、東京都の全特別区（23）を始めとして、政令指定都市（19）を含む786市全てについて調査することができた。町村については、Webサイトで公開していないケースもあり、末尾掲載の［別表　調査対象とした町村一覧］に掲載された町村（全町村941中の694）を調査した。全ての地方自治体を網羅していないが、合計1,550の地方自治体となり、全国の地方自治体の86％超であった。

3　調査方法及び時期・期間

調査方法としては、第一段階として、上掲Webサイトにおいて、キーワードとして「スポーツ」で横断検索を行い、該当条例と推測される条例を抽出した。抽出した条例を上掲対象要件（スポーツ全般にわたった政策が読み取れること及びタイトル名に「スポーツ」の語が入っていること）を充足する条例を選定した。その上で、精度を高めるために、上掲Webサイトに公開されている全地方自治体の例規集類にあたった。

調査の着手は、2009年10月（平成22年度科学研究費申請時）であり、その後随時収集に当たった。着手以後の条例制定状況の変化を考慮し、2010年12月末から2011年3月20日までの期間において、集中的に、調査済みの地方自治体については再度例規集にあたり、未着手の地方自治体については新たに調査を行った。

4　先行研究

そもそも、スポーツの政策に関する研究は他のスポーツ関係分野に比して多くない。ましてや、地方自治体に関する研究成果はなおのこと少ない。そのような中にあって、これまでは、地方自治体のスポーツ政策関係の研究の中心は、条例ではなく、スポーツ振興計画（行政の内部的指針）の策定やその内容であった[7]。

しかし、近時、環境、福祉等といった様々な領域で、政策を条例化することにより、政策の展開を活発に行おうとする「政策の条例化現象」がみられ、様々な条例が制定されている。ところが、スポーツ政策の分野においては、従来から、

スポーツに関する条例が、多数見受けられ（例えば、スポーツ施設使用料条例、スポーツ振興基金条例）、またスポーツによるまちづくり条例等、注目すべき条例が制定されているにもかかわらず、これまで、さほど学問的研究の対象としての関心が持たれて来なかった。

以前から年度版として毎年出版され、スポーツ行政実務担当者の座右の書であった『体育・スポーツ指導実務必携』[8]や、わが国で初めてスポーツ関係の法規を収集し毎年発行されてきた『スポーツ六法』[9]でも、条例等の地方自治体の法令は、所収されてこなかった。

このような状況の中で、2000（平成12）年7月に、筆者は日本体育・スポーツ政策学会第11回学会大会（国立スポーツ科学センター）において、「スポーツ基本条例の制定に関する一考察」と題して、スポーツ政策の条例化（特にスポーツ権保障規定を盛り込んだ独自の条例）を論じ、「スポーツ基本条例試案」を提示した。2004（平成16）年3月には、大学院修士論文「スポーツ基本条例の制定に係る憲法上の諸問題に関する一考察」において、スポーツ基本条例案を模索しつつ、それを制定する上での憲法上の問題点を指摘し、検討した。

2005（平成17）年には、『スポーツ六法2005』[10]においては、地方自治体の条例の重要性が着目され、北海道アウトドア活動振興条例[11]を始め、幾つかの条例が所収されるに至った。2006（平成18）年6月に到り、上掲修士論文は、同一タイトルで「スポーツ法研究（第8号）」誌[12]に掲載された。また、筆者は、2006（平成18）年、日本スポーツ法学会において、スポーツ施設等の公の施設に指定管理者制度が導入されたことに伴い、関係条例を検討し、「地方自治体のスポーツに係る立法政策」と題した研究報告を行うとともに、同学会誌で同一タイトルの研究論文を発表する機会を持った。これらの論文を収めた『地方自治体のスポーツ立法政策論』を2007（平成19）年に上梓した。

更に、筆者は、2008（平成20）年10月に韓国で「スポーツ基本権の保障と国民体育振興の法的課題」を主テーマとした2008国際学術大会（第6回、韓国スポーツ・エンタテイメント法学会主催）において、「日本の地方自治体のスポーツ基本条例制定の可能性に関する一考察」と題して、研究発表を行った。同発表は、大会論文集[13]において掲載された。これまでに日本で制定された地方自治体のスポーツ基本条例の現状を述べた上で、その課題を検討し、考察したものである。

また、後日、「韓国地方自治体でのスポーツ基本条例制定の可能性に関する一

考察」とのテーマで、論文発表を行った[14]。

以上から明らかなように、これまでに、スポーツ基本条例に関する研究成果は幾つか存在するが、既に制定されたスポーツ基本条例を一括して内容を始めとして、制定経緯や評価に関する研究成果は見当たらない。

5 スポーツ基本条例の制定状況

我が国では、東京オリンピック開催に向けて、我が国初めてといってよいスポーツ政策に関する法律であるスポーツ振興法が1961（昭和36）年に制定された。スポーツの定義（第2条）、国又は地方自治体のスポーツの振興に関する計画の策定（第4条）、優秀な選手やスポーツ振興に功績のあった者の顕彰（第15条）、スポーツ振興審議会の設置（第18条）、体育指導委員（第19条）等の規定を置いた。また、スポーツ振興の基本的計画は、国においては、40年後の2000年にようやくスポーツ振興基本計画を策定し、2006年に改定を行った。他方、地方自治体においては、国の計画を参考にしてスポーツ振興計画が策定されてきた。しかし、その計画とは別にスポーツに関する基本的な条例を制定する地方自治体も、極めて稀であったが、存在した。

地方自治体の種別では、県関係が3件、東京都特別区関係が2件、市関係が6件、町関係が7件となっている。

（1） スポーツ基本条例の歴史

スポーツ基本条例といえるものは、上掲調査の範囲内では、下掲［表　スポーツ基本条例一覧］に掲げられた条例を指摘することができる。制定順に掲載した。

（2） 条例の類型化

これまで制定されたスポーツ基本条例は、制定時期を基準として、4つの類型（第Ⅰ類型〜第Ⅳ類型）に分けることができる。以下に、少し概観することとする。

［第Ⅰ類型］　　初期において、幾つかの地方自治体で、スポーツ振興条例が制定された。「倶知安町スポーツ振興条例」（昭和47年）、「長与町スポーツ振興条例」（昭和51年）、「川島町スポーツ振興条例」（昭和52年）、「長瀞町スポーツ振興条例」（昭和52年）、「弟子屈町スポーツ振興条例」（昭和56年）、「横瀬町スポーツ振興条

表　スポーツ基本条例一覧

番号	都道府県	条例名	制定年月日	条例番号	類型等
1	北海道	倶知安町スポーツ振興条例	S47.12.19	19号	第Ⅰ類型・代表条例①
2	長崎県	長与町スポーツ振興条例	S51.8.2	25号	第Ⅰ類型
3	埼玉県	川島町スポーツ振興条例	S52.10.1	23号	第Ⅰ類型
4	埼玉県	長瀞町スポーツ振興条例	S52.12.27	14号	第Ⅰ類型
5	北海道	弟子屈町スポーツ振興条例	S56.7.9	12号	第Ⅰ類型
6	埼玉県	横瀬町スポーツ振興条例	S58.12.25	16号	第Ⅰ類型
7	東京都	葛飾区文化・スポーツ活動振興条例	H2.3.16	4号	第Ⅱ類型・代表条例②
8	福島県	矢吹町文化・スポーツ振興条例	H8.3.8	18号	第Ⅱ類型
9	埼玉県	秩父市スポーツ振興条例	H17.4.1	124号	第Ⅰ類型
10	島根県	21世紀出雲スポーツのまちづくり条例	H18.6.28	56号	第Ⅲ類型・代表条例③
11	埼玉県	埼玉県スポーツ振興のまちづくり条例	H18.12.26	70号	第Ⅲ類型
12	東京都	品川区文化芸術・スポーツのまちづくり条例	H19.12.10	45号	第Ⅲ類型
13	長野県	長野市文化芸術及びスポーツの振興による文化力あふれるまちづくり条例	H21.9.25	38号	第Ⅲ類型
14	埼玉県	東松山市スポーツ振興まちづくり条例	H21.12.18	29号	第Ⅲ類型
15	埼玉県	さいたま市スポーツ振興まちづくり条例	H22.3.25	14号	第Ⅲ類型
16	山口県	下関市スポーツ振興のまちづくり基本条例	H22.3.29	27号	第Ⅲ類型
17	鹿児島県	スポーツ振興かごしま県民条例	H22.6.25	27号	第Ⅳ類型・代表条例④
18	千葉県	千葉県体育・スポーツ振興条例	H22.12.24	61号	第Ⅳ類型

備考：資料①②③④は、各類型の代表的条例として末尾に全条文を掲げたもの（資料1〜4［110頁以下］参照）。

例」(昭和58年)である。条例政策としては、第1期といってよい。

　これら6件の条例とも第1条でもって「スポーツの振興に関する施策の基本を明らかにし、もって住民の心身の健全な発達と健康で明るい生活形成を助長し、本町の社会体育の向上に寄与することを目的と」(倶知安町)して制定された。倶知安町の条例が規定するように、「スポーツ振興法(昭和36年法律第141号)の規定に基づ」くものであった。このため、スポーツの定義は、スポーツ振興法第2条と同趣旨としており、スポーツ振興審議会に関する規定も同条例内で規定している。他の多くに地方自治体は「スポーツ審議会条例」という名称の条例を多く持っているものとは対照的である。また、体育指導員に関する規定を置いている。これについても、多くの地方自治体は、「体育指導員規則」なるものを別個に設けている。

　平成17年に制定された「秩父市スポーツ振興条例」(平成17年)も、スポーツ振興審議会や体育指導委員に関する規定をもたないが、条例名、スポーツの定義、条数等の類似性からして、このグループに含めてよい。

　[第Ⅱ類型]　スポーツは、ときにスポーツ文化として文化芸術と同じ扱いを受ける場合がある。大阪府文化振興条例では、同条例内で「スポーツの振興」が謳われている。これなどは、スポーツはまさに文化の一側面であるとの考えによるものである。そうではなくて、一応スポーツと文化とは区別をしつつも、同一条例で振興を唱える条例が出てきた。それが、「葛飾区文化・スポーツ活動振興条例」であり、「矢吹町文化・スポーツ振興条例」である。

　葛飾区の条例は、制定の目的を「区民の自主的な文化活動及びスポーツ活動の振興を図ることにより、地域社会の活性化に寄与するとともに豊かな区民文化の創造と健康で活力に満ちた区民生活の向上に資することを目的とした。その上で、区の「文化・スポーツ活動の振興のための施策を総合的かつ効果的に推進す」べきことや、文化・スポーツ活動の促進のため、「これらの活動に対する援助、助成その他の必要な措置を講ずる」べき努力義務を課した。さらに、行事への参加に対する助成が可能であることも規定した。

　矢吹町の条例では、「スポーツとは、陸上競技、野球、テニス、水泳などから、登山、狩猟などにいたるまで、遊戯、競走、肉体的鍛錬の要素を含む運動であって、心身の健全な発達を図るためにされるものをいう。」とし、スポーツ振興法のスポーツ概念を踏襲しなかった。その上で、町の責務やスポーツ環境の整

備への努力義務を課した。

　これらの条例は、スポーツ振興法を受けてのスポーツ振興（文化の振興とともに）を図ろうとするものではなくなっている。スポーツ振興審議会や体育指導委員に関する規定は見当たらない。

　[第Ⅲ類型]　「21世紀出雲スポーツのまちづくり条例」に始まった「スポーツでまちづくり」を意図する条例の一団である。2000年前後から、独自の条例づくりの風潮が、全国の地方自治体で広がり始め、一般行政職員研修などでも研修内容にとりいれられるようになって来た。そのキーワードの一つが、「まちづくり」であった。出雲市の条例から「まちづくり」の語が条例に入った。出雲の条例が、立法政策としての到来を告げるものと言って良い。内容（まちづくり政策の一環として制定）、分量（これまでは10条程度、出雲は多い）。スポーツ立法政策上、出雲の条例の果たした役割は大きい。

　引き続いて「埼玉県スポーツ振興のまちづくり条例」（平成18年）が県レベルで最初に制定された。その後、「東松山市スポーツ振興まちづくり条例」（平成21年）、「さいたま市スポーツ振興まちづくり条例」（平成22年）、「下関市スポーツ振興のまちづくり基本条例」（平成22年）が制定された。他方、スポーツと文化とが合わさって、「品川区文化芸術・スポーツのまちづくり条例」（平成19年）や「長野市文化芸術及びスポーツの振興による文化力あふれるまちづくり条例」（平成21年）のような条例が制定された。

　この時期の条例は、前文において理念が盛り込まれているものもあり（出雲市、品川区、長野市、さいたま市、鹿児島市）、条例制定にかける思いの強さがうかがわれる。

　[第Ⅳ類型]　「スポーツ振興かごしま県民条例」（平成22年）及び「千葉県体育・スポーツ振興条例」（平成22年）は、最新のスポーツ基本条例である。条例名から、「まちづくり」が消えた。しかし、鹿児島県の条例は、「スポーツの振興による地域づくり」を第16条で規定し、千葉県の条例は、「活力ある地域社会の実現」への寄与（1条）を述べる。

6　今後の研究の在り方における視座

　以上、スポーツ基本条例を概観し、その傾向（歴史的観点を含めて）の一端を把握した。それでは、今後、どのような視座に立って、スポーツ政策研究を進めて

いくべきか考えてみたい。より良いスポーツ基本条例の制定、スポーツ政策の展開を探求するために、現在考えられる諸項目について以下に列挙することとする。便宜上、①研究の基本的視座、②既存のスポーツ基本条例に関する徹底した実態把握、③スポーツ基本条例の評価、④条例を制定する理由の探求、⑤既存のスポーツ条例に関する具体的問題の解決の試み、に分類する。

（1） 研究の基本的視座

地方自治体のスポーツ政策の体系化に向けた研究へのシフトが求められる。地方自治体のスポーツ政策の体系化は、学問的見地からは、国のスポーツ政策の体系化と同じように重要なことである。そして、これまでは、スポーツ振興計画に重点が置かれていた。しかし、国のスポーツ政策の根本がスポーツ振興法にあって、スポーツ振興基本計画ではないのと同じく、地方自治体においては、スポーツ基本条例が、スポーツ振興計画やその他のスポーツ政策に優位に立つものである。従って、地方自治体のスポーツ政策においては、条例を含めた幅広い視野に立った研究が求められている。

（2） 既存のスポーツ基本条例に関する徹底した実態把握（調査）と分析

ヒアリング調査等によって収集された情報を、内容、制定過程、制定趣旨（立法趣旨、制定理由）、立法事実（制定の背景となった事情）や議員立法か否か（主体的役割を果たした者）、条例で規定した理由（スポーツ振興計画との関係性・位置づけ）、長所・短所、条例による効果等について分析を行う。これにより過去の条例の実態を把握でき、また特徴・傾向を把握できる。更に、社会的背景等について詳述すれば以下の通りである。

ア　当該地方自治体及び当該地方自治体を含む社会的背景（法学の世界では、「立法事実」という）を把握する必要がある。これなくしては、条例制定の意義を正確に理解することができないし、その条例の存在意義を正当に評価することができないと考えられるからである。

イ　誰が主体的な役割を果たしたのかを明らかにする。条例の制定には、様々な人が関与する。政治家、首長、行政職員等である。条例制定に当たって、大きな役割を果たした者を把握することは、今後の、他の地方自治体での条例政策の展開の在り方関わってくるものと考えられる。政治家のパフォーマンスに終わる

のであれば、決して住民のためにならず、意義あるスポーツ基本条例の制定は望めない。

　ウ　また、スポーツ政策の決定には、住民の意思を無視できない。制定の段階で、住民の意思をどのように吸い上げてきたかの検証が必要である（コンプライアンス等）。最近では、重要な政策決定にあたっては、一般的な条例制定手法（政策決定手法）を踏むことが求められている。スポーツ関係の政策決定は、行政機関、スポーツ団体関係者が主体となってきていた。一般のスポーツ愛好者やスポーツ嫌いな一般住民の意思も反映させる必要がある。

　エ　条例の内容を表面的に比較し、歴史的にどのように変遷してきたかを考察するだけでは、スポーツ立法政策の研究としてはさほどの意義はない。むしろ、その条例が、どのような意図で制定され、なぜそれぞれの条項が規定に盛り込まれたか、また、どのような効果をもたらしたかを明らかにすることが重要である。今後の研究は、これらの点に集中すべきである。このためには、ヒアリング調査を十分に行う必要がある。スポーツ振興計画がある地方自治体では、敢えて、条例を制定までする必要はないのではないと考えられる。また、スポーツ立法政策、なかんずく、条例政策においては、何故条例でなくてはいけないのか、規則ではダメか、規程ではダメか、と言った議論も常に問題とされるべきである。スポーツ基本条例の研究に当たっては、常に逢着する問題であると認識しなければならない。

　オ　「スポーツ振興条例」という名の条例だけを取り上げてみると、昭和51年から52年にかけて3件の条例が制定されている。それ以外は、時を経て次の条例が制定されている。昭和47年（倶知安町）、昭和51年～52年（長与町、川島町、長瀞町）、昭和56年（弟子屈町）、昭和58年（横瀬町）、平成8年（矢吹町）、平成17年（秩父市）、平成22年（鹿児島県、千葉県）である。いかなる背景があるのか、立法政策の観点からは、今後明らかにされることが期待される。

　カ　埼玉県関係が多い。川島町（昭和52年）、長瀞町（昭和52年）、横瀬町（昭和58年）、秩父市（平成17年）、埼玉県（平成18年）、東松山市（平成21年）、さいたま市（平成22年）という状況である。何か理由があるかは、ヒアリング調査で詳細に検討されることが求められる。

　キ　出雲市の条例（平成18年）から「まちづくり」の語が条例に入った。しかし、鹿児島県の条例（平成22年）では「まちづくり」がキーワードになっていな

第1章 地方自治体における条例政策の視座 107

い。この理由も調査する必要があろう。

　ク　条例名からみた場合、特に第Ⅲ類型について、スポーツで「まちづくり」をすることを意図しているのか、スポーツの振興を図ることに重点を置いているのか、不鮮明である。中身を吟味する必要があるとともに、条例名を長野市のように、わかりやすくできないか。ヒアリング調査で明らかにすることが可能である。

　ケ　同じ県というレベルの地方自治体であり、地域づくりや活力ある地域社会の実現を意図しながら、埼玉県の条例は「まちづくり」を条例名に掲げた。これに対して、最近の鹿児島県や千葉県の条例は、取り上げていない。何か社会的背景が考えられるのか、スポーツ政策的に何か理由があるのか、検討する機会があってよいと考えられる。

　コ　スポーツ基本条例の制定の歴史を一覧するだけでも、類型をことにして変遷してきていることが明らかである。この変遷の有り様について考察を深めることは、今後のスポーツ基本条例の在り方を検討する上で大いに参考となる。

（3）　スポーツ基本条例の評価

　条例制定の効果を評価しておく必要がある。この検証作業は不可欠である。ヒアリングの結果や該当都道府県・市町村のスポーツ関係者（例：体育指導委員、スポーツ団体の役員等）に対して、条例の評価に関するアンケート調査を行い、スポーツ基本条例の効果や問題点を明らかにする。経費面からの評価も考慮したい（予算を使わない政策）。お金を使わなくて効果をあげていれば、他の地方自治体も学ぶべきである。

（4）　条例項目・内容の研究

　本研究では、研究の性格上スポーツ基本条例の各条の内容の検討にまで入っていない。しかし、内容が重要であることは疑いないことである。ここでは、規定内容の具体性とスポーツ権規定について指摘しておくこととする。

　ア　地方自治体のスポーツ政策の基本的方針ないし方向性を決定するスポーツ基本条例は、その性格からして、強制力を伴わない訓示的規定となりやすい。しかし、それでは、条例に実効性を保つことができないし、実質的に適用を受ける行政職員や住民にしても、遵守への気持ちが薄らぐ可能性は高い。しかし、ス

ポーツ基本条例に具体的規定を盛り込むことができないかというと、そうではない。例えば、スポーツ振興審議会に関する規定を、スポーツ基本条例に中に取り込めば、委員数や男女比率の規定は、実効性を持つことができる。これに関する研究は、まだ未開拓である。

　イ　現在、自民党・公明党から第174回国会（平成22年）に提出され継続審議中になったままである。そこでは、スポーツ権とは表記されていないが、「スポーツを行う者の権利利益」の保護に関する規定が第28条に盛り込まれた。これはとりもなおさず、スポーツ権に関する規定である。スポーツ権が「法案」ではあるが、法レベルで国会の議論の対象となったことは画期的である。民主党も「スポーツを通じて幸福で豊かな生活を実現する権利」との文言を民主党独自の「スポーツ法案」に組み入れるとのことである[15]。

　スポーツ権を条例に盛り込むことについては、筆者が「スポーツ基本条例試案」において、2000年7月に日本体育・スポーツ政策学会の一般研究発表）において発表している。その際は、スポーツ権の重要性から、国法レベルよりも、地方レベルの方が、規定として盛り込まれやすいことを主張して提案したものであった。10数年を経て、ようやく、しかも、一気に国法レベルでの実現の可能性が高まった。このような状況であることから、国法レベルでの規定への盛り込みの方が早く実現しそうである。今後、地方のスポーツ基本条例が制定される際には、必ずやスポーツ権を規定に盛り込むか否かについて議論がなされることが予測される。スポーツ権の規定は、スポーツ基本条例の喫緊の研究課題となった。

（5）　十分な情報収集ができる調査の実施

　スポーツ基本条例に関するヒアリング調査は、十分に時間をかけて実施すべきである。特に既にスポーツ基本条例を制定していることが判明した地方自治体に対しては、ヒアリング調査を行うことが望ましい。また、制定の動きのある地方自治体に対しても実施する。調査項目は、実態の解明に必要な項目（文面上の内容ではなく、解釈上の意味）、立法趣旨（制定の理由）、立法事実（制定の背景となった事情）や議員立法か否かは、もちろんのこと、その他必要な情報全てに渡るものである。研究の成果は、この調査が適切であったか否かにかかるといってよい。

（6） 文化芸術分野との比較研究

　スポーツは、人が生物学的に生きるためには必須のものではないが、人間らしく生きるためには不可欠のものである点において、文化と類似している。今回の調査で、スポーツ基本条例の実態をある程度把握できた。しかし、文化に関する文化基本条例とでもいうべきものは、本研究において具体的に制定件数を掲げることはできないが、数的には、スポーツ基本条例をはるかに超えて制定されている。スポーツ予算を議論する場合に、文化予算を引き合いに出すことがしばしば行われるが、これと同じく、今後の研究において、文化基本条例（多くは、文化振興条例と称されている）との対比も検討されてよい。

7　まとめ

　近時、スポーツの分野でも、ようやく法律や条例といった法規範で政策を実施しようとする「立法政策」の手法が論じられるようになってきた。条例という住民の意識を反映したものであることから、地方スポーツ振興計画（行政機関が決めた内部的指針にすぎない）とは異なる。地方のスポーツ政策にあっては、スポーツ都市宣言や行政内部指針にとどまる地方スポーツ振興計画が議論の中心で、立法すなわち条例によるスポーツ政策の展開は最近まで考えてこられなかった。

　本研究は、その中心ともいえるスポーツ基本条例に焦点をあてて、その実情を歴史的観点をも含めて概観しつつ、条例政策の研究の在り方について若干の考察をしたものである。そして、それを踏まえて、今後の地方自治体のスポーツ立法政策の研究の方向性を幾つか示した。

　今後、本研究を土台に、既に制定されているスポーツ基本条例について、制定経緯、立法事実（制定の基礎となった事実）等が明らかにされることによって、当該条例の実態をより多角的に知ることができよう。更に、当該スポーツ基本条例の評価を行うことによって、今後スポーツ基本条例の更に良質な条例が制定されることに役立つこととなるであろう。

　今後、スポーツ「立法」政策の研究が、一段と進むことを期待したい。

［資料1　代表条例①（第Ⅰ類型の例）］
「倶知安町スポーツ振興条例」（昭和47年12月19日条例第19号）
（目的）
第1条　この条例は、スポーツ振興法（昭和36年法律第141号）の規定に基づき、スポーツの振興に関する施策の基本を明らかにし、もって住民の心身の健全な発達と健康で明るい生活形成を助長し、本町の社会体育の向上に寄与することを目的とする。
2　この条例の運用にあたってはスポーツを行うことを住民に強制し、又はスポーツを前項の目的以外に利用することがあってはならない。
（定義）
第2条　この条例において「スポーツ」とは、運動競技及び身体運動等で、心身の健全な発達を図るために行われるものをいう。
（町技）
第3条　倶知安町は、スポーツの振興を図るため町技を指定することができる。
2　前項の指定にあたっては議会の同意を得て町長がこれを宣言する。
（町技の振興）
第4条　町技の振興に関して必要な事項は、規則で定める。
（スポーツ振興審議会）
第5条　スポーツの振興に関する事項を審議させるため、倶知安町スポーツ振興審議会を置く。
2　スポーツ振興審議会の委員の定数は、10人以内とする。
3　委員の任期は、2年とし、欠員を生じた場合の補欠委員の任期は前任者の残任期間とする。
4　スポーツ振興審議会委員について必要な事項は、規則で定める。
（体育指導委員）
第6条　スポーツの振興について実践活動及び実技指導を行うため体育指導委員を置く。
2　体育指導委員の定数は、10人以内とする。
3　体育指導委員の任期は2年とし、欠員を生じた場合の補欠委員の任期は前任者の残任期間とする。
4　体育指導委員について必要な事項は、規則で定める。
（スポーツ指導員）
第7条　体育指導委員の実践活動を助長し補助するためにスポーツ指導員を置く。
2　スポーツ指導員の定数は、30人以内とする。
3　スポーツ指導員の任期は、1年とする。
4　スポーツ指導員について必要な事項は、規則で定める。
（委任）
第8条　この条例の施行に関し必要な事項は、教育委員会に委任する。

附　則

この条例は、公布の日から施行する。

　　　　　　　　　附　　則（平成11年12月29日条例第65号）

この条例は、公布の日から施行する。

[資料２　代表条例②（第Ⅱ類型の例）]
「葛飾区文化・スポーツ活動振興条例」（平成２年３月16日条例第４号）
(目的)
第１条　この条例は、区民の自主的な文化活動及びスポーツ活動（以下「文化・スポーツ活動」という。）の振興を図ることにより、地域社会の活性化に寄与するとともに豊かな区民文化の創造と健康で活力に満ちた区民生活の向上に資することを目的とする。
(区の責務)
第２条　区は、前条の目的を達成するため、文化・スポーツ活動の振興のための施策を総合的かつ効果的に推進するよう努めるものとする。
(文化・スポーツ活動の促進)
第３条　区は、文化・スポーツ活動を促進するため、これらの活動に対する援助、助成その他の必要な措置を講ずるよう努めるものとする。
(行事への参加に対する助成)
第４条　区は、文化及びスポーツに関する行事で次に掲げるものに参加する個人又は団体に対して、その参加に要する経費の一部を助成することができる。
　　一　国際的規模の行事
　　二　全国的規模の行事
　　三　関東等を地域的規模とする行事
　　四　東京都を地域的規模とする行事
　　五　その他区長が適当と認める行事
(平５条例36・全改)
(委任)
第５条　この条例の施行に関し必要な事項は、葛飾区規則で定める。

　　　　　　　　　付　　則

この条例は、平成２年４月１日から施行する。

　　　　　　　　　付　　則（平成５年３月16日条例第36号）

この条例は、平成５年４月１日から施行する。

[資料3　代表条例③（第Ⅲ類型の例）]
「21世紀出雲スポーツのまちづくり条例」（平成18年出雲市条例第56号）
前文
　今日、市民一人ひとりが、終生、活力と心の張り合いをもって自己実現を図り、心身ともに健康で幸せを実感できる地域社会を築いていくことが、全市民が目指すべき共通の目標であり、21世紀出雲のまちづくりの基本である。
　スポーツは、我々が本来有する運動本能の欲求を満たし、爽（そう）快感、達成感等の精神的充足と体力向上、精神的ストレスの発散、生活習慣病の予防など生涯にわたり心身両面の健康増進に寄与するものである。スポーツの振興こそ、まさに21世紀出雲を支える心身ともに健全な人材の養成・確保を図り、全市民の真の願いである健康で活力ある生涯を約束する基本的に重要な施策であると考える。
　すなわち、市民生活のあらゆる局面で、市民が言わば生涯スポーツに親しみ、幅広く多様なスポーツや運動を生涯を通じ楽しみ、その活動の輪と裾（すそ）野を広げるとともに、市民が言わば競技スポーツの専門家を目指し、記録に挑戦し、夢と感動を与えられ、誇りを持つことは、活力ある健全な地域社会の発展に大きく貢献するものである。
　他方、大型スポーツイベントの誘致・開催は、市民の日常活動に大きな刺激を与えるとともに、観光ビジネス等地域経済の発展に重要な役割を果たしつつある。
　このため、全市民の生涯にわたる幸せと本市の悠久の発展を願い、これまで述べてきたスポーツ文化によるまちづくりの基本を定めるべく、ここに「21世紀出雲スポーツのまちづくり条例」を制定する。
（目的）
第1条　この条例は、出雲市におけるスポーツ振興の基本的な目標・方策及びスポーツ関係団体の協力関係を明らかにし、市、市民、スポーツ関係団体及び事業所等の連携・協力を促し、もって本市のスポーツ文化の定着・発展に努め、真に心豊かなスポーツ文化都市・出雲の創造に資することを目的とする。
（スポーツ振興の基本目標）
第2条　夢を育み、人を結び、まちが輝くスポーツ文化都市・出雲の創造のため、市、市民、スポーツ関係団体及び事業所等が連携・協力して、次に掲げる基本目標の実現に努力する。
　　一　各種スポーツ大会等の開催、全国大会等出場選手への参加支援、大型スポーツイベントの誘致・開催及びスポーツ施設の整備と有効活用による「夢と希望を育むまちづくり」
　　二　スポーツアカデミーの創設、市民スポーツを支える人材の育成・支援及び指導者活用システムの構築による「地域の活力となるひとづくり」
　　三　総合型地域スポーツクラブの育成・支援、各種スポーツ団体の活動支援、市民参加型スポーツイベント等の開催・支援、スポーツ交流事業の推進及びスポーツ拠点づくりの推進による「人と人とがつながりあうネットワークづくり」

(スポーツ振興の基本方策)
第3条　前条に定める基本目標の実現のため、市、市民、スポーツ関係団体及び事業所等が連携・協力のもとに進めるスポーツ振興の基本方策は、次のとおりとする。
　一　市は、市民、スポーツ関係団体及び事業所等が、本市のスポーツ振興の共通の基本目標のもとに、相互に緊密に連携・協力できるよう支援する。
　二　市は、スポーツ関係団体が、それぞれの目的に合った役割を十分に発揮できるよう、情報の共有化を図るとともに適切な支援に努める。
　三　市は、スポーツ関係団体及び事業所等と連携・協働して、各種スポーツ大会・教室の開催、大型スポーツイベントの誘致・開催及びスポーツ施設の整備と有効活用を図り、市民にスポーツに触れる機会をより多く提供できるよう努める。その際、あらゆる年齢層を対象とし、特に青少年の健全な育成と高齢者・障害者の活力増進に配慮する。
　四　市は、地域を代表し国内外で活躍するスポーツ競技者の育成と指導者の養成を図るため、スポーツ関係団体の協力・支援を得てスポーツアカデミーを設置し、小学校、中学校及び高等学校（以下「学校」という。）並びにスポーツ少年団等から選抜された者に、スポーツ競技力の向上に資する教育・訓練を行うとともに、指導者の研修機会の充実に努める。
　五　市民は、自らがスポーツによるまちづくりの担い手であるという立場から、それぞれがスポーツに対する関心を培い、市やスポーツ関係団体が行う多様なスポーツ事業に積極的に参加する。
　六　スポーツ関係団体は、市のスポーツ振興施策への積極的な参加・協力に努めるとともに、市が行うスポーツ振興施策と連携しつつ、自らのスポーツ事業活動により、スポーツのまちづくりに貢献する。
　七　事業所等は、市が行うスポーツ振興施策と連携しつつ、自らの事業活動及び社会奉仕活動を通じて、スポーツのまちづくりに貢献する。

(スポーツ関連団体の連携・協力)
第4条　前2条で定める基本目標及び基本方策の実現を目指して活動する本市のスポーツ関係団体の連携・協力の関係は、次のとおりである。
　一　学校、出雲市体育協会、総合型地域スポーツクラブ、スポーツアカデミー、スポーツ少年団その他運動・スポーツサークル等は、それぞれの役割に応じ、指導者・競技者の養成、各種スポーツ大会への参加、情報の提供等密接に連携・協力し、本市におけるスポーツ活動の総合的な振興を図るものとする。
　二　学校は、児童・生徒の学校外のスポーツ活動を尊重し、学校の体育・スポーツ指導と学校外のスポーツ活動との連携・協力に配慮するものとする。
　三　学校における体育・スポーツ指導はもとより、総合型地域スポーツクラブその他運動・スポーツサークル等も、広く市民の生涯スポーツ愛好の裾野の拡大に資するとともに、出雲市体育協会、スポーツアカデミー及びスポーツ少年団は、学校との

連携・協力により、優秀な人材・競技者の育成、競技力の向上に資するものとする。
(出雲市スポーツ振興審議会への諮問)
第5条　市長は、21世紀出雲のスポーツ振興のあり方（平成18年3月策定の「出雲市スポーツ振興基本計画」の見直し、改定を含む。）について、今後必要に応じ、出雲市スポーツ振興審議会条例（平成17年出雲市条例第343号）に基づき設置する出雲市スポーツ振興審議会に諮るものとする。
(委任)
第6条　この条例の施行に関し必要な事項は、市長が別に定める。

附　則

この条例は、公布の日から施行する。

[資料4　代表条例④（第Ⅳ類型の例）]
「スポーツ振興かごしま県民条例」（平成22年6月25日条例第27号）
　スポーツは、人類共通の文化の一つである。
　体を動かすという人間の本源的な欲求を満たすとともに、精神的な充足、楽しさや喜びを与えてくれる。また、健康の保持増進、体力や運動能力の向上はもとより、社会性、協同性、規範意識、克己心やフェアプレーの精神を培い、特に青少年の健全な育成及び人格の形成に大きな影響を与え、心身の両面にわたる発達に大きく寄与する。
　人々は、自らの可能性を追求する一方、古代オリンピックなど古くから、その競技技術を競ってきた。スポーツ選手のひたむきに取り組む姿は人々に夢と感動を与えるとともに、地元のスポーツ選手の全国や世界での活躍は県民の誇りであり、県民に連帯感と郷土意識を呼び起こす契機となるなど、活力ある社会の形成にも貢献している。さらに、各種の競技会、イベント、スポーツキャンプなどを通じた交流は、地域の経済発展や活性化にも資するものである。
　このため、県民一人一人がスポーツの持つ意義について理解を深め、それぞれの関心や適性などに応じて、生涯にわたって主体的にスポーツに親しみ、スポーツを楽しみ、支えることにより、健やかで心豊かな県民生活と活力ある地域社会の実現に向けてスポーツを振興していくことが重要である。
　ここに、スポーツの振興についての基本理念を明らかにしてその方向を示し、県民の理解と参加のもとで、スポーツに関する施策を総合的かつ計画的に推進するため、この条例を制定する。
(目的)
第1条　この条例は、スポーツに関する施策に関し、基本理念を定め、県の責務及びスポーツ関係団体（主としてスポーツの振興を図る活動を行う団体をいう。以下同じ。）の役割を明らかにするとともに、スポーツに関する施策の基本となる事項を定めることにより、スポーツに関する施策を総合的かつ計画的に推進し、もって県民の心身の健全な

発達、心豊かな県民生活及び活力ある地域社会の実現に寄与することを目的とする。
(基本理念)
第2条　スポーツに関する施策は、すべての県民が、それぞれの関心、適性、健康状態等に応じて、いつでもどこでもスポーツに親しむことができる機会が確保されるよう講ぜられなければならない。
2　スポーツに関する施策は、県民がスポーツの持つ意義について理解を深めるとともに、自主的にスポーツ活動に参加することにより、県民の体力の向上及び健康の保持増進が図られるよう講ぜられなければならない。
3　スポーツに関する施策は、スポーツ選手の育成、指導者の養成及び資質の向上、スポーツの施設及び設備の整備又は有効活用等競技力の向上に資する諸施策の効果的な推進が図られるよう講ぜられなければならない。
4　スポーツに関する施策は、青少年の心身の成長過程における体力及び運動能力の向上を図り、並びに豊かな人間性をはぐくむため、学校、家庭及び地域の相互の連携が促進されるよう講ぜられなければならない。
5　スポーツに関する施策は、スポーツ活動を通じて、すべての世代間及び地域間の交流が促進されるよう講ぜられなければならない。
(県の責務)
第3条　県は、前条に定める基本理念にのっとり、スポーツに関する施策を総合的かつ計画的に推進する責務を有する。
2　県は、市町村及びスポーツ関係団体等(スポーツ関係団体、大学その他県民のスポーツ活動に資する活動を行う個人及び団体をいう。以下同じ。)が相互に連携してスポーツの振興に関する取組が進められるよう総合調整及び必要な支援を行うものとする。
(スポーツ関係団体の役割)
第4条　スポーツ関係団体は、スポーツの振興を図るため、スポーツ活動の推進に主体的に取り組むとともに、県又は市町村が実施するスポーツに関する施策に協力するよう努めるものとする。
(市町村への要請及び支援)
第5条　県は、市町村に対し、スポーツに関する施策を策定し、及び実施すること並びに県が実施する施策への協力を求めるものとする。
2　県は、市町村がスポーツに関する施策を実施するために必要な助言及び情報の提供その他の支援を行うものとする。
(県民の参加の促進等)
第6条　県、市町村及びスポーツ関係団体は、県民のスポーツに関する理解と関心を深めるとともに、県民のスポーツ活動への参加を促進するよう努めるものとする。
2　県民は、青少年の健全な育成に当たって、社会性、規範意識及びフェアプレーの精神を培う等のスポーツの持つ意義を理解し、学校、家庭及び地域と連携してスポーツ活動に参加するよう努めるものとする。

(基本方針の策定)
第7条　知事は、スポーツの振興を推進するための基本的な方針(以下「基本方針」という。)を策定しなければならない。
2　知事は、基本方針を策定しようとするときは、あらかじめ、鹿児島県スポーツ振興審議会の意見を聴かなければならない。
3　知事は、基本方針を策定したときは、遅滞なく、これを公表しなければならない。
4　前2項の規定は、基本方針の変更について準用する。

(生涯スポーツの推進)
第8条　県は、すべての県民が生涯にわたって、体力、年齢、技術、目的等に応じて、身近にスポーツに親しむことができるようにするため、市町村及びスポーツ関係団体等と協力して、県民がスポーツ活動に参加する機会の提供及び環境の整備に努めるものとする。

(健康の保持増進)
第9条　県は、県民のスポーツ活動を通じた健康の保持増進、疾病予防、高齢者の介護予防等のための健康づくりを推進するため、市町村及びスポーツ関係団体等と協力して、スポーツ活動に関する情報の適切な提供その他の必要な施策を講ずるよう努めるものとする。

(障がい者スポーツの推進)
第10条　県は、県民の障がい者に対する理解を深めるとともに、障がい者の自立及び社会参加を促進するため、市町村及びスポーツ関係団体等と協力して、障がいの種類及び程度に応じたスポーツ活動への参加の機会の提供その他の必要な施策を講ずるよう努めるものとする。

(競技力の向上)
第11条　県は、競技力の向上を図るため、市町村及びスポーツ関係団体等と協力して、計画的なスポーツ選手の育成、競技会への派遣その他の必要な施策を講ずるよう努めるものとする。
2　県は、スポーツ選手の健康の保持、安全の確保及びドーピングの防止を図るため、スポーツ活動に伴う事故の防止に関する啓発及び知識の普及並びにスポーツドクター等の活用の促進に関し必要な施策を講ずるよう努めるものとする。

(スポーツ関係団体及び企業によるスポーツ活動の促進)
第12条　県は、スポーツ関係団体及び企業がスポーツの普及及び競技力の向上に果たす役割の重要性にかんがみ、スポーツ関係団体及び企業によるスポーツ活動を促進するため、環境の整備に努めるものとする。

(人材の育成)
第13条　県は、生涯スポーツを推進し、及び優秀なスポーツ選手を育成するため、市町村及びスポーツ関係団体等と協力して、研修会又は講習会の開催等指導者の養成及び資質の向上並びにスポーツ選手を育成するシステムの構築に関し必要な施策を講ずるよう努めるものとする。

2 県は、優秀なスポーツ選手、指導者等が、その有する能力を幅広く社会に生かすことができるよう環境の整備に努めるものとする。
(子どもの心身の健全な発達及び学校体育の充実等)
第14条 県は、子どもの心身の健全な発達並びに体力及び運動能力の向上を図るため、市町村及びスポーツ関係団体等と協力して、地域におけるスポーツ活動への参加の機会の提供その他の必要な施策を講ずるよう努めるものとする。
2 県は、学校における体育及びスポーツの充実を図るため、教員の資質の向上を図るとともに、市町村及びスポーツ関係団体等と協力して、地域における指導者の活用及び環境の整備に努めるものとする。
(スポーツ施設の整備又は有効活用)
第15条 県は、県民のスポーツ活動の場の充実を図るため、市町村と協力して、スポーツの施設及び設備の整備又は有効活用に努めるものとする。
2 県は、県民のスポーツ活動の場として学校その他の公共の施設を容易に利用することができるようにするため、市町村と協力して、必要な施策を講ずるよう努めるものとする。
(スポーツの振興による地域づくり)
第16条 県は、市町村及びスポーツ関係団体等と協力して、スポーツを通じた地域の活性化、連帯感の醸成等を図るため、各種の競技会、イベント、スポーツキャンプ等の誘致又は開催その他の必要な施策を講ずるよう努めるものとする。
(財政上の措置)
第17条 県は、スポーツに関する施策を推進するために必要な財政上の措置を講ずるよう努めるものとする。

附　則

1 この条例は、公布の日から施行する。
2 第7条の規定による基本方針は、この条例の公布の日からおおむね1年以内に策定されなければならない。
3 この条例は、社会経済情勢の変化に対応して、スポーツの振興を図る観点から、適宜、適切な見直しを行うものとする。

1　昭和56年3月14日教育委員会規則第1号。
2　平成17年3月29日条例第10号。
3　昭和49年12月25日条例第61号。
4　平成17年7月12日条例第49号。
5　財団法人地方自治センター、https://www.lasdec.or.jp/coms/1,0,14,151.html。
なお、2010年4月1日～2011年3月31日間の市町村合併の予定はない。
6　「全国条例データベース」で鹿児島大学法文学部法政策学科が管理運営するサイト

(http://joreimaster.leh.kagoshima-u.ac.jp/reiki.HTM)。
7　沖村多賀典・齋藤健司「都道府県におけるスポーツ政策の体系に関する研究」体育・スポーツ政策研究18巻1号55-69頁等）。
8　体育・スポーツ指導実務研究会監修、ぎょうせい。
9　伊藤堯他編、道和書院発行。
10　小笠原正・塩野宏・松尾浩也代表編集、信山社）。
11　平成13年10月19日条例第55号。
12　1-24頁。
13　445-467頁。
14　スポーツと法第11巻第4号（通巻第17号）235-249頁、韓国スポーツ・エンタテイメント法学会発行、共著者は徐相玉、黄義龍）。
15　平成23年3月29日 asahi.com「スポーツ基本法、市民参加も重視 民主が方針」

別表　調査対象とした町村一覧

番号	都道府県	町　村	件数
1	北海道	松前町　福島町　木古内町　七飯町　鹿部町　森町　長万部町　八雲町　江差町　上ノ国町　奥尻町　今金町　せたな町　島牧村　寿都町　蘭越町　ニセコ町　留寿都村　喜茂別町　倶知安町　共和町　古平町　南幌町　奈井江町　由仁町　長沼町　栗山町　月形町　浦臼町　新十津川町　妹背牛町　秩父別町　雨竜町　北竜町　沼田町　幌加内町　鷹栖町　東神楽町　当麻町　比布町　愛別町　東川町　美瑛町　上富良野町　中富良野町　南富良野町　剣淵町　下川町　美深町　音威子府村　中川町　増毛町　小平町　苫前町　羽幌町　初山別村　遠別町　天塩町　幌延町　猿払村　浜頓別町　中頓別町　枝幸町　豊富町　礼文町　利尻町　利尻富士町　美幌町　津別町　斜里町　清里町　小清水町　訓子府町　置戸町　佐呂間町　遠軽町　湧別町　興部町　雄武町　大空町　豊浦町　白老町　厚真町　洞爺湖町　安平町　むかわ町　日高町　平取町　新冠町　浦河町　様似町　えりも町　新ひだか町　音更町　士幌町　上士幌町　鹿追町　新得町　清水町　芽室町　中札内村　更別村　大樹町　広尾町　幕別町　池田町　豊頃町　本別町　足寄町　陸別町　浦幌町　釧路町　厚岸町　浜中町　標茶町　弟子屈町　鶴居村　白糠町　別海町　中標津町　標津町　羅臼町	122
2	青森	平内町　今別町　外ヶ浜町　深浦町　藤崎町　大鰐町　田舎館村　板柳町　鶴田町　中泊町　野辺地町　七戸町　六戸町　横浜町　東北町　六ヶ所村　おいらせ町　大間町　三戸町　五戸町　田子町　南部町　階上町	23

第 1 章　地方自治体における条例政策の視座

3	岩手	雫石町　葛巻町　岩手町　滝沢村　紫波町　矢巾町　西和賀町　金ケ崎町　平泉町　藤沢町　住田町　大槌町　山田町　岩泉町　普代村　軽米町　野田村　九戸村　洋野町　一戸町	20
4	宮城	蔵王町　七ケ宿町　大河原町　村田町　柴田町　亘理町　山元町　松島町　利府町　大和町　大郷町　富谷町　大衡村　色麻町　加美町　涌谷町　美里町　女川町　南三陸町	19
5	秋田	小坂町　藤里町　三種町　八峰町　八郎潟町　井川町　大潟村　美郷町　羽後町　東成瀬村	10
6	山形	山辺町　中山町　河北町　西川町　朝日町　大江町　大石田町　真室川町　戸沢村　高畠町　川西町　小国町　白鷹町　飯豊町　三川町　庄内町　遊佐町	17
7	福島	桑折町　国見町　川俣町　大玉村　鏡石町　下郷町　只見町　南会津町　西会津町　磐梯町　猪苗代町　会津坂下町　湯川村　三島町　金山町　会津美里町　西郷村　泉崎村　中島村　矢吹町　棚倉町　塙町　鮫川村　石川町　平田村　浅川町　三春町　小野町　楢葉町　富岡町　川内村　大熊町　双葉町　浪江町　新地町	35
8	茨城	茨城町　大洗町　城里町　東海村　大子町　美浦村　阿見町　河内町　八千代町　五霞町　境町　利根町	12
9	栃木	上三川町　西方町　益子町　茂木町　市貝町　芳賀町　壬生町　野木町　岩舟町　塩谷町　高根沢町　那須町　那珂川町	13
10	群馬	榛東村　吉岡町　上野村　神流町　下仁田町　甘楽町　長野原町　東吾妻町　片品村　昭和村　みなかみ町　玉村町　板倉町　明和町　千代田町　大泉町　邑楽町	17
11	埼玉	伊奈町　三芳町　毛呂山町　越生町　滑川町　嵐山町　小川町　川島町　吉見町　鳩山町　ときがわ町　横瀬町　皆野町　長瀞町　小鹿野町　東秩父村　美里町　神川町　上里町　寄居町　宮代町　白岡町　杉戸町　松伏町	24
12	千葉	酒々井町　栄町　神崎町　多古町　東庄町　大網白里町　九十九里町　芝山町　横芝光町　一宮町　睦沢町　長生村　白子町　長柄町　長南町　大多喜町　御宿町　鋸南町	18
13	東京	瑞穂町　日の出町　檜原村　奥多摩町　八丈町　青ケ島村	6
14	神奈川	葉山町　寒川町　大磯町　二宮町　中井町　大井町　松田町　山北町　開成町　箱根町　真鶴町　湯河原町　愛川町　清川村	14
15	新潟	聖籠町　田上町　阿賀町　出雲崎町　湯沢町　津南町　刈羽村　関川村	8

16	富山	舟橋村　上市町　立山町　入善町　朝日町	5
17	石川	野々市町　津幡町　内灘町　志賀町　宝達志水町　中能登町　穴水町　能登町	8
18	福井	永平寺町　南越前町　越前町　美浜町　高浜町　おおい町　若狭町	7
19	山梨	市川三郷町　身延町　南部町　富士川町　昭和町　西桂町　忍野村　山中湖村　鳴沢村　富士河口湖町　丹波山村	11
20	長野	小海町　佐久穂町　軽井沢町　御代田町　長和町　下諏訪町　富士見町　原村　辰野町　箕輪町　飯島町　南箕輪村　中川村　宮田村　松川町　高森町　阿南町　阿智村　泰阜村　喬木村　豊丘村　大鹿村　上松町　南木曽町　木祖村　大桑村　木曽町　山形村　朝日村　筑北村　池田町　松川村　白馬村　小谷村　高山村　木島平村　信濃町	37
21	岐阜	笠松町　養老町　垂井町　関ヶ原町　神戸町　輪之内町　揖斐川町　大野町　池田町　坂祝町　富加町　川辺町　七宗町　白川町　御嵩町	15
22	静岡	東伊豆町　南伊豆町　西伊豆町　函南町　清水町　長泉町　小山町　吉田町　川根本町　森町	10
23	愛知	東郷町　長久手町　豊山町　大口町　扶桑町　大治町　蟹江町　飛島村　阿久比町　東浦町　南知多町　美浜町　武豊町　一色町　吉良町　幡豆町　幸田町　設楽町	18
24	三重	東員町　明和町　玉城町　大紀町　南伊勢町　御浜町　紀宝町	7
25	滋賀	日野町　竜王町　愛荘町　多賀町	4
26	京都	大山崎町　久御山町　井手町　宇治田原町　和束町　精華町　京丹波町　伊根町　与謝野町	9
27	大阪	島本町　豊能町　能勢町　忠岡町　熊取町　田尻町　岬町　太子町　河南町　千早赤阪村	10
28	兵庫	猪名川町　多可町　稲美町　播磨町　福崎町　神河町　太子町　上郡町　佐用町　香美町　新温泉町	11
29	奈良	山添村　平群町　三郷町　斑鳩町　田原本町　曽爾村　明日香村　上牧町　王寺町　広陵町　河合町　大淀町	12
30	和歌山	かつらぎ町　湯浅町　美浜町　みなべ町　白浜町　上富田町　那智勝浦町　串本町	8
31	鳥取	岩美町　若桜町　智頭町　八頭町　三朝町　湯梨浜町　琴浦町　北栄町　大山町　南部町　伯耆町　日南町　日野町　江府町	14

32	島根	東出雲町　奥出雲町　飯南町　斐川町　川本町　美郷町　邑南町　津和野町　吉賀町　海士町　西ノ島町　知夫村　隠岐の島町	13
33	岡山	和気町　早島町　矢掛町　鏡野町　勝央町　久米南町　美咲町　吉備中央町	8
34	広島	府中町　海田町　熊野町　坂町　安芸太田町　北広島町　世羅町　神石高原町	8
35	山口	阿武町	1
36	徳島	石井町　神山町　松茂町　北島町　藍住町　板野町	6
37	香川	小豆島町　三木町　直島町　綾川町　琴平町　多度津町　まんのう町	7
38	愛媛	上島町　久万高原町　松前町　砥部町　内子町　伊方町　愛南町	7
39	高知	東洋町　奈半利町　安田町　本山町　大豊町　土佐町　いの町　中土佐町　日高村　四万十町　黒潮町	11
40	福岡	那珂川町　篠栗町　志免町　須恵町　新宮町　粕屋町　芦屋町　水巻町　岡垣町　遠賀町　桂川町　筑前町　東峰村　大木町　広川町　香春町　川崎町　福智町　苅田町　みやこ町　吉富町　上毛町　築上町	23
41	佐賀	吉野ヶ里町　基山町　みやき町　玄海町　有田町　大町町　江北町　白石町　太良町	9
42	長崎	長与町　時津町　東彼杵町　川棚町　新上五島町	5
43	熊本	美里町　玉東町　南関町　長洲町　和水町　大津町　菊陽町　南小国町　高森町　西原村　益城町　甲佐町　山都町　芦北町　津奈木町　相良村　五木村　あさぎり町	18
44	大分	日出町　九重町　玖珠町	3
45	宮崎	三股町　高原町　国富町　綾町　高鍋町　木城町　川南町　日之影町　五ヶ瀬町	9
46	鹿児島	さつま町　湧水町　大崎町　錦江町　屋久島町　与論町	6
47	沖縄	国頭村　今帰仁村　本部町　宜野座村　金武町　伊江村　読谷村　北谷町　北中城村　中城村　西原町　南風原町　渡嘉敷村　座間味村　八重瀬町　与那国町	16
		計	694

［謝辞］　本研究は、松本大学「平成22年度学術研究助成費」（研究対象期間：平成22年 4 月 1 日〜平成23年 3 月31日）から補助金を受けて実施できたものである。ここに感謝の意を表したい。

第2章　日本の地方自治体のスポーツ基本条例の現状と課題

1　研究発表の目的

　日本では、スポーツの振興を目的とした一般的な法典である「スポーツ振興法」が東京オリンピックの開催に合わせて1961年に制定された。最近では、現代への不適合性等、その不十分さが問題とされ、同法の改正が議論されている。これに対し、地方では、この数年中に、当該地方自治体のスポーツ政策の基本的理念や基本的方針をスポーツ政策（ひいては地方自治体政策）の全体的視野に立ち、当該事業に係る総合的な内容を持つ条例（以下「スポーツ基本条例」という）が幾つか制定された。
　特に韓国は、日本の場合に類似した地方自治制度を持っており、また、スポーツに関しては、「国民体育振興法」があり、また「スポーツ」という用語を初めて法典中に使用した「スポーツ産業振興法」といった法律がある[1]。韓国の地方自治体ではスポーツ基本条例が制定されているかどうかについては、確かな情報を得ていないが、日本では、最近、地方自治体がスポーツ基本条例を持つに至っていることから、その現状を述べるとともに、その課題を報告したい。この報告が、特に韓国のスポーツ政策担当者（特に地方自治体）や研究者の方々にとり、なにがしかの参考になれば幸である。なお、中国については、地方（自治）制度が日本や韓国のものとどのような関係に当たるのかを筆者は十分に理解できていない。したがって、本論稿は中国には十分に妥当しないことをお断りしておく。

2　日本のスポーツ基本条例制定に係る現状

1　これまでの日本のスポーツ立法政策

　日本において、スポーツに関する中核的な立法として、国法レベルでは、スポーツ振興法が存在することは前述したとおりである。他方、地方レベルでは、いわゆるスポーツ振興審議会条例やスポーツ施設の設置及び管理に関する条例が存在する。この他、極めて稀に特定のスポーツ活動の普及を目指した条例（例え

ば、北海道「アウトドア活動振興条例」等が制定されてきた。これらは、いずれも上記スポーツ基本条例には属さないものである。数年前までは、スポーツ基本条例といえるものは日本に見当たらなかった。

2 二つのスポーツ基本条例

ところが、2006年6月28日に日本で初めてスポーツ基本条例といえる「21世紀出雲スポーツのまちづくり条例」(資料2)(本書133頁)が島根県出雲市において制定され、引き続いて、2006年12月26日には、都道府県レベルとしては初めての「埼玉県スポーツ振興のまちづくり条例」(資料3)(本書135頁)が制定された。これらは、いずれも、スポーツに関する基本的な政策を「まちづくり」という観点から制定されたものである。

(1)「21世紀出雲スポーツのまちづくり条例」

本条例は、もちろんのこと、市町村レベルでも初めての条例である。出雲市は、既に、スポーツ振興計画は2006年3月に策定している。さらに一層のスポーツ振興を図るために、出雲市は、まちづくり政策を推し進める方策として、分野ごとに条例を制定することにより方向づけようとしていると考えられる。このスポーツに関する条例に先立って、「出雲市文化のまちづくり条例」(1997年9月26日制定)や「出雲市福祉のまちづくり条例」(2005年3月22日制定)等の「まちづくり」条例が制定されている。

その前文では、出雲市の21世紀のまちづくりの基本について、市民各人が自己実現を図ること及び心身共に健康で幸せを実感できる地域社会を築くことをまず冒頭で述べている。そして、市民が生涯スポーツに親しむとともに、競技スポーツの専門家を目指すことも地域社会の発展に貢献するものであることを唱えている。他方、大型スポーツイベントの誘致・開催が重要な役割(市民の日常生活への刺激及び観光ビジネス等地域経済の発展への役割)を果たすことを強調している。

第1条では、条例制定の目的を述べ、第2条では、スポーツ振興の基本目標をより具体的に示している(第1号:各種スポーツ大会の開催等。第2号:スポーツアカデミーの創設等。第3号:総合型地域スポーツクラブの育成・支援等)。第3条では、第2条の目標の実現のための基本方策を提言している(第1号:市、市民、スポーツ関係団体、事業所等の連携・協力等。第2号:情報の共有化。第3号:スポーツ施設の整備・有効活用等。第4号:選抜された選手の教育・訓練と指導者の研修。第5号:市民の

積極的な参加への呼びかけ。第6号：スポーツ関係団体の積極的活動の呼びかけ。第7号：事業所等への積極的活動の呼びかけ）。第4条では、出雲市のスポーツ関係団体の連携・協力関係を、学校、体育協会、総合型地域スポーツクラブ、スポーツアカデミー、スポーツ少年団等に対して呼びかけている。第5条は、「21世紀出雲のスポーツ振興のあり方」の市スポーツ振興審議会への諮問について規定する。

（2）「埼玉県スポーツ振興のまちづくり条例」

埼玉県は、1999年3月に「埼玉県スポーツ振興計画（彩の国スポーツプラン2010）」を策定した。2006年3月には、改訂版を策定した。その後、2006年12月26日に「埼玉県スポーツ振興のまちづくり条例」が制定され、2007年4月1日から施行されている。議員の提案による議員立法である。

前文は置かず、第1条で、スポーツ振興のまちづくりに関する施策を総合的に実施し、県民の健康及び福祉の増進に資することを目的とするとし、第2条で、県の責務として、市町村、スポーツ関係団体、事業者及び県民と協力して、本条例の目的の達成に努めることと規定した。第3条では、市町村と協力して、スポーツをする、見る、学ぶ、支えることを促進する必要な措置を講ずるものとし、第4条で、生涯スポーツや障害者スポーツの促進、スポーツを通じた健康の維持増進、高齢者等の介護予防に必要な情報の提供することが規定された。更に、第5条で、子どもの体力向上や学校体育の振興に必要な措置を講ずることとされた。第6条では、競技力の向上を、第7条では、スポーツ施設の充実及び充実に関して規定を置いた。

3　スポーツ基本条例に関する研究

スポーツ基本条例に関する研究は、上記の2条例が制定される前から行われていた[2][3]。

吉田は、以下のような経緯や理由から「スポーツ基本条例試案」（資料1）（本書128頁）を作成した。

1　スポーツ基本条例制定への胎動

日本においては、近時、地方分権化が叫ばれ、その地方自治体自身による、かつ独自の政策形成が指向されている。少し前から「地方の時代」の到来と称され、2000年4月1日からは法制度としても地方分権化がなされた（地方分権一括

第2章 日本の地方自治体のスポーツ基本条例の現状と課題　125

法)。そうした政策の最も中心をなすのが、その地方自治体の政策の基本的な内容を条例化するというものである。政策の条例化の手法が政策の実行の有効な手段と考えられてきているのである。実際、最近の「政策の条例化」現象はめざましいものがある。近時、地方分権化を契機に、地方自治体独自の内容を持つ多様な条例が制定されてきている[4]。スポーツ政策についても条例化の検討をする価値はあろう。

2　スポーツ基本条例制定の必要性・有用性

地方自治体のあらゆる政策を条例化すればよいものではない[5]。相当の理由が要求されることから、ここで、スポーツ政策を条例化する必要性・有用性について幾つか触れることとする。

第1に、スポーツ権の実質的保障の観点から、①スポーツへの関心の高さ及び有用性によるスポーツ権保障の必要性が増してきたこと、②地方分権化による独自な条例制定の可能性が出てきたこと、③スポーツ権論争から積極的立法への転換を図ることが必要となってきたこと（立法による解決）が挙げられよう。

第2に、スポーツ振興法の規定の中には、現状に合わないものもでてきていることである。例えば、運動能力テストにしても、「ひろく住民が自主的かつ積極的に参加できるような…運動能力テスト…を実施するように努め、かつ、団体その他の者がこれらの行事を実施するよう奨励しなければならない」(7条1項)との規定は、時代にそぐわないものである。定期健康診断ならまだしも、運動能力テストを地方自治体の住民に対して実施することはスポーツ振興のために必要であるとは考えられないし、そのようなことは、自ら望む者が勝手にスポーツクラブなりで測定すればよいと考えるのが現在の常識である。このように、スポーツ振興法自身の改正が必要とされてきている。しかし、過去の経験に照らせば、新法の制定のみならず、改正に止まる場合においても、国法の場合には相当長期間の日時を要するのが通常である。国法の改正を待つより、条例で制定する方が遙かに容易であろう。

第3に、スポーツ振興計画等の不十分性である。条例は法規範であるが、地方自治体のスポーツ振興計画はあくまでも行政指針に過ぎない。理念型条例であっても、法規範であることに違いがなく、条例に規定された法規範であるものと行政上の指針に過ぎないものとでは、地方自治体関係者に与えるインパクトが違う。

第4に、地方治体のスポーツ振興計画は、当該地方自治体の行政指針に過ぎず、スポーツ振興審議会等の場を経るにしても住民の意思に十分に基づくものではない。

　第5に、スポーツ都市宣言が、スポーツ権の保障に果たした役割については極めて疑問である。

　第6に、スポーツ基本法制定の動向との関係である。日本スポーツ法学会において、1995年に「スポーツ基本法要綱案」(資料4)(本書137頁)がまとめられた。しかし、①現在では内容が不足しているものがあること、②地方分権化が進む中、地方自治体自身が条例という法形式で定めることも不可能ではないこと、③スポーツ基本法は国法であり、国法レベルでの制定は難しいこと等の問題点を持つ。地方レベルで条例ができれば国法が制定される契機になるものと予測される。

　第7として、行政実務の範疇に入ることであるかもしれないが、条例という法的根拠があることにより、担当部署が予算要求をしやすいことも指摘できよう。

3　「スポーツ基本条例試案」の内容

　条例試案作成上の基本的立場としては、政策は、実効性を有するものであることが必要であり、現実を踏まえたものでなければならないことから、①現状では基本的には理念的な条例でもやむを得ないこと、②地方自治体の住民の視点に立ったものであること、③既存のスポーツ関係条例との調整を図ったものであること、④法律(特にスポーツ振興法)との関係との調整を図ったものであること、⑤スポーツ権として社会的認知度の高いものを盛り込んだこと等の諸点を考慮した。

　条例の名称としては、「○○県スポーツ基本条例」「○○県スポーツ政策(基本)条例」「○○県スポーツ権条例」「○○県スポーツ条例」等が考えられよう。結局、県の政策の決定及び実施における基本的理念及び政策方針を主たる内容とするということで、「○○県スポーツ基本条例」という名称とした。内容は、「前文」に始まり、第1章「総則」、第2章「県民等の権利及び責務」、第3章「基本方針の策定及び手続」、第4章「基本方針」第5章「スポーツ振興審議会」、第6章「スポーツ基本条例の位置づけ」、第6章「雑則」という構成にした。まず県民のスポーツに参加する場合の基本的立場を示すこととした。スポーツ権を基本

にしつつも、責務も示すこととした。お互いにスポーツを享受するためには、このような責務を果たすことも必要と考えたためである。スポーツ振興法との関連も無視できないので、同法に基づき条例により設置するとされたスポーツ振興審議会について「第5章　スポーツ振興審議会」を設けた。

4　日本のスポーツ基本条例の課題

　以上のように、日本では、2件のスポーツ基本条例が制定されているが、問題が無いわけではない。まず第1に、いずれの条例にも、スポーツ権に関する規定がないことである。条例では、国法レベルよりも立法化が容易である。条例でスポーツ権に関する規定が幾つかの地方自治体で規定されることにより、国法レベル（例えば、スポーツ振興法やスポーツ基本法）での制定の可能性が高まるであろう。「スポーツ基本条例試案」では、スポーツ権に関する規定を置いている。第2に、いずれの条例においても、法的な具体的効果をもたらす規定が見られないことである。「総合型地域スポーツクラブ」とか「スポーツアカデミー」といった、従来に比して具体的な政策に関する規定が設けられているが、具体的法効果をもたらす規定はない。「スポーツ基本条例試案」では、スポーツ振興審議会の委員を男女共同参画の観点から、男女の割合を具体的に規定している（同試案第27条第2項）。

　第3に、今後、これらに引き続く地方自治体が出てくることが予測されるが、「スポーツ振興計画」がそうであったように、他の地方自治体のスポーツ振興計画を焼き直しただけのものであれば、スポーツ政策の進展は望めない。各地方自治体独自の、住民の意思を反映した内容のあるスポーツ基本条例の制定を期待したい。第4に、日本の地方のスポーツ政策では、行政機関が定めるスポーツ振興計画がその中心的役割を果たしてきた。それに加えてスポーツ基本条例を制定するとなれば、その両者の役割分担を明確にしておく必要があろう。

5　むすび

　地方分権化、地方自治の拡大が進む社会状況の中では、政策の条例化が進展するのは当然の成り行きである。スポーツ政策においても同じであろう。今後のスポーツ政策の条例化の試金石は、その条例にスポーツ権の規定が設けられるか否かにあるといってもよいであろう。スポーツ権の条例化により、スポーツ権のス

ポーツ振興法への盛り込み、ないしスポーツ基本法の制定に向かい、大きく前進することになろう。スポーツ基本条例にスポーツ権の規定が設けられることが待たれる。この状況は、日本でも、韓国でも同じ状況にあると思われる。

(1) 韓国のスポーツ法制度については、徐相玉他「韓国国民体育振興法の制定とその内容」季刊教育法103号（1995年）82-85頁及び延基榮「韓国スポーツ法の現況と課題」日本スポーツ法学会年報10号（2003年）57-79頁を参考とした。
(2) 吉田勝光「スポーツ基本条例の制定に関する一考察」（日本体育・スポーツ政策学会第11会大会での口頭発表（国立スポーツ科学センター、2000年）。
(3) 吉田勝光「スポーツ基本条例の制定に係る憲法上の諸問題に関する一考察」（東亜大学大学院修士論文（2004年）。スポーツ法研究8巻1号1頁（2006年）、『地方自治体のスポーツ立法政策論』（成文堂、2007年）所収、7 -86頁。
(4) その多様さについては、例えば、イマジン自治情報センター編集・自治体議会政策学会監修『地方自治体新条例集』（イマジン出版、1999年～2003年）参照。
(5) 高知県では、県の独自の施策を実現していく手法の一つとして「条例100」研究・検討グループを発足させ様々な条例の作成を試みた。ジュリスト1190号116頁（2000年）。

資料１

○○（都道府県・市町村）スポーツ基本条例試案

前文

　すべて県（都道府県・市町村）民は、個人の尊厳の理念の下、人間として、幸福を追求する権利を有し、その重要な一部としてスポーツ生活を享受する権利（以下「スポーツ権」という。）を保障されるものである。県（都道府県・市町村）は、この権利を確立するためにスポーツの振興に努めるなどスポーツの発展に最善を尽くさなければならない。ここに、県のスポーツ政策の基本を示すと共に、県、事業主などの責務を定め、かつ県民にスポーツ権の保持とその責務に係る自覚を促すために、○○県スポーツ基本条例を制定する。

第１章　総則

（定義）
第１条　この条例において「スポーツ」とは、運動競技及び身体運動（キャンプ活動その他の野外活動を含む。）であって、心身の健全な発達を図るためになされるものをいう。

2　「スポーツ団体」とは、ともにスポーツに親しむことを主たる目的として集う、又はスポーツの振興のための事業を行うことを主たる目的とする人の集まりをいう。

第1章　県民等の権利及び責務

(スポーツ権)
第2条　県民は、ひとしく次に掲げるスポーツ権を有する。県は、このスポーツ権を実質的に保障するため具体的政策を決定し、実施することに努めなければならない。
　一　スポーツ参加の自由等のスポーツの自由に係るスポーツ生活上の権利
　二　スポーツ愛好者の人格に係るスポーツ生活上の権利
　三　　芸術、学問、表現等の文化に係るスポーツ生活上の権利
　四　健康の維持等の健康に係るスポーツ生活上の権利
　五　学校教育、社会教育、生涯学習等の教育に係るスポーツ生活上の権利
　六　スポーツ環境の物的・人的設備に係るスポーツ生活上の権利
　七　スポーツ政策に参加するスポーツ生活上の権利
　八　ひとしくスポーツ生活を享受する権利
　九　その他幸福追求に係るスポーツ生活上の権利

(スポーツ団体設立の自由等)
第3条　県民は、スポーツ団体を設立し、これに加入する権利を有するとともに脱退の自由を有する。
2　スポーツ団体は、その必要に応じて法人として設立されることが認められなければならない。

(県民の認識・理解・協力)
第4条　県民は、スポーツ権が保障されていることを自ら認識するとともに、県が実施するスポーツ政策に対する理解を深め、また、協力するように努めるものとする。

(スポーツにおける安全の確保)
第5条　県およびスポーツ団体は、スポーツ事故を防止し、また、事故の救済のための万全な対策を行い、スポーツに関して安全な環境を提供しなければならない。

(ルールの遵守等)
第6条　県民は、スポーツ・ルールを守り、つねに自己及び他者の安全に配慮して行動しなければならない。
2　県民は、スポーツに伴う必然的な危険について十分に理解した上で参加するよう努めるものとする。

(スポーツ団体の情報公開)
第7条　県から補助を受けているスポーツ団体は、団体の健全な運営のため、団体の会計に関する情報を公開するように努めるものとする。

(事業主の配慮)
第8条　事業主は、その事業活動が、事業に従事する者のスポーツによって得られる健全

な精神及び身体により支えられていることを十分に認識し、事業に従事する者がスポーツ生活を十分に享受できるよう配慮することに努めるものとする。

第3章　基本方針の策定及び手続

(県の責務)
第9条　県は、県民のスポーツ権の保障及びスポーツの振興(以下「スポーツ権の保障等」という。)のための基本的かつ総合的な施策を策定し、実施するものとする。

(基本方針)
第10条　知事は、スポーツ権の保障等の促進のための施策の推進に関する基本方針(以下「基本方針」という。)を定めるものとする。
2　基本方針に定める事項は、次のとおりとする。
　一　スポーツ権の保障等の促進のための施策の推進に関する基本的な事項
　二　スポーツ権の保障等の基盤に関する事項
　三　県がスポーツ県の保障等の促進のための施策を実施するに当たり配慮すべき重要事項
　四　前3号に掲げるもののほか、スポーツ権の保障等の促進のための施策の推進に関する重要事項
3　知事は、基本方針を定めようとするときは、あらかじめ、県民の意見を聴くとともに、○○県スポーツ振興審議会(昭和○年○月○日条例第○号)の意見を聴くものとする。
4　知事は、基本方針を定めたときは、遅滞なく、これを公表するものとする。
5　前2項の規定は、基本方針の変更について準用する。

第4章　基本方針

(県と市町村との連携)
第11条　県は、スポーツ政策の決定及び実施について、県内市町村と有機的連携をとらなければならない。

(スポーツの保護)
第12条　県は、スポーツ政策の策定及び実施にあたり、スポーツが政治的または商業的に悪用されることのないよう、その保護に努めなければならない。

(施設の拡充)
第13条　県は、県民のスポーツを行う機会を確保するため、スポーツ施設の拡充に務めるものとする。

(スポーツ情報の提供)
第14条　県は、県民に対してスポーツに関する情報の提供をしなければならない。

(良好な環境の確保)

第15条　県は、スポーツ施設の建設及び管理をするに際して、良好な環境を確保しなければならない。

(指導者の充実)
第16条　県は、スポーツの指導者の確保及び充実に努めるものとする。

(障害者への理解・措置)
第17条　県は、スポーツ政策の策定及び実施するにあたり、障害者が過度の負担なくして使用できる施設・設備を設け、又は施設利用料の減免をする等、障害者に対する十分な理解の下に適切な措置をしなければならない。

(高齢者への理解・措置)
第18条　県は、スポーツ政策の策定及び実施するにあたり、高齢者が過度の負担なくして使用できる施設・設備を設け、又は施設・設備の利用料を減免する等、高齢者に対する十分な理解の下に適切な措置をしなければならない。

(外国人のスポーツ権の尊重)
第19条　県は、スポーツ政策の策定及び実施にあたり、外国人のスポーツ権を最大限尊重しなければならない。

(スポーツでの男女共同参画)
第20条　県は、スポーツ政策の策定及び実施にあたり、男女共同参画の趣旨に従わなければならない。

(公共施設の開放、私的施設開放への努力)
第21条　公共施設は県民の利用に応じて開放されなければならない。また、私的施設の所有者は一般のスポーツのための利用に供するよう努めなければならない。

(○○○スポーツの日)
第22条　県民がスポーツを楽しむ機会を増やすために、「○○○スポーツの日」を設ける。

(スポーツ行事、イベント等の積極的な開催・誘致)
第23条　県は、積極的にスポーツ行事、イベント等の開催及び誘致を図り、県民の「観るスポーツ」への欲求を充足させるとともに、スポーツ産業の発展を促進するように努めるものとする。

(調査の実施及び政策の評価)
第24条　県は、スポーツ政策の成果を把握するために、少なくとも5年に一度は県民を対象としたスポーツに関する調査を実施し、政策の評価をしなければならない。

(財源の確保)
第25条　県は、県民のスポーツ権を保障し、スポーツの振興を図るための財源を確保しなければならない。
2　県は、前項に基づき、スポーツ団体又は個人に対して補助をすることができる。

第5章　スポーツ振興審議会

(○○県スポーツ振興審議会)

第26条　スポーツ振興法第18条第5項の規定に基づき、○○県スポーツ振興審議会（以下「審議会」という。）を設置する。

(委員の定数及び任期)
第27条　審議会の委員の定数は、20人以内とする。
2　男女のいずれか一方の委員の数は、委員総数の10分の4未満とならないものとする。ただし、教育委員会がやむを得ない事情があると認めた場合は、この限りではない。
3　委員の任期は、2年とし、補欠の委員の任期は、前任者の残任期間とする。ただし、再任をさまたげない。

(会長)
第28条　審議会に会長を置き、委員の互選によってこれを定める。
2　会長は、審議会の会務を総理する。
3　会長に事故があるときは、あらかじめその指名する委員がその職務を代理する。

(会議)
第29条　審議会の会議は、会長が招集する。
2　審議会は、委員の2分の1以上が出席しなければ、会議を開き、議決をすることができない。
3　審議会の議事は、出席委員の過半数で決し、可否同数のときは、会長の決するところによる。

(運営事項の委任)
第30条　この条例に定めるもののほか、審議会の運営に関し必要な事項は、会長が審議会にはかって定める。

第6章　スポーツ基本条例の位置づけ

(スポーツ基本条例の位置づけ)
第31条　この条例は、○○県のスポーツ政策の基本となる条例であり、他の条例、規則その他の規程によりスポーツに係る政策を実施しようとする場合においては、この条例を尊重し、適合を図るように務めなければならない。

第7章　雑　則

(規則への委任)
第32条　この条例に定めるもののほか、この条例の施行に関して必要な事項は、教育委員会規則で定める。

附　則

この条例は、平成　　年　　月　　日から施行する。

資料2

21世紀出雲スポーツのまちづくり条例

〔平成18年出雲市条例第56号〕

前　文

　今日、市民一人ひとりが、終生、活力と心の張り合いをもって自己実現を図り、心身ともに健康で幸せを実感できる地域社会を築いていくことが、全市民が目指すべき共通の目標であり、21世紀出雲のまちづくりの基本である。

　スポーツは、我々が本来有する運動本能の欲求を満たし、爽（そう）快感、達成感等の精神的充足と体力向上、精神的ストレスの発散、生活習慣病の予防など生涯にわたり心身両面の健康増進に寄与するものである。スポーツの振興こそ、まさに21世紀出雲を支える心身ともに健全な人材の養成・確保を図り、全市民の真の願いである健康で活力ある生涯を約束する基本的に重要な施策であると考える。

　すなわち、市民生活のあらゆる局面で、市民が言わば生涯スポーツに親しみ、幅広く多様なスポーツや運動を生涯を通じ楽しみ、その活動の輪と裾（すそ）野を広げるとともに、市民が言わば競技スポーツの専門家を目指し、記録に挑戦し、夢と感動を与えられ、誇りを持つことは、活力ある健全な地域社会の発展に大きく貢献するものである。

　他方、大型スポーツイベントの誘致・開催は、市民の日常活動に大きな刺激を与えるとともに、観光ビジネス等地域経済の発展に重要な役割を果たしつつある。

　このため、全市民の生涯にわたる幸せと本市の悠久の発展を願い、これまで述べてきたスポーツ文化によるまちづくりの基本を定めるべく、ここに「21世紀出雲スポーツのまちづくり条例」を制定する。

(目的)

第1条　この条例は、出雲市におけるスポーツ振興の基本的な目標・方策及びスポーツ関係団体の協力関係を明らかにし、市、市民、スポーツ関係団体及び事業所等の連携・協力を促し、もって本市のスポーツ文化の定着・発展に努め、真に心豊かなスポーツ文化都市・出雲の創造に資することを目的とする。

(スポーツ振興の基本目標)

第2条　夢を育み、人を結び、まちが輝くスポーツ文化都市・出雲の創造のため、市、市民、スポーツ関係団体及び事業所等が連携・協力して、次に掲げる基本目標の実現に努力する。

　　一　各種スポーツ大会等の開催、全国大会等出場選手への参加支援、大型スポーツイベントの誘致・開催及びスポーツ施設の整備と有効活用による「夢と希望を育むまちづくり」

　　二　スポーツアカデミーの創設、市民スポーツを支える人材の育成・支援及び指導者活用システムの構築による「地域の活力となるひとづくり」

三 総合型地域スポーツクラブの育成・支援、各種スポーツ団体の活動支援、市民参加型スポーツイベント等の開催・支援、スポーツ交流事業の推進及びスポーツ拠点づくりの推進による「人と人とがつながりあうネットワークづくり」

(スポーツ振興の基本方策)
第3条 前条に定める基本目標の実現のため、市、市民、スポーツ関係団体及び事業所等が連携・協力のもとに進めるスポーツ振興の基本方策は、次のとおりとする。
一 市は、市民、スポーツ関係団体及び事業所等が、本市のスポーツ振興の共通の基本目標のもとに、相互に緊密に連携・協力できるよう支援する。
二 市は、スポーツ関係団体が、それぞれの目的に合った役割を十分に発揮できるよう、情報の共有化を図るとともに適切な支援に努める。
三 市は、スポーツ関係団体及び事業所等と連携・協働して、各種スポーツ大会・教室の開催、大型スポーツイベントの誘致・開催及びスポーツ施設の整備と有効活用を図り、市民にスポーツに触れる機会をより多く提供できるよう努める。その際、あらゆる年齢層を対象とし、特に青少年の健全な育成と高齢者・障害者の活力増進に配慮する。
四 市は、地域を代表し国内外で活躍するスポーツ競技者の育成と指導者の養成を図るため、スポーツ関係団体の協力・支援を得てスポーツアカデミーを設置し、小学校、中学校及び高等学校(以下「学校」という。)並びにスポーツ少年団等から選抜された者に、スポーツ競技力の向上に資する教育・訓練を行うとともに、指導者の研修機会の充実に努める。
五 市民は、自らがスポーツによるまちづくりの担い手であるという立場から、それぞれがスポーツに対する関心を培い、市やスポーツ関係団体が行う多様なスポーツ事業に積極的に参加する。
六 スポーツ関係団体は、市のスポーツ振興施策への積極的な参加・協力に努めるとともに、市が行うスポーツ振興施策と連携しつつ、自らのスポーツ事業活動により、スポーツのまちづくりに貢献する。
七 事業所等は、市が行うスポーツ振興施策と連携しつつ、自らの事業活動及び社会奉仕活動を通じて、スポーツのまちづくりに貢献する。

(スポーツ関係団体の連携・協力)
第4条 前2条で定める基本目標及び基本方策の実現を目指して活動する本市のスポーツ関係団体の連携・協力の関係は、次のとおりである。
一 学校、出雲市体育協会、総合型地域スポーツクラブ、スポーツアカデミー、スポーツ少年団その他運動・スポーツサークル等は、それぞれの役割に応じ、指導者・競技者の養成、各種スポーツ大会への参加、情報の提供等密接に連携・協力し、本市におけるスポーツ活動の総合的な振興を図るものとする。
二 学校は、児童・生徒の学校外のスポーツ活動を尊重し、学校の体育・スポーツ指導と学校外のスポーツ活動との連携・協力に配慮するものとする。

三　学校における体育・スポーツ指導はもとより、総合型地域スポーツクラブその他運動・スポーツサークル等も、広く市民の生涯スポーツ愛好の裾野の拡大に資するとともに、出雲市体育協会、スポーツアカデミー及びスポーツ少年団は、学校との連携・協力により、優秀な人材・競技者の育成、競技力の向上に資するものとする。

(出雲市スポーツ振興審議会への諮問)
第5条　市長は、21世紀出雲のスポーツ振興のあり方(平成18年3月策定の「出雲市スポーツ振興基本計画」の見直し、改定を含む。)について、今後必要に応じ、出雲市スポーツ振興審議会条例(平成17年出雲市条例第343号)に基づき設置する出雲市スポーツ振興審議会に諮るものとする。

(委任)
第6条　この条例の施行に関し必要な事項は、市長が別に定める。

附　則

この条例は、公布の日から施行する。

資料3

埼玉県スポーツ振興のまちづくり条例

平成18年12月26日
条例第70号

(目的)
第1条　この条例は、スポーツ(運動競技及びレクリエーションその他の目的で行う身体の運動をいう。以下同じ。)が健康の維持増進、高齢者等の介護予防、青少年の健全育成、地域の連帯感の醸成等に大きく資することを踏まえ、スポーツ振興のまちづくりに関する施策を総合的に実施することにより、県民の健康及び福祉の増進に資することを目的とする。

(責務)
第2条　県は、県民生活においてスポーツの果たす役割の重要性を深く認識して、市町村、スポーツ関係団体(主としてスポーツに関する活動を行う団体をいう。以下同じ。)、事業者及び県民と協力して、この条例の目的が達成されるよう努めなければならない。

(スポーツに関する多様な活動の促進)
第3条　県は、スポーツを通じた地域の連帯感の醸成等が図られるよう、市町村と協力して、スポーツをすること、見ること、若しくは学ぶこと、又はこれらを支えることを促

進するために必要な措置を講ずるものとする。
(生涯スポーツの振興等)
第4条　県は、すべての県民が生涯にわたって、その体力、年齢、技術、関心等に応じてスポーツをすることができるよう、市町村及びスポーツ関係団体と協力して、その機会を提供するものとする。
2　県は、障害者の社会参加を促進するため、障害者の行うスポーツの普及に関し配慮するものとする。
3　県は、スポーツを通じた健康の維持増進及び高齢者等の介護予防に関し、必要な情報を適切に提供するものとする。
(子どもの体力向上及び学校体育の振興)
第5条　県は、市町村その他関係団体と協力して、子どもの体力向上のために必要な措置を講ずるものとする。
2　県は、児童及び生徒の行うスポーツに関し、学校教育が果たすべき役割の重要性を踏まえ、市町村その他関係団体と協力して、学校における体育の振興のために必要な措置を講ずるものとする。
(スポーツの競技力向上)
第6条　県は、スポーツの競技力の向上のため、スポーツ関係団体と協力して、講習会の開催その他指導者の育成及び資質の向上並びに選手の育成のために必要な措置を講ずるものとする。
(施設の整備及び充実等)
第7条　県は、スポーツ施設（設備を含む。以下同じ。）の整備及び充実に努めなければならない。
2　県は、自ら保有する土地、施設等の管理に当たっては、その所在する地域のスポーツ振興のまちづくりに資するよう努めるものとする。
3　県は、スポーツ施設の整備及び充実に当たっては、民間の資金、土地及び施設の活用に努めるものとする。
4　県は、前三項の規定により県が行うスポーツ施設の整備及び充実等に関する措置についての指針を定めるものとする。
(委任)
第8条　この条例に定めるもののほか、この条例の施行に関し必要な事項は、知事が定める。

附　則

この条例は、平成十九年四月一日から施行する。

資料 4

スポーツ基本法要綱案（日本スポーツ法学会）

前　文

　スポーツは、国民の文化、健康、教育、社会生活にとって基本的な要因として寄与してきた。国民が自由な人格を形成し、健康で文化的な生活を営み、余暇を過ごすために、スポーツは重要な役割を期待されている。

　すべて国民は、自らの幸福を追求するためのスポーツに関する権利が保障されなければならない。この権利の確保とスポーツの発展のために、国、地方公共団体、各種スポーツに参加するすべての者が協力し、必要な措置を講じなければならない。

　ここに、スポーツに関する権利および義務の基本を示して、新しい日本のスポーツの基本を確立するために、スポーツ基本法を制定する。

1　〔スポーツに関する権利〕

(1)　すべて国民は、ひとしくスポーツに関する権利を有し、生涯にわたって実際生活に則し、スポーツに参加する自発的な機会が保障されなければならない。スポーツに参加する者は、人種、信条、性別、出生、社会的身分、経済的地位、障害の事情などにより差別されてはならない。

(2)　スポーツに参加する者は、すべて自由、公正および安全が確保されなければならない。

2　〔国および地方公共団体の義務〕

(1)　国および地方公共団体は、国民のスポーツに参加する権利を保障するために、スポーツの振興にとって必要な組織、財源、安全、施設、教育、指導者、競技水準の向上、研究などの諸条件を整備する義務があり、そのために必要な実施計画を法令により定めなければならない。

(2)　国は、スポーツを専門に主管する行政機関を設置し、スポーツに関する総合的な行政施策を行わなければならない。

(3)　国および地方公共団体は、スポーツ施設の建設および利用を法令により定めなければならない。

(4)　国および地方公共団体は、学校においては体育およびスポーツの機会を保障し、地域・職場においてはスポーツの機会を保障し、また、相互に連携を深めなければならない。

(5)　国および地方公共団体は、スポーツの振興と発展のために、資格を有する専門職員を置かなければならない。

(6)　国および地方公共団体は、スポーツの指導者の資格を認定し、研修・養成を行い、その身分を保障しなければならない。

(7)　スポーツの条件整備に関する国と地方公共団体との関係は、法令によりこれを定める

3 〔スポーツの保護〕

(1) スポーツは、政治的、商業的または金銭的な弊害から保護されなければならない。
(2) スポーツに参加する者は、正当な理由なしに、その自由、安全および財産を制限されてはならない。
(3) スポーツについて紛争が生じた場合には、スポーツに参加する者の公正を確保するために、当事者に対する紛争処理制度を設けなければならない。

4 〔スポーツ団体の権利と義務〕

(1) スポーツに参加する者は、自ら選択するスポーツ団体を設立し、これに加入する権利を有する。スポーツ団体は、その必要に応じて法人として設立されることが認められなければならない。
(2) スポーツ団体は、その構成員のスポーツに関する自由、公正および安全の権利を確保しなければならない。
(3) スポーツに関する国内機関を設置し、その国内機関は、スポーツの独立と自治を確保するために、それぞれのスポーツ団体の代表から構成されなければならない。この国内機関と国および地方公共団体との関係は、法律により定める。
(4) それぞれの国内競技連盟は、そのスポーツ種目の発展のための諸条件を整備し、必要な規約の整備に務めなければならない。

5 〔スポーツの安全〕

(1) スポーツに参加する者は、つねに安全に配慮して行動しなければならない。
(2) 国、地方公共団体、および各種スポーツ団体は、スポーツ事故を防止し、また、事故の救済のための万全な対策を行い、スポーツの安全な環境を提供しなければならない。

6 〔スポーツと環境〕

(1) スポーツは、自然、都市計画、地域社会などの環境との調和に配慮して行わなければならない。また、スポーツ施設は、環境に配慮して建設されなければならない。

7 〔スポーツに関する国際協調〕

(1) スポーツには、国際的な協調を必要とし、国は、広く諸外国において承認されているスポーツに関する権利宣言を積極的に受け入れ、国内政策に反映させなければならない。

8 〔法令制定義務〕

(1) この法律に掲げる諸条項を実施するために必要がある場合には、適当な法令が制定されなければならない。

9 〔スポーツ振興法との関係〕

(1) スポーツ基本法の施行後、スポーツ振興法の各条項に関する制度上の改革が行われなければならない。

第2章　日本の地方自治体のスポーツ基本条例の現状と課題　　139

〔追加資料：スポーツ基本法〕スポーツ権に関する規定

スポーツ基本法

平成23年6月24日
法律第78号

（前文）
　スポーツは、世界共通の人類の文化である。
　スポーツは、心身の健全な発達、健康及び体力の保持増進、精神的な充足感の獲得、自律心その他の精神の涵（かん）養等のために個人又は集団で行われる運動競技その他の身体活動であり、今日、国民が生涯にわたり心身ともに健康で文化的な生活を営む上で不可欠のものとなっている。スポーツを通じて幸福で豊かな生活を営むことは、全ての人々の権利であり、全ての国民がその自発性の下に、各々の関心、適性等に応じて、安全かつ公正な環境の下で日常的にスポーツに親しみ、スポーツを楽しみ、又はスポーツを支える活動に参画することのできる機会が確保されなければならない。・・・・・・・・・・

（基本理念）
第2条　スポーツは、これを通じて幸福で豊かな生活を営むことが人々の権利であることに鑑み、国民が生涯にわたりあらゆる機会とあらゆる場所において、自主的かつ自律的にその適性及び健康状態に応じて行うことができるようにすることを旨として、推進されなければならない。………

第3章　韓国地方自治体でのスポーツ基本条例制定の可能性

1　本研究に至る経緯

　去る2008年10月17日及び18日において、韓国スポーツエンタテイメント法学会及び国会立法調査処の主催により、「2008国際学術大会（第6回）」（以下、「学術大会」という）が開催された。その際、吉田は、「日本の地方自治体のスポーツ基本条例の現状と課題」と題して研究発表を行った[1]。地方自治体のスポーツ政策に関する韓国の研究者の関心は私が予想する以上に高かった。質問の時間も足りなくなり、また、予定討論者に対する私の意見発表の時間も十分ではなかった。提示された質問や予定討論者の意見には、注目に値するものが多く、近い将来、これらに対する自分の見解を発表する機会をもちたいと思った。

　先日、共同研究者の除相玉氏を通じて、本学会誌への寄稿の機会を与えられた。私としては、願ってもない機会としてとらえた。そこで、上記研究発表を一歩進めた論文を書くことを決心した。学術大会では、全期間を通して、韓国スポーツ界のスポーツ（基本）権やスポーツ基本法制定に対する並々ならぬ意志、熱意を強く感じた。後述するように、日本では、スポーツ基本条例（当該地方自治体のスポーツ政策の基本的理念や基本的方針をスポーツ政策、ひいては地方自治体政策の全体的視野に立ち、当該事業に係る総合的な内容を持つ条例）が2本制定されているが、韓国では、このようなスポーツ基本条例の制定よりも、スポーツ基本法の制定の方が早いのではないかとさえ感じた。

　しかし、法律は、国家法であることから、その制定には、相当の時間がかかることが予測される。それならば、地方自治体でスポーツ基本条例を先に制定することも併せて検討されてよいのではないかと考えた。幸いにも、今回の学術大会を契機に、韓国のスポーツ法学関係の研究者と一層懇意になることができた。私のスポーツ基本条例の研究に関して、以前から協力、支援していただいた除相玉氏及び同氏を通じて知り合った、日本への留学経験のある黄義龍氏を共同研究者とすることにより、韓国の事情を踏まえた論文を完成することができると考え

第3章　韓国地方自治体でのスポーツ基本条例制定の可能性　　141

た。

　本研究の性質上、日本のスポーツ基本条例の現状や課題については、前提問題として触れざるを得ない。したがって、その範囲で、先の学術大会における上記研究発表と重複する部分もある。また、短時日のうちに論文を作成することとなったため、特に韓国のスポーツを始めとする諸事情について、思わぬ誤解をしているかもしれない。ご寛容いただきたい。

　なお、本論文作成に当たっては、先の国際学術大会での指定討論者である、孫錫正先生（南ソウル大学）及び質問を出していただいた参加者の方々に感謝をしなければならない。この場をお借りしてお礼申し上げたい。

2　研究の目的

　さて、上記学術大会における上記研究発表において、吉田は、日本の地方自治体のスポーツ基本の現状と課題について検討を行った。そこで、①地方分権化、地方自治の拡大が進む社会状況の中では、政策の条例化が進展するのは当然の成り行きであり、スポーツ政策においても同じであること、②今後のスポーツ政策の条例化の試金石は、その条例にスポーツ権の規定が設けられるか否かにあるといってもよいこと、③スポーツ権の条例化により、スポーツ権のスポーツ振興法への盛り込み、ないしスポーツ基本法の制定に向かい、大きく前進することになることを指摘し、この状況は、日本でも、韓国でも同じような状況にあることを主張した[2]。

　日本では、すでに2件のスポーツ基本条例が制定されていることから、韓国においても、スポーツ基本条例の制定の余地はあると考えられる。そこで、本研究は、韓国でのスポーツ基本条例の制定の可能性を探ることを目的とした。

3　韓国のスポーツに関する法制度

　ところで、韓国における体育振興のための国家法としては、まず、スポーツ権に関するものとして、憲法が挙げられよう。憲法では、第2章において、国民の権利および義務について、第10条から第39条にいたるまで規定されている。特に、人間の尊厳性や幸福追求権を権利を規定する第10条を始めとして、権利に関する規定は、スポーツ権の憲法上の根拠ともなり、極めて重要である。そして、法律レベルでは、国民体育振興法が1962年に制定されている。最近になって、ス

ポーツ産業法が2007年4月に制定された。また、テコンドー振興及びテコンドー公園造成等に関する法律が、同年12月に制定された。これらのいずれにもスポーツ権に関する規定は盛り込まれていない。そして、このことから、研究者の中から、スポーツ基本法を制定すべきであるという意見が出てきている[3]。

　他方、地方自治体に関しては、各地域体育振興委員会、体育振興基金、体育施設設置運営条例、そして、一部市郡の運動競技部設置条例等、ほとんどが、国民体育振興法に基づき制定されている条例である。また、ソウル特別市と京畿道では、ソウル特別市生活体育振興条例、京畿道体育振興条例を制定しているが、その内容が、地域体育振興委員会と体育振興基金に関する条項として構成されているのみで、体育やスポーツの基本的な政策等が内容として盛り込まれたものではない[4]。すなわち、韓国には、後述するスポーツ基本条例というべきものは、未だ存在しない。

4　日本のスポーツに関する法制度

　日本では、憲法にスポーツの自由等を保障する規定（「スポーツ」という表記はない）が存在する。第3章で「国民の権利及び義務」として、様々な基本的人権に関する規定が置かれている。第13条では、韓国憲法第10条と同じく、幸福追求権の規定がある。そして、スポーツの振興を目的とした一般的な法典である「スポーツ振興法」が東京オリンピックの開催に合わせて1961年に制定された。最近では、現代への不適合性等、その不十分さが問題とされ、同法の改正が議論されている。

　地方レベルでは、以前から、いわゆるスポーツ振興審議会条例やスポーツ施設の設置及び管理に関する条例が存在している。この他、極めて稀に特定のスポーツ活動の普及を目指した条例（例えば、北海道「アウトドア活動振興条例」）等が制定されてきている。これらは、いずれも上記スポーツ基本条例には属さないものである。数年前までは、スポーツ基本条例といえるものは日本に見当たらなかった。

　ところが、この数年中にスポーツ基本条例が幾つか制定された。2006年6月28日に日本で初めてスポーツ基本条例といえる「21世紀出雲スポーツのまちづくり条例」が島根県出雲市において制定された。地方自治体としては初めてで、市町村レベルの条例であった。

引き続いて、2006年12月26日には、都道府県レベルとしては初めての「埼玉県スポーツ振興のまちづくり条例」が制定された。議員の提案による議員立法であった。これらは、いずれも、スポーツに関する基本的な政策を「まちづくり」という観点から制定されたものである点に共通の特色がある。

5　韓国でのスポーツ基本条例制定の可能性

以上から見られるように、スポーツに関する法制度は、地方自治制度が類似しているのと同じように、さほどの違いは無いように考えられる。したがって、日本で、地方自治体の都道府県、市町村のいずれのレベルでもスポーツ基本条例を制定していることから、韓国の地方自治体においても、十分に制定の可能性があると考えられる。

1　制定の必要性・有用性の検討

そこで、韓国には、スポーツ基本条例を制定する必要性・有用性があるかどうかを検討してみたい。必要性・有用性がなければ、敢えて、制定することはないはずである。吉田は、先に、日本におけるスポーツ基本条例の制定に関して、その必要性・有用性を説いた[5]。そこでは、①スポーツ権の実質的保障の観点から、スポーツへの関心の高さ及びスポーツの有用性、地方分権化による独自な条例の可能性、スポーツ権論争から積極的立法への転換を説き、②スポーツ振興法の問題点を指摘し、③スポーツ振興計画等の不十分性から、スポーツ振興計画の非法規範性、民意を反映しないスポーツ振興計画やスポーツ都市宣言の欠陥を述べた。さらに、他の類似分野との比較や地方自治体のイメージアップ、スポーツ基本法制定の動向との関係等にも言及した。以下、これらの中で、主要と判断される諸点について、韓国に当てはめた場合にはどのように評価されるのかを検討する。

2　スポーツ権の実質的保障の観点から

日本では、スポーツへの関心の高さや個人の健康的側面、教育的側面、人格的側面等からのスポーツに係る要求の強さに鑑みると、現代では、スポーツ生活を享受することの実質的保障が社会的要請となってきているといってよい。社会一般の要求とはまだ言い得ないが、人によっては、相当程度の強さでスポーツ権の

保障を望む人も出てきているように思われる。韓国においては、研究者レベルに限ってではあるが、スポーツ権の保障に関して、強い期待が持たれている。上記学術大会のテーマが、まさにスポーツ権に関するものであったことはその証左である。

3 地方分権化による独自な条例の可能性

日本では、地方分権化による地方自治体の権限強化により、スポーツ政策についても地方自治体が独自に決定することが可能となり、かつ要請されている。この観点からも、スポーツ権に係る条例化は、地方自治体が住民に対してスポーツ生活を実質的に保障するための有力な方法となってきている。仮に韓国の地方自治体が、日本の地方自治体に比して脆弱であると判断されたとしても、条例の制定は、法的根拠を有することであるから問題は生じない。

4 スポーツ権論争から積極的立法への転換

日本では、スポーツ権の憲法上の主たる根拠に関する学説が多岐に分かれている（いわゆるスポーツ権論争）。いかなる学説によっても、スポーツ権の内容がすべて憲法を直接の根拠として、その違背について訴求することができるという見解はない。いずれの見解によっても具体的保障がないと解されるスポーツ権もある。スポーツ権が保障されていると言えるためには、法的根拠をもって具体的に訴求することができるような法状態になっていることが必要であろう。そのためには、いわゆる情報公開請求権が条例により具体化された権利として、条例により具体化されたように、スポーツ権の内容として保障される個々の具体的権利が法規範として条例の規定に盛り込まれることが必要である。そのような場として、条例は大きな役目を果たすこととなろう。松元忠士は、国民のスポーツ権の保障は、その自由権的側面を除けば、その実体的内容は法律に依存するのであり、立法改革に待たなければならないとし[6]、永井憲一もスポーツ権の実現のために立法措置が期待されるとしている[7]。韓国の状況も同様であると考えられる。条例化により、住民のスポーツ生活が一層充実していくことになろう。条例化の最大の意義はこの点にあるといってよい[8]。

5　スポーツ振興法の問題点

　日本のスポーツ振興法では、政策の理念について規定しているものもある。しかし、これらの中には、現状に合わないものもでてきている。（a）内容が現在の状況に合わないもの（例えば、運動会について、スポーツ振興法は「ひろく住民が自主的かつ積極的に参加できるような運動会を実施するように努め…」は、むしろ時代に逆行している文言である。）、

　（b）表現が現在の状況に適さない表現のもの（例えば、10条の法文中の「徒歩旅行」は、ハイキング、ウォーキング等が適当であるし、「自転車旅行」はサイクリング、ツーリング等がふさわしい。）がある。韓国の国民体育振興法の中にも、このようなものがあるのではないか検討する必要があろう。

6　スポーツ振興計画等の不十分性

　条例は法規範であるが、日本の地方自治体のスポーツ振興計画はあくまでも行政指針に過ぎない。理念型条例であっても、法規範であることに違いがなく、条例に規定された法規範であるものと行政上の指針に過ぎないものとでは、地方自治体関係者に与えるインパクトが違う。スポーツ振興計画のような行政運営指針と条例化された政策方針とでは、実際に行政に携わる職員へのインパクトが違い、職務遂行の基準としての重みが大きく異なる。条例に盛り込むことができるものは「条例」という形の方が有効である。

　また、日本の地方自治体のスポーツ振興計画は、上述したように当該地方自治体の行政指針に過ぎず、スポーツ振興審議会等の場を経るにしても住民の意思に十分に基づくものではない。条例は議会で制定されるのであり、地方分権が進む中、スポーツ政策を実施するにあたっては、少なくとも基本的理念や基本的制度については住民の意思を十分に体現するものであることが望ましい。

　さらに、日本では、過去、スポーツに係る事項を宣言（いわゆるスポーツ都市宣言）として示した地方自治体も少なくない[9]。しかし、これらスポーツ都市宣言が、スポーツ権の保障に果たした役割については極めて疑問である。これに対し、条例化が果たす役割は、もちろん規定の仕方、内容等にもよるが、これまで一部の地方自治体で実施されてきた「スポーツ都市宣言」とは比較にならないほどのものが期待できよう。

　以上のスポーツ振興計画の非法規範性、民意を反映しないスポーツ振興基本計

画、スポーツ都市宣言の無意味さは、同様の制度が韓国にあるとすれば、同様の評価が与えられることとなろう。

7　地方自治体のイメージアップ

日本では、スポーツ基本条例を制定することにより、スポーツ政策への取り組みが積極的である地方自治体としてのイメージアップを図ることができよう[10]。スポーツ基本条例を制定した出雲市や埼玉県は、少なくとも、スポーツ政策について、その内容はともかく、積極的であるとの評価は受けていると推測される。韓国でも、注目を集めることになろう。

8　スポーツ基本法制定の動向との関係

日本では、日本スポーツ法学会において、平成7年に「スポーツ基本法要綱案」がまとめられている。しかし、①内容が不足しているものがあること、②地方分権化が進む中、地方自治体自身が定めることが必要であること、③スポーツ基本法は国法であり、国法レベルでの制定は難しいこと等の問題点を持つ。特に③については、情報公開条例をみれば、容易に理解しうることである。情報公開の制度は、地方で情報公開条例として多くの都道府県・市町村で制定され、その後国法レベルで制定されるに至っている。国法の制定を待っていてはいつもでも埒があかない。いわゆる情報公開条例がそうであったように、地方レベルで条例ができれば国法が制定される契機になるものと予測される。

韓国においても同様な状況になりつつある。今回の、国際学術大会では「スポーツ基本権の保障と国民体育振興の法的問題」というテーマの下、スポーツ基本法の制定に関する研究発表も行われていることから、条例の制定が、国家法の制定の契機になるとも考えられる。

9　重複規定への対応

日本のスポーツ振興法の規定の中には、スポーツ基本条例にも重複して同趣旨の規定を設けることが適当である条項がある。例えば、8条（青少年スポーツの振興）、11条（指導者の充実）、13条（学校施設の利用）、16条（スポーツ事故の防止）等である。このような規定は、スポーツ振興法に既に規定されているから、重複してスポーツ基本条例に規定する必要はないように思われる。しかし、同じ内容の

ものでも条例で規定する場合の法が地方自治体関係者へのインパクトが違うこと、条例で地方自治体自らの意思で規定した方が自覚を促すこととなること等から、実効性を考えた場合、重複して規定することをためらうことはない。韓国でも国民体育振興法との重複を危惧する必要はないであろう。

10　一般的条例制定との対比

　日本では、地方自治体の施策を行う理念は、各事業に共通のものが多い。そこで、共通する理念をまとめて一つの条例に盛り込む方法が行われる例もある。例えば、人権尊重をすることを理念とした条例（人権尊重の社会づくり条例）である。このような条例によりスポーツ政策を実施する上でも、この条例に沿った施策が実施されなければならないこととなる。敢えてスポーツ基本条例を設けてこれらの内容を規定する必要性はないようにも思われる。しかし、スポーツ施策を実際担当する行政担当者にとっては、スポーツ基本条例に規定されることにより、事実上、拘束の度合が違ってくる。単に人権尊重の社会づくり条例では、スポーツ施策をする中では、視野に入らないおそれが高いであろう。スポーツ政策に携わる行政担当者（教員が多い）に、一般的な条例にまで目配りをしてスポーツ政策を実施することを期待するのは困難なように思われる。

　また、スポーツ権の具体的保障を図る規定を設けるとなるとこのような一般的条例の形では、立法技術の点から困難が伴うこととなろう。個々の制度が条例化されることにより、地方自治体担当者の政策実施が進むこととなる。例えば、競技スポーツへの行政支援促進に関する具体的規定があれば、この規定を拠り所として（条例による住民の意思をバックボーンとして）、特定の競技スポーツ団体への支援もしやすくなる。

　以上のような事情は韓国とて同じであろう。

11　理念型条例と条例効果の期待（実効性）

　スポーツ基本条例は、スポーツ政策の基本的な理念を規定の多くの内容とする。しかし、理念だけを規定したものであっても、規定されていない状態よりも良いといえる。その理念が条例に明示されていることにより、当該地方自治体のスポーツ政策の理念が明確になっていることによりその理念が具体的政策に反映されることが期待されよう。

また、理念型の条例とはいうものの、具体的保障規定を設けていないわけではない。現在、スポーツ権として具体的に保障する規定を設けることが妥当であるもの（実現可能であること、社会的認知が得られるものであること等の要件を具備しているもの）については、積極的に規定を設ければよい。例えば、日本では、当該地方自治体のスポーツ政策の基本的事項を決定するスポーツ振興審議会に係る規定は、極めて具体的なものであり、その委員に係る規定の内容は、男女共同参画の趣旨を活かした具体的規定を盛り込むことが可能である。スポーツに係る基本的な施策を規定する条例としては、まず基本的には、理念型の条例として、住民に対して地方自治体のスポーツ施策の基本的理念をできるだけ詳細に（従来のスポーツ都市宣言のような簡単なものではなく）知らせ、行政の責務や住民等の役割を定めたり、地方自治体のスポーツ政策を一般的に規定すること、条例制定時における住民の関与を通じてスポーツ政策に関心を高めることとなること等の意義は大きい[11]。このような事情は、韓国も同じであろう。

6　スポーツ基本条例制定上の留意事項

以上、日本でのスポーツ基本条例制定に関して、必要性・有用性を韓国に当てはめて検討したが、特にその制定を阻害する要因は見当たらない。したがって、韓国でのスポーツ基本条例の制定の必要性・有用性は十分にあると考えられる。しかし、日本の場合でもそうであったように、その制定をするにあたっては、検討されるべき事項がいくつかある。ここでは、日本において、吉田が検討を行った事項を参考に、検討してみたい。吉田は、「スポーツ基本条例試案」を基本条例に盛り込む内容を検討するに当たって、以下の項目に着目し、検討を行った[12]。韓国の地方自治体において、条例試案作成上の基本的立場として、スポーツ基本条例が制定される場合にも、十分に考慮されるべきことであると考える。

1　地方自治体による内容の多様性

スポーツ基本条例の内容として、いかなるものを盛り込むかは、各地方自治体を取り巻く状況によって決せられる。地方自治体の種別、都市部か過疎地か、盛んなスポーツの種類、財政基盤、人口構成、等が考慮されるべきである。規定の仕方としても、前文を設けるか否か、スポーツ条例という単独のものとするか、

健康に関する条例の中でスポーツに関する条項を盛り込むか、あくまでも宣言的な条例にするのか、より具体的な内容を盛り込むか、等の要素を考慮して決することとなろう。そして、条例化は長所ばかりではない。短所として指摘される点を十分認識しつつ、できるだけこれを克服することを考えるべきであろう。

2　現実的かつ実効性のある条例

政策は、実効性を有するものであることが必要とされる。そのためには現状を踏まえたものでなければならない。現段階では次のように考えるのが最も現実的かつ実効性があるスポーツ基本条例が制定されることになると考える。

（1）理念的な条例であること

日本の場合は、政策の具体的、短期的なものは国のスポーツ振興基本計画及び各地方公共団体のスポーツ振興計画によることになろう。日本のスポーツ振興基本計画は、具体的な目標を掲げており、かつ10年間の政策を決めている。そして、途中5年経過した時点で見直しをすることにしている。地方自治体のスポーツ振興計画においても、国の政策に準じて計画を策定している。

この状況をみると、条例でもって、具体的なスポーツ政策を制定することは、あまり意義を有するとはいえない。なぜなら、すでに具体的な政策は国のスポーツ振興基本計画等で策定されており、これ以上の政策を条例で規定することはあまり意味のあることではなく、また、日本のスポーツ振興基本計画等は将来の10年間を見込んだものであり、途中5年後に見直しをするというものであるため、議会の議決を経て成立し、比較的長い期間同一の内容を有する条例の性質にそぐわないと考えられるからである。

このことから、条例の内容として適しているのは、地方自治体がスポーツ政策を策定し、実施する際の基本的理念であり、それらを規定することが中心とするのが適当である。

以上は、特に韓国の国情に応じて検討されるべきである。

（2）地方自治体の住民の視点に立ったものであること

確かに、日本のスポーツ振興法は、地方自治体の果たすべき役割等、理念的な事項について触れている。しかし、これはあくまでも国の視点から規定されたものである。もちろん、日本の場合、地方自治体のスポーツ政策に関して、スポーツ振興法の規定に反することはできないが、「法律の範囲内」で地方自治体独自

の理念が条例に規定されることがあってもよい（憲法94条）。スポーツ振興法の理念が条例に重複的に規定されることも許され、さらに、スポーツ振興法に規定されていないが地方自治体として規定したい理念もある。

日本のスポーツ振興法は主として、スポーツの振興という視点から規定されており、国民や住民のスポーツに関わる法的地位ないしスポーツ権という視点から規定されたものではない。近時の地方自治体の政策の中心は「住民」の立場を中心に据えて行われるべきものである。この観点からすれば、住民の視点に立ったものとして条例化をすることは、現在の地方分権化の潮流にも合うものといえる。

（3）既存のスポーツ関係条例との調整を図ったものであること

当該地方自治体のスポーツ政策の条例化にあたっては、体系性、簡潔性、明瞭性等が要求されよう。これらの観点からは、スポーツ基本条例にスポーツ政策の理念を盛り込むだけでなく（中核をなすことは当然のことである）、既存のスポーツ関係条例（スポーツ振興審議会条例、スポーツ施設条例等）をもできるだけ盛り込むようにするのが、スポーツ政策上望ましいと考える。

（4）法律（特にスポーツ振興法）との関係との調整を図ったものであること

日本では、地方公共団体は、法律の範囲内で条例を制定することができる（憲法94条）。逆に地方自治体は、法律の範囲内でしか条例を制定できない。条例は、住民の意思を背景として存立するものであるが、そのゆえに条例によって何でも規定できるものではない。条例制定にあたっては、十分に配慮すべきである。

例えば、「体育」「スポーツ」の概念が上位規範の法律に規定されていれば、スポーツ基本条例を制定するに当たっては、十分に尊重し、配慮すべきであろう。日本のスポーツ振興法では第2条において「この法律において『スポーツ』とは、運動競技及び身体運動（キャンプ活動その他の野外活動を含む）であって、心身の健全な発達を図るためにされるものをいう。」と規定されている。上記スポーツ基本条例試案は、国法であるスポーツ振興法よりも下位の法規範であるところから、基本的には、スポーツ振興法のスポーツ概念に従っておくこととした。

（5）スポーツ権の盛り込み

上記試案では、現在の状況から、社会的認知が得られやすいと思われる具体的権利ないし制度についても、理念の具体化として盛り込むこととした。これによ

りスポーツ権がより実質的に保障されることとなると考えたためである。外国人のスポーツ権の尊重、男女共同参画規定等がそれである。韓国の状況に合わせて、スポーツ権の具体的内容を盛り込むことを検討すべきであろう。これに関する検討は、後日を期したい。現時点では、韓国と日本の法制度は、さほど異ならないと考えられることから、日本での議論と同様の扱いとなろう。

7 日本のスポーツ基本条例の課題の克服

日本では、2件のスポーツ基本条例が制定されている。そして、その課題について、上記学術大会において発表した[13]。ここでは、韓国において、スポーツ基本条例を制定するとした場合に、その課題に関してどのように対応したらよいかについて述べる。

1 いずれの条例にも、スポーツ権に関する規定がないことについて

条例では、国法レベルよりも立法化が容易である。条例でスポーツ権に関する規定が幾つかの地方自治体で規定されることにより、国法レベル（例えば、スポーツ振興法やスポーツ基本法）での制定の可能性が高まるであろう。「スポーツ基本条例試案」では、スポーツ権に関する規定を置いている。

2 法的な具体的効果をもたらす規定が見られないことについて

制定された2つの条例では、「総合型地域スポーツクラブ」とか「スポーツアカデミー」といった、従来に比して具体的な政策に関する規定が設けられているが、具体的法効果をもたらす規定はない。「スポーツ基本条例試案」では、スポーツ振興審議会の委員を男女共同参画の観点から、男女の割合を具体的に規定している（同試案第27条第2項）。韓国においても、理念型条例を基本としつつも、できるだけ具体的規定を盛り込むことが検討されるべきである。

3 他の地方自治体のスポーツ振興計画を焼き直しの回避について

各地方自治体独自の、住民の意思を反映した内容のあるスポーツ基本条例の制定を期待したい。他の地方自治体のスポーツ基本条例であっては、地方分権、地方の自立の観点からも望ましいことではない。

4 スポーツ振興基本計画とスポーツ基本条例との役割分担の明確化について

　日本の地方のスポーツ政策では、行政機関が定めるスポーツ振興計画がその中心的役割を果たしてきた。それに加えてスポーツ基本条例を制定するとなれば、その両者の役割分担を明確にしておく必要がある。韓国でも状況によっては、相当の措置が必要となろう。

8　むすび

　以上、韓国でのスポーツ基本条例制定の可能性を探ってきた。冒頭にも述べたが、韓国と日本とは、程度の差こそあれ、憲法の規定（特に国民の権利に関する規定）、地方自治制度、地方分権化等において、類似した状況にある。このことから、吉田が、日本でのスポーツ基本条例の制定を提案した際に採った基本的立場及び上記条例試案の制定に当たって留意した事項を中心として、韓国の状況を配慮しつつ検討してきた。その結果、韓国では、日本に比して、スポーツ基本法制定への熱意が極めて強いこと、地方自治体の力がさほど強くないこと等の国情の違いは見られるもの、スポーツ基本条例制定に当たっては、大きな支障がないと判断できる。

　もちろん、地方自治体のスポーツ政策に大きな影響を与える財政面の対策等について、残る問題も少なくない。また、韓国においては、スポーツ基本法が先か、スポーツ基本条例が先か、という問題も提起されていることから[14]、今後、これらに関する活発な議論を期待したい。

（1）　2008国際学術大会（第6回）論文集「スポーツ基本権の保障と国民体育原理の法的課題」社団法人韓国スポーツエンタテイメント法学会（2008年）445-467頁。
（2）　上記国際学術大会論文集452頁。
（3）　上記国際学術大会論文集468-469頁〔指定討論者：孫錫正教授によるご指摘〕。
（4）　上記国際学術大会論文集468-469頁〔指定討論者：孫錫正教授によるご指摘〕。
（5）　吉田勝光『地方自治体のスポーツ立法政策論』（成文堂、2007年）18-28頁。
（6）　松元忠士「特集／スポーツ法学＝スポーツ法学の諸問題・スポーツ権」法律時報65巻5号（1993年）60頁以下。
（7）　永井憲一「後編・スポーツ法学の基本問題　第1章スポーツ権」千葉正士＝濱野吉生編『スポーツ法学入門』（体育施設出版、1995年）126頁。
（8）　吉田善明『日本国憲法』261頁は、スポーツの権利等について、「これらの権利を人びとが生きるために必要かつ不可欠な権利として考える限り実定法上の権利として

確立していくことは遠い将来のことではないといえよう。」と述べる。
(9)) 例えば、愛知県内88市町村のうちスポーツ関係の宣言をしているのは 6 市 3 町 2 村である。愛知県教育委員会体育スポーツ課編集『平成12年度　社会体育の実態と課題』(愛知県教育委員会、平成13年) 9 頁。
(10)　2000年 7 月22日付け読売新聞 (朝刊)「『男女共同参画社会』実現へ」)。
(11)　山下淳「条例コーナー・県民ボランタリー活動の促進等に関する条例」ジュリスト1156号 (1999年) 6 頁。
(12)　上記吉田勝光『地方自治体のスポーツ立法政策論』28-31頁。
(13)　上記国際学術大会論文集451-452頁。
(14)　上記国際学術大会論文集468-469頁〔指定討論者：孫錫正教授によるご指摘〕。

第4章　個別条例の研究

1　公園でキャッチボールができる条例の制定

　平成25年3月に「千代田区子どもの遊び場に関する基本条例」（以下「本条例」）が制定された。前文で、その基本理念について「今の子どもたちは、塾や習い事などで忙しく、また、室内でゲームなどをして過ごすことが多いことから、昔に比べて外で遊ぶ時間が少なくなっている。一方、都市化の進展により、空き地や原っぱが失われ、公園や広場では他の利用者にも配慮して制約が多いこともあり、子どもたちが自由に遊べる空間が少ないという現状がある。更には、少子化の進行により兄弟姉妹や近所に住む子どもが減少し、外遊びの仲間づくりが難しくなってきている。かつては、広く社会に『子どもは外で遊んで学び、育つもの』という認識があり、子どもたちは、外遊びを通して人間関係や社会規範などを学び、体力や運動能力も自然と身に付けてきた。いつの時代の子どもたちにも、外遊びは欠かせないものである。千代田区は、区を構成する全ての人々が連携・協力し、将来を担う子どもたちが、外遊びを通して健やかにたくましく育つことのできる社会を築くため、この条例を制定する。」と述べ、第1条で、本条例は、千代田区が実施する子どもの遊び場に関する施策等について定め、区並びに区民及び区内事業者等が、子どもの成長過程における外遊びの必要性及び重要性を認識し、子どもが外でのびのびと遊ぶことができる環境づくりに協力し、もって子どもの体力及び運動能力の向上並びに健やかな育成を図ることを目的としている、と規定した。
　そして、第2条で、区に対して次の各号に掲げる施策を推進するよう努めるものとした。
　（1）　利用可能な区有地を活用して遊び場を確保すること。
　<u>（2）　区立公園、児童遊園、広場等については、利用状況を勘案しながら運用方法を工夫することにより、子どもが可能な限り自由に遊べるよう配慮すること。</u>

（3） 遊び場として利用可能な場所を確保するため、区民等に協力を求めること。なお、区民等から当該場所の提供を受けた場合は整備し、管理及び運営を行うこと。
（4） 遊び場の管理及び運営を行う人材を確保し、育成すること。
（5） 遊び場に関する意識啓発及び周知を行うこと。
（6） 区内で自発的に遊び場を整備し、管理及び運営を行い、又は子どもに外遊びを教えている区民等を支援すること。
（7） 前各号のほか、必要な措置を講じること。

　この規定によって、一定の公園では、一定のルールの下にキャッチボールができるようになったものである。子どもの遊び場の確保に関する条例としては、日野市遊び場条例（昭和46年）や最近の子どもの権利条例等があるが、キャッチボールは禁止措置がなされるケースがほとんどである。本条例の運営いかんによっては、本条例の趣旨が生かされなくなるおそれもある。しかし、効果が明らかになれば他の地方自治体にも拡大する可能性がある。罰則規定はなく、平成25年4月1日から施行されている。

千代田区子どもの遊び場に関する基本条例（全文）

[平成25年3月29日　条例第12号]

千代田区子どもの遊び場に関する基本条例
「お父さんやお母さんが子どもの頃は、もっと外で遊んでいたって聞くけれど、今はあんまり外で遊ばないね。」
「そうだね。家でテレビを見たり、ゲームをすることが多いなあ。」
「塾や習い事で時間もないけど、たまには外で思いっきり遊びたいよね。」
「うん。みんなで集まってキャッチボールとか、サッカーとか、いろんな遊びができる場所があったらいいよね。」
「でも、この前、公園でキャッチボールをやっていたら、近くにいた人に『危ないから止めなさい』って注意されちゃった。」
「それは、『ボール遊び禁止』の公園だったからでしょ。」

「でも、ボール遊びが禁止でない公園なんてあるのかな?」
「たぶんないと思う。でも、もしあったら楽しいかも。」
「そうだよ。けがとかしないように、みんなで気をつけて遊ぶよね。」
「知らない子も仲間に入れてあげてさ。」
「友だちの弟や妹とか、小さい子がきたら遊び方やルールを教えてあげたいよね。」
「そういう遊び場が近くにあったらいいね。」

区内の小学生より

　子どもが外遊びをするためには、「時間」「空間」「仲間」という3つの「間」が必要と言われている。
　しかし、今の子どもたちは、塾や習い事などで忙しく、また、室内でゲームなどをして過ごすことが多いことから、昔に比べて外で遊ぶ時間が少なくなっている。
　一方、都市化の進展により、空き地や原っぱが失われ、公園や広場では他の利用者にも配慮して制約が多いこともあり、子どもたちが自由に遊べる空間が少ないという現状がある。
　更には、少子化の進行により兄弟姉妹や近所に住む子どもが減少し、外遊びの仲間づくりが難しくなってきている。
　かつては、広く社会に「子どもは外で遊んで学び、育つもの」という認識があり、子どもたちは、外遊びを通して人間関係や社会規範などを学び、体力や運動能力も自然と身に付けてきた。いつの時代の子どもたちにも、外遊びは欠かせないものである。
　千代田区は、区を構成する全ての人々が連携・協力し、将来を担う子どもたちが、外遊びを通して健やかにたくましく育つことのできる社会を築くため、この条例を制定する。

(目的)
第1条　この条例は、千代田区(以下「区」という。)が実施する子どもの遊び場(以下「遊び場」という。)に関する施策(以下「施策」という。)等について定め、区並びに区民及び区内事業者等(以下「区民等」という。)が、子どもの成長過程における外遊びの必要性及び重要性を認識し、子どもが外でのびのびと遊ぶことができる環境づくりに協力し、もって子どもの体力及び運動能力の向上並びに健やかな育成を図ることを目的とする。

(施策)
第2条　区は、次の各号に掲げる施策を推進するよう努めるものとする。
(1)　利用可能な区有地を活用して遊び場を確保すること。
(2)　区立公園、児童遊園、広場等については、利用状況を勘案しながら運用方法を工夫することにより、子どもが可能な限り自由に遊べるよう配慮すること。
(3)　遊び場として利用可能な場所を確保するため、区民等に協力を求めること。なお、区民等から当該場所の提供を受けた場合は整備し、管理及び運営を行うこと。
(4)　遊び場の管理及び運営を行う人材を確保し、育成すること。

(5) 遊び場に関する意識啓発及び周知を行うこと。
(6) 区内で自発的に遊び場を整備し、管理及び運営を行い、又は子どもに外遊びを教えている区民等を支援すること。
(7) 前各号のほか、必要な措置を講じること。
(区民等の責務)
第3条 区民等は、子どもが外遊びをすることの必要性及び重要性を理解し、区が実施する施策に協力するよう努めるものとする。
(保護者の配慮事項)
第4条 小学生以下の児童及び幼児の保護者は、子どもが外遊びをするよう促すとともに、そのための時間が持てるよう配慮するものとする。
(推進会議)
第5条 区は、施策を円滑に推進するため、区及び区民等で構成する推進会議を設置する。
(委任)
第6条 この条例に定めるもののほか、この条例の施行について必要な事項は、別に定める。

附　則

この条例は、平成25年4月1日から施行する。

2　長野県登山安全条例

本稿は、「条例ナビ：長野野県登山安全条例」（判例地方自治第402号117頁、ぎょうせい発行、2016年）として執筆されたものである。

1　過去の類似条例

富山県登山届出条例（昭和41年）や群馬県谷川岳遭難防止条例（昭和41年）は、特に危険な地区・山への登山者に対し登山届を提出させ、山岳遭難の防止及び遭難時の対策に資するために制定された。岐阜県北アルプス地区及び活火山地区における山岳遭難の防止に関する条例（平成26年）は、平成26年9月27日発生の御嶽山噴火事故を契機に、御嶽山及び焼岳の一部を届出義務化の対象エリアに追加して改正・施行された。新潟焼山における火山災害による遭難の防止に関する条例（平成27年）は、新潟焼山への登山者に対して、登山の届出による事前準備の徹底及び火山災害による遭難の防止を図るために制定された。

2　条例の制定経緯

多くの山岳地域を有する長野県では、過去、条例の制定を議論されたこともあったが、このたび、上記御嶽山噴火事故を契機として、長野県登山安全条例（以下、「本条例」）が制定された。同事故で多くの登山観光客の死者が出ており、その事故後、遭難者の把握に支障をきたし、登山届出の必要性が唱えられたことが要因である。最近の山岳遭難件数の多さ（平成25年度中272件）や登山者の多様化、初心者の増加もその背景として指摘される。

3　条例の内容

本条例は、「第1章　総則」として、目的、定義、県や登山者等の責務、山岳遭難防止対策協会の役割、山岳関係事業者の役割、山岳関係団体の役割、信州登山案内人等の登山ガイドの役割、ツアー登山を実施する旅行業者の役割、市町村との連携協力を規定する。「第2章　登山者等の順守事項等」として、登山者等の順守事項及び登山を安全に楽しむための指針を規定する。「第3章　基本的施策」として、安全な登山のための啓発活動の推進等、外国語による情報提供等、山岳の環境保全及び適正利用の方針、安全な登山のための環境整備、山岳遭難者の捜索及び救助、財政上の措置を規定する。「第4章　登山計画書の届出等」として、指定登山道、登山計画書の届出、山岳保険への加入を規定した。

4　条例の特色

本条例は、制定のきっかけから火山災害を意識したものとなっている。類似条例が行っていない「章立て」を行っており、規定数も23箇条と最も多く、本条例でもって「日本を代表する山岳県にふさわしい登山の安全対策を総合意的に推進」（1条：目的）しようとする意気込みが感じられる。また、本条例の「登山者」の定義を指定された危険区域等に立ち入る者に限定せず、広く「山岳（里山を除く。）を登山（遊歩道の通行を除く。）する者」としている（2条）ことも特徴的である。さらに、内容も豊富で、その多くは類似条例に無い。特に山岳観光県を反映したものとなっている。登山に関する届け出については、その表記を「登山計画書」に統一し、その提出を求めた。その不提出について類似条例がペナルティ（行政罰又は刑罰）を課（科）したのに対して、処罰規定を設けていない（努力義務）。

長野野県登山安全条例（全文）

長野県登山安全条例　　　　平成27年12月17日　長野県条例第52号
長野県登山安全条例をここに公布します。
長野県登山安全条例

目次
第1章　総則（第1条－第10条）
第2章　登山者等の遵守事項等（第11条・第12条）
第3章　基本的施策（第13条－第19条）
第4章　登山計画書の届出等（第20条－第22条）
第5章　雑則（第23条）
附則

第1章　総則

（目的）
第1条　この条例は、登山の安全に関し、県及び登山者等の責務等を明らかにするとともに、登山を安全に楽しむための施策の基本となる事項等を定めることにより、日本を代表する山岳県にふさわしい登山の安全対策を総合的に推進し、もって登山者の本県への来訪及び滞在を促進し、本県の観光の振興に寄与することを目的とする。

（定義）
第2条　この条例において、次の各号に掲げる用語の意義は、当該各号に定めるところによる。
(1)　登山者　山岳（里山を除く。以下同じ。）を登山（遊歩道の通行を除く。以下同じ。）する者をいう。ただし、山岳において次のいずれかに該当する業務に従事する者を除く。
ア　山岳遭難者の捜索又は救助に関する業務、非常災害に対処するための業務その他これらに類する業務
イ　山岳遭難の未然防止に関する業務
ウ　山小屋、避難小屋又は売店等の設置又は運営の業務
エ　森林の整備、保全又は管理の業務その他これらに類する業務
オ　自然公園法（昭和32年法律第161号）第2条第1号に規定する自然公園の管理の業務その他これに類する業務
カ　鉄道事業法（昭和61年法律第92号）第2条第5項に規定する索道事業に関する業務
キ　公共工事に関する業務
ク　有害鳥獣の捕獲等の業務
ケ　アからクまでに掲げるもののほか、公益性が高いと認められる業務で規則で定めるも

の
(2) 山岳関係事業者 次のいずれかに該当する者をいう。
ア 山小屋事業者又は避難小屋若しくは山岳に所在する売店等を運営する者
イ 鉄道事業法第34条の2第1項に規定する索道事業者
ウ 主として登山用品を販売する事業者

（県の責務）
第3条 県は、登山を安全に楽しむための施策を総合的に策定し、及び実施するものとする。

（登山者等の責務）
第4条 登山者等（登山者及び山岳を登山しようとする者（第2条第1号ただし書に規定する者を除く。第21条及び第22条において同じ。）をいう。以下同じ。）は、登山が常に遭難の危険を伴うものであること及び登山は自己の責任において実施するものであることを認識し、安全な登山に努めるものとする。

（山岳遭難防止対策協会の役割）
第5条 山岳遭難防止対策協会（長野県山岳遭難防止対策協会及び地区山岳遭難防止対策協会をいう。次条及び第7条において同じ。）は、県及び市町村と連携し、山岳遭難の未然防止並びに山岳遭難者の捜索及び救助に努めるものとする。

（山岳関係事業者の役割）
第6条 山岳関係事業者は、県、市町村、山岳遭難防止対策協会等と連携し、登山者等に対する安全な登山のための情報の提供に努めるものとする。
2 山小屋事業者は、県、市町村及び山岳遭難防止対策協会が実施する山岳遭難者の捜索及び救助に協力するよう努めるものとする。

（山岳関係団体の役割）
第7条 山岳関係団体（登山の普及及び振興を目的として組織された団体をいう。第12条第2項において同じ。）は、県、市町村、山岳遭難防止対策協会等と連携し、登山者等に対する安全な登山のための情報の提供及び登山者の登山に関する技術の向上の支援に努めるものとする。

（信州登山案内人等の登山ガイドの役割）
第8条 信州登山案内人条例（平成24年長野県条例第25号）第2条に規定する信州登山案内人等の登山ガイド（登山者に付き添って案内を行うことを業とする者をいう。次条第2項において同じ。）は、山岳に係る地理的及び自然的特性等並びに登山に関する知識の習得並びに登山に関する技術の向上に努め、登山者に対して山岳の魅力を伝えるとともに、登山者の安全確保に努めなければならない。

（ツアー登山を実施する旅行業者の役割）
第9条 ツアー登山（旅行業法（昭和27年法律第239号）第4条第1項第4号に規定する企画旅行のうち山岳を登山することを目的とするものをいう。以下この条において同じ。）を実施する旅行業者（同法第6条の4第1項に規定する旅行業者をいう。次項にお

いて同じ。）は、当該ツアー登山に参加する登山者の安全確保に努めなければならない。
2　ツアー登山を実施する旅行業者は、当該ツアー登山に登山に関する十分な知識、技術及び経験を有する登山ガイドを同行させなければならない。
（市町村との連携協力）
第10条　県は、登山を安全に楽しむための施策の実施に当たっては、市町村と連携するとともに、市町村が実施する登山を安全に楽しむための施策に協力するものとする。

第２章　登山者等の遵守事項等

（登山者等の遵守事項）
第11条　登山者等は、次に掲げる事項を遵守しなければならない。
(1)　山岳の特性を知り周到な準備をすることが山岳遭難の未然防止につながることを認識し、あらかじめ、登山計画を作成すること。
(2)　季節及び気象状況に応じた服装を用い、及び必要な装備品を携行すること。
(3)　その他次条第１項に規定する指針に定められた事項
（登山を安全に楽しむための指針）
第12条　知事は、登山者が登山を安全に楽しむための指針（以下この条において「指針」という。）を定めるものとする。
2　知事は、指針を定めようとするときは、あらかじめ、山岳関係事業者、山岳関係団体等の意見を反映させるために必要な措置を講じなければならない。
3　知事は、指針を定めたときは、これを公表しなければならない。
4　前２項の規定は、指針の変更について準用する。

第３章　基本的施策

（安全な登山のための啓発活動の推進等）
第13条　県は、安全な登山のための情報の提供その他の登山者等に対する啓発活動を推進するものとする。
2　県は、登山者等が自らの体力、技術等に応じて登山することができるよう、登山道のグレーディング（登山に要する体力及び登山の難易についての評価をいう。）の実施その他の必要な措置を講ずるものとする。
3　県は、登山者等に対し山岳の魅力を伝えるなど登山者等が山岳を楽しむための情報を提供するものとする。
（外国語による情報提供等）
第14条　県は、外国人の登山者の安全を確保するため、外国語による情報の提供その他の必要な措置を講ずるものとする。
（山岳の環境保全及び適正利用の方針）
第15条　知事は、豊かな山岳の環境を維持し、登山者の安全を確保するため、県、国、市

町村、山小屋事業者等により構成される長野県山岳環境連絡会における協議を経て、山岳の環境保全及び適正利用の方針を策定するものとする。
2　知事は、前項に規定する方針を定めたときは、これを公表しなければならない。
3　前2項の規定は、第1項に規定する方針の変更について準用する。

（安全な登山のための環境整備）
第16条　県は、市町村、山小屋事業者等が、山域の将来像（山域ごとの特性を踏まえた山岳の利用のあるべき姿をいう。）に応じて実施する登山道その他必要な施設の整備を支援するものとする。
2　前項に規定する山域の将来像は、前条第1項に規定する方針にのっとり、山域ごとに、県、国、市町村、山小屋事業者等により構成される山域連絡調整会議が定めるものとする。

（山岳遭難者の捜索及び救助）
第17条　県は、山岳遭難者の生命及び身体を保護するため、山岳遭難者の捜索及び救助を迅速に実施するための体制の整備その他の必要な措置を講ずるものとする。

（火山現象による災害における登山者の安全確保）
第18条　県は、火山現象による災害から登山者の安全を確保するため、次に掲げる措置その他の必要な措置を講ずるものとする。
(1)　市町村による火山現象の発生時における登山者の避難計画の策定に対する支援
(2)　市町村に対する火山現象に関する情報の提供及び市町村が実施する登山者等に対する火山現象に関する情報の提供の支援
(3)　市町村等が実施する火山現象による災害に備えるための必要な施設、設備及び装備品の整備に対する支援

（財政上の措置）
第19条　県は、登山を安全に楽しむための施策を推進するため、必要な財政上の措置を講ずるよう努めるものとする。

第4章　登山計画書の届出等

（指定登山道）
第20条　知事は、遭難の発生のおそれが高いと認められる山岳の登山道を指定登山道として指定することができる。
2　知事は、前項の規定による指定をしようとするときは、あらかじめ、その旨及びその区間を告示しなければならない。
3　前項の規定は、指定登山道の指定の解除及びその区間の変更について準用する。

（登山計画書の届出）
第21条　山岳を登山しようとする者は、指定登山道を通行しようとするときは、あらかじめ、規則で定めるところにより、次に掲げる事項を記載した計画書（第4項及び第5項において「登山計画書」という。）を知事に届け出なければならない。

(1)　氏名及び住所
(2)　登山の期間及び行程
(3)　装備品の内容
(4)　緊急時における連絡先
(5)　その他規則で定める事項
2　前項の場合において、複数の者により構成される集団が同一の行程で山岳を登山しようとするときは、当該集団を構成する者のうち1人の者がこれを代表して届け出ることができる。
3　第1項の規定にかかわらず、山岳（第3号にあっては、活動火山対策特別措置法（昭和48年法律第61号）第3条第1項に規定する警戒地域内のもののうち規則で定めるものに限る。）を登山しようとする者が第1項各号に掲げる事項を次に掲げる者に届け出たときは、知事に届け出たものとみなす。
(1)　第1項各号に掲げる事項に係る届出を受け付ける団体で規則で定めるもの
(2)　本県と隣接する県にある行政機関
(3)　当該指定登山道が所在する市町村
4　知事は、登山計画書の届出の受理に関する事務を知事が指定する者に委託することができる。
5　県は、登山計画書の届出を行いやすくするための必要な措置を講ずるものとする。

（山岳保険への加入）
第22条　山岳を登山しようとする者は、山岳保険（山岳遭難者の捜索又は救助について負担する費用に対して保険金、共済金その他これらに類するものが支払われるものをいう。）に加入するよう努めるものとする。

第5章　雑　則

（補則）
第23条　この条例に定めるもののほか、この条例の施行に関し必要な事項は、知事が定める。

附　則

この条例は、公布の日から施行する。ただし、第21条の規定は、平成28年7月1日から施行す

3 草津市熱中症の予防に関する条例の廃止

概　要

　滋賀県草津市において、「草津市熱中症の予防に関する条例」が平成17年7月1日から施行された。5年後の平成22年4月1日に同条例が全面的に廃止された。その制定から廃止に至るまでの経緯を調査により明らかにし、その評価を行った。同条例は、制定当初は報道の注目を浴びる等して、熱中症の知識普及には大きな役割を果たした。しかし、その後の効果の有無については、不明確であった。とはいえ、同条例を全面的に廃止するだけの合理性に欠け、熱中症厳重警報発令制度を削除する一部改正にとどめる方法も十分に検討されるべきであった。

1　研究の目的

　地方分権により、地方自治体の行政活動の直接的根拠を条例に求め、条例化されるケースが見受けられる。例えば、「野沢温泉村スキー場安全条例」（以下、スキー場安全条例という）がある。同条例は、全国に先駆けたスキー場での安全確保を目的とした条例である（平成22年12月1日施行）。野沢温泉村やスキー場管理者に安全対策を求め（同条例2条）、スキー場利用者にも最低限のルールを守ることやコース・ゲレンデ外での捜索救助費用の負担を受益者負担の義務を課している（同条例11条）。

　遡って、滋賀県草津市において、「草津市熱中症の予防に関する条例」（以下、熱中症予防条例という）が平成17年7月1日から施行された。制定当初は、日々の行政の一環として実施すれば十分であり（要綱行政）、敢えて条例を制定してまで、熱中症の予防を図る必要性が見出し難いように思量された。しかし、その後の熱中症事故の度重なる発生により、次第に同条例に違和感が持たれなくなった。このような状況下にあって、5年後の平成22年4月1日に同条例が廃止された。全国的にみても、調査時に近い平成24年8月の熱中症での搬送者は1.8万人で過去3番目の多さ（総務省消防庁の集計、平成24年12月19日本経済新聞）ということであった。

　一旦制定され、その後に廃止された条例を取り上げることは、条例制定が当初いかに意義あるものと考えられ、その後、いかに意義のないものとして廃止され

第4章　個別条例の研究　165

たかみることができることになる。上記熱中症予防条例は、まさにこれに該当するものであり、その制定から廃止するまでの経緯、制定趣旨・廃止趣旨などを明らかにし、条例による熱中症防止政策の在り方に資するものとなる。

そこで、本研究では、近時制定され、5年後に廃止された熱中症予防条例の制定・廃止の経緯を明らかにし、熱中症予防条例の制定及び廃止について考察し、その当否を評価することを目的とする。

2　研究の手法

平成24年2月24日に草津市を訪問した。対応者は、同市総合政策部危機管理課危機管理グループ及び総務部総務課法務文書グループ・法令遵守グループの担当者各1名であった。熱中症予防条例制定当時の担当者は、他に異動している。以下の制定経緯等の事実関係にわたる箇所については、訪問時に筆者が草津市から提供された入手資料及び担当者から聴取した事項に基づくものである。

3　先行研究

熱中症や熱中症の防止に関する研究は多いが、熱中症の防止を目的にして制定された条例に関する研究は少なく、草津市の熱中症予防条例の制定に関与した研究者の論稿[1,2]が見当たる程度である。

4　熱中症予防条例の制定経緯

本項から「10. 熱中症予防条例廃止後の市の取り組み」までは、草津市から提供された資料及び担当職員への聞き取りの結果によるものである。

（1）制定の経過

熱中症予防条例が制定されるに至る経緯は、次の表1のとおりである。熱中症予防政策は市長のトップダウンによって開始された。

（2）制定理由・立法趣旨

きっかけは、平成16年7月8日に市内の県立高等学校で教職員・生徒が16名、熱中症と思われる症状で緊急搬送されたことである。これをきっかけとした熱中症への緊急の対応とともに、琵琶湖に接していることから湿度が高く、他の地方自治体とは環境が異なり、熱中症に罹りやすい地域であること等が理由とされた。

表1　経緯一覧

年月日	事件等の内容
平成16年7月8日	・市内の県立高等学校で教職員・生徒が16名、熱中症と思われる症状で緊急搬送された。
同年7月9日	・「緊急危機管理対策本部会議」開催。市長のトップダウンにより熱中症予防に関する市民への情報提供についての検討を開始。
同年7月23日	・「熱中症厳重警報」を市内公共施設・各種施設へFAXとパソコンメールにて送信開始。熱中症予防に関する注意喚起を開始。 ・9月15日までの53日間に21回発令。
平成17年1月14日～3月24日	・条例化に向け、「草津市熱中症情報に関する研究会」を設立し、熱中症への対策及び情報提供についての協議を開始。
同年3月24日	・「草津市熱中症情報に関する研究会」の検討結果を汲田会長（滋賀ケーブルネットワーク株式会社制作部）が市長へ具申。
同年6月	・定例市議会にて、「草津市熱中症の予防に関する条例」議決。
同年7月1日	・「草津市熱中症の予防に関する条例」施行。

（草津市提供資料に基づいて筆者が作成）

5　熱中症予防条例の内容

ここで熱中症予防条例[3]の概要について述べる。平成17年7月1日から施行である。制定から廃止に至るまで改正はない。

（1）目　的

同条例は、熱中症に対する知識の普及・啓発およびその予防等に関する市、市民、事業者等の役割を明らかにするとともに、予防対策その他の必要な措置を講ずることにより、市民の熱中症による被害を防止し、健康で安全な地域社会の実現を図ることを目的とした（1条）。

（2）定義規定

第2条で、同条例で使用する用語の意義を次のように定めた。

① 熱中症：暑熱環境で発生する障害の総称で、運動などの要因により、体温を維持するための生理的な反応から生じた失調状態から全身の臓器の機能不全に至るまでの連続的な病態をいう。

② 熱中症厳重警報：この条例の規定により市長が発する熱中症に関する警戒警報をいう。

③ 事業者：市内で商業、工業その他の事業を営む者をいう。

④　施設管理者：市内の公共施設の管理を行なう者および事業者において労働安全衛生の管理等を担う者またはこれと同等の役割を担う者として選任された者をいう。
⑤　スポーツ指導者：草津市体育協会に加盟する団体その他各種のスポーツ関係団体において、指導的役割を担う者をいう。

（3）市等の責務

次に、市のみならず、市民、事業者、施設管理者の責務を各条で規定している。すなわち、市は、熱中症に関する知識の普及およびその発症の予防を図るため、熱中症に対する予防対策に関する施策その他必要な施策を講ずるものとし（3条）、市民は、熱中症の発症の予防に努めるとともに、市長が実施する熱中症に対する予防対策に関する施策に協力するよう努めなければならないと規定し（4条）、事業者は、事業所における熱中症の発症の予防に努めるとともに、市長が実施する熱中症に対する予防対策に関する施策に協力するよう努めなければならないと規定し（5条）、施設管理者またはスポーツ指導者（施設管理者等）は、施設またはスポーツの現場における熱中症の発症の予防に努めるとともに、市長が実施する熱中症に対する予防対策に関する施策に協力するよう努めなければならないと規定した（6条）。

（4）熱中症厳重警報の発令等

市長は、市内において熱中症が発症しやすい気象条件となった場合には、直ちに熱中症厳重警報（以下「警報」という）を発令し、市民等に対する注意を喚起するものと規定した（7条1項）。そして、同警報の発令は、規則で定める基準を超える場合とすると規定した（同条2項）。市長は、警報を発令した場合は、直ちに発令の周知をおこなうための必要な措置をとらなければならないとし（同条3項）、市民、事業者、施設管理者等は、警報が発令されたときは、直ちに熱中症の発症を回避するための措置を講ずるものと規定した（同条4項）。

（5）報告等

市民、事業者、施設管理者等は、市内において熱中症が発症したときは、その状況等を市長に報告するものと規定し（8条1項）、市長は、前項の報告を受けたときは、それを集計し、予防対策に資するものとし（同条2項）、市長は、関係機関とも連携を図り、予防対策に努めるものと規定した（同条3項）。

（6）予防対策等

市長は、熱中症の予防に関して市民、事業者等と連携、協力し、①市の広報紙等を利用した広報啓発活動を実施すること、②予防対策マニュアル作成等の予防手段の確立に関すること、③警報発令の際の情報伝達に関すること、④その他予防に関し必要な施策を実施すること、と規定した。

6 条例制定・施行後の重点活動

条例制定、施行を契機に熱中症情報の提供（熱中症厳重警報と熱中症に関する知識の普及）に力を注いだ。重点活動として、以下の（6）ア及び（6）イの活動を中心として展開された。

（1）情報の提供・知識普及活動の推進

（1） 平成17年6月28日（条例制定後、条例施行直前）に、滋賀ケーブルネットワーク（株）との間で「熱中症厳重警報発令時における警報情報の放送に関する協定」を締結した。「熱中症厳重警報」発令のテロップを流した。

（2） 平成17年度に、防災用に市内の200町内会すべてに地域防災行政無線傍受機を配備し、また地域防災無線でも熱中症厳重警報を呼びかけた。

（3） 熱中症は高齢世帯の室内でも多く発生していることから、高齢世帯に対して、注意喚起のため、市長寿福祉・介護課が中心になり、一軒一軒戸別訪問し、熱中症にならないための心構えや、予防を促すチラシを配布し、熱中症予防に関する活動を行った。

（2）熱中症指標計の設置

熱中症防止条例制定後の重点活動の第2点の一つとして熱中症指標計の設置を行った。本体に附属されたセンサーで温度、湿度、黒球温度の自動計測を行い、それぞれの数値から、熱中症の指標となるWBGTを求める装置（WBGT = Wet, Bulb Globe Temperature／湿球、黒球、乾球温度）を設けた。設置場所は、草津小学校の校庭とした。数値を自動計測し計算するように（計測時間は24時間）。WBGTは、「湿球温度×0.7＋黒球温度×0.2＋乾球温度×0.1」と計算され、市役所内設置パソコンにリアルタイムに無線送信できるようにした。パソコンに無線送信された各数値をソフトで監視できるようにした。気温が31度C、ＷＢＧＴが28度Cを越えると、パトライトの赤色灯を点滅させ職員に知らせるというシステムである。

7 熱中症厳重警報発令の発信方法と発令・救急搬送回数

熱中症厳重警報の発令は熱中症予防条例 7 条に基づき、市長が行う。

(1) 発令情報の発信方法

発令情報の発信方法については、以下①~⑥のように手配している。

① メール配信システムで、登録者に熱中症厳重警報発令メールを配信した。
② 市内公共施設、公共団体、事業所等へ熱中症厳重警報発令を FAX 送信。→ 各公共施設では、警報発令ポスターを掲示した。
③ 庁内に注意喚起放送→警報発令ポスターを掲示した。
④ 市ホームページを更新した。
⑤ えふえむ草津(コミュニティFM)で警報発令情報を放送した。
⑥ 地域防災行政無線で全町内会長へ放送した。

(2) 熱中症厳重警報の発令回数と救急搬送者数

熱中症厳重警報の発令回数と救急搬送者数は以下の表 2 の通りである。なお、同表中、「(A)/(B)(%)」の欄は筆者が新たに設け、算出したものである。
たものである。

表2 熱中症厳重警報の発令回数と救急搬送者数

年度((制定前・中、廃止後))	測定期間	救急搬送者数 (A) 人	警報発令回数 (B) 回	(A)/(B) (%)
16 (制定前)	7月23日~9月15日 (平日のみ)	21	21	100
17 (中)	7月 1日~9月15日	11	48	22.9
18 (中)	6月 1日~9月15日	18	55	32.7
19 (中)	6月 1日~9月15日	15	44	34.1
19 (中)	9月16日~10月 8日 (参考情報提供)	5	8	62.5
20 (中)	6月 1日~9月15日	33	52	63.5
21 (中)	6月 1日~9月15日	21	45	46.7
22 (廃止後)	6月 1日~9月15日 (測定のみ)	50	64	78.1

(草津市提供資料に基づいて筆者が作成)

8 草津市熱中症予防条例廃止の経緯－廃止のきっかけと廃止理由－

（1）廃止のきっかけ

　制定時は、盛んに新聞等の報道に取り上げられた[4]。熱中症予防条例制定当時は、熱中症という言葉自体を知らない人が多かった。インパクトの強い「熱中症厳重警報」を発令して注意を喚起し、熱中症予防を強化する必要があった。それに伴い、認知度も飛躍的に向上した。廃止は、事業の見直しが契機となり、熱中症厳重警報発令の必要性への疑問（部内）がそもそもの発端であった。廃止は下からのボトムアップにより提案されたものであった。廃止を持ち出したのは、のちに担当となった現担当者（今回調査での面談者の一人）とのことである。市長が交代したからではないとのことである。条例の廃止に着目した報道はなかった。

（2）廃止の理由

　提供された草津市危機管理課名の資料（紙媒体）は、廃止するに至った理由を以下のとおり指摘している。

（1）　テレビ、ラジオで、盛んに「熱中症」の注意喚起がなされ、熱中症の認知度が高まった。

（2）　気象協会やウエザーニュースでメール配信が始まり、熱中症予防の環境が整備されてきた。

（3）　熱中症指標等測定実績から、草津市では、気温31度Ｃで、熱中症厳重警報発令水準に達し、市民や事業所が手軽に判断できるようになった。

（4）　警報発令以前でも、救急搬送者がいる実態や、警報前の過信の懸念（警報が出ていないから熱中症には罹らず大丈夫）がある。警報が絶対ではない。これは、警報発令制度の弊害でもある。

（5）　登録者にしか情報が届かず、救急搬送車の利用が多い高齢者や未成年者への啓発方法としては不十分である。

（6）　人の体調により、発症に至る暑熱環境水準は様々である。一律の熱中症厳重警報には限界がある。

（7）　休日出勤、職員の負担、人件費増の人事、財政上の問題がある（費用対効果の問題）。

（8）　以上の他に、東日本大震災が起きてからは、防災に重点が置かれている状況の下、熱中症防止にそれほど力を注げない。

第4章　個別条例の研究　171

9　熱中症予防条例廃止後の市の取り組み

　熱中症予防条例は、平成22年3月定例市議会の議決を得て、平成22年4月1日に「熱中症の予防に関する条例」を廃止した。熱中症厳重警報の発令は取りやめたが、市民の健康で安全な暮らしを守るため、次に示すような予防啓発は継続している。

（1）　初夏の暑くなる前に、湿度が高くなる梅雨入り、猛暑日が連続するとき等、定期的に予防情報をメール配信している。市ホームページ（携帯用含む）にも掲載している。

（2）　7月1日市広報で特集し、また、えふえむ草津で放送している。

（3）　室内の高齢者、屋外で労働中の成人、スポーツ中の青少年等、罹りやすい人に重点的に啓発している。老人クラブ、ケアマネ会議、建設工事市内業者協会、立命館大学（運動部・サークル）、学校開放登録者、体育指導委員会、スポーツ少年団指導者、小中高校にリーフレットを配付している。

（4）　市公用車に啓発用のマグネットシートを貼り付け、公用車を使用しての公務中にも予防啓発をしている。

（5）　熱中症指標計で計測を継続しており、計測データを啓発資料の作成に活用している。

10　考察－熱中症予防条例の評価－

　以上、熱中予防条例の制定から廃止に至るまでの経緯を明らかにした。そこで、その経緯に関して考察を行い、熱中症予防条例の制定・廃止の評価を行う。

（1）熱中症予防条例制定についての評価

　日本で初めて（制定期間中は唯一）の条例であったこともあり、報道機関に取り上げられ[4]、熱中症へ意識が高まったとのことである（上記9.1）。この点については、条例制定効果は十分にあったといえる。

　また、条例を制定することにより、重点が置かれる行政の目標が明確となり、首長のリーダーシップとも相まって（市長による熱中症厳重警報発令制度の創設はこれによること大）、住民への働きかけが積極的になったことが読み取れる。条例制定には副次的とはいえ、このような効果があるといえよう。

（2）熱中症予防条例制定中の評価

　熱中症での救急搬送者数（上記表2）からみて、単純に数字を比較すれば、熱

中症予防条例制定前、制定中、廃止後で減少してはいない。これからすれば、条例の制定は、効果はなかったということになる。しかし、効果の解釈は単純ではなく、条例の制定による市民の意識の向上などの効果は、十分に推測されるところである。また、気象等は年によって異なり、単純に救急搬送者の絶対数だけでは比較できない。

そこで、警報が発令されたうち、どれだけの住民が救急搬送されたか「(A：救急搬送者)／(B：警報発令回数)」をみてみる。仮にこれを救急搬送率と称するとすると、この救急搬送率を、熱中症予防条例制定前、制定中、制定後とで比較してみる。上記表2によれば、制定前の平成16年は、100%であり、制定中は、22.9%（平成17年）、32.7%（平成18年）、34.1%（平成19年）、62.5%（平成20年）、63.5%（平成21年）となり、廃止後は、46.7%（平成22年）、78.1%（平成23年）となっている。すなわち、制定前は100%であり、制定中には、22.9%〜63.5%の間にあり、廃止後は、46.7%〜78.1%の間にある。その大局的傾向をみれば、熱中症予防条例の制定中は、救急搬送率が低かったといえる。マスコミなどの他の機関からの啓蒙的な注意などによる効果も推測され、これによって、直ちに熱中症予防条例制定の効果とみることはできないが、その可能性を推測させるものと見ることは可能であろう。

また、表2の救命搬送率の推移を各年について追うと、制定中は、漸増の傾向があり、条例の効果が希薄になってきた（条例の効果なし）とみることができなくはない。制定中の後半（平成20年及び平成21年）は、60%台を超え、廃止直後の46.7%をはるかに超えていることも、そのような推測をさせる一因となろう。ただし、このように割合だけで即断は難しく、実際に搬送された者の意思などの状況を踏まえた考察は今後の課題として残る。

このように、熱中症予防条例の制定による効果（因果関係）の有無については、測定基準によって区々となり、判断が極めて困難である。また、当該年の気候、搬送された者の心身の状況、搬送時の社会状況（イベントの開催の多寡等）等、不確定要素が多い。上記表2に掲げられた数値だけでは簡単に結論付けられるものではない。なお、条例制定の効果の測定方法については今後の研究にゆだねたい。

(3) 熱中症防止条例廃止についての評価

熱中症に関しては、国としても、予防対策について検討をしている[5]。また、

平成26年5月、環境省のホームページで「暑さ指数」の情報提供を始めた[6]。テレビやラジオの報道でも、盛んに熱中症の予防対策として、水分の補給を訴え、新聞報道でも、初夏になると熱中症予防対策の特集を組んでいる[7-9]。社説で取り上げる新聞もある[10]。また、洗濯指数などと同じように、「熱中症指数」まで毎日報道されている。にもかかわらず、熱中症による救急搬送が連日報道されている。このように熱中症防止条例の存続期間中とは、その背景となる事実（立法事実）が異なってきている。したがって、熱中症予防条例の当初の制定目的である、住民に熱中症の知識を普及するということは、その必要性が薄れたといえる。しかし、以下の理由から、5年間という短期間での全面廃止は、妥当ではなかったと考える。

（1）熱中症防止条例は、全国で最初、かつ唯一の熱中症の防止を目的として制定された条例である。現在の熱中症の発症状況からすれば、まだまだあらゆる手段を講じて防止対策をとるべきものである。条例自体の価値（熱中症への注意喚起）は十分にある。仮に、市長による熱中症厳重警報発令制度が、不要であるならば、当該制度のみを削除した、一部改正にすればよい。条例は、その条項の多くは、地方自治体の基本的方針を規定するものや関係者に努力義務を規定するに過ぎない。しかし、それだけでも住民の代表者の集合体である議会の議決を経ており、十分に意義を有するものである。本研究で対象とした熱中症防止条例では、市や事業者のみならず、市民やスポーツ指導者に防止の責務を負わせている点は、極めて特徴的である。具体的責務（義務）を課してはいないが、それでも市民を始めとして、多くの関係者に対する熱中症の注意喚起の方法として、大いに役立っていたはずである。

（2）当初は、異論もあった制定であったが、効果の検証（住民へのアンケート等）をすることなく、全面的に廃止をする合理的な理由が見当たらない。すなわち、上記8.2に掲げる廃止理由（1）及び（2）は、条例の存在を否定するものではない。条例が存在していればさらに周知が図られるからである。同理由（3）、（4）及び（6）は、熱中症厳重警報発令制度をなくせば、解消されるに至る。同理由（5）は、条例以外の方法で対応すべき問題である。条例は万能ではない。同理由（7）及び（8）については、熱中症厳重警報発令制度がなくなれば大部分は解決されるであろう。

11 結　論

　草加市における日本で初めての熱中症防止条例は、制定当初は報道の注目を浴びるなどして、熱中症の知識普及には大きな役割を果たした。しかし、その後の草加市における熱中症防止効果の有無については、不明確であった。とはいえ、草津市危機管理課が示した廃止理由は、同条例を全面的に廃止するだけの合理性に欠け、また、条例の存続自体が住民などへの注意喚起の手段としてその効果は十分に期待できることから、熱中症厳重警報発令制度を削除する一部改正にとどめる方法も十分に検討されるべきであった。

1 ）南利幸・水越祐一：草津市における熱中症の予防に関する条例、日本生気象学会雑誌44(3)、71（2007）
2 ）中井誠二・南利幸・芳田哲也・寄本明：草津市及び近隣市における熱中症発生の実態、日本生気象学会雑誌43(3)、6（2006）
3 ）小笠原正・塩野宏・松尾浩也：スポーツ六法2010、草津市熱中症の予防に関する条例、515-516、信山社（2010）
4 ）産経新聞2005.6.28付け（朝刊）、熱中症予防条例　全国初の制定　草津市可決
5 ）環境省：熱中症の予防に関するシンポジウム、プログラム・アブストラクト集（2008）
6 ）日本経済新聞2014.5.12付け（朝刊）、ネットで「暑さ指数」　環境省が情報提供　熱中症の意識高める
7 ）朝日新聞2014.6.27付け（朝刊）、子供とスポーツ第 8 部夏の事故を防ぐ（上）熱中症を見逃さない
8 ）朝日新聞2014.7.21付け（朝刊）、勤務中　熱中症死リスク（ 1 面）
9 ）朝日新聞2014.7.21付け（朝刊）、暑さ　甘く見るな　熱中症　現代の「災害」（36面）
10）毎日新聞2014.7.12付け（朝刊）、社説：熱中症と部活動

草津市熱中症の予防に関する条例（全文）

（目的）
第1条　この条例は、熱中症に対する知識の普及・啓発およびその予防等に関する市、市民、事業者等の役割を明らかにするとともに、予防対策その他の必要な措置を講ずることにより、市民の熱中症による被害を防止し、健康で安全な地域社会の実現を図ることを目的とする。

（定義）
第2条　この条例において、次の各号に掲げる用語の意義は、当該各号に定めるところによる。
① 熱中症　暑熱環境で発生する障害の総称で、運動などの要因により、体温を維持するための生理的な反応から生じた失調状態から全身の臓器の機能不全に至るまでの連続的な病態をいう。
② 熱中症厳重警報　この条例の規定により市長が発する熱中症に関する警戒警報をいう。
③ 事業者　市内で商業、工業その他の事業を営む者をいう。
④ 施設管理者　市内の公共施設の管理を行なう者および事業者において労働安全衛生の管理等を担う者またはこれと同等の役割を担う者として選任された者をいう。
⑤ スポーツ指導者　草津市体育協会に加盟する団体その他各種のスポーツ関係団体において、指導的役割を担う者をいう。

（市の責務）
第3条　市は、熱中症に関する知識の普及およびその発症の予防を図るため、熱中症に対する予防対策に関する施策その他必要な施策を講ずるものとする。

（市民の責務）
第4条　市民は、熱中症の発症の予防に努めるとともに、市長が実施する熱中症に対する予防対策に関する施策に協力するよう努めなければならない。

（事業者の責務）
第5条　事業者は、事業所における熱中症の発症の予防に努めるとともに、市長が実施する熱中症に対する予防対策に関する施策に協力するよう努めなければならない。

（施設管理者等の責務）
第6条　施設管理者またはスポーツ指導者は、施設またはスポーツの現場における熱中症の発症の予防に努めるとともに、市長が実施する熱中症に対する予防対策に関する施策に協力するよう努めなければならない。

（熱中症厳重警報の発令等）
第7条　市長は、市内において熱中症が発症しやすい気象条件となった場合には、直ちに熱中症厳重警報（以下「警報」という。）を発令し、市民等に対する注意を喚起するものとする。

2 　前項に規定する警報の発令は、規則で定める基準を超える場合とする。
3 　市長は、警報を発令した場合は、直ちに発令の周知をおこなうための必要な措置をとらなければならない。
4 　市民、事業者、施設管理者等は、警報が発令されたときは、直ちに熱中症の発症を回避するための措置を講ずるものとする。

(報告等)
第8条　市民、事業者、施設管理者等は、市内において熱中症が発症したときは、その状況等を市長に報告するものとする。
2 　市長は、前項の報告を受けたときは、それを集計し、予防対策に資するものとする。
3 　市長は、関係機関とも連携を図り、予防対策に努めるものとする。

(予防対策等)
第9条　市長は、熱中症の予防に関して市民、事業者等と連携、協力し、次に掲げる施策を実施するものとする。
① 　市の広報紙等を利用した広報啓発活動の実施
② 　予防対策マニュアル作成等の予防手段の確立に関すること
③ 　警報発令の際の情報伝達に関すること
④ 　その他予防に関し必要な施策

附　則

　この条例は、平成17年7月1日から施行する。

第3編

文化条例とスポーツ条例の比較研究

序　論

　文化法・スポーツ法については、文化芸術振興基本法とスポーツ基本法で、同一内容の条項が設けられたり、同一条例で文化・スポーツを扱う文化・スポーツ条例が設けられたりしてきた。しかし、文化条例とスポーツ条例の領域横断的な研究は管見の限りない。そこで、本編は、文化条例とスポーツ条例を対比する学際的な研究を試みた。文化法・スポーツ法に限らず、文化とスポーツの分野を横断した研究が進展する契機となることを期待している。

　第1章では、文化条例が内容面で文化芸術振興基本法の影響を受けたのと同様に、スポーツ条例がスポーツ振興法（旧）・スポーツ基本法の影響を受けたのかという視点で比較を行う。その結果、スポーツ振興法（旧）のもとではスポーツ条例がその影響を内容面で受けていたが、スポーツ基本法制定後はその影響を概して受けていないことが明らかとなる。しかし、影響を受けていない理由を個別に考察すると、必ずしもスポーツ条例の独自性を模索した結果ではない。そうだとしても、今後は、産業との融合の規定や推進体制に関する規定など、文化条例と同様の独自の工夫をスポーツ条例でも採用する余地がある。章の最後に、スポーツ条例のあるべき枠組みを提示する。

　第2章では、スポーツと文化の各条例に共通する課題として例規集考を取り上げる。

第1章　各自治体のスポーツ条例の比較考察
―文化条例との対比の視点から―

1　はじめに

1　文化条例とスポーツ条例[1]の制定状況

　文化条例は、文化芸術振興基本法制定前は13自治体が文化条例を制定したに過ぎなかったが、2001年12月文化芸術振興基本法[2]が制定され、その後13年間で107自治体が文化条例を制定した。2014年10月1日現在計116自治体（27都道府県、5政令指定都市、8中核市、76市区町村）[3]が文化条例を制定する（第1編第1章3参照）。一方、スポーツ基本法制定前は19自治体がスポーツ条例を制定していたところ、2011年6月スポーツ振興法（旧スポーツ基本法）（以下スポーツ振興法（旧））[4]が全面改正されてスポーツ基本法[5]が制定され、その後2年間で11自治体がスポーツ条例を制定した。2014年3月1日現在計30自治体（7都道府県、1政令指定都市、1中核市・21市区町村）[6]がスポーツ条例を制定する（表3-1）。

　文化芸術振興基本法4条で地方公共団体に「国との連携を図りつつ、自主的かつ主体的に、その地域の特性に応じた施策を策定し、及び実施する責務」が課されている。文化条例では、当該条項を根拠に自治体が条例を策定した例が少なくない。一方、スポーツ基本法4条でも全く同一内容の条項が置かれているが、スポーツ条例の制定数は文化条例の4分の1程度にとどまる。こうした差異が生じたのは、文化芸術振興基本法は2001年に制定され制定後10年以上経過しているのに対し、スポーツ基本法は2011年に制定され数ヶ年しか経過していないことによると考えられる。だとすれば、今後は文化条例同様に制定数の増加が見込まれよう。実際、スポーツ基本法制定前10年間で11自治体がスポーツ条例を制定したのに対し、制定後2年半で同数の11自治体がスポーツ条例を制定する。

2 先行研究

では、両条例に関する先行研究を見てみよう。

文化条例については、2001年に文化芸術振興基本法の制定直後に文化権の社会権的側面を積極的に解する立場から、小林真理[7]が「市民参画による制定・評価プロセスの検討」の必要性を指摘し、藤野一夫[8]が「常設の第三者機関の設置」「継続的・安定的な財源確保のためのシステムづくり」の必要を指摘した。いずれの先行研究も制定から時間を待たずに文化条例をとりあげており、それ以降につぶさに比較考察した研究が存在しなかった。そうしたところ、吉田隆之[9]が直近までのすべての文化条例の比較考察を行い、定義、名称、対象領域・定義、目的、文化法の基本原則の各項目について文化条例が文化芸術振興基本法の影響を受け、その内容を踏襲していること（後掲表3－4参照）、その一方で、2005年度以降は独自に工夫した文化条例が過半を占めていることを明らかにしている（第1編第1章参照）。

スポーツ条例については、第2編第1章で記したとおり吉田勝光[10]がスポーツ基本法制定直前に制定時期を基準として条例の名称に着目したスポーツ条例の類型化を行っている（第2編第1章5参照）。しかし、吉田隆之[11]のように個別の項目ごとに比較考察をするものではないし、スポーツ基本法制定と時期を同じくする考察であるから、制定以降のスポーツ条例の考察がなされていない。

また、ここまでで文化条例とスポーツ条例の各分野の先行研究を紹介したが、両条例の対比の視点を有する研究は管見の限りない。

3 本章の目的

そこで、本章は文化条例が文化芸術振興基本法の影響を受けたのと同様に、スポーツ条例がスポーツ振興法（旧）・スポーツ基本法の影響を受けたか否かという視点で、すべてのスポーツ条例を名称・定義・理念等・基本計画の策定義務などの項目ごとに比較考察を行うことを目的とする。加えて、スポーツ条例のあるべき枠組みについても検討する。

表3-1　スポーツ条例の制定年度と名称

	制定年	名　称
	1961（S36）	スポーツ振興法（旧）
1	1972（S47）	倶知安町スポーツ振興条例
2	1975（S50）	横瀬町スポーツ振興条例
3	1976（S51）	長与町スポーツ振興条例
4	1977（S52）	川島町スポーツ振興条例
5	1983（S58）	長瀞町スポーツ推進条例
6	1981（S56）	弟子屈町スポーツ振興条例
7	1989（H元）	葛飾区文化・スポーツ活動振興条例
8	1996（H8）	矢吹町文化・スポーツ振興条例
9	2005（H17）	秩父市スポーツ振興条例
10	2006（H18）	21世紀出雲スポーツのまちづくり条例
11	2006（H18）	埼玉県スポーツ振興のまちづくり条例
12	2007（H19）	品川区文化芸術・スポーツのまちづくり条例
13	2009（H21）	長野市文化芸術及びスポーツの振興による文化力あふれるまちづくり条例
14	2009（H21）	東松山市スポーツ振興まちづくり条例
15	2009（H21）	さいたま市スポーツ振興まちづくり条例
16	2009（H21）	下関市スポーツ振興のまちづくり基本条例
17	2010（H22）	スポーツ振興鹿児島県民条例
18	2010（H22）	千葉県体育・スポーツ振興条例
19	2011（H23）	熊谷市スポーツ振興まちづくり条例
	2011（H23）	スポーツ基本法
1	2011（H23）改正	倶知安町スポーツ推進条例
20	2012（H24）	山口県スポーツ推進条例
4	2012（H24）改正	川島町スポーツ推進条例
21	2012（H24）	岡山県スポーツ推進条例
22	2012（H24）	黒松内町スポーツ推進条例
23	2012（H24）	小諸市スポーツ推進条例
5	2012（H24）改正	長瀞町スポーツ推進条例

第1章　各自治体のスポーツ条例の比較考察　183

24	2012（H24）	春日井市スポーツ振興基本条例
6	2013（H24）改正	弟子屈町スポーツ振興条例
25	2012（H24）	横手市「スポーツ立市よこて」でまちを元気にする条例
26	2012（H24）	近江八幡市スポーツ推進条例
27	2012（H24）	岐阜県清流の国スポーツ推進条例
28	2012（H24）	群馬県スポーツ振興条例
29	2012（H24）	町田市スポーツ推進条例
30	2013（H25）	柳井市スポーツ推進条例

※制定年度は公布日により決定し、公布日順に並べた。文化基本条例を有する自治体数を明らかにする観点から、新条例と旧条例は同じ番号を振り、両条例とも掲載した。
（筆者作成）

4　スポーツと文化の定義の整理

　スポーツとは「個人又は集団で行われる運動競技及び身体運動」（スポーツ基本法前文）であり、文化とは「多様な芸術及び人間の感性を豊かにする知的な活動」（逗子市文化振興条例2条1項）だとされる[12]。スポーツと文化は、前者が身体運動、後者が知的な活動、いいかえると精神活動として区別される。一方、スポーツと文化は、ともに「人間の生活のしかた一般」[13]という意味で最広義の文化である。こうした観点から、もちろん相違を踏まえたうえで、共通の政策を分析・考察し、一方が他方の政策の良い点を取り入れたり課題・改善点を反面教師としたりすることで、相互に影響を与え合うことは意義があろう。

　なお、本章で単に「文化」と記した場合は狭義の文化を指すこととするが、ここで前述の最広義以外の本章での「文化」の語義を確認しておきたい。もちろん法学が対象とするものでなければならないから、文化条例での「文化」の使われ方を参照しつつ、スポーツも含めた文化を広義の文化とし、スポーツを含まないが生活文化を含むのが狭義の文化、芸術文化のみを指す場合を最狭義の文化とする（表3-2）。

2　文化芸術振興基本法とスポーツ振興法（旧）・スポーツ基本法の比較[14]

　各自治体のスポーツ条例を比較考察する前に、スポーツ振興法（旧）・スポー

表 3-2　文化の定義

最広義	人間の生活のしかた一般
広義	芸術文化、学術文化、宗教文化、スポーツ、生活文化
狭義	芸術文化、生活文化
最狭義	芸術文化

(筆者作成)

ツ基本法の内容を文化芸術振興基本法との比較で明らかにしておきたい。本章は、文化条例が文化芸術振興基本法の影響を受けたのと同様にスポーツ条例がスポーツ振興法（旧）・スポーツ基本法の影響を受けたか否かとの視点で検証していく。であれば、影響を与える側である文化芸術振興基本法とスポーツ振興法（旧）・スポーツ基本法の3者の内容の異同を明らかにしておく必要があるからだ。

以下では、項目ごとに検討していく（表3-3）。

一つめに、文化芸術振興基本法は2001年に制定されたのに対し、スポーツ振興法（旧）は1961年に、スポーツ基本法は2011年に制定された。

二つめに、名称について文化芸術振興基本法では法的性格に絡めて議論がある。そもそも文化芸術振興基本法は一般法的性格を持つ基本法なのか、特別法的性格を持つ振興法なのか定かではない。こうした中途半端さが、文化基本法と芸術文化振興法という名称を折衷する形で、「文化芸術」という概念を生じさせている。もとより広義の文化は芸術の上位概念で、広義の文化には、芸術文化、学術文化もあれば、生活文化もあるとの使い方が一般的である[15]。文化芸術振興基本法の議論では対象とされていないが、もちろん広義の文化にはスポーツも含まれてくる（表3-2参照）。一般的な使い方からすれば、「文化芸術」という概念は曖昧である。本来なら後述する文化（広義）法の基本原則等を内容とする文化基本法とそれ以外を内容とする芸術文化振興法を別個に制定し、それぞれの名称とすることとなろう。こうした法的性格に遡った議論はないものの、スポーツについても文化（広義）法の基本原則等を文化基本法に委ね、スポーツ振興法を別途定めることが理想的なのかもしれない。名称の点からはスポーツ振興法（旧）に一理あることになる。

三つめに、対象領域・定義について上記の法的性格とその対象領域・定義は対応関係にある。一般法的性格を持つ文化基本法は広義の文化、特別法的性格を持

つ芸術文化振興法及びスポーツ振興法は芸術文化及びスポーツを対象としていると考えるのが妥当であろう。しかしながら、実際は一般法か特別法のいずれの性格なのかが明確でないことから、特にスポーツ振興法（旧）以外の2者は対象領域・定義も不明確となっている。

文化芸術振興基本法は、目的、基本理念規定で文化芸術活動（1、2条）と使うほか、定義規定を置かずに、芸術、メディア芸術、伝統芸能、生活文化、文化財等の個別の施策規定を置くことで対象領域を明らかにした。「『何を』『どのようなジャンルを』振興するかについて、目が向けられていた」[16]結果の産物でもあった。

一方、スポーツ振興法（旧）では2条で「『スポーツ』とは運動競技及び身体運動（キャンプ活動その他の野外活動を含む。）であって、心身の健全な発達をはかるためにされるもの」との定義規定を置く。これに対して、スポーツ基本法は、超党派スポーツ議員連盟で議論がまとまらなかったことから、定義規定を明文化せず前文で代えることとした[17]。心身の健全な発達以外に三つの効用を掲げ「スポーツは、心身の健全な発達、健康及び体力の保持増進、精神的な充足感の獲得、自律心その他の精神の涵養等のために個人又は集団で行われる運動競技その他の身体活動」との文言を前文に置いている。

四つめに、目的について文化芸術振興基本法では「心豊かな国民生活及び活力ある社会の実現に寄与すること」（1条）とした。一方、スポーツ振興法（旧）では「国民の心身の健全な発達と明るく豊かな国民生活の形成に寄与すること」（1条1項）を目的としていたが、スポーツ基本法では「国民の心身の健全な発達、明るく豊かな国民生活の形成、活力ある社会の実現及び国際社会の調和ある発展に寄与すること」（1条）としている。「豊かな国民生活」を内容とする点は三者とも同一であるが、文化芸術振興基本法では「活力ある社会」が目的とされ、スポーツ振興法（旧）では「心身の健全な発達」が目的とされた。スポーツ基本法では他の二者を包括した三つの目的に「国際社会の調和ある発展」が加えられている。

五つめに、理念等の規定について文化芸術振興基本法では文化法の基本原則がいわれ、多くの研究者によってこうした原則に絡めて問題点が指摘されている。

ちなみに、文化法の基本原則として小林[18]は次の4つを挙げる。

① 文化・芸術の自由の原則

表3-3 芸術文化振興基本法、スポーツ振興法(旧)、スポーツ基本法の比較

		文化芸術振興基本法	
制定年		2001	
名称（法的性格）		基本法か振興法か明確でないと指摘有	
対象領域・定義		文化芸術活動（1、2）芸術（8）メディア芸術（9）伝統芸能（10）芸能（11）生活文化（12）文化財等（13）	
目的	・豊かな国民生活の実現(形成)	○	
	・国民の心身の健全な発達		
	・活力ある社会の実現	○	
	・国際社会の調和ある発展		
理念等（文化法の基本原則など）	文化芸術・スポーツの自由の原則	自主性の尊重、創造性の尊重（2条1項、2項）	表現の自由（憲法21条）で保障され注意規定としての意味しか持たない。行政が文化内容に介入、又は干渉しないことへの留意の規定を置くべき。
	文化的多様性・民主主義の原則	「多様な文化芸術の保護及び発展」（2条5項）	文化的少数者の保護を含むのか等「多様」（2条5項）の内容が不明確である。
	参加の原則	「国民の意見」（2条8項）の反映	権利としての国民の参加がない。
	地域主義・地方分権の原則	自治体に「施策を策定し、及び実施する責務」を課し、「国との連携を」（4条）条件づける。	地域主義、地方分権の原則に反する。
	文化権・スポーツ権	「文化芸術を創造し、享受することが人々の生まれながらの権利である…文化芸術を鑑賞し、これに参加し、又はこれを創造することができるような環境の整備が図らなければならない」（2条3項）	「創造」「享受」に権利性を認め自由権的性格を肯定しつつも、「鑑賞」「参加」「創造すること」の環境整備条項を置くことで社会権的性格を否定。自然権であることが強調され、新しい権利として認めない姿勢が顕著である。
基本計画の策定義務		○	
個別の施策		地方公共団体を名宛人とした規定が見られない。	地方分権に資する。

スポーツ振興法（旧）		スポーツ基本法	
1961		2011	
振興法		基本法	
「スポーツ」とは運動競技及び身体運動（キャンプ活動その他の野外活動を含む。）であって、心身の健全な発達をはかるためにされるもの（2）		心身の健全な発達、健康及び体力の保持増進、精神的な充足感の獲得、自律心その他の精神の涵養等のために個人又は集団で行われる運動競技その他の身体活動（前文）	
○		○	
	○		○
		○	
			○
国民の自主的なスポーツを行う機会と場の諸条件の整備の努力義務規定（3条）	国民のスポーツの自由やスポーツ団体の自治について規定を置くべき。	「国民の生涯」にわたる自主性自律的なスポーツを行う機会と場の推進（2条1項）	国民のスポーツの自由やスポーツ団体の自治について規定を置くべき。
明白な定めなし	多様なスポーツ活動を認める具体的条項を置くべき。	障害者スポーツ（2条5項）、プロスポーツ（2条6項）、学校における体育（17条）、スポーツ産業（18条）	多様なスポーツ活動を具体的条項で認めた。
定めなし	権利としての国民の参加がない。	「国民の幅広い理解及び支援」（2条8項）	権利としての国民の参加がない。
施策の方針（3条）で、地方公共団体を名宛人とした。	地方分権の原則から疑問があった。	自治体に「施策を策定し、及び実施する責務」を課し、「国との連携を」（4条）条件づける	地域主義、地方分権の原則に反する。
定めなし。		「健康で文化的な生活を営む上で不可欠なものとなっている」「スポーツを通じて幸福で豊かな生活を営むことは全ての人々の権利」（前文）「スポーツは、これを通じて幸福で豊かな生活を営むことが人々の権利」（2条1項）	幸福追求権的なスポーツ権を確認し、新しい人権の根拠となる規定。社会権的位置づけも想定される。
	○		○
地方公共団体を名宛人とした規定が多い。	地方分権に反する。	地方公共団体を名宛人とした規定が多い。	地方分権に反する。

（筆者作成）

② 地域主義・地方分権の原則
③ 文化的多様性・民主主義の原則
④ 参加の原則

第1編第1章3.4.3でも言及したが、筆者の見解も一部付け加えたうえで、こうした原則に絡めた問題点等を再掲すると、以下の5点に集約しうる。

i　自主性の尊重、創造性の尊重（2条1項、2項）は、表現の自由（憲法21条）で保障され注意規定としての意味しか持たない。文化・芸術の自由の原則の観点から、アームス・レングスの原則を明確にするためにも、行政の文化内容への不介入、又は不干渉の留意の規定を置く必要がある[19]。

ii　文化権に関しては「文化芸術を創造し、享受することが人々の生まれながらの権利であることにかんがみ、国民がその居住する地域にかかわらず等しく、文化芸術を鑑賞し、これに参加し、又はこれを創造することができるような環境の整備が図らなければならない」（2条3項）とした。「創造」「享受」に権利性を認め自由権的性格を肯定しつつも、「鑑賞」「参加」「創造すること」の環境整備条項を置くことで社会権的性格を否定し、「生まれながらの権利」、すなわち自然権であることが強調され、文化権自体を新しい権利として認めない姿勢が顕著である[20]。

iii　文化的多様性の原則の観点から、「多様な文化芸術の保護及び発展」（2条5項）が文化的少数者の保護を含むのか等「多様」（2条5項）の内容が不明確である。

iv　参加の原則の観点から、「国民の意見」（2条8項）の反映といっても権利としての国民の参加がない[21]。

v　「国との連携を図りつつ」（4条）「国の施策を勘案し」（35条）としながら、一方で自治体に「自主的かつ主体的に」施策を制定・実施する責務を課している（4条）。こうした論理矛盾の記述を残しながらも国が関与する余地を残している点で、地域主義・地方分権の原則に反する[22]。

一方で、スポーツ振興法（旧）はもちろんスポーツ基本法でもこれまで文化法の基本原則がいわれることはなかったが、同じ広義の文化法としてこうした原則は当てはまると考えられる。そこで、スポーツ法の基本原則として次の4つを挙げ、こうした原則に絡めた問題点をまとめておきたい。

① 文化・スポーツの自由の原則

② 地域主義・地方分権の原則
③ 文化（スポーツ）的多様性・民主主義の原則
④ 参加の原則

i　スポーツ振興法（旧）では国民の自主的なスポーツを行う機会と場の諸条件の整備の努力義務規定を置いていた（3条）。それに対して、スポーツ基本法では「『国民』の生涯にわたる自主的自律的なスポーツを行う機会と場の推進[23]（2条1項）について措置義務規定を置く。一歩進めて、スポーツの自由の原則の観点からは国民のスポーツの自由やスポーツ団体の自治について規定を置くべきである[24]

ii　スポーツ振興法（旧）ではスポーツ権の定めがなかった。それに対して、スポーツ基本法では「スポーツを通じて幸福で豊かな生活を営むことは全ての人々の権利」（前文）と「スポーツは、これを通じて幸福で豊かな生活を営むことが人々の権利」（2条1項）の規定を置く。幸福追求権的なスポーツ権を確認し、新しい人権の根拠規定となっている点が、新しい権利を認めようとしない文化芸術振興基本法の文化権とは対照的である。しかも、「健康で文化的な生活を営む上で不可欠なものとなっている」（前文）とし社会権的位置づけも想定される。

iii　スポーツ基本法では、障害者スポーツ（2条5項）、プロスポーツ（2条6項）、学校における体育（17条）、スポーツ産業（18条）を明記した。文化（スポーツ）的多様性の原則の観点から「旧スポーツ振興法で明白に定めのなかった多様なスポーツ活動にまで法の射程範囲を拡大した」[25]といえよう。

iv　スポーツ基本法では、スポーツ振興法（旧）で定めのなかった「国民の幅広い理解及び支援が得られるよう推進」（2条8項）との規定をおいたが、参加の原則の観点から権利としての国民の参加がない。

v　スポーツ振興法（旧）では、国法であるにも関わらず、施策の方針（3条）が当然のように地方公共団体を名宛人とし地方分権の原則から疑問があった。それに対して、行政法的性格のスポーツ振興法（旧）から基本理念を謳うスポーツ基本法に転換がはかられたことで、この規定はスポーツ権を明記した基本理念（2条）の規定に改められる。それでも、スポーツ基本法は文化芸術振興基本法と同様に「国との連携を図りつつ」（4条）としながら、自治体に「自主的かつ主体的に」施策を制定・実施する責務を課している

（4条）。国が関与する余地を残している点で地域主義・地方分権の原則との関係で疑義が残る。

ここまでで、文化芸術振興基本法とスポーツ基本法で文化法の基本原則に関わる問題点を詳細に比較してきたが、基本計画の策定義務、個別の施策にも触れておこう。

六つめに、文化芸術振興基本法、スポーツ振興法（旧）、スポーツ基本法いずれも基本計画の策定義務を課している（7条；4条；9条）。

七つめに、個別の施策に関して文化芸術振興基本法では地方公共団体を名宛人とする規定は一切見られない。一方で、行政法的性格を有するスポーツ振興法（旧）はもちろん、基本理念を謳うスポーツ基本法でも、国法であるにも関わらず地方公共団体を名宛人とした規定が多く置かれている。努力義務規定とはいえ地方分権に反しないのか、法律でなく条例で定めるべきではないか議論が必要と考える。

本章のここまでをまとめると、文化芸術振興基本法とスポーツ基本法・スポーツ振興法（旧）の三者は、理念等の規定で広義の文化法として文化法の基本原則が妥当するほか、基本計画の策定義務を有する点で同一である。他方、三者の法的性格が曖昧なこともあり名称、対象領域・定義は相違点が見られた。また、文化芸術振興基本法とスポーツ基本法が文化権やスポーツ権を認める。ただ、前者は文化権については社会権的性格を認めないのはもちろん、新しい人権であることすら認めない後退した規定となっている。それに対して、後者はスポーツ権について社会権的性格も想定しつつ幸福追求権的なスポーツ権を確認し、新しい人権として認める積極的な規定となっている点で異なる。

なお、国法と条例との関係は、国法の先占が問題となる。すなわち、国法に反する事項を条例で定められるかである。1つには、比較した3者は原則として国の基本的施策で、かつ、文化（狭義）やスポーツ自体の規制ではなく振興や基本理念を内容とする。2つには、スポーツ振興法（旧）とスポーツ基本法は自治体の施策の定めに関する規定も少なくないが、行政法的性格の濃いスポーツ振興法（旧）の計画の策定（4条3項）などをのぞいて、ほとんどが努力義務規定である。3つには、2000年の地方分権一括法以降は、自治体の権限が大幅に拡大されるに至っている。以上から、自治体の文化やスポーツの政策に関して、法律の規定に明確に反しない限りは、原則として、自治体は条例で定義、目的、理念等、

第1章　各自治体のスポーツ条例の比較考察　　191

推進体制など独自の政策を定めることができると解される。本章で取り上げた条例において、法律に反する規定は見当たらない。

3　自治体のスポーツ条例の各項目の比較考察

前章でみた三者の異同を前提として、文化条例が文化芸術振興基本法の影響を受けたのと同様に、スポーツ条例がスポーツ振興法（旧）、スポーツ基本法の影響を受けたか否かとの視点から、スポーツ条例の各項目について比較考察を行う。

1　名　称

スポーツ基本法制定前は、スポーツ振興法（旧）に倣い、スポーツ振興条例、もしくは、それに類似する名称を19のうち9自治体が使用した[26]。その他スポーツのまちづくりを名称に掲げる条例が8自治体[27]、文化及びスポーツをともに名称に掲げる条例が4自治体となっている[28]。うち品川区[2007]と長野市[2009]は、まちづくりを掲げ、かつ、文化及びスポーツをともに名称に掲げている。

それに対して、スポーツ基本法が制定されると、同様にスポーツ基本条例という名称を使用する自治体はない。しかし、スポーツ基本法で「振興」に替わって「推進」という文言が使用されたことから、スポーツ基本法制定前にスポーツ振興条例としていた4自治体[29]がスポーツ推進条例という名称に変更されたほか、11自治体のうち8自治体[30]が同名称を使用する。

2　対象領域・定義

スポーツ基本法制定前の19自治体を見ると川島町[1977][31]ほか11自治体でスポーツ振興法（旧）とほぼ同内容の定義規定をおく。矢吹町[1996]ほか3自治体[32]が独自の定義規定を置くが、葛飾区[1989]ほか3自治体[33]は定義規定を置かない。

それに対して、スポーツ基本法制定後も11自治体のうち黒松内町[2012]と横手市[2012]が旧スポーツ振興法と同内容の定義規定を置く。スポーツ基本法と同内容の定義規定を置くのが近江八幡市[2012]と小諸市[2012]で、スポー

基本法と同様に前文に代えたのは近江八幡市のみである。山口県［2011］ほか6自治体は定義規定を置いていない[34]。

3 目 的

　スポーツ基本法制定前の19自治体を見ると、スポーツ振興法（旧）と同内容を定めるのが倶知安町［1972］ほか7自治体[35]で、地域活性化、まちづくり、「活力ある地域社会の実現」など地域に絡めた目的を定めるのが葛飾区ほか8自治体[36]である。うち鹿児島県［2012］、千葉県［2010］の「活力ある地域社会の実現」の文言は、その後に制定されたスポーツ基本法の目的に取り入れられている。

　それに対して、スポーツ基本法制定後は、全11自治体が「国民」を「県民」「市民」におきかえて、目的をスポーツ基本法と同内容の「心身の健全な発達」「国民生活の形成」「活力ある社会の実現」と定めるが、「国際社会の調和」を除いている点が異なる。

4 理念等

　理念等については、文化・スポーツの自由の原則、スポーツ権、文化的多様性の原則の3点に触れておきたい[37]。

　まず、文化・スポーツの自由の原則に関しては、スポーツ基本法制定前は横瀬町［1975］ほか19自治体のうち4自治体[38]がスポーツ振興法（旧）と同様の努力義務規定をおく。文化条例と同様の自主性の尊重を定めるのが、鹿児島県と文化とスポーツを同一条例で定める矢吹町、品川区、長野市の3自治体である。スポーツ基本法制定後、同様の措置義務規定を置くのは、山口県と近江八幡市のみである。

　つぎに、スポーツ基本法はスポーツ振興法（旧）に規定がなかったスポーツ権を定めた。スポーツ基本法制定前にスポーツ権を定める自治体はない。スポーツ基本法制定後11のうち4自治体[40]がスポーツ基本法と同様の条項を置く。しかし、スポーツ基本法で「健康で文化的な生活を営む上で不可欠なものとなっている」（前文）とした社会権的位置づけが想定される記述を置く自治体はない。

　さらに、文化（スポーツ）的多様性の原則については、スポーツ基本法制定前に鹿児島県、千葉県、熊谷市［2011］が、スポーツ振興法（旧）に規定がなかった障害者スポーツの条項を置いていた。スポーツ基本法では、それ以外にプロス

ポーツ、学校における体育、スポーツ産業など多様なスポーツ活動を認める。しかし、スポーツ基本法制定後は障害者スポーツの条項を11のうち5自治体[39]が置くものの、他に多様なスポーツ活動を認める条項は広まっていない。

5 基本計画の策定義務

スポーツ振興法（旧）では基本計画の策定義務が措置義務規定とされたが（4条3項）、スポーツ基本法では努力義務規定となっている（10条1項）。

スポーツ基本法制定前は、19のうち7自治体[41]が基本計画の策定義務を措置義務規定とする。スポーツ基本法制定後は、横手市を除く11のうち10自治体が基本計画の策定義務を措置義務規定とし、黒松内町のみが努力義務規定である。

6 推進体制

スポーツ振興法（旧）ではスポーツ振興審議会等を「置くものとする」（18条）として設置を義務づけていた。スポーツ基本法では国に新たにスポーツ推進会議（30条）を設け、都道府県・市町村スポーツ推進審議会を「置くことができる」（31条）とした。

審議会に関しては、スポーツ基本条例制定前は、倶知安町、長与町［1976］、長瀞町［1983］、弟子屈町［1981］が審議会を置き、川島町が諮問機関を置く。スポーツ基本法制定後は、近江八幡市、町田市［2012］がスポーツ条例で審議会の設置を定める。これらの自治体以外でも特に都道府県などはスポーツ振興法（旧）制定時にスポーツ振興審議会条例を定めており、他の自治体でもスポーツ条例に先んじて別途審議会条例により審議会を置くことが多い[42]。

こうした審議会以外の推進体制の規定としては、スポーツ基本法制定前はさいたま市［2009］、熊谷市が市民の意見交換のための推進組織を設置する規定を置く。制定後は横手市が取り組みの評価、検証の規定を置いた。

7 比較考察のまとめ─文化条例との対比の視点から─

ここまでで、スポーツ振興法（旧）、スポーツ基本法の影響を受けたか否かという視点から、スポーツ条例について項目ごとに比較してきた。文化芸術振興法の影響を受けた文化条例数を左欄に、スポーツ両法の影響を受けたそれぞれのスポーツ条例数を右欄にして、整理したのが表3-4である（第1編第1章表1-6

表 3-4　スポーツ振興法（旧）、スポーツ基本法の影響を受けたスポーツ条例数

項目	文化芸術振興基本法	スポーツ振興法（旧）	スポーツ基本法
名称	59／107自治体	9／19自治体	0／11自治体 8／11自治体 （推進）
対象領域・定義	52／107自治体	12／19自治体	2／11自治体
目的	48／107自治体	8／19自治体	0／11自治体
文化法の基本原則等 ・文化・スポーツの自由の原則	75／107自治体	4／19自治体	2／11自治体
・文化権・スポーツ権		—	4／11自治体 ※社会権はなし
・文化（スポーツ）的多様性の原則		—	5／11自治体 （障害者）
基本計画の策定義務	75／107自治体	7／19自治体	11／11自治体

（筆者作成）

参照）。以下では、文化条例と対比しながら、スポーツ条例の比較考察のまとめを行う。最後に、スポーツ条例のあるべき枠組みについて検討する。

（1）スポーツ振興法（旧）

スポーツ振興法（旧）から見ていくと、文化法の基本原則等をのぞき、スポーツ条例が名称、対象領域・定義、目的、基本計画の策定義務について文化条例とほぼ同様の影響を受けている。

（2）スポーツ基本法

逆に、スポーツ基本法制定後は基本計画の策定義務を除きスポーツ条例がいずれの項目もその影響を概して受けていないことが読み取れる。その理由を以下で個別に考察していく。なお、推進体制は、文化芸術振興基本法に審議会設置に関する条項がないことから上記表で比較をしなかった。しかし、文部科学省設置法が文化審議会の設置を義務付けるほか、文化条例では当該設置法の前後を問わずその8割で審議会の設置を義務づけている。推進体制についても検討を行う。

①名　称

　名称については、スポーツ基本条例という名称が使われていない点で、影響を受けた自治体は無い。ただ、スポーツ基本法で「振興」という言葉が「推進」と置き換えられたことから推進条例という名称が多くの自治体で使われている。その点では影響を受けたといえる。

　スポーツ基本法が「振興法」でなく「基本法」という名称になった理由を付言しておこう。2007年11月超党派スポーツ議員連盟の下に発足した「新スポーツ振興法プロジェクトチーム」が2009年4月スポーツの基本理念を謳った「基本法」を制定すべきとの答申をし、「新スポーツ振興法の制定」から「スポーツ基本法制定」へと流れが変わったからだという[43]。だとすると、スポーツの基本理念を謳ったという同様の理由でスポーツ基本条例という名称をつけることができるはずである。にもかかわらず、そうした名称をつけないのは基本理念を謳う国の基本法のもと、自治体は一歩引いて推進するとの発想ではないのか。そうであれば、地方分権の原則と相いれない。

②対象領域・定義

　スポーツ基本法と同様の定義規定を置く自治体は、近江八幡市と小諸市の2自治体のみである。スポーツ基本法が制定されたにも関わらず、旧スポーツ振興法と同様の定義規定を置く自治体もある。黒松内町と横手市の2自治体である。議論がまとまらず前文に代えるとしたことで、スポーツ基本法で定義規定が不明確となったことが影響していると考えられる。

③目　的

　目的について、全11自治体が「国際社会の調和」を除いてスポーツ基本法と同内容の目的を定める。国際社会の視点がないのは地方政治を担う自治体の性格上やむを得ない面もあるが、国際交流の視点を持つなど独自性を模索することは不可能ではないだろう。

④理念等

　理念等について、スポーツ権から見ていくと、スポーツ基本法が文化芸術振興基本法より積極的な規定をおくものの、同様の条項を置くのは4自治体に過ぎない。しかも、社会権的性格の位置づけが想定される記述を置く自治体がない。スポーツ基本法は、スポーツ権の明記に与野党間に隔たりがあったことも一つの理由となり、2010年に超党派議員連盟により提出が模索されたが不調となってい

る。ところが、政権交代により民主党がイニシアティブを握りスポーツ基本法案（民主案）をとりまとめたことがきっかけとなり、与野党が歩み寄り2011年に成立した[44]。民主党政権下で制定されたという政治状況により、スポーツ権が国民に積極的に権利を認める進んだ内容となったのだと考えられる。だとすれば、当時の国の状況と現在の地方の政治状況とは相いれないことから、住民に積極的に権利を認めることに躊躇がみられるとも推測される。

なお、第1編第1章で見たとおり、文化条例では文化政策の専門家が条例制定に参加・協力し、文化権に関わる規定について自治体が国に追随する状況に歯止めをかけている。たとえば、静岡県は「支える活動」を、東大阪市は「文化芸術活動に参加」することを文化権の内容とし、文化権の保障が「創造」「享受」等自由権的性格に留まらないことを示している。この点、文化芸術振興基本法の文化権よりもスポーツ基本法のスポーツ権の方が積極的に踏み込んだ規定となっている。だからこそ、まずは、スポーツ政策の専門家の参加・協力で、こうした規定をスポーツ条例に積極的に取り入れていくこと、そのうえで、さらに文化条例と同様に社会権的性格に踏み込んでいくことを期待したい。

文化（スポーツ）的多様性の原則については、障害者スポーツの規定を11自治体のうち5自治体が置くが、それ以外の規定が置かれていない。たしかに、小規模自治体ではプロスポーツやスポーツ産業の規定が当てはまらない場合があるかもしれない。しかし、熊谷市ではスポーツ基本法制定前にスポーツ産業について前文で「スポーツは、…スポーツ産業の広がりによる経済効果の増大に寄与し」と規定する。また、文化の分野では芸術文化の産業を始めとした他分野への活用を図る規定が多くの条例に採用され、国の基本指針が後追いして取り入れている傾向がある（第1編第1章3.6）。スポーツと産業の融合、もしくは、スポーツを領域横断的に活用して地域の課題を解決していく条項を定める余地がある。

⑤推進体制

スポーツ振興法（旧）・スポーツ基本法はいずれも審議会の設置の規定を置くが、改正の前後を問わずスポーツ条例とは別途審議会設置条例を定める自治体が多い。法形式は異なるものの審議会の設置自体については両者の影響を受けたといえる。とはいえ、審議会の設置自体より重要なことは、その後のスポーツ政策に影響を与えられるかという視点でいかにスポーツ基本計画を推進・評価していくかである。こうした点からは、前述のさいたま市、熊谷市の市民の意見交換の

ための推進組織の設置の規定や、横手市の取り組みの評価、検証の規定は独自の工夫として評価できる。

この点、横手市の取り組みは市民や市民団体の意見の聴取に留まっているが、文化条例では住民や専門家の参加をさらに一歩進めた取り組みがなされている。小金井市は推進機関を設置し、基本計画の評価及び見直し等を行う（9条）。逗子市は基本計画の調査、評価組織を設置する（7条）。いずれも文化政策の専門家が参加・協力したことで[45]、特に逗子市では評価機関を設置することで全国でも希有な評価の実践に結びつくなど進歩的な影響を与えている。

推進体制に関しても文化条例と同様にスポーツ政策の専門家が役割を果たすことが期待される。

（3）結　論

1で指摘したように今後もスポーツ条例の増加が見込まれるなか、スポーツ条例がスポーツ振興法（旧）・スポーツ基本法の影響を受けたのかという視点で比較を行ってきた。その結果、スポーツ振興法（旧）のもとではスポーツ条例がその影響を受けていたが、スポーツ基本法制定後はその影響を概して受けていないことが明らかとなった。しかし、影響を受けていない理由を個別に考察すると、横手市など推進体制の取り組みを除き必ずしもスポーツ条例の独自性を模索した結果ではない。定義規定はスポーツ基本法が不明確な規定を置いた影響を受けたと考えられるし、スポーツ権を始めとしたスポーツ法の基本原則は、スポーツ基本法が比較的積極的な姿勢を示したのに対して、独自に発展させようというよりもむしろ躊躇する姿勢が見られる。

スポーツ基本法の影響を受けていないことがスポーツ条例の独自性を模索した結果でないとしても、前述のとおり、今後は、産業との融合の規定や推進体制に関する規定など、文化条例と同様の独自の工夫をスポーツ条例でも採用する余地がある。

では、スポーツ条例のあるべき枠組みはいかに考えるべきか。

社会権的性格に含みを残したスポーツ権規定、国際社会の視点など、文化芸術振興基本法に見られないスポーツ基本法の先進的な点については、スポーツ条例でも積極的に採用していきたい。

一方で、地方分権やその後のスポーツ政策に影響を与えられるかという観点か

ら、定義、スポーツ法の基本原則（スポーツの自由の原則、地方分権の原則、多様性・民主主義の原則、参加の原則など）、推進体制など、スポーツ基本法に追随しない独自の工夫が求められよう。なかでも、当該自治体の地域住民の実態やニーズを勘案しながら、たとえば評価機関の設置など本章で紹介した文化条例の独自の工夫が参考になる。

1　本章では自治体が、文化政策全般について規定する条例の総称を文化条例とし、スポーツ政策全般について規定する条例の総称をスポーツ条例とする。2で後述するように条例の名称は本来その性格を反映すべきであり（特別法的性格を持たせるなら振興条例、一般法の性格を持たせるなら基本条例）、総称としてはそのどちらでもない中立的な名称が相応しいからである。
2　2001年12月7日法律第148号。
3　文化庁長官官房政策課（『地方における文化行政の状況について』（2014年）15-7頁）の調べによる。117自治体のうち2006年公布の「二戸市宝を生かしたまちづくり条例」は、「自然、歴史、文化及び人物」を宝としてまちづくりに生かしていく趣旨で制定された。自治体の文化政策全般を規定するとはいえないことから考察の対象から外した。なお、76市区町村のうち、区は東京都特別区を指す。
4　1961年6月16日法律第141号。
5　2011年6月24日法律第78号。
6　脚注3のとおり文化条例ではその制定状況を調べる業務統計があるが、スポーツ条例では見当たらない。業務統計に替わるものとして吉田勝光「地方自治体におけるスポーツ立法政策の展開―条例政策研究の視座―」地域総合研究（松本大学紀要）12号Part 1（2011年）がスポーツ条例の制定状況について、2010年12月末から2011年3月20日までの期間に調査する。すなわち、第一段階として、Webサイトでキーワードとして「スポーツ」で横断検索を行い、該当条例と推測される条例を抽出する。そのうえで精度を高めるためWebサイトに公開されている全自治体の例規集にあたるものである。本章でも同様の調査方法を用い、2014年1月1日から2014年3月15日までの期間に調査した。2014年1月1日現在全国の地方自治体の数は1,789である（財団法人地方自治情報センター「都道府県別市区町村数一覧（平成26年1月1日現在）」（2014年）available at https://www.j-lis.go.jp/lasdec-rchive/cms/1,19,14,151.html（2016年7月1日最終確認））。都道府県、市についてはそのすべてを、町村については全町村929中の789を対象とした。調査したのは計1,649自治体で、全体の92.1％にあたる。町村一覧は紙幅の関係で本章では省略する。
7　小林真理「制作基礎知識シリーズVol.15　文化政策に関する法律知識(2)　文化振興条例について」地域創造レター83号（地域創造、2002年）。
8　藤野一夫「日本の芸術文化政策と法整備の課題―文化権の生成をめぐる日独比較を

ふまえて」国際文化学研究：神戸大学国際文化学部紀要18号（2002年）。
9　吉田隆之「各自治体の文化条例の比較考察—創造都市政策に言及する最近の動きを踏まえて—」文化政策研究6号（2013年a）；吉田隆之「都市型芸術祭の経営政策—あいちトリエンナーレを事例に」博士論文（東京芸術大学大学院音楽研究科、2013年b）164-202頁。
10　吉田勝光、前掲論文（2011年）。
11　吉田隆之、前掲論文（2013年a）；前掲論文（2013年b）164-202頁。
12　文化芸術振興基本法に「文化」の定義規定はない。文化条例では逗子市が初めて「文化」（狭義）の精神活動的側面に着目した定義規定を置いたことから、逗子市の定義規定を参照することにした。
13　中川幾郎『分権時代の自治体文化政策—ハコモノづくりから総合政策評価に向けて』（勁草書房、2001年）15-16頁。
14　本節の文化芸術振興基本法に関する記述は、第1編第1章3.4（吉田隆之、前掲論文（2013年a）120-122頁；(2013年b）180-183頁）を引用している。
15　中川、前掲論文（2001年）18-19頁。
16　小林真理『文化権の確立に向けて—文化振興法の国際比較と日本の現実』（勁草書房、2004年）98-100頁。
17　後藤雅貴「スポーツ基本法の制定」立法と調査320号（2011年）53-54頁。
18　小林、前掲書（2004年）19-20頁。
19　中川幾郎は自主性の尊重（2条1項）について「『支援はすれども干渉せず』というアームス・レングスの原則が謳われなかった」（中川、前掲Web（2008年））と指摘する。
20　藤野、前掲論文75-76頁。松下圭一『市民文化と自治体文化戦略—文化の座標軸と都市型社会』（公人の友社、2003年）17-18頁。中川、前掲Web（2008年）。
21　田中孝男「7-1-1　自治体文化政策＆アーツ・マネジメント法の体系（試論）（第1.12版）」自治体法務（ホーム）パーク（2014年）available at http://www1.ocn.ne.jp/~houmu-tt/index.html（2014年3月1日最終確認）。
22　藤野一夫も「文化の権利を人々の生まれながらの権利である『自然権』の観点から補足しているが、21世紀の人権理解としてはまったく不完全である」（藤野、前掲論文74-75頁）と同様の指摘をする。
23　斎藤健司「スポーツ基本法制定と今後の課題」日本スポーツ法学会年報19号（2012年）10頁。
24　同論文10-12頁。
25　同論文6頁。
26　倶知安町［1972］・横瀬町［1975］・長与町［1976］・川島町［1977］・長瀞町［1983］・弟子屈町［1981］・秩父市［2005］・鹿児島県［2010］・千葉県［2010］。なお、スポーツ条例の内容については各自治体のWebページで確認した。その表記につ

いて、原則として名称を省略し自治体名［公布年度］を記すこととする。公布年月日、番号の紹介は省略する。最掲の場合は原則として［公布年度］も省略した。
27　出雲市［2006］・埼玉県［2006］・品川区［2007］・長野市［2009］・東松山市［2009］・さいたま市［2009］・下関市［2009］・熊谷市［2011］。
28　葛飾区［1989］・矢吹町［1996］・品川区・長野市。
29　倶知安町［2011］・川島町［2012］・長瀞町［2012］・弟子屈町［2012］。
30　山口県［2011］・岡山県［2012］・黒松内町［2012］・小諸市［2012］・近江八幡市［2012］・岐阜県［2012］・町田市［2012］・柳井市［2013］。
31　倶知安町・横瀬町［1975］・長与町・川島町・長瀞町・弟子屈町・秩父市・品川区・さいたま市・下関市・千葉県。
32　出雲市・長野市・熊谷市。
33　埼玉県・東松山市・鹿児島県。
34　岡山県・春日井市［2012］・岐阜県・群馬県［2012］・町田市・柳井市。
35　横瀬町・長与町・川島町・長瀞町・弟子屈町・矢吹町［1996］・秩父市。
36　出雲市・品川区・長野市・さいたま市［2009］・下関市・鹿児島県・千葉県・熊谷市。
37　参加の原則はスポーツ振興法（旧）、スポーツ基本法ともに明確な規定を置いていないので紙幅の制約もあり紹介を省略した。地域主義・地方分権の原則は地方との関係を国法が定めるものであるから、スポーツ条例の条項の内容への影響がそもそも問題にならない。
38　横瀬町・川島町・長瀞町・秩父市。
39　山口県［2012］・岡山県・小諸市・春日井市［2012］・岐阜県。
40　山口県・岡山県・近江八幡市・柳井市。
41　横瀬町・長与町・川島町・長瀞町・秩父市・さいたま市・鹿児島県。
42　矢吹町［1961］・秩父市［2005］・出雲市［2005］・長野市・下関市［2004］・鹿児島県［1961］・千葉県［2011］・熊谷市［2005］・山口県［1961］・岡山県［1962］・小諸市［1961］・横手市［2005］・岐阜県［1961］・群馬県［1962］・町田市［2007］・柳井市［2005］。審議会条例の表記についても、原則として名称を省略し自治体名［公布年度］を記すこととする。公布年月日、番号の紹介は省略する。
43　後藤、前掲論文50頁。
44　後藤、同論文51-53頁。
45　小林真理東京大学准教授が小金井市で事務局運営に協力し、その経過は「テアトロンK」のホームページで小金井プロジェクト（小金井市芸術文化振興条例と計画の策定）として紹介されている（東京大学大学院人文社会系研究科文化資源学研究室、前掲Web（2016年））。また、小林は逗子市では検討委員を務めた（逗子市文化振興条例（仮称）検討委員会「逗子市文化振興条例（仮称）検討委員会報告書」（2006年）15頁）。

第2章　例規集考

1　例規集の果たす役割

　地方自治体（以下「自治体」という）には、いわゆる「例規集」といわれるものがある。所集されている主たる内容は条例や規則であることから、そのように呼称されている。かつては、「平成〇年度〇〇県教育例規集」とかいったタイトルが付けられた表紙を持つ書籍タイプが主流であった。最近は、経費削減や行政職員へのパソコン1人1台配置（例規集に所収されていたものをパソコンで閲覧）などの理由から、このタイプがなくなった自治体もある。愛知県教育委員会のように、一旦書籍タイプをなくしたものの、無いことによる不便さ（日常業務のみならず会議時など）から、復活した例もある。

　いずれにせよ、自治体の公務は、我が国が近代政治の原則として「法治主義」を採用していることから、地方の政治は、国法とともに、条例などの法令に基づいた政治がおこなわれなければならない。筆者は、以前、地方自治体の職員であったが、在職当時、「例規集」は座右の書といってよかった。特に、法務担当や人事・服務管理の担当のときは、例規集が飯のタネであった。

2　本稿のきっかけ

　筆者は、平成19年4月に地方公務員から大学の教員に転職した。それ以前からスポーツに関する条例に強い関心を持ち、条例による政策関連の研究を行ってきた。一昨年から、最近まで、全国の自治体の例規集の中から、スポーツに関する基本的な政策について制定された条例（以下、「スポーツ基本条例」という）を拾い上げる作業を行ってきた。

　従来は、スポーツ政策は、ほとんど教育委員会の仕事として扱われてきた。しかし、近時、知事や市長、町長などといった、首長部局が担当することもしばしば見られるようになってきた。したがって、スポーツ基本条例を正確に拾い上げるためには、例規集のうち、教育委員会関係のみならず、首長部局関係にも目を

通さざるを得なくなった。一度に、沢山の例規集をパソコン上で見ることは、60歳を過ぎた者には、かなりきつい作業であった。全国の自治体は、都道府県、東京の特別区、政令指定都市を含む市、町村に至るまで、平成22年4月1日現在1797団体を数える。調査開始以降、毎日、少しずつ根気よくチェックする作業を続けた。

3 例規集の公開状況

例規集のチェック作業を続ける中で、強く印象に残ったことがある。自治体のＨＰに例規集をアップしている自治体とそうでない地方自治体とがあり、現在でも相当数の自治体がアップしていない状況にあることである。おおよその数をカウントしてみたところ、アップしていない自治体は、約250団体の「町村」であった。ＨＰがメンテナンス中のものや東日本大震災に遭った自治体を除けば、全都道府県及び全市は、HP上に公開されている。ところが、多い県に至っては、4分の3程度の町村で例規集がアップさていないのである。私の住む長野県（長野県を含む78自治体）では、県、19市全部及び23町のうちの18町、村35のうちの18村がアップされている。しかし、12町村（準備中1を含む）がアップされていない。

4 例規集の重要性

例規集は法治主義の理念から、地方行政に係る職員には、仕事上必携のものである。他方、民主主義の観点から、行政に関する情報として、住民には知らされるべきものであり、または容易に知りうる状況に置かれるべきものである。自治体側から、情報公開（情報提供）されるべきものである。自治体が、積極的にＨＰに例規集をアップすることにより、住民が、法令（条例・規則）情報にアクセスしやすくなり、民主主義の実現に資するものである。また、条例・規則等にアクセスしやすい状況であれば、住民の監視も容易で、公務の法令（条例・規則）遵守が担保され、法治主義の実践に対する住民の信頼感が醸成される。長く法学の研究に従事してきた者にとっては、地方自治体のＨＰを眺めた際、「例規集」の掲載を見るとホッとするのである。法治主義に則った行政が行われているとの安心感を持つのである。

5　自治体の責務

　そして、現代はパソコンの時代である。自治体の情報は、パソコンを通じて多くのことが見えてくる。自治体の窓口に出向けば、例規の内容を教えてもらえるかもしれない。しかし、市民は、ＰＣにて情報提供を受けることを当然のことと考えるようになってきており、これもやむをえないことである。このようなことから、ＨＰをアップしていない自治体は、条例や規則を公開にすることによって、公務の法的根拠を明確に提示し、また、積極的な情報公開によって、「民主主義」の実現に意を用いるべきである。条例を制定した地方議会としても、行政当局にアップへの働きかけをする責務があると考えるべきであろう。

6　アップへの期待とアップ方法の工夫

　例規集をＨＰにアップするためには、経費が必要であるとの意見がある。しかし、経費をより少なく押さえようとするならば、ＰＤＦタイプのアップをすればよい。実際、知夫村、海士町（いずれも島根県）は、このタイプで対応している。多数の例規を有する自治体ならまだしも、町村レベルであれば、このタイプでも閲覧することに不便さはない。筆者は、法治主義と民主主義の実現という観点から、筆者の公務員経験とも併せて、例規集は、書籍タイプとＨＰへのアップとを併用するのが最も適切であると考える。

　東日本大震災の甚大な被害やその後の地震頻発の状況下、不謹慎との意見もあろう。しかし、このような時にあっても、小さいながらも、民主主義の前進への努力は必要であると考える。被災自治体には、非常時であるからこそ、民主主義の実践を踏まえた復活を切に望みたい。さらに、既にＨＰにアップしている自治体にあっては、画面上「例規集」であることが一見して分かるようにし、アクセスしやすいようにすることを臨みたい。住民にとってはなじみのない「例規集」とのタイトルを付けるよりも、「条例・規則」とした方が親切かもしれない。実際に、この方法を採る賢明な自治体もある。

〔追記〕
　上述のとおり、平成22年4月1日現在全国の自治体は、都道府県、東京の特別区、市町村に至るまで、1,797団体を数えており、例規集類をホームページ上にアップしていない団

体は約250団体であった。しかし、最近の調査（平成28年4月1日）では、全国1,788団体中、93団体であり、全体に対する割合にはかなり改善がみられた。

第4編
文化条例研究資料

第4編　文化条例研究資料

序　論

　第4編は、文化条例について、研究上又は実務上の基礎的な資料を掲げている。条例政策を研究するにあたって、全国の地方公共団体の条例に目を通すことは当然のことである。本書で対象とした文化及びスポーツに関する条例についても、この作業を行っている。行政・政策実務担当者が、条例の制定や改正に際して、これらの作業を行うことは様々な業務の合間を縫っての担当であることが多く、なかなか行い難い。そこで、本書を読む際の便宜も考慮して、主な文化条例の全文を公布年度順に掲げた。ただ、文化条例は、100余件を越えるほどの多数を有するため、主な文化条例を含む項目別一覧表を作成し、筆者のコメントもつけた。それでも、文化条例の全体的把握は十分にできるであろう。これにより、他の地方公共団体の条例内容をすぐさま知ることができ、研究上もまた条例制定実務上でも時間及び事務上の効率化を図ることができよう。また、これまで制定されたすべての条例を参照することにより、よりレベルの高い内容の条例の制定を期待できる。

　第1節では、文化芸術振興基本法全文を取り上げた。第2節では第1編第2章、第3章、第4章で取り上げた主な文化条例（大阪市大阪府・京都府・京都市・静岡県・札幌市・小金井市・奈良市・香川県・逗子市・さいたま市）の全文を公布年度順に掲げた。章の最後に、上記も含む文化条例項目別一覧表をつけた。

　文化政策研究者や文化行政・政策担当者にとっては、研究・実務執行の面で大いに役立てていただけるものと確信する。

　なお、文化条例項目別一覧表は、第1編、第3編同様に2014年10月1日現在でまとめたものである。その後2015年10月1日に至るまで、石川県［2015］、堺市［2015］、前橋市［2016］、ふじみ野市［2016］、伊東市［2016］で文化条例が制定されている。

1　文化芸術振興基本法（全文）

平成十三年十二月七日
法律第百四十八号

　文化芸術を創造し、享受し、文化的な環境の中で生きる喜びを見出すことは、人々の変わらない願いである。また、文化芸術は、人々の創造性をはぐくみ、その表現力を高めるとともに、人々の心のつながりや相互に理解し尊重し合う土壌を提供し、多様性を受け入れることができる心豊かな社会を形成するものであり、世界の平和に寄与するものである。更に、文化芸術は、それ自体が固有の意義と価値を有するとともに、それぞれの国やそれぞれの時代における国民共通のよりどころとして重要な意味を持ち、国際化が進展する中にあって、自己認識の基点となり、文化的な伝統を尊重する心を育てるものである。
　我々は、このような文化芸術の役割が今後においても変わることなく、心豊かな活力ある社会の形成にとって極めて重要な意義を持ち続けると確信する。
　しかるに、現状をみるに、経済的な豊かさの中にありながら、文化芸術がその役割を果たすことができるような基盤の整備及び環境の形成は十分な状態にあるとはいえない。二十一世紀を迎えた今、これまで培われてきた伝統的な文化芸術を継承し、発展させるとともに、独創性のある新たな文化芸術の創造を促進することは、我々に課された緊要な課題となっている。
　このような事態に対処して、我が国の文化芸術の振興を図るためには、文化芸術活動を行う者の自主性を尊重することを旨としつつ、文化芸術を国民の身近なものとし、それを尊重し大切にするよう包括的に施策を推進していくことが不可欠である。
　ここに、文化芸術の振興についての基本理念を明らかにしてその方向を示し、文化芸術の振興に関する施策を総合的に推進するため、この法律を制定する。

第一章　総　則

（目的）
第一条　この法律は、文化芸術が人間に多くの恵沢をもたらすものであることにかんがみ、文化芸術の振興に関し、基本理念を定め、並びに国及び地方公共団体の責務を明らかにするとともに、文化芸術の振興に関する施策の基本となる事項を定めることにより、文化芸術に関する活動（以下「文化芸術活動」という。）を行う者（文化芸術活動を行う団体を含む。以下同じ。）の自主的な活動の促進を旨として、文化芸術の振興に関する施策の総合的な推進を図り、もって心豊かな国民生活及び活力ある社会の実現に寄与することを目的とする。

（基本理念）
第二条　文化芸術の振興に当たっては、文化芸術活動を行う者の自主性が十分に尊重され

なければならない。
2　文化芸術の振興に当たっては、文化芸術活動を行う者の創造性が十分に尊重されるとともに、その地位の向上が図られ、その能力が十分に発揮されるよう考慮されなければならない。
3　文化芸術の振興に当たっては、文化芸術を創造し、享受することが人々の生まれながらの権利であることにかんがみ、国民がその居住する地域にかかわらず等しく、文化芸術を鑑賞し、これに参加し、又はこれを創造することができるような環境の整備が図られなければならない。
4　文化芸術の振興に当たっては、我が国において、文化芸術活動が活発に行われるような環境を醸成することを旨として文化芸術の発展が図られ、ひいては世界の文化芸術の発展に資するものであるよう考慮されなければならない。
5　文化芸術の振興に当たっては、多様な文化芸術の保護及び発展が図られなければならない。
6　文化芸術の振興に当たっては、地域の人々により主体的に文化芸術活動が行われるよう配慮するとともに、各地域の歴史、風土等を反映した特色ある文化芸術の発展が図られなければならない。
7　文化芸術の振興に当たっては、我が国の文化芸術が広く世界へ発信されるよう、文化芸術に係る国際的な交流及び貢献の推進が図られなければならない。
8　文化芸術の振興に当たっては、文化芸術活動を行う者その他広く国民の意見が反映されるよう十分配慮されなければならない。

（国の責務）
第三条　国は、前条の基本理念（以下「基本理念」という。）にのっとり、文化芸術の振興に関する施策を総合的に策定し、及び実施する責務を有する。

（地方公共団体の責務）
第四条　地方公共団体は、基本理念にのっとり、文化芸術の振興に関し、国との連携を図りつつ、自主的かつ主体的に、その地域の特性に応じた施策を策定し、及び実施する責務を有する。

（国民の関心及び理解）
第五条　国は、現在及び将来の世代にわたって人々が文化芸術を創造し、享受することができるとともに、文化芸術が将来にわたって発展するよう、国民の文化芸術に対する関心及び理解を深めるように努めなければならない。

（法制上の措置等）
第六条　政府は、文化芸術の振興に関する施策を実施するため必要な法制上又は財政上の措置その他の措置を講じなければならない。

第二章　基本方針

第七条　政府は、文化芸術の振興に関する施策の総合的な推進を図るため、文化芸術の振

興に関する基本的な方針（以下「基本方針」という。）を定めなければならない。
2　基本方針は、文化芸術の振興に関する施策を総合的に推進するための基本的な事項その他必要な事項について定めるものとする。
3　文部科学大臣は、文化審議会の意見を聴いて、基本方針の案を作成するものとする。
4　文部科学大臣は、基本方針が定められたときは、遅滞なく、これを公表しなければならない。
5　前二項の規定は、基本方針の変更について準用する。

第三章　文化芸術の振興に関する基本的施策

(芸術の振興)
第八条　国は、文学、音楽、美術、写真、演劇、舞踊その他の芸術（次条に規定するメディア芸術を除く。）の振興を図るため、これらの芸術の公演、展示等への支援、芸術祭等の開催その他の必要な施策を講ずるものとする。

(メディア芸術の振興)
第九条　国は、映画、漫画、アニメーション及びコンピュータその他の電子機器等を利用した芸術（以下「メディア芸術」という。）の振興を図るため、メディア芸術の製作、上映等への支援その他の必要な施策を講ずるものとする。

(伝統芸能の継承及び発展)
第十条　国は、雅楽、能楽、文楽、歌舞伎その他の我が国古来の伝統的な芸能（以下「伝統芸能」という。）の継承及び発展を図るため、伝統芸能の公演等への支援その他の必要な施策を講ずるものとする。

(芸能の振興)
第十一条　国は、講談、落語、浪曲、漫談、漫才、歌唱その他の芸能（伝統芸能を除く。）の振興を図るため、これらの芸能の公演等への支援その他の必要な施策を講ずるものとする。

(生活文化、国民娯楽及び出版物等の普及)
第十二条　国は、生活文化（茶道、華道、書道その他の生活に係る文化をいう。）、国民娯楽（囲碁、将棋その他の国民的娯楽をいう。）並びに出版物及びレコード等の普及を図るため、これらに関する活動への支援その他の必要な施策を講ずるものとする。

(文化財等の保存及び活用)
第十三条　国は、有形及び無形の文化財並びにその保存技術（以下「文化財等」という。）の保存及び活用を図るため、文化財等に関し、修復、防災対策、公開等への支援その他の必要な施策を講ずるものとする。

(地域における文化芸術の振興)
第十四条　国は、各地域における文化芸術の振興を図るため、各地域における文化芸術の公演、展示等への支援、地域固有の伝統芸能及び民俗芸能（地域の人々によって行われる民俗的な芸能をいう。）に関する活動への支援その他の必要な施策を講ずるものとする。

(国際交流等の推進)
第十五条　国は、文化芸術に係る国際的な交流及び貢献の推進を図ることにより、我が国の文化芸術活動の発展を図るとともに、世界の文化芸術活動の発展に資するため、文化芸術活動を行う者の国際的な交流及び文化芸術に係る国際的な催しの開催又はこれへの参加への支援、海外の文化遺産の修復等に関する協力その他の必要な施策を講ずるものとする。

2　国は、前項の施策を講ずるに当たっては、我が国の文化芸術を総合的に世界に発信するよう努めなければならない。

(芸術家等の養成及び確保)
第十六条　国は、文化芸術に関する創造的活動を行う者、伝統芸能の伝承者、文化財等の保存及び活用に関する専門的知識及び技能を有する者、文化芸術活動の企画等を行う者、文化施設の管理及び運営を行う者その他の文化芸術を担う者(以下「芸術家等」という。)の養成及び確保を図るため、国内外における研修への支援、研修成果の発表の機会の確保その他の必要な施策を講ずるものとする。

(文化芸術に係る教育研究機関等の整備等)
第十七条　国は、芸術家等の養成及び文化芸術に関する調査研究の充実を図るため、文化芸術に係る大学その他の教育研究機関等の整備その他の必要な施策を講ずるものとする。

(国語についての理解)
第十八条　国は、国語が文化芸術の基盤をなすことにかんがみ、国語について正しい理解を深めるため、国語教育の充実、国語に関する調査研究及び知識の普及その他の必要な施策を講ずるものとする。

(日本語教育の充実)
第十九条　国は、外国人の我が国の文化芸術に関する理解に資するよう、外国人に対する日本語教育の充実を図るため、日本語教育に従事する者の養成及び研修体制の整備、日本語教育に関する教材の開発その他の必要な施策を講ずるものとする。

(著作権等の保護及び利用)
第二十条　国は、文化芸術の振興の基盤をなす著作者の権利及びこれに隣接する権利について、これらに関する国際的動向を踏まえつつ、これらの保護及び公正な利用を図るため、これらに関し、制度の整備、調査研究、普及啓発その他の必要な施策を講ずるものとする。

(国民の鑑賞等の機会の充実)
第二十一条　国は、広く国民が自主的に文化芸術を鑑賞し、これに参加し、又はこれを創造する機会の充実を図るため、各地域における文化芸術の公演、展示等への支援、これらに関する情報の提供その他の必要な施策を講ずるものとする。

(高齢者、障害者等の文化芸術活動の充実)
第二十二条　国は、高齢者、障害者等が行う文化芸術活動の充実を図るため、これらの者の文化芸術活動が活発に行われるような環境の整備その他の必要な施策を講ずるものと

する。

(青少年の文化芸術活動の充実)
第二十三条　国は、青少年が行う文化芸術活動の充実を図るため、青少年を対象とした文化芸術の公演、展示等への支援、青少年による文化芸術活動への支援その他の必要な施策を講ずるものとする。

(学校教育における文化芸術活動の充実)
第二十四条　国は、学校教育における文化芸術活動の充実を図るため、文化芸術に関する体験学習等文化芸術に関する教育の充実、芸術家等及び文化芸術活動を行う団体（以下「文化芸術団体」という。）による学校における文化芸術活動に対する協力への支援その他の必要な施策を講ずるものとする。

(劇場、音楽堂等の充実)
第二十五条　国は、劇場、音楽堂等の充実を図るため、これらの施設に関し、自らの設置等に係る施設の整備、公演等への支援、芸術家等の配置等への支援、情報の提供その他の必要な施策を講ずるものとする。

(美術館、博物館、図書館等の充実)
第二十六条　国は、美術館、博物館、図書館等の充実を図るため、これらの施設に関し、自らの設置等に係る施設の整備、展示等への支援、芸術家等の配置等への支援、文化芸術に関する作品等の記録及び保存への支援その他の必要な施策を講ずるものとする。

(地域における文化芸術活動の場の充実)
第二十七条　国は、国民に身近な文化芸術活動の場の充実を図るため、各地域における文化施設、学校施設、社会教育施設等を容易に利用できるようにするための措置その他の必要な施策を講ずるものとする。

(公共の建物等の建築に当たっての配慮)
第二十八条　国は、公共の建物等の建築に当たっては、その外観等について、周囲の自然的環境、地域の歴史及び文化等との調和を保つよう努めるものとする。

(情報通信技術の活用の推進)
第二十九条　国は、文化芸術活動における情報通信技術の活用の推進を図るため、文化芸術活動に関する情報通信ネットワークの構築、美術館等における情報通信技術を活用した展示への支援、情報通信技術を活用した文化芸術に関する作品等の記録及び公開への支援その他の必要な施策を講ずるものとする。

(地方公共団体及び民間の団体等への情報提供等)
第三十条　国は、地方公共団体及び民間の団体等が行う文化芸術の振興のための取組を促進するため、情報の提供その他の必要な施策を講ずるものとする。

(民間の支援活動の活性化等)
第三十一条　国は、個人又は民間の団体が文化芸術活動に対して行う支援活動の活性化を図るとともに、文化芸術活動を行う者の活動を支援するため、文化芸術団体が個人又は民間の団体からの寄附を受けることを容易にする等のための税制上の措置その他の必要

な施策を講ずるよう努めなければならない。

(関係機関等の連携等)
第三十二条　国は、第八条から前条までの施策を講ずるに当たっては、芸術家等、文化芸術団体、学校、文化施設、社会教育施設その他の関係機関等の間の連携が図られるよう配慮しなければならない。
2　国は、芸術家等及び文化芸術団体が、学校、文化施設、社会教育施設、福祉施設、医療機関等と協力して、地域の人々が文化芸術を鑑賞し、これに参加し、又はこれを創造する機会を提供できるようにするよう努めなければならない。

(顕彰)
第三十三条　国は、文化芸術活動で顕著な成果を収めた者及び文化芸術の振興に寄与した者の顕彰に努めるものとする。

(政策形成への民意の反映等)
第三十四条　国は、文化芸術の振興に関する政策形成に民意を反映し、その過程の公正性及び透明性を確保するため、芸術家等、学識経験者その他広く国民の意見を求め、これを十分考慮した上で政策形成を行う仕組みの活用等を図るものとする。

(地方公共団体の施策)
第三十五条　地方公共団体は、第八条から前条までの国の施策を勘案し、その地域の特性に応じた文化芸術の振興のために必要な施策の推進を図るよう努めるものとする。

附　則（抄）

(施行期日)
1　この法律は、公布の日から施行する。

2　主要な文化条例（全文）

1　大阪市芸術文化振興条例

平成16年3月29日
条例第20号

　芸術文化は、人々の心に感動を与えるとともに、生きがいや心の充足感をもたらし、豊かな人間性をはぐくむものである。また、創造的で優れた芸術文化をはぐくむことは、都市の魅力や情報発信力を高め、いきいきとした活力ある社会を形成することにつながる。

　今日、国際化がますます進展し、都市と都市とがその魅力を競い合う時代にあって、長期的な視点に立って芸術文化を振興することにより、芸術文化の薫り高い、心豊かでいきいきとした活力に満ちた、都市としての魅力あふれる「芸術文化都市」を創造することが、これからの大阪に強く求められている。

　大阪は、古くには難波津という国際港を擁し、我が国の海外との交流の門戸として栄え、かかる交流を通じて先進的に多種多様な文化を受け入れ、発信してきた。また、近世には「天下の台所」とうたわれて、我が国の流通、金融の中心地として栄え、その経済的な繁栄を背景に、自由と進取の気風に富む町人層が中心となって豊かな上方文化を生み出してきた。このように大阪は古くから先進的で優れた芸術文化を創造し、はぐくみ、発信してきた歴史を有しており、こうした歴史の中で培われた文化的風土は現在にも受け継がれている。

　ここに、大阪市は、大阪がこれまで築いてきた輝かしい歴史的、文化的伝統を尊重しつつ発展させながら、市民が芸術文化に親しむ環境の整備並びに自主的かつ創造的な芸術活動を行う芸術家の育成及び支援に努めて、自由と進取の精神に基づく新しい芸術文化の創造を促進し、鑑賞から創造、更には将来の世代への継承を含め芸術文化を振興する多様な施策を総合的かつ強力に推進し、もって「芸術文化都市」の創造を目指すことを決意し、この条例を制定する。

（目的）
第1条　この条例は、芸術文化の振興について、基本理念を定め、本市の責務を明らかにするとともに、芸術文化の振興に関する施策（以下「芸術文化振興施策」という。）の基本となる事項を定めることにより、芸術文化振興施策を総合的かつ強力に推進し、もって芸術文化都市大阪の創造に寄与することを目的とする。

（定義）
第2条　この条例において、次の各号に掲げる用語の意義は、当該各号に定めるところによる。

(1) 芸術文化　音楽、演劇、舞踊、美術、写真、映像、文学、文楽、能楽、歌舞伎、茶道、華道、書道その他の芸術に関する文化をいう。
(2) 芸術活動　芸術作品を創作し、又は発表すること（専ら趣味として行うものを除く。）をいう。
(3) 芸術家　芸術活動を行う者及び芸術活動を行う団体をいう。

（基本理念）
第3条　本市における芸術文化の振興は、次に掲げる理念（以下「基本理念」という。）にのっとり、推進されなければならない。
(1) 芸術文化の振興に当たっては、市民及び芸術家の自主性が十分に尊重されるべきものであること
(2) 芸術文化は、市民及び芸術家の双方が支えるべきものであること
(3) 芸術文化は、市民が芸術家の活力及び創意を尊重するとともに、自らこれに親しむことにより、その振興が図られるものであること
(4) 芸術家は、その活力及び創意を生かした自主的かつ創造的な芸術活動を行うことにより、芸術文化の振興に主体的かつ積極的な役割を果たすべきものであること
(5) 芸術文化の振興に当たっては、多種多様な芸術文化の保護及び発展が図られるべきものであること

（本市の責務）
第4条　本市は、基本理念にのっとり、市民及び芸術家との連携を図りながら、芸術文化振興施策を総合的に策定し、及び実施するものとする。

（文化振興計画の策定）
第5条　市長は、芸術文化振興施策の総合的かつ計画的な推進を図るための計画（以下「文化振興計画」という。）を策定するものとする。
2　市長は、文化振興計画を策定しようとするときは、あらかじめ大阪府市文化振興会議の意見を聴かなければならない。
3　市長は、文化振興計画を策定したときは、速やかにこれを公表するものとする。
4　前2項の規定は、文化振興計画の変更について準用する。

（市民が芸術文化に親しむ環境の整備）
第6条　本市は、市民が優れた芸術文化に身近に親しむとともに、高齢者、障害者、子育て層をはじめ広く市民が容易に芸術文化に親しむことができるよう、環境の整備その他の必要な措置を講ずるものとする。

（地域における活動の活性化）
第7条　本市は、地域において市民が積極的に芸術文化に親しむことが芸術文化の振興に資することにかんがみ、市民が地域において芸術文化に親しむことができるよう、芸術作品を鑑賞する機会の提供、公演等への支援、情報の提供その他の必要な措置を講ずるものとする。

（芸術文化の創造のための措置）

第8条　本市は、自主的かつ創造的な芸術活動を行う芸術家及びアートマネージャー（各種公演、展覧会等の開催その他芸術作品の発表又は鑑賞に関する企画及び運営の事業を行う者をいう。）、舞台技術者その他の芸術活動に関わる者を育成し、これらの者の本市における活動を促進するための環境の整備その他の芸術文化の創造のために必要な措置を講ずるものとする。

（青少年のための措置）
第9条　本市は、青少年が、将来芸術作品の鑑賞者や芸術家となって芸術文化の振興に資する存在であることにかんがみ、芸術文化に関する青少年の理解を深めるとともに、芸術文化に関する青少年の豊かな感性をはぐくむため、青少年が芸術作品を鑑賞し、創作し、又は発表する機会の提供その他の必要な措置を講ずるものとする。

（伝統的な芸術文化の保護及び継承）
第10条　本市は、大阪が長い歴史の中ではぐくんできた豊かで伝統的な芸術文化を保護しつつ将来の世代に継承させるため、これらの芸術文化を保存し、発展させる活動に対する支援その他の必要な措置を講ずるものとする。

（顕彰）
第11条　本市は、芸術活動において功績があった者その他本市の芸術文化の振興に寄与した者の顕彰に努めるものとする。

（施策の推進のための措置）
第12条　本市は、芸術文化振興施策を効果的に推進するため、この条例に基づく施策の成果について、芸術文化に関し専門的知識を有する者の意見を求め、これを適切に施策に反映させるための制度を整備するものとする。

（施行の細目）
第13条　この条例の施行に関し必要な事項は、市長が定める。

附　則
この条例は、平成16年4月1日から施行する。
附　則（平成25年3月29日条例第54号）
この条例は、平成25年4月1日から施行する。

2　大阪府文化振興条例

平成十七年三月二十九日
大阪府条例第十号

文化は、人類の英知の積重ねにより生み出される貴重な財産であり、先人が培ってきた

文化を継承し、発展させるとともに、多様な文化を受容しながら、新たな文化を創造し次世代へと引き継いでいくことは、私たちの願いであり、責務である。

大阪は、いにしえより、難波の宮の時代を経て現代に至るまで、東アジアをはじめとする諸外国の文明や文化の交流のための表玄関として、わが国の文化の形成に極めて重要な役割を果たすとともに、多様な文化を積極的に受け入れることにより、上方文化をはじめとする独自の文化を育み、府民はこれを誇りとしてきた。

少子高齢社会の到来や価値観の多様化に伴い、社会の構造が大きく変化している中で、人々の個性、心の豊かさ、人と人とのきずなやお互いの人権を大切にする地域社会づくりが必要である。また、国際化や情報化が急速に進展する中、魅力と存在感のある都市づくりが必要である。

このためには、文化の力により、人々の感性や表現力を高め、社会参加や交流を促すとともに、創造力豊かな人材を育成していかなければならない。

さらに、まちを魅力的でにぎわいのあるものとするために、新たな文化や産業が次々と生まれるような創造的活動が活発に行われる土壌づくりを行うとともに、世界に向けての情報の発信力を持たなければならない。

ここに、誰もが生きがいをもって幸せに暮らすことができ、活力あふれる大阪づくりに向けて、府、府民及び事業者が協働して、文化の振興に力強く取り組むことを決意し、この条例を制定する。

第一章　総　則

（目的）

第一条　この条例は、文化が人々の生きがい及び創造力の源泉であることに鑑み、文化の振興に関し、基本理念を定め、府の責務並びに府民及び事業者の役割を明らかにするとともに、文化の振興に関する施策の基本となる事項を定めることにより、それぞれの連携及び協力の下に、文化の振興を推進し、もって心豊かで潤いのある府民生活を実現し、個性豊かで活力のある地域社会の発展に寄与することを目的とする。

（基本理念）

第二条　文化の振興に当たっては、文化を創造し、これを享受することが人々の生まれながらの権利であることに鑑み、府民が等しく、文化を身近なものとして感じ、これに参加し、又はこれを創造することができるような環境の整備が図られなければならない。

2　文化の振興に当たっては、府民一人ひとりの自主性及び創造性が尊重されなければならない。

3　文化の振興に当たっては、府民、事業者並びに府外から通勤及び通学をする者等の自主的かつ主体的な活動が、文化を創造し、保存し、及び継承していくための原動力となることに鑑み、これらの人々の活動を支援するとともに、大阪の文化を担う人材の育成が図られなければならない。

4　文化の振興に当たっては、過去から培われてきた大阪の文化が、府民の財産として将

来にわたり引き継がれるよう配慮されなければならない。
5　文化の振興に当たっては、大阪の歴史及び伝統についての理解を深めるとともに、国内外の多様な文化及び人々の価値観を理解し、尊重することにより、互いの文化の発展が図られるよう配慮されなければならない。
6　文化の振興に当たっては、府民、事業者並びに府外から通勤及び通学をする者並びに観光旅客等の幅広い意見が反映されるよう配慮されなければならない。
7　文化の振興に当たっては、大阪の文化が関西における各地域の文化とともに発展してきた歴史及び地理的条件を踏まえ、当該地域の他の地方公共団体との連携が図られなければならない。

（府の責務）
第三条　府は、文化の振興に関する施策を策定し、国、他の地方公共団体、事業者及び府民と協力して、これを実施する責務を有する。
2　府は、文化の振興を推進する上で市町村が果たす役割の重要性に鑑み、市町村が文化の振興に関する施策を実施しようとする場合は、情報提供、助言その他の必要な支援の措置を講ずるよう努めるものとする。

（府民の役割）
第四条　府民は、基本理念にのっとり、自主的かつ主体的な文化活動を通じて、文化を振興する役割を果たすよう努めるものとする。

（事業者の役割）
第五条　事業者は、基本理念にのっとり、その事業活動を通じて、自主的かつ主体的に文化を振興する役割を果たすよう努めるものとする。

第二章　文化振興計画

（計画の策定）
第六条　知事は、文化の振興に関する施策の総合的かつ計画的な推進を図るための計画（以下「文化振興計画」という。）を策定するものとする。
2　知事は、文化振興計画を策定したときは、遅滞なく、これを公表しなければならない。
3　前項の規定は、文化振興計画の変更について準用する。

第三章　大阪府市文化振興会議への諮問等

（大阪府市文化振興会議への諮問）
第七条　知事は、あらかじめ、次に掲げる事項に関して、大阪府市文化振興会議に諮問し、その意見を聴かなければならない。
一　文化振興計画の策定及び変更に関すること。
二　前号に掲げるもののほか、文化の振興に関する重要な施策に関すること。
　（府民等の意見の施策等への反映）

第八条　知事は、府民並びに府外から通勤及び通学をする者等の意見を文化の振興に関する施策の策定等又は事業の実施等に反映させるため必要があるときは、これらの者に対して、当該施策の策定等又は事業の実施等への参加及びこれらに関する意見を求めることができる。

第四章　文化の振興に関する施策

（芸術の振興）
第九条　府は、文学、音楽、美術、写真、演劇、舞踊、メディア芸術（映画、漫画、アニメーション及びコンピュータその他の電子機器等を利用した芸術をいう。）その他の芸術の振興のため、必要な措置を講ずるよう努めるものとする。

（伝統芸能の保存等）
第十条　府は、雅楽、能楽、文楽、歌舞伎その他の伝統的な芸能の保存、継承及び発展が図られるよう必要な措置を講ずるよう努めるものとする。

（上方演芸の保存及び振興）
第十一条　府は、上方演芸（大阪等で独自に発展してきた落語、講談、浪曲、漫才、漫談その他の演芸をいう。）の保存及び振興のため、必要な措置を講ずるよう努めるものとする。

（生活文化等の振興）
第十二条　府は、生活文化（茶道、華道、書道その他の生活に係る文化をいう。）、地域文化（祭り、言葉、食文化その他の地域に係る文化をいう。）及び国民娯楽（囲碁、将棋その他の国民的娯楽をいう。）を振興するため、必要な措置を講ずるよう努めるものとする。

（スポーツ文化の振興）
第十三条　府は、スポーツが、人々の健康を増進し、生きがいを高め、交流等を促進する文化的な役割を果たしていることに鑑み、府民がスポーツに親しみ、楽しむことができるよう必要な措置を講ずるよう努めるものとする。

（学術文化の振興）
第十四条　府は、学術が文化の振興の基盤をなすことに鑑み、学術の研究の振興に努めるものとする。

（文化財の保存等）
第十五条　府は、有形又は無形の文化財が適切に保存され、継承され、及び活用されるようにするために必要な措置を講ずるよう努めるものとする。

（都市の景観等の活用等）
第十六条　府は、風格ある都市の景観及び豊かな生活空間が文化の基盤をなすことに鑑み、府民の生活及び文化の反映である都市の景観、歴史的景観及び自然景観の創造及び保全を図るとともに、これらを活用するため、必要な措置を講ずるよう努めるものとする。

（府民等の文化活動の充実）

第十七条　府は、府民並びに府外から通勤及び通学をする者等が文化を鑑賞し、これを体験し、又はこれを創造する活動に参加する機会及び場の充実を図るため、必要な措置を講ずるよう努めるものとする。

(高齢者、障害者等の文化活動の充実)
第十八条　府は、高齢者、障害者等が行う文化活動の充実を図るため、文化に親しみ、自主的な活動が活発に行うことができるような環境の整備その他必要な措置を講ずるよう努めるものとする。

(子どもの文化活動の充実)
第十九条　府は、子どもが行う文化活動の充実を図るため、その心身の発達に応じた文化活動を行うことができるような環境の整備その他必要な措置を講ずるよう努めるものとする。

(学校教育等における文化活動の促進)
第二十条　府は、学校教育、生涯学習その他の学習の機会における文化活動を通じて、府民が文化に対する理解を深め、豊かな感性を育むことができるよう努めるものとする。

(人材等の育成)
第二十一条　府は、文化活動を担う人材及び団体の育成のため、必要な措置を講ずるよう努めるものとする。

(民間団体による文化支援活動との連携等)
第二十二条　府は、民間企業、特定非営利活動法人(特定非営利活動促進法(平成十年法律第七号)第二条第二項に規定する特定非営利活動法人をいう。)その他の民間団体による文化に対する支援活動との連携及び当該活動に対する支援に努めるものとする。

(文化の創造等に資する産業との連携)
第二十三条　府は、映像に係る産業、音楽に係る産業、放送業、出版業その他文化の創造等に資する産業との連携により文化の振興に努めるものとする。

(情報の収集及び提供)
第二十四条　府は、府民、事業者並びに府外から通勤及び通学をする者等の文化活動の推進に資するため、文化に関する情報を収集し、これを提供するように努めるものとする。

(観光旅客等の来訪及び文化交流の促進)
第二十五条　府は、国内外の地域からの観光旅客等の来訪及びこれらの地域との間の文化交流を促進するため、大阪における文化活動及び文化資源に関する情報を国内外に向けて発信することその他必要な措置を講ずるよう努めるものとする。

(顕彰の実施)
第二十六条　府は、文化活動で顕著な成果を収めた者又は文化の振興に特に功績のあった者の顕彰に努めるものとする。

(財政上の措置)
第二十七条　府は、文化の振興に関する施策を推進するために必要な財政上の措置を講ずるよう努めるものとする。

附　則

(施行期日)
1　この条例は、平成十七年四月一日から施行する。
(大阪府附属機関条例の一部改正)
2　大阪府附属機関条例(昭和二十七年大阪府条例第三十九号)の一部を次のように改正する。
〔次のよう〕略

附　則(平成二五年条例第一八号)抄

(施行期日)
1　この条例は、平成二十五年四月一日から施行する。

3　京都府文化力による京都活性化推進条例

平成17年10月18日
京都府条例第40号

　文化は、日々の生活や経済行為の中に深く根ざし、長い歴史をかけて積み重ねられ、伝えられてきた英知の結晶であり、人と人とが共生し、うるおいのある地域社会を築いていく糧となるものである。また、新たな文化との出会いは、私たちの創造力を高め、感性を刺激し、生活を豊かにする社会的及び経済的な活力の源泉となるなど、文化は、様々な力、いわゆる文化力を有している。
　京都は、古来から、海外の多様な文化を受け入れ、伝統の上に新たな文化を創造し、海外や他の地域の人々とも共に生きる文化をはぐくんできた。さらに、それを絶えず刷新してきた創造的な気風の下に、人々を引き付けてやまない我が国を代表する文化を形成し、優れた芸術を生み出してきた。同時に、丹後から山城までの各地域において、自然と共生しながら、個性豊かな文化と産業を築き上げ、京都の文化を高め、支えてきた。
　現代の日本社会は、物質的な豊かさの中にあるものの、人や地域とのきずなが希薄化していることも指摘されている。このような状況において、人々が生き生きと暮らし、また、次代を担う若者が伸びやかに育つためには、私たちは、魅力ある文化を持つ京都の一員として、文化に親しみ、次世代に継承するよう努めるとともに、文化を介した交流を積極的に行い、地域を元気にしていくことが求められている。さらに、これまで培われてきた文化を新たな価値の創造のために活用することができる環境の整備等を通じて、文化力の向上を図り、京都の多様な文化を生かす創造活動が活発に行われる社会を実現していく

ことが緊要な課題となっている。
　このような認識の下に、文化力による京都の活性化の推進についての基本理念を定め、府民と協働しながら、多様な文化の振興を図るとともに、文化力による京都の活性化の推進に関する施策を総合的に推進し、もって、心豊かでより質の高い府民生活及び活力ある京都の実現に寄与するため、この条例を制定する。

第1章　総　則

(基本理念)
第1条　文化力による京都の活性化の推進は、府民が、等しく、多様な文化に親しみ、参加し、又はこれを創造することができる環境の下に、文化に関する活動(以下「文化活動」という。)が活発に行われることを旨として、行われなければならない。
2　文化力による京都の活性化の推進は、府民が、自主性に基づき、京都の文化の継承及び発展に努め、かつ、社会全体で文化を大切にする気運の醸成を図ることを旨として、行われなければならない。
3　文化力による京都の活性化の推進は、地域の歴史及び風土を反映した魅力ある文化が息づく地域社会を実現することを旨として、行われなければならない。
4　文化力による京都の活性化の推進は、京都の豊富な技術、意匠等の知的資産を活用した活動が活発に行われる環境を整備することにより、創造性豊かな社会を実現することを旨として、行われなければならない。
5　文化力による京都の活性化の推進に当たっては、将来の社会の発展を支える基礎的な学問、研究等の振興に配慮しなければならない。
6　文化力による京都の活性化の推進に当たっては、社会の発展が真に心豊かな府民生活の実現に寄与するものとなるよう、人間尊重の価値観をかん養する文化の役割に配慮しなければならない。
7　文化力による京都の活性化の推進に当たっては、文化芸術振興基本法(平成13年法律第148号)の趣旨を踏まえ、芸術をはじめとする多様な文化の振興が図られなければならない。

(府の責務)
第2条　府は、前条に定める基本理念にのっとり、文化力による京都の活性化の推進に関する施策を総合的に策定し、これを実施するものとする。
2　府は、前項の規定による施策の策定及び実施に当たっては、府民、市町村、他の都道府県、国等と連携し、及び協働して取り組むものとする。

(府民の役割)
第3条　府民は、自主性に基づき、日常生活において、文化に触れ、親しむこと等を通じて、京都の文化の継承及び発展に貢献する役割を果たすよう努めるものとする。

(文化活動を行う者の役割)
第4条　文化活動を行う者は、必要に応じ、相互に連携して、京都の文化の継承、発展及

び創造に貢献する役割を果たすよう努めるものとする。
(大学等の教育研究機関の役割)
第5条　大学等の教育研究機関は、その有する専門知識、人材、設備等を生かした文化活動への支援、創造性豊かな人材の育成等を通じて、京都の文化の継承、発展及び創造に貢献する役割を果たすよう努めるものとする。
(事業者の役割)
第6条　事業者は、文化活動への支援又は事業活動を通じて、京都の文化の継承、発展及び創造に貢献する役割を果たすよう努めるものとする。
(基本指針)
第7条　知事は、文化力による京都の活性化を推進するための基本的な指針(以下「基本指針」という。)を定めるものとする。
2　基本指針は、次に掲げる事項について定めるものとする。
(1)　文化力による京都の活性化の推進に関する基本的な事項
(2)　文化力による京都の活性化の推進に関する施策
(3)　前2号に掲げるもののほか、文化力による京都の活性化の推進に関する必要な事項
3　知事は、基本指針を定めるに当たっては、府民の意見を反映することができるよう適切な措置を講じるものとする。
4　知事は、基本指針を定めたときは、遅滞なく、これを公表しなければならない。
5　前2項の規定は、基本指針の変更について準用する。
(推進体制の整備等)
第8条　府は、市町村、府民等と連携して、文化力による京都の活性化を推進する体制を整備するものとする。
2　府は、文化の振興を推進する上で市町村が果たす役割の重要性にかんがみ、市町村が行う地域の特性に応じた文化の振興等に関する施策の推進に必要な情報の提供その他の支援を行うとともに、必要に応じ、市町村相互間の連携が図られるよう努めるものとする。
(財政上の措置)
第9条　府は、文化力による京都の活性化の推進に関する施策を実施するため、必要な財政上の措置を講じるものとする。

第2章　文化力を向上するための施策

第1節　京都の文化の継承、発展及び創造のための施策等

(京都の文化の継承、発展及び創造)
第10条　府は、伝統的な文化をはじめとする多様な京都の文化の継承、発展及び創造を図るため、文化に触れ、身近に親しむことができる機会の提供、文化に関する公演、展示

等への支援、文化の振興及び発展に顕著な貢献をした者の表彰その他の必要な施策を実施するものとする。

(文化的創作物を創造する者への支援)
第11条　府は、文化活動により生み出される多様な創作物（以下「文化的創作物」という。）を創造する者の活動を支援するため、その者が文化的創作物を創造し、及び成果を発表する機会の提供その他の必要な施策を実施するものとする。

(歴史的又は文化的な景観の保全等)
第12条　府は、京都の歴史的又は文化的な景観が、文化をはぐくむ上で重要な役割を果たしてきたことを踏まえ、これらの景観の保全及び再生を図るため、景観の保全及び再生に取り組む活動に関する情報の提供その他の必要な施策を実施するものとする。

第2節　文化活動の充実のための施策

(地域における文化の振興等)
第13条　府は、地域における文化の振興を図るため、地域における文化に関する公演、展示等への支援、地域固有の伝統芸能、民俗芸能等に関する活動への支援その他の必要な施策を実施するものとする。
2　府は、文化を生かしたまちづくりのための活動の促進を図るため、文化活動を支援する者の育成、文化活動を行う者と文化活動を支援する者、観光、教育、福祉その他の分野における活動を行う者等との相互交流の機会の提供その他の必要な施策を実施するものとする。

(学校教育等における文化活動の充実)
第14条　府は、学校教育及び社会教育における文化活動の充実を図るため、文化に関する体験学習の充実、文化活動を行う者による学校等における文化活動に対する協力への支援その他の必要な施策を実施するものとする。

(次世代の文化活動の充実等)
第15条　府は、次代の社会を担う子どもや青少年（以下「次世代」という。）が行う文化活動の充実を図るため、次世代を対象とした文化に関する公演、展示等への支援、次世代による文化活動への支援その他の必要な施策を実施するものとする。
2　府は、次世代の豊かな人間性をはぐくむため、次世代が様々な支援を受けながら、優れた文化を体験し、又は文化を創造することができる機会の提供その他の必要な施策を実施するものとする。

第3章　文化力を発揮するための施策

(知的資産の活用)
第16条　府は、文化的創作物の創造活動において、技術、意匠等の知的資産が活用され、新たな価値を生み出すことを促進するため、情報の提供その他の必要な施策を実施する

ものとする。
(文化的創作物の創造による活性化)
第17条　府は、文化的創作物の創造による活性化を推進するため、文化的創作物の創造を業としようとする者の起業への支援、文化的創作物の創造を業とする者の事業活動への支援その他の必要な施策を実施するものとする。
(文化資源の観光資源としての活用)
第18条　府は、地域の特色ある文化資源が観光資源として活用されることを促進するため、文化資源の魅力を高める活動への支援、文化資源に関する情報の発信その他の必要な施策を実施するものとする。
2　府は、地域の特色ある文化資源が相互に結びつけられ、広域的な観光資源として活用されることを促進するため、文化資源の魅力を高める活動を行う者が相互に交流する機会の提供その他の必要な施策を実施するものとする。
(調査研究)
第19条　府は、文化力による京都の活性化を推進するため、文化力を発揮するための施策の策定及び実施に必要な調査研究を行うものとする。

附　則

この条例は、公布の日から施行する。

4　京都文化芸術都市創生条例

　　　　　　　　　　　　　　　　　　　　　　　　　　　　平成18年3月27日
　　　　　　　　　　　　　　　　　　　　　　　　　　　　京都市条例第137号

　ここ京都では、1200年を超える悠久の歴史の中で、多様な文化芸術が重層的に蓄積されてきた。これは、常に外からの刺激を受容し、咀嚼そしゃくするという京都の先人たちの進取の気風により、創意工夫がされてきたことに負うところが大きい。そして、このような文化芸術の蓄積は、学術研究や産業との結び付きを通して、より厚みを増している。
　京都の文化芸術は、社寺や町家をはじめとする伝統的な建築物及びこれにより形成されている歴史的な町並みが山紫水明と形容される自然の風景と溶け合った都市環境から大きな影響を受け、また、これに影響を与え、市民の暮らしに根を下ろすとともに、国内外の人々との自由かつ継続的な交流の機会をもたらした。これにより、京都は、日本のみならず世界においても、比類のない魅力に富んだ都市となっている。
　将来にわたって、京都が日本はもとより世界の人々を魅了する個性に満ちあふれた都市であり続けるには、無からの文化芸術の育成や振興ではなく、優れた文化芸術の保存と継

承により、創造的な活動が不断に行われるとともに、文化芸術が市民の暮らしに息づくことにより、市民に大きな生きる喜びをもたらし、京都のまち全体を活気に満ちたものとする必要がある。

　ここに、本市は、市民と共に京都が文化的、芸術的に世界の中でも格別の位置を占める都市であることを改めて認識したうえで文化芸術都市の創生に積極的に取り組むことを決意し、この条例を制定する。

第1章　総　則

(目的)
第1条　この条例は、文化芸術都市の創生に関し、その基本理念を定め、並びに本市及び市民の責務を明らかにするとともに、文化芸術都市の創生に関する施策の基本となる事項を定めることにより、文化芸術都市の創生を総合的かつ計画的に推進することを目的とする。

(定義)
第2条　この条例において「文化芸術都市の創生」とは、次条の基本理念の下、市民の暮らしに根を下ろした文化芸術を一層魅力のあるものとすることにより、市民に大きな生きる喜びをもたらすとともに、活気あふれるまちづくりの源泉とし、もって常に新たな魅力に満ちあふれた都市を創生することをいう。

(基本理念)
第3条　文化芸術都市の創生は、次に掲げる事項を基本理念として行われなければならない。
(1)　文化芸術が市民に一層身近なものとなり、尊重されるようにすること。
(2)　伝統的な文化芸術を保存し、及び継承し、並びに新たに文化芸術を創造する活動を支援するとともに、当該活動を担う人材を育成すること。
(3)　文化芸術に関する交流を積極的に促進すること。
(4)　文化芸術都市の創生に不可欠な文化財の保護及び活用、景観の保全及び再生その他文化芸術を振興するための環境の整備に努めること。
(5)　文化芸術に関する活動と学術研究又は産業に関する活動との連携を促進すること。

(本市の責務)
第4条　本市は、文化芸術都市の創生には、文化芸術を創造し、享受する市民の主体的な参画が不可欠であることにかんがみ、市民と連携して、その推進に関する施策を総合的に策定し、及び実施するよう努めなければならない。

(市民の責務)
第5条　市民は、文化芸術の創造の担い手であり、かつ、これを享受する者として、京都の文化芸術が日々の暮らしの中で豊かにはぐくまれてきたことを深く認識し、これを将来の世代に継承するよう努めなければならない。

(財政上の措置)

第6条　本市は、文化芸術都市の創生に関する施策を実施するために必要な財政上の措置を講じるよう努めなければならない。

第2章　文化芸術都市の創生に関する基本的施策

第1節　文化芸術都市創生計画

第7条　市長は、文化芸術都市の創生に関する施策を総合的かつ計画的に実施するため、文化芸術都市の創生に関する計画（以下「文化芸術都市創生計画」という。）を定めなければならない。
2　文化芸術都市創生計画は、次に掲げる事項について定めるものとする。
(1)　文化芸術都市の創生に関する目標
(2)　文化芸術都市の創生に関する取組
(3)　その他文化芸術都市の創生に関する施策を総合的かつ計画的に実施するために必要な事項
3　市長は、文化芸術都市創生計画を定めるに当たっては、第22条に規定する審議会の意見を聴くとともに、市民の意見を適切に反映するために必要な措置を講じなければならない。
4　市長は、文化芸術都市創生計画を定めたときは、速やかにこれを公表しなければならない。
5　前2項の規定は、文化芸術都市創生計画の変更について準用する。

第2節　文化芸術都市の創生のための施策

（暮らしの文化に対する市民の関心と理解を深めるための施策）
第8条　本市は、暮らしの文化（京都の先人たちの暮らしの中から生み出され、その中で受け継がれてきた文化をいう。）に対する市民の関心と理解を深めるため、市民に対する啓発、当該文化の継承に寄与したものの顕彰その他の必要な措置を講じなければならない。
（市民が文化芸術に親しむことができるようにするための施策）
第9条　本市は、高齢者、障害者及び青少年をはじめ広く市民が文化芸術に親しむことができるようにするため、文化芸術の鑑賞及び体験の機会並びに文化芸術に関する創造的な活動の成果を発表する機会の提供、市民に身近な場所において芸術家と交流することを目的とする催しの実施その他の必要な措置を講じなければならない。
（子供の感性を磨き、表現力を高めるための施策）
第10条　本市は、文化芸術に対する子供の感性を磨き、表現力を高めるため、学校、地域その他の様々な場での文化芸術に関する教育の充実、子供を対象とする公演及び展示の実施、子供による文化芸術に関する活動に対する支援その他の必要な措置を講じなけれ

ばならない。

(伝統的な文化芸術の保存及び継承等のための施策)
第11条　本市は、伝統的な文化芸術及びこれを支える技術を保存し、及び継承するとともに、市民をはじめ広く国内外の人々が伝統的な文化芸術を体験することができる機会を拡大するために必要な措置を講じなければならない。

(新たな文化芸術の創造に資するための施策)
第12条　本市は、新たな文化芸術の創造に資するため、当該創造に係る活動を行うものの育成、支援及び顕彰その他の必要な措置を講じなければならない。

(文化芸術に関する活動及び地域のまちづくりに関する活動の活性化に資するための施策)
第13条　本市は、文化芸術に関する活動と地域のまちづくりに関する活動との連携を図り、これらの活動の活性化に資するため、地域の特性に応じた文化芸術に関する活動の場の提供その他の必要な措置を講じなければならない。

(国内外の地域との交流を促進するための施策)
第14条　本市は、文化芸術に関する国内外の地域との交流を促進するため、国内外の文化芸術に関する活動を行う者の受入れ、当該活動を行う者の国内外への派遣、文化芸術に関する国際的な催しの実施その他の必要な措置を講じなければならない。

(国内外の人々の関心と理解を深めるための施策)
第15条　本市は、京都の文化芸術に対する国内外の人々の関心と理解を深めるため、広く世界に向けて当該文化芸術に関する情報を提供するために必要な措置を講じなければならない。

(文化財を保護し、及び活用するための施策)
第16条　本市は、文化芸術都市の創生に資するため、文化財を保護し、及び活用するために必要な措置を講じなければならない。

(景観を保全し、及び再生するための施策)
第17条　本市は、文化芸術都市の創生に資するため、景観を保全し、及び再生するために必要な措置を講じなければならない。

(施設の充実を図るための施策)
第18条　本市は、文化芸術に関する活動に資する施設の充実を図るため、当該施設の運営に関し専門的な知識を有する人材の確保及び育成、文化芸術の多様な表現方法に対応する当該施設の整備、当該施設相互の連携の推進その他の必要な措置を講じなければならない。

(文化芸術及び学術研究が相互に影響を与え、創造的な活動を新たに生み出すための施策)
第19条　本市は、文化芸術及び学術研究が相互に影響を与え、創造的な活動を新たに生み出すために必要な措置を講じなければならない。

(文化芸術及び産業が相互に影響を与え、創造的な活動を新たに生み出すための施策)
第20条　本市は、文化芸術及び産業が相互に影響を与え、創造的な活動を新たに生み出すために必要な措置を講じなければならない。

(市民の自主的な活動を支援するための施策)
第21条　本市は、市民の自主的な文化芸術に関する活動を支援するため、当該活動に関する情報の提供、市民と共同して行う事業の実施、文化芸術に関するボランティア活動を行うものに対する支援その他の必要な措置を講じなければならない。

第3章　京都文化芸術都市創生審議会

(審議会)
第22条　文化芸術都市の創生に関する事項について、市長の諮問に応じ、調査し、及び審議するとともに、当該事項について市長に対し、意見を述べるため、京都文化芸術都市創生審議会（以下「審議会」という。）を置く。
(審議会の組織)
第23条　審議会は、委員20人以内をもって組織する。
2　委員は、学識経験のある者その他市長が適当と認める者のうちから、市長が委嘱し、又は任命する。
(委員の任期)
第24条　委員の任期は、2年とする。ただし、補欠の委員の任期は、前任者の残任期間とする。
2　委員は、再任されることができる。

第4章　雑　則

(委任)
第25条　この条例の施行に関し必要な事項は、市長が定める。

附　則

(施行期日)
1　この条例は、平成18年4月1日から施行する。ただし、第7条第3項及び第5項（審議会に関する部分に限る。）並びに第3章の規定は、市規則で定める日から施行する。
（平成18年5月15日規則第12号で平成18年5月16日から施行）
(経過措置)
2　前項ただし書の市規則で定める日以後最初に市長が委嘱し、又は任命する委員の任期は、第24条第1項本文の規定にかかわらず、平成20年3月31日までとする。

5　静岡県文化振興基本条例

平成18年10月18日
静岡県条例第53号

　私たちの静岡県は、霊峰富士をはじめとした美しく変化に富んだ自然と温暖な気候に恵まれ、茶、魚、果物その他の豊かな物産を産出する暮らしやすい県であるとともに、古くから東西交通の要衝の地として、東西日本の文化の交流が盛んに行われ、豊かな歴史を刻んできた。これらの風土及び歴史の中で、先人たちが県内外の様々な人々と交流し、ふれあいながらはぐくんできた個性豊かで多様な文化が、各地に様々に存在している。
　これらの文化を未来へと継承し、かつ、新しい価値を見出すことにより新たな地域文化として創造し、及び発展させていくためには、様々な地域や人々とのつながりや交流を実感し、かつ、産業、まちづくり、教育、福祉等の分野との連携を図りながら、次代の文化の担い手である子どもをはじめとした文化に関わる様々な人を育てる環境や仕組みを作っていかなければならない。
　また、県民の文化に関する価値観や文化との関わり方は、様々であり、持続的に文化を振興していくためには、県民の自主性が尊重されることを旨としつつ、文化を創造し、又は享受する活動が尊重されるとともに、それらの活動を理解し、支援し、仲介する等の文化を支える活動が尊重されなければならない。
　私たちは、県民すべての幸せと繁栄のために、これらの課題に取り組むことによって、静岡県の多様な文化資源を生かし、発展させて、個性豊かで創意と活力にあふれる地域社会の実現を目指すとともに、文化に関する活動を行う権利を県民一人ひとりが互いに尊重しあう社会を実現することを決意し、この条例を制定する。

第1章　総則

(目的)
第1条　この条例は、文化の振興に関し、基本理念を定め、及び県の役割を明らかにするとともに、文化の振興に関する施策(以下「文化振興施策」という。)の基本となる事項を定めることにより、文化振興施策の総合的な推進を図り、もって個性豊かで創意及び活力にあふれる地域社会の実現に寄与することを目的とする。
(基本理念)
第2条　文化の振興に当たっては、文化を創造し、若しくは享受し、又はこれらの活動を支える活動(以下これらを「文化活動」という。)を行うことが県民の権利であることにかんがみ、県民が等しく文化活動に参加できるような環境の整備が図られなければならない。
2　文化の振興に当たっては、県民一人ひとりの自主性及び創造性が尊重されなければな

らない。
3　文化の振興に当たっては、文化の多様性が尊重されるとともに、地域における多様な文化の共生が図られるよう配慮されなければならない。
4　文化の振興に当たっては、文化が地域間における相互理解を深める上で重要な役割を果たすことにかんがみ、文化に関する情報を広く国内外に発信するなど、文化交流が積極的に推進されなければならない。
5　文化の振興に当たっては、風土及び歴史に培われてきた地域の伝統的な文化が、県民の共通の財産としてはぐくまれ、将来にわたり引き継がれるよう配慮されなければならない。

(県の役割)
第3条　県は、前条に定める基本理念にのっとり、文化振興施策を総合的に策定し、及び実施するものとする。
2　前項の規定による文化振興施策の策定及び実施に当たっては、次に掲げる事項について十分に配慮しなければならない。
(1)　文化の内容に介入し、又は干渉することがないようにすること。
(2)　広く県民の意見が反映されるようにすること。
(3)　広域的な視点に立ちながら、市町又は文化活動を行う団体（国及び地方公共団体を除く。）及び個人（以下「民間団体等」という。）では実施が困難なものに取り組むこと。
3　県は、文化振興施策の策定及び実施のために必要な体制を整備するよう努めるとともに、財政上の措置を講ずるよう努めるものとする。
第4条　県は、地域における文化の振興が市町の本来的な役割であることにかんがみ、文化振興施策の推進に当たっては、市町との連携に努めるとともに、市町が文化振興施策を策定し、及び実施するために必要な助言若しくは協力を行うよう努め、又は市町相互の連携が図られるよう努めるものとする。
第5条　県は、民間団体等の自主性及び民間団体等が行う文化活動の多様性に十分に配慮しながら、当該文化活動の相互の連携が促進されるとともに、民間団体等が行う支援活動（文化活動のうち文化を創造し、又は享受する活動を支える活動をいう。以下同じ。）が促進されるよう、環境の整備その他の支援を行うものとする。

第2章　文化振興基本計画

第6条　知事は、文化振興施策の総合的かつ効果的な推進を図るため、文化の振興に関する基本的な計画（以下「文化振興基本計画」という。）を定めるものとする。
2　文化振興基本計画は、文化振興施策の大綱その他文化の振興に関し必要な事項について定めるものとする。
3　知事は、文化振興基本計画を定めるに当たっては、文化振興施策と産業、まちづくり、教育、福祉その他の分野における施策との連携が図られるよう配慮するものとする。
4　知事は、文化振興基本計画を定めるに当たっては、あらかじめ、広く県民の意見を聴

くとともに、静岡県文化政策審議会に意見を求めるものとする。
5　知事は、文化振興基本計画を定めたときは、これを公表しなければならない。
6　前3項の規定は、文化振興基本計画の変更について準用する。

第3章　文化の振興に関する基本的施策

（多様な文化資源の把握等）
第7条　県は、独創的で優れた地域文化の形成等を図るため、地域に根ざした伝統文化、新たに創造された地域文化その他の本県の多様な文化資源の把握、保存、継承及び活用の促進、当該文化資源に関する情報の収集及び発信その他の必要な施策を講ずるものとする。

（文化活動を行う機会の提供等）
第8条　県は、広く県民が文化活動を行う機会の充実を図るため、文化施設の活用又は民間団体等との連携による文化活動を行う機会の提供その他の必要な施策を講ずるものとする。

（学校教育における文化活動の充実等）
第9条　県は、次代の文化の担い手となる青少年が豊かな人間性を形成し、創造性をはぐくむことができるようにするため、学校教育における文化活動の充実その他の必要な施策を講ずるものとする。

（高齢者等の文化活動が活発に行われるような環境の整備等）
第10条　県は、高齢者、障害者等が行う文化活動の充実を図るため、これらの者の文化活動が活発に行われるような環境の整備その他の必要な施策を講ずるものとする。

（文化を創造する活動への支援等）
第11条　県は、本県の文化水準の向上に資するとともに、本県の魅力を高め、及び県民の誇りとなる文化の振興を図るため、世界を視野に入れて文化を創造する活動に対する支援その他の必要な施策を講ずるものとする。

（支援活動の普及啓発等）
第12条　県は、民間団体等が行う支援活動が本県における文化の振興に果たす役割の重要性にかんがみ、その促進を図るため、当該支援活動の普及啓発その他の必要な施策を講ずるものとする。

（地域産業の振興等に関する情報の提供等）
第13条　県は、県民の文化活動の促進に資する地域産業の振興を図るとともに、当該地域産業による地域文化の形成を促進するため、これらに関する情報の提供その他の必要な施策を講ずるものとする。

第4章　静岡県文化政策審議会

（設置及び所掌事務）

第14条　県に、静岡県文化政策審議会（以下「審議会」という。）を置く。
2　審議会は、次に掲げる事務を行う。
(1)　文化振興基本計画に関し、第6条第4項に規定する意見を述べること。
(2)　知事の諮問に応じ、文化の振興に関する基本的事項について調査審議すること。
(3)　知事の諮問に応じ、文化振興施策の目標の達成度、効果等について検証し、及び評価すること。
(4)　前3号に掲げるもののほか、文化の振興に関し必要な事項について調査審議し、知事に意見を述べること。
（組織）
第15条　審議会は、知事が任命する委員20人以内で組織する。
（任期）
第16条　委員の任期は、2年とする。ただし、補欠の委員の任期は、前任者の残任期間とする。
2　委員は、再任されることができる。
（会長及び副会長）
第17条　審議会に会長及び副会長を置き、委員の互選によって定める。
2　会長は、会務を総理し、審議会を代表する。
3　副会長は、会長を補佐し、会長に事故があるときは、その職務を代理する。
（会議）
第18条　審議会の会議（以下この条において「会議」という。）は会長が招集し、会長がその議長となる。
2　審議会は、委員の過半数が出席しなければ、会議を開き、議決することができない。
3　会議の議事は、出席委員の過半数で決し、可否同数のときは、議長の決するところによる。
（部会）
第19条　審議会に、部会を置くことができる。
2　部会に属すべき委員は、会長が指名する。
3　部会に部会長を置き、部会に属する委員の互選によってこれを定める。
（委任）
第20条　この章に定めるもののほか、審議会の運営に関し必要な事項は、会長が審議会に諮って定める。

附　則

この条例は、公布の日から施行する。

6　札幌市文化芸術振興条例

平成19年3月8日
条例第12号

　文化芸術は、人々の心のよりどころとして安らぎと潤いを与え、創造力豊かな人間性をはぐくみ、人との交流や連帯感を深め、多様なものを認めあう心を養うことにより、活力と思いやりあふれる地域社会の実現と国際交流、世界平和に寄与するものである。
　札幌は、先人による厳しい自然との共生や闘いの歴史を経て発展した豊かな自然と高度な都市機能が両立する日本有数の都市である。こうした自然環境や歴史の中において、情報に鋭敏な感性と進取の気風がはぐくまれ、多様な文化が重なり合い、既存の価値観にとらわれない独創性あふれる文化芸術が創造されてきている。
　このような歴史的背景を尊重し、さらに将来にわたり活力ある地域社会の繁栄をもたらすためには、多様な文化芸術を享受できる環境をつくり、文化芸術を地域の産業としてはぐくみ、国内外に発信し、交流を促進することによって地域の魅力を高めていくことが必要である。
　ここに、札幌市は、文化芸術の振興についての基本理念と方向性を明らかにし、文化芸術の振興に関する施策を総合的に推進することにより、市民が心豊かに暮らせる文化の薫り高き札幌のまちづくりを目指していくことを決意し、この条例を制定する。

（目的）
第1条　この条例は、文化芸術の振興に関し、基本理念を定め、市の責務並びに市民及び事業者の役割を明らかにするとともに、文化芸術の振興に関する施策の基本となる事項を定めることにより、文化芸術の振興に関する施策を総合的かつ計画的に推進し、もって市民が心豊かに暮らせる文化の薫り高きまちづくりに寄与することを目的とする。

（基本理念）
第2条　文化芸術の振興に当たっては、文化芸術に関する活動（以下「文化芸術活動」という。）を行う市民の主体性及び創造性が十分に尊重されなければならない。
2　文化芸術の振興に当たっては、文化芸術活動が個性豊かな活力ある地域社会の実現に欠くことのできないものであることにかんがみ、文化芸術活動が活発に行われるような環境の整備が図られなければならない。
3　文化芸術の振興に当たっては、文化芸術の持続的な発展を促すため、人材の育成、文化芸術の発信・交流等の推進が図られなければならない。

（市の責務）
第3条　市は、前条の基本理念にのっとり、文化芸術の振興に関する施策を総合的に策定し、及び計画的に実施するものとする。

（市民及び事業者の役割）

第4条　市民及び事業者は、文化芸術の創造の担い手として、主体性及び創造性を発揮するとともに、文化芸術活動を支援することを通じて、文化芸術を振興する役割を担うものとする。

(財政上の措置)
第5条　市は、文化芸術の振興に関する施策を実施するために必要な財政上の措置を講じるよう努めるものとする。

(基本計画)
第6条　市長は、文化芸術の振興に関する施策を総合的かつ計画的に実施するため、文化芸術の振興に関する基本的な計画(以下「基本計画」という。)を定めなければならない。
2　基本計画は、次に掲げる事項について定めるものとする。
(1)　文化芸術の振興に関する目標
(2)　文化芸術の振興に関する施策に係る基本的な方針
(3)　前2号に掲げるもののほか、文化芸術の振興に関する施策を総合的かつ計画的に実施するために必要な事項
3　市長は、基本計画を定めるに当たっては、市民の意見を適切に反映することができるよう必要な措置を講じなければならない。
4　市長は、基本計画を定めたときは、速やかにこれを公表しなければならない。
5　前2項の規定は、基本計画の変更について準用する。
6　基本計画は、情勢の変化に応ずるため、おおむね5年ごとに見直しを行うものとする。

(文化芸術を振興する環境の整備等)
第7条　市は、文化芸術の振興に当たっては、次に掲げる事項に係る環境の整備が重要であることにかんがみ、これらの環境の整備を図るために必要な措置を講じるものとする。
(1)　札幌の特性を生かした独創的な文化芸術が発展していくこと。
(2)　市民が文化芸術を享受できること。
(3)　文化芸術の担い手が育成されること。
(4)　文化芸術が伝承されていくこと。
(5)　文化芸術を通じて子どもの豊かな感性がはぐくまれること。
(6)　文化芸術が地域の産業として育成されること。
(7)　札幌の文化芸術が発信されること。
(8)　国内外の文化芸術との交流が活発に行われること。
2　市は、市が行うあらゆる施策において、安らぎと潤いを与える文化芸術の視点に配慮して推進するよう努めるものとする。

(文化芸術活動に対する支援等)
第8条　市は、文化芸術活動に対する財政的支援を円滑に行うため、基金の活用その他必要な措置を講じるよう努めるとともに、市民、事業者等による文化芸術活動に対する資金的支援が活発に行われ、文化芸術活動に係る寄附文化が市民、事業者及び市の協働により醸成されていくために必要な環境の整備に努めるものとする。

(連携)
第9条　市は、文化芸術の振興に関する施策を行うに当たっては、市、国及び他の地方公共団体、市民、事業者、芸術家等（文化芸術振興基本法（平成13年法律第148号）第16条に規定する芸術家等をいう。以下同じ。）及び文化芸術活動を行う団体、学校その他の教育研究機関等の間の連携が図られるよう配慮しなければならない。

(意見交換の仕組みの整備)
第10条　市は、市民、芸術家等、文化芸術活動を行う団体等の自由な発想が文化芸術の振興に欠かせないものであることにかんがみ、市とこれらの者とが、文化芸術の振興に関し、互いに自由かつ率直に意見の交換を行うことができる仕組みの整備を図るものとする。

(委任)
第11条　この条例の施行に関し必要な事項は、市長が定める。

附　則

この条例は、平成19年4月1日から施行する。

7　小金井市芸術文化振興条例

［平成19年3月20日
　条例第4号］

前文
　私たち小金井市民は、小金井桜と武蔵野の緑に囲まれ、湧ゆう水など豊かな自然環境に恵まれたこの地に暮らし、地域性に富んだコミュニティを築いてきました。先人から受け継いだ伝統的文化資源を活用し、また、新たな芸術文化資源を創出することによって、芸術文化の持つ力に期待し、市民一人一人が小金井市民としての誇りを持って、日々心豊かに生活していくことができることを願い、ここに小金井市芸術文化振興条例を定めます。

(目的)
第1条　この条例は、芸術文化振興施策に関し、その基本理念、原則等を定め、市、市民及び団体等（企業、教育機関、民間非営利団体、文化団体、地域団体等をいう。以下同じ。）の役割を明らかにするとともに、市民等（市民及び団体等をいう。以下同じ。）が主体的に芸術文化活動に取り組むことができるように総合的かつ計画的に施策を推進し、もって地域における芸術文化の振興を図ることを目的とする。

(定義)
第2条　この条例において「芸術文化」とは、人間の感性を豊かにする知的かつ創造的な

活動で、多様な芸術文化領域を含むものをいう。
2　この条例において「芸術文化活動」とは、広く芸術文化を鑑賞し、創造し、又はこれに参加することをいう。

(基本理念)
第3条　市、市民及び団体等は、市民等の主体的な芸術文化活動を推進し、年齢、性別、障害の有無、国籍及び民族を問わず、市民一人一人が芸術文化の根付く心豊かな生活を営むことができる地域社会を実現することを目的として、市民等が芸術文化活動を行うことができるための環境整備を図るものとする。
2　市、市民及び団体等は、市民が心豊かな生活及び人間らしい生き方を求めて、芸術文化活動を行うことは市民の権利であると捉え、これを十分に尊重するものとする。
3　市は、芸術文化振興施策の実施に当たっては、芸術文化活動を行うものの自主性及び創造性を十分に尊重し、芸術文化の内容に対しては介入又は干渉することのないように十分に留意するものとする。

(市の役割)
第4条　市は、前条に規定する基本理念に基づいて、芸術文化振興施策を総合的かつ計画的に推進するものとする。
2　市は、芸術文化振興施策を実施するため、必要な財政上の措置を講ずるよう努めるものとする。
3　市は、国及び他の地方公共団体、特に近隣の地方公共団体と連携し、芸術文化の振興を図るものとする。
4　市は、芸術文化活動を行う市民等と協働し、地域における人材、資源及び情報をいかして、共に芸術文化の振興を図るものとする。
5　市は、芸術文化振興施策を効果的に実施するため、市の行政機関相互の連携を密接に行うものとする。

(市民の役割)
第5条　市民は、自らが芸術文化の担い手であることを自覚し、その活力と創意をいかし、芸術文化の振興に努めるものとする。
2　市民は、芸術文化活動に関して相互に理解し合い、尊重し合うよう努めるものとする。

(団体等の役割)
第6条　団体等は、地域社会の一員として自主的に芸術文化活動を展開するとともに、市民の芸術文化活動の支援に努めるものとする。

(基本施策)
第7条　市は、本条例の目的を達成するために、次に掲げる施策を行うものとする。
(1)　芸術文化振興を効果的に行うための調査及び情報提供に関すること。
(2)　芸術文化振興のための基本計画の策定並びに施策及び事業の評価に関すること。
(3)　芸術文化活動の担い手の育成及び支援に関すること。
(4)　青少年、高齢者及び障害者の芸術文化活動の促進に関すること。

(5) 前各号に掲げるもののほか、芸術文化の振興を図るために必要な事項に関すること。
(基本計画の策定)
第8条 市長は、芸術文化振興施策を総合的かつ計画的に推進するための基本計画を策定するものとする。
2 市長は、基本計画の策定に当たり、基本計画策定委員会を設置するものとする。
3 市長は、基本計画を策定するときは、あらかじめ広く市民の意見を反映させることができるよう適切な措置を講じなければならない。
4 前3項に定めるもののほか、基本計画策定委員会に関し必要な事項は、別に定める。
(推進機関の設置)
第9条 市は、芸術文化振興施策の推進に当たって、芸術文化振興推進機関を設置するものとする。
2 芸術文化振興推進機関は、芸術文化の推進に係る調査検討による提言、基本計画の評価及び見直し等を行うものとする。
3 前2項に定めるもののほか、芸術文化振興推進機関に関し必要な事項は、別に定める。
(芸術文化活動施設の運営)
第10条 市、市民及び団体等は、芸術文化活動施設の運営に当たっては、第3条に規定する基本理念の下に行うものとする。

付　則

この条例は、平成19年4月1日から施行する。

8　奈良市文化振興条例

平成19年3月30日
条例第20号

　奈良市は古代日本の都の置かれたまちであり、平城京に開花した文化は、日本の発展の礎となった。今も正倉院の宝物や寺社の建物、伝統行事などを通じて往時の繁栄のさまを偲しのぶことができる。
　平城京は、世界に向けて門戸を開いた日本で最初の国際都市であり、私たちは大陸からもたらされた宗教文化や技術を、日本の伝統的な自然観と見事に融合させ、重厚な文化を育ぐくんできた。「古都奈良の文化財」の世界遺産への登録は、その歴史的・芸術的価値に加えて、それが市民の生活や精神の中に生かされ、今日まで文化として生き続けていることが高く評価されたからである。平安京遷都後の奈良は信仰のまちとしての歴史を刻んできたが、特に中世以来の面影を留とどめる町並みや、そこで連綿と営まれている伝統的

な行事や文化財は、その重層的な歴史を物語るものである。

文化は創造力の源泉であり、様々な分野の活力を促し、まちを豊かにする。だれもが等しく空気を吸うごとく、生活の中で文化の薫りに触れられる環境を作ることが、明日の文化の担い手である子どもたちの豊かな情操を育はぐくむことになるはずである。それを、人づくり、まちづくりに生かすことによって、古都奈良を生き生きとしたまちに蘇よみがえらせることができるのではないだろうか。

私たちは平城京に思いを馳せ、その受容の精神と進取の気風に学び、国際文化観光都市として魅力あるまちづくりを目指すものである。そのためには、古都奈良の顔を大切にしながら新しく育ちつつある文化の芽を慈しみ、奈良市のアイデンティティを磨き抜いていかなければならない。そして、文化の持つ無限の力を生かすため、すべての営みに美しい文化を育はぐくむ視点を取り入れ、手を携えて共に歩むことを期するべく、この条例を制定するものである。

(目的)
第1条　この条例は、文化によるまちづくりの基本理念を定め、その実現のための施策を市と市民とが協働で推進していくに当たっての基本的な考え方を明らかにすることにより、本市における文化振興施策の総合的な推進を図り、もって地域の個性を生かした活力あるまちづくりに資することを目的とする。

(定義)
第2条　この条例において「文化」とは、芸術、芸能、伝統文化及び生活文化をはじめ、学術、景観、観光及び市民が主体となって行う生涯学習等を含む創造的な諸活動をいう。

(基本理念)
第3条　文化によるまちづくりは、次に掲げる理念を基本として行われなければならない。
(1)　文化に関する活動を行う者（団体を含む。）の自主性及び創造性を尊重すること。
(2)　市民すべてが文化を創造し、及び享受する権利を有することを尊重し、その環境整備を図ること。
(3)　芸術文化と生活文化双方のつながりを大切にするよう努めること。
(4)　市の歴史及び風土を反映した特色ある文化の育成を目指すこと。
(5)　文化活動の内容に介入し、又は干渉することなく、それを尊重すること。

(市の責務及び役割)
第4条　市は、前条の基本理念にのっとり、文化によるまちづくりに必要な行政組織を整備し、文化振興施策を総合的かつ効果的に推進する責務を有する。
2　市は、市民の自発的かつ多様な文化活動を尊重しなければならない。
3　市は、市民及び民間団体と協働で、文化の振興に努めなければならない。
4　市は、文化振興施策に広く市民の意見を反映させるよう努めなければならない。
5　市は、市のすべての施策に文化を育はぐくむ視点を取り入れて、それを推進するよう努めなければならない。

(市民及び民間団体の役割)

第5条　市民及び民間団体は、それぞれが文化の担い手であることを自覚し、その創造、享受及び発信に積極的に努めるものとする。
2　市民及び民間団体は、多様な文化活動を理解し、尊重し、及び相互の交流に努めるものとする。

(財政上の措置)
第6条　市は、文化振興施策を推進するため必要な財政上の措置を講ずるよう努めなければならない。

(基本方針)
第7条　市長は、文化振興施策の総合的な推進を図るため、文化の振興に関する基本的な指針（以下「基本方針」という。）を定めるものとする。
2　基本方針は、次に掲げる事項について定めるものとする。
(1)　市民の文化に対する意識の高揚に関すること。
(2)　芸術鑑賞等広く市民が文化に接する機会の拡充に関すること。
(3)　地域の文化財の保存及び活用に関すること。
(4)　伝統文化の保存、普及及び継承に関すること。
(5)　文化を担う人材の育成に関すること。
(6)　青少年の文化活動の支援に関すること。
(7)　学校教育における文化活動の支援に関すること。
(8)　子どもたちの情操を高める文化環境の整備に関すること。
(9)　文化に係る交流の促進に関すること。
(10)　文化の振興のための学術研究の拠点作りに関すること。
(11)　地域及び地球環境の持続可能な発展に寄与する文化活動の促進に関すること。
(12)　自然景観及び歴史的景観と調和した都市景観の創出に関すること。
(13)　人権の尊重につながる文化活動の推進に関すること。
(14)　文化の振興と経済との連携に関すること。
(15)　文化活動における情報通信技術の活用の促進に関すること。
(16)　文化の振興に関し功績のあったものの顕彰に関すること。
(17)　文化振興施策に係る評価の手法の確立に関すること。
(18)　その他文化の振興に関する重要事項
3　市長は、基本方針を定めようとするときは、あらかじめ、次条に定める奈良市文化振興計画推進委員会の意見を聴かなければならない。
4　市長は、基本方針を定めたときは、遅滞なく、これを公表しなければならない。
5　前2項の規定は、基本方針の変更について準用する。

(奈良市文化振興計画推進委員会)
第8条　前条第3項に定めるもののほか、文化の振興に係る計画の策定及びその推進のため、奈良市文化振興計画推進委員会（以下「委員会」という。）を設置する。
2　委員会は、その権限に属することとされた事項に関し、市長に意見を述べることがで

第4編　文化条例研究資料　241

きる。
3　委員会の組織及び運営について必要な事項は、規則で定める。

					附　則

(施行期日)
1　この条例は、平成19年4月1日から施行する。
(奈良市報酬及び費用弁償等に関する条例の一部改正)
2　奈良市報酬及び費用弁償等に関する条例(昭和27年奈良市条例第30号)の一部を次のように改正する。
(次のよう略)

9　文化芸術の振興による心豊かで活力あふれる香川づくり条例

平成19年12月21日
条例第68号

「玉藻よし讃岐の国は国柄か見れども飽かぬ」と詠まれた香川県には、白砂青松と多島美を誇る瀬戸内海を始め、緑の山々が連なる讃岐山脈、ため池が点在する讃岐平野など、美しい自然と、古くから文化の大動脈であった瀬戸内海に面することによって培われた豊かな歴史があり、その中で伝統ある文化芸術がはぐくまれてきた。また近年、香川県は数多くの優れた芸術家を輩出するとともに、創作活動の場として世界的な芸術家をひき付けるなど、現代美術を中心とした優れた文化芸術を受け入れてきた個性豊かな地でもある。
　文化芸術には、世代を超えて感動や喜び、やすらぎを与え、豊かな感性を養い、創造性を高めるとともに、人々の心のつながりや相互に理解し尊重し合う土壌を提供し、多様性を受け入れることができる心豊かな社会を形成するなど、様々な力がある。
　今日、価値観の多様化が進み、人と人とのつながりが薄らいでいく中で、物の豊かさだけでなく心の豊かさを享受できる、うるおいに満ちた暮らしを実現するためには、こうした文化芸術の力を活用することが不可欠である。
　また、ふるさとの伝統文化を継承し、個性豊かな文化芸術を創造し、活用することを通じて、私たちはふるさとに誇りを持ち、愛着を感じることができ、そしてこのことは、地域社会の活性化にもつながるものと確信する。
　こうした文化芸術の持つ力を十分に認識した上で、県民、文化芸術団体、市町及び県が協働し、連携しながら、文化芸術の振興に力強く取り組み、心豊かで活力あふれる香川を創造することを目指して、この条例を制定する。

第1章 総則

(目的)
第1条 この条例は、文化芸術の振興について、基本理念を定め、及び県の責務、県民の役割等を明らかにするとともに、文化芸術の振興に関する施策の基本となる事項を定めることにより、文化芸術の振興に関する施策を総合的かつ計画的に推進し、もって県民一人一人が心の豊かさとうるおいを実感できる活力ある香川の実現に寄与することを目的とする。

(定義)
第2条 この条例において「文化芸術」とは、文学、音楽、美術、書道、演劇、舞踊、写真、映像その他の芸術、茶道、華道、郷土料理、盆栽その他の生活文化並びに有形及び無形の文化財、伝統工芸、民俗芸能その他の伝統文化をいう。

(基本理念)
第3条 文化芸術の振興に当たっては、文化芸術の担い手は県民一人一人であるとの認識の下に、その自由な発想及び自主的かつ主体的な文化芸術に関する活動(以下「文化芸術活動」という。)が尊重されなければならない。
2 文化芸術の振興に当たっては、県民、文化芸術活動を行う団体(以下「文化芸術団体」という。)、市町及び県は、それぞれの役割を相互に理解し、協働して取り組むよう努めなければならない。
3 文化芸術の振興に当たっては、県民の文化意識の高揚及び文化芸術に関わる人材の育成が図られなければならない。
4 文化芸術の振興に当たっては、文化芸術を創造し、享受することは人々の生まれながらの権利であることから、県民一人一人が文化芸術に関わることができる機会を持ち、文化芸術の発表及び交流を行うことができるよう、環境の整備が図られなければならない。
5 文化芸術の振興に当たっては、県民一人一人がふるさとに誇りを持ち、及び愛着を感じ、並びに地域が活性化されるよう配慮されなければならない。

(県の責務)
第4条 県は、前条に定める基本理念(以下「基本理念」という。)にのっとり、文化芸術を振興する施策を総合的かつ計画的に推進するものとする。その推進に当たっては、県民及び文化芸術団体の意見を反映させるよう努めなければならない。
2 県は、文化芸術を振興する施策の実施に当たっては、市町との連携に努めるとともに、市町が実施する文化芸術を振興する施策に対して、必要な協力を行うよう努めるものとする。
3 県は、文化芸術を振興する施策を推進するため、必要な財政上の措置を講ずるよう努めるものとする。

(県民等の役割)

第5条　県民及び文化芸術団体は、文化芸術の担い手として、基本理念にのっとり、自由な発想の下に、自主的かつ主体的な文化芸術活動を通じて、文化芸術を振興する役割を果たすよう努めるものとする。

(市町の役割)

第6条　市町は、基本理念にのっとり、文化芸術の振興に関し、自主的かつ主体的にその地域の特性に応じた施策を実施するよう努めるものとする。

第2章　心豊かで活力あふれる香川づくりの基本的施策

(地域固有の生活文化及び伝統文化の保存等)

第7条　県は、遍路、ため池、島、まち並み等に関わる地域固有の生活文化及び伝統文化が適切に保存され、継承され、及び活用されるよう、必要な施策を講ずるよう努めるものとする。

(個性豊かな芸術の振興)

第8条　県は、個性豊かな現代美術、映像その他の芸術の振興が図られるよう、必要な施策を講ずるよう努めるものとする。

(創造的な活動を行う者等の育成)

第9条　県は、文化芸術に関して創造的な活動又は継承を行う者（以下「芸術家等」という。）、文化芸術活動の企画又は運営を行う者及び文化芸術活動に参加又は支援をする者の育成が図られるよう、必要な施策を講ずるよう努めるものとする。

(文化芸術に親しむ機会の充実等)

第10条　県は、県民一人一人が文化芸術についての理解及び関心を深め、創造の意欲を高められるよう、全国規模の音楽祭若しくは美術展覧会又は芸術祭の開催などの文化芸術に親しむ機会の充実その他の必要な施策を講ずるよう努めるものとする。

(青少年が文化芸術に触れる機会の充実等)

第11条　県は、次代の担い手となる青少年が豊かな人間性を形成し、創造性をはぐくみ、及び文化芸術を見る目を養うことができるよう、芸術家等からの指導を受けられるなどの文化芸術に触れる機会の充実その他の必要な施策を講ずるよう努めるものとする。

(文化芸術活動の取組に対する支援等)

第12条　県は、県民及び文化芸術団体の自主的かつ主体的な文化芸術活動の促進が図られるよう、その取組に対する支援その他の必要な施策を講ずるよう努めるものとする。

(文化芸術活動の場の充実及び活用)

第13条　県は、文化施設について、文化芸術活動の場としての充実が図られるよう、情報の提供、施設間の連携等その他の必要な施策を講ずるよう努めるとともに、文化施設以外の施設についても、文化芸術活動の場として活用されるよう、必要な施策を講ずるよう努めるものとする。

(文化芸術に関する創作活動等の推進)

第14条　県は、芸術家等が地域に滞在し、創作活動を行うとともに、地域住民等と交流を

深めることができるよう、必要な施策を講ずるよう努めるものとする。
(民間による支援活動の促進)
第15条　県は、個人又は民間団体による文化芸術活動に対する支援活動の促進が図られるよう、必要な施策を講ずるよう努めるものとする。
(文化資源を活用した産業の振興等)
第16条　県は、漆芸、石彫、盆栽、歌舞伎、現代美術、まち並みその他の文化資源を活用した観光産業その他の産業の振興が図られるよう、必要な施策を講ずるよう努めるとともに、当該産業による地域の文化芸術の形成に努めるものとする。
(文化芸術の交流の促進)
第17条　県は、世代間及び地域間並びに海外との文化芸術の交流の促進が図られるよう、必要な施策を講ずるよう努めるものとする。
(情報の収集及び発信)
第18条　県は、県民及び文化芸術団体の文化芸術活動の促進が図られるよう、地域の文化芸術活動及び文化資源に関する情報を積極的に収集し、及び発信するよう努めるものとする。
(顕彰及び奨励)
第19条　県は、香川県文化芸術振興審議会の意見を聴いた上で、県における文化芸術の振興に極めて優れた功績のある者等を顕彰するとともに、文化芸術活動を行う将来性豊かな者の活動を奨励するよう努めるものとする。

第3章　香川県文化芸術振興計画

第20条　知事は、文化芸術の振興により心豊かで活力あふれる香川づくりを進めるため、香川県文化芸術振興計画(以下「文化芸術振興計画」という。)を原則として5年ごとに定めるものとする。
2　文化芸術振興計画は、次に掲げる事項について定めるものとする。
(1)　文化芸術の振興の目標及び基本的な方針
(2)　文化芸術の振興のために重点的に実施する事業
(3)　前2号に掲げるもののほか、文化芸術の振興のために必要な事項
3　知事は、文化芸術振興計画を定めるに当たっては、あらかじめ、香川県文化芸術振興審議会の意見を聴かなければならない。
4　知事は、文化芸術振興計画を定めたときは、遅滞なくこれを公表しなければならない。
5　前2項の規定は、文化芸術振興計画の変更について準用する。

第4章　香川県文化芸術振興審議会

(香川県文化芸術振興審議会の設置及び所掌事務)
第21条　知事の諮問に応じ、第19条の規定による顕彰及び奨励、前条の規定による文化芸

術振興計画の策定等その他文化芸術の振興に関する重要事項を審議するため、香川県文化芸術振興審議会（以下「審議会」という。）を置く。

(審議会の組織)
第22条　審議会は、委員15人以内で組織する。
2　委員は、学識経験を有する者その他知事が適当と認める者のうちから、知事が委嘱する。
3　委員の任期は、2年とする。ただし、補欠の委員の任期は、前任者の残任期間とする。
4　委員は、再任されることができる。

(審議会の組織及び運営に関する委任)
第23条　前2条に定めるもののほか、審議会の組織及び運営に関し必要な事項は、規則で定める。

第5章　香川県文化芸術振興基金

(香川県文化芸術振興基金の設置)
第24条　文化芸術の振興に資する事業の財源に充てるため、香川県文化芸術振興基金（以下「基金」という。）を設置する。

(基金の積立て等)
第25条　基金として積み立てる額は、一般会計の歳入歳出予算（以下「予算」という。）で定める。
2　文化芸術の振興のための寄附金があった場合は、これを予算に計上して、この基金に編入するものとする。
3　県有財産を売却した場合は、その収入の一部を予算に計上して、この基金に編入するよう努めるものとする。

(基金の管理等)
第26条　基金に属する現金は、確実な金融機関への預金その他最も確実かつ有利な方法により保管しなければならない。
2　基金に属する現金は、必要に応じ、最も確実かつ有利な有価証券に代えることができる。
3　知事は、財政上必要があると認めるときは、確実な繰戻しの方法、期間及び利率を定めて、基金に属する現金を歳入歳出現金に繰り替えて運用することができる。
4　基金の運用から生ずる収益は、予算に計上して、この基金に編入するものとする。
5　基金は、文化芸術の振興に資する事業の財源に充てる場合に限り、これを処分することができる。

(基金の管理及び処分に関する委任)
第27条　前3条に定めるもののほか、基金の管理及び処分に関し必要な事項は、知事が定める。

第6章　雑　則

(委任)
第28条　この条例に定めるもののほか、この条例の施行に関し必要な事項は、規則で定める。

附　則

(施行期日)
1　この条例は、公布の日から施行する。
(香川県文化功労者表彰条例及び香川県美術品取得基金条例の廃止)
2　次に掲げる条例は、廃止する。
(1)　香川県文化功労者表彰条例(昭和50年香川県条例第1号)
(2)　香川県美術品取得基金条例(昭和56年香川県条例第4号)
(香川県美術品取得基金の処理)
3　この条例の施行の際現に、前項の規定による廃止前の香川県美術品取得基金条例により設置された香川県美術品取得基金に属する現金は、第25条第1項の規定により積み立てた香川県文化芸術振興基金に属する現金とみなす。
(附属機関を構成する委員その他の構成員の報酬等に関する条例の一部改正)
4　附属機関を構成する委員その他の構成員の報酬等に関する条例(昭和32年香川県条例第43号)の一部を次のように改正する。
(次のよう略)

10　逗子市文化振興条例

［平成21(2009)年10月9日
逗子市条例第15号］

前文
　文化とは、人々の営みそのものであり、豊かな人間性や創造力を育むものである。人々の誰もが願う「平和に人間らしい暮らしが営める社会」には、文化の実りを欠くことはできない。
　逗子市は、温暖な気候に加え、三方を緑の山稜に囲まれ、南西には遠浅で波静かな逗子海岸が開け、市の中央を田越川が流れる「暮らしやすい土地」として人々に愛されてきた。この豊かな自然環境は、心を豊かにする様々な文化活動を育んでいる。
　市民一人ひとりが文化を享受し、逗子市の文化として総合的に発展させるためには、市

民一人ひとりが文化の担い手であることを認識する必要がある。そして、先人の築いた文化を基盤として新しい文化の創造に取り組んでいくことが大切である。

　また、文化創造の主役は市民であり、市民は文化を創造し、享受する権利を持つことを市は認識しなければならない。そのために、市は市民の文化活動を広く支援し、必要な環境を整備する使命を負っている。

　市民と市がそれぞれの役割を認識し、協働作業により市民文化の創造を実現するためこの条例を制定する。

（目的）
第１条　この条例は、本市における文化振興に関する施策（以下「文化振興施策」という。）の基本方針を定め、市の責務を明らかにするとともに、文化振興施策を総合的かつ計画的に推進することにより、文化の振興及び市民文化の創造を図り、もって心豊かな市民生活の実現に寄与することを目的とする。

（定義）
第２条　この条例において「文化」とは、多様な芸術及び人間の感性を豊かにする知的な活動をいう。
２　この条例において「文化活動」とは、前項の文化を振興するため、広く文化を創造し、継承し、鑑賞し、又はこれらに参加することをいう。

（基本方針）
第３条　文化を創造し、及び享受するため文化活動を行うことは、市民の権利とし、市は、市民一人ひとりが心豊かな生活を展開できるよう市民の主体的な文化活動をより一層促進するための文化振興を図るものとする。
２　市は、文化振興施策の実施に当たっては、文化活動を行う者の自主性及び創造性を十分に尊重し、文化の内容に対しては、原則として介入しないよう留意するものとする。

（市の責務）
第４条　市は、前条に規定する基本方針にのっとり、文化振興施策を総合的かつ計画的に推進するものとする。
２　市は、国及び他の地方公共団体と連携し、文化の振興を図るものとする。
３　市は、文化活動を行う市民、団体及び事業者と協働し、地域における人材、資源、情報等を活かして、文化の振興を図るものとする。
４　市は、文化振興施策を効果的に実施するため、組織上の連携に配慮するものとする。

（基本計画の策定）
第５条　市は、前条第１項の規定に基づき、文化振興施策を総合的かつ計画的に推進するための計画（以下「基本計画」という。）を策定しなければならない。
２　基本計画は、次に掲げる事項について定めるものとする。
(1)　文化振興のための施策及び事業に関すること。
(2)　文化振興のための環境整備及び文化の保護に関すること。
(3)　文化活動の担い手の育成・支援に関すること。

(4) その他文化振興の推進のために必要な事項
3 市は、基本計画の策定に当たっては、市民、学識経験を有する者、市内の文化活動を行う団体等からの推薦を受けた者等をもって構成される組織を設置するものとする。
4 市は、基本計画の策定に当たっては、あらかじめ広く市民の意見を聴くために必要な措置を講じるものとする。
5 前2項の規定は、基本計画の変更について準用する。

(基本計画の推進)
第6条 市は、基本計画に基づく施策、事業等の実施について、市民との協働の組織により、効果的に推進できるよう努めなければならない。

(調査、評価組織の設置)
第7条 市は、基本計画の推進に当たって、基本計画に基づく施策、事業等が的確に実施されているかどうか等について、調査、評価等を行う組織を設置するものとする。
2 前項の組織は、基本計画の内容及び基本計画に基づく施策、事業等の評価、見直し等について調査、検討を行い、その結果に基づき市に提言するものとする。

(財政上の措置)
第8条 市は、文化振興施策を実施するため、必要な財政上の措置を講じるよう努めなければならない。

(委任)
第9条 この条例の施行に関し、必要な事項は、教育委員会規則で定める。

附　則

この条例は、公布の日から施行する。

11　さいたま市文化芸術都市創造条例

［さいたま市条例
第42号］

　文化は、長い歴史と風土の中で育まれていくものであり、時間をかけて文化の振興を図る必要がある。文化の中核をなす文化芸術は、人々の創造性を豊かにし、生活にゆとりと潤いをもたらし、豊かな人間関係を育むものであるだけではなく、新たな産業を生み出すなどの経済効果をもたらし、ひいては地域の振興に寄与し、活力のある都市づくりに結びつくものである。
　本市は、文化芸術が古くから生み育てられ、暮らしの中に根ざしているとともに、東日本の交流拠点都市として高度で多様な都市機能が集積していることから、文化芸術をはじ

めとする様々な分野の活動に適している。また、本市は、合併により誕生した新しい都市であり、文化芸術に関する多彩な地域資源を活かした都市イメージの確立を目指している。

　こうした状況の下、真に愛し、誇れる郷土を実現するためには、市民等が文化芸術を楽しむライフスタイルを確立するための環境を整備し、文化芸術に関する活動を行う市民等の自主性を尊重し、市民等の意見を反映させることによって、市民等が主体となる文化芸術の振興が求められている。そして、古くから培われてきた文化芸術の持つ伝統と新しい文化芸術の持つ創造性により、本市の経済や教育、都市計画等の様々な分野に影響を与え、地域の活性化を図り、新たな都市としての魅力を高め、文化芸術都市としてのさいたま市を創造することが必要である。

　ここに、さいたま市は、総合的かつ持続的な文化芸術の振興を図り、市民等が生き生きと心豊かに暮らせる文化芸術都市を創造するため、この条例を制定する。

（目的）
第1条　この条例は、文化芸術都市の創造に関し、基本理念を定め、市の責務を明らかにするとともに、市民等の理解と協力を得ながら、文化芸術都市の創造のための施策の基本となる事項を定めることにより、総合的かつ持続的な文化芸術の振興を図り、もって市民等が生き生きと心豊かに暮らせる文化芸術都市を創造することを目的とする。

（定義）
第2条　この条例において、次の各号に掲げる用語の意義は、当該各号に定めるところによる。
(1)　文化芸術　次に掲げる芸術等であって、盆栽、漫画、人形、鉄道といった地域の活性化及び都市としての魅力の増進に資するものをいう。
ア　文学、音楽、美術、写真、演劇、舞踊その他の芸術
イ　芸能（伝統的又は民俗的な芸能に加え、落語、歌唱等の芸能をいう。）
ウ　茶道、華道、書道その他の生活に係る文化
エ　囲碁、将棋その他の国民的娯楽
(2)　文化芸術都市　市民等が自主的に文化芸術に関する活動（以下「文化芸術活動」という。）を行い、又は文化芸術を享受することにより市民等の文化芸術以外の分野における活動が促進され、かつ、文化芸術の振興を契機として地域が活性化し、市民等が充実した生活を送ることのできる活力のある都市をいう。
(3)　市民等　市内に居住し、通学し、通勤し、又は滞在する者、市内において事業活動を行う者及び市内において文化芸術活動を行う者をいう。

（基本理念）
第3条　文化芸術都市の創造に当たっては、市民等が愛着と誇りを持つことができる活力のある都市の形成の推進が図られるものとする。
2　文化芸術都市の創造に当たっては、市民等の自主性が尊重されるとともに、市民等の文化芸術に対する理解及び関心が深められることにより、市民等の生活の充実が図られるものとする。

3　文化芸術都市の創造に当たっては、市及び市民等が相互に連携し、及び協力することにより、文化芸術の振興が効果的に図られるものとする。
4　文化芸術都市の創造に当たっては、地域で育まれてきた文化芸術の保存及び活用並びに新たな文化芸術に配慮された環境の整備が図られるものとする。
5　文化芸術都市の創造に当たっては、子どもから高齢者まで広く、文化芸術に親しむこと又は文化芸術活動を行うことができるための適切な支援が図られるものとする。

（市の責務）
第4条　市は、この条例の目的を達成するため、前条に定める基本理念にのっとり、文化芸術都市の創造に関する施策（第7条に定める施策をいう。以下同じ。）を総合的かつ計画的に推進するものとする。
2　市は、市民等が文化芸術都市を創造していく担い手であることを認識し、その自主性を尊重しつつ、市民等に対する支援を行うものとする。

（市民等の相互理解等）
第5条　市民等は、自らが文化芸術都市を創造していく担い手であることに鑑み、相互に理解し、尊重し、協力し、及び支援するよう努めるものとする。

（文化芸術都市の創造のための計画）
第6条　市長は、文化芸術都市の創造に関する施策を総合的かつ計画的に実施するため、文化芸術都市の創造のための計画を策定するものとする。
2　市長は、前項の計画の策定及びその変更に当たっては、その趣旨、内容その他必要な事項を公表し、広く市民等の意見を求めなければならない。

（文化芸術都市の創造に関する施策）
第7条　市は、文化芸術都市の創造のために必要な文化芸術活動を促進するため、文化芸術活動を行う者及びこれらの者を支えるボランティアの育成、交流の機会の提供その他の必要な支援を行うものとする。
2　市は、文化芸術に対する子どもの感性を高めるため、文化芸術に関する教育の充実、子どもが行う文化芸術活動に対する支援その他の必要な施策を講じるものとする。
3　市は、伝統的又は民俗的な文化芸術の継承及び発展に資するため、後継者の育成、確保、支援その他の必要な施策を講じるものとする。
4　市は、市民等の文化芸術に対する理解及び関心を深めるため、市民等が文化芸術を鑑賞し、又は文化芸術活動に参加する機会の充実を図り、これらの機会に関する情報の収集及び提供その他の必要な環境の整備を行うものとする。
5　市は、地域に根ざした文化芸術に関する資源の発掘、保護、活用その他の必要な援助を行うものとする。
6　市は、市民等に対し、多様な文化芸術に触れる機会を提供するため、様々な文化芸術に関する施策の連携その他の必要な施策を展開し、及び充実するものとする。
7　市は、文化芸術活動の場となる施設の充実を図るため、当該施設における文化芸術活動を行いやすくするための機能の充実その他の必要な環境の整備等を行うものとする。

8　市は、前各項に定める施策の実施に当たっては、関係団体等との連携に努めるとともに、地域経済の活性化と産業の振興に配慮するものとする。
(他の施策における配慮)
第8条　市は、市が行う他の施策の推進においても、文化芸術都市の創造に資するように配慮するものとする。
(財政上の措置)
第9条　市は、文化芸術都市の創造に関する施策の実施のため、必要な財政上の措置を講じるものとする。
(審議会の設置)
第10条　第6条第1項の計画の策定及び文化芸術都市の創造に関する施策について、市長の諮問に応じ調査審議するため、さいたま市文化芸術都市創造審議会(以下この条において「審議会」という。)を置く。
2　審議会は、委員10人以内で組織する。
3　委員は、次に掲げる者のうちから市長が委嘱する。
(1)　学識経験を有する者
(2)　公募による市民等(次号に掲げる者を除く。)
(3)　市内において、事業活動を行う者又は文化芸術活動を行う者
4　委員の任期は、2年とする。ただし、再任を妨げない。
5　委員が欠けた場合の補欠の委員の任期は、前任者の残任期間とする。
6　第2項の委員のほか、特別の事項を調査審議するため必要があるときは、審議会に臨時委員を置くことができる。
7　審議会は、第1項の規定による調査審議に当たっては、次条の意見を交換するための場における当該意見について必要な配慮をするものとする。
(施策の効果的な推進のための意見交換)
第11条　市は、文化芸術都市の創造に関する施策の効果的な推進を図るため、市、市民等及び文化芸術に関する専門的な知識又は経験を有する者が相互に意見を交換するための場を設けるものとする。
(委任)
第12条　この条例の施行に関し必要な事項は、市長が別に定める。

　　　　　　　　　　　　　　　附　　則

この条例は、平成24年4月1日から施行する。

文化条例項目別一覧表

【表の見方】
文化条例を名称、対象領域・定義等、目的、文化法の基本原則、基本計画等、個別の施策、その他の項目別に整理した。
右欄や各項目の※で筆者のコメントをつけた。
各条項の条文を引用した場合は「○○○」とした。

・項目欄を灰色に着色
文化芸術振興基本法をほぼ踏襲したと考えられる個々の項目欄を灰色に着色した。
※灰色に着色した数は、表1-6（文化芸術振興基本法をほぼ踏襲したと考えられる文化条例の数）で数えた個数と一致する。

・条項を太字、もしくは項目欄を網掛け
文化芸術振興基本法を引き写しせず、定義等、基本原則、推進体制、他分野への活用等で独自の工夫をした各条項を太字とした。文化芸術振興基本法制定後は項目欄も網掛けした。
※太字とした各条項の数（国の振興基本法制定後）は、表1-7（独自の工夫をする文化条例）で数えた個数と一致する。

254　第4編　文化条例研究資料

文化条例項目別一覧表

制定年	名称	条例の対象領域・定義	目的	文化法の基本原則	基本計画等
1975 (S50)	釧路市文化振興条例	市民文化、社会教育(1) 定義(2) 「文化　芸術（音楽、美術、文学、芸能）及び科学（自然科学、人文科学）をいう。」(2①)	「市民文化及び社会教育の育成と向上を図ること」(1)	なし	なし
1982 (S57)	秋田市文化振興条例	対象(2) 「芸術、学術および広く市民の文化向上のための諸活動」(2)	「市民の文化の育成と向上を図り本市の文化の振興に資すること」(1)	なし	文化振興基本方針(5)
1983 (S58)	東京都文化振興条例	「文化活動」(5、8) 「芸術文化」(6) 「伝統的文化」(7)	「都民生活の向上に資すること」(1)	基本原則(2) 「都民が文化の担い手であることを認識し、その自主性と創造性を最大限に尊重」(2①) 「都は…文化内容に介入し、又は干渉することのないよう十分留意」(2②)	「文化の振興を図るための施策の体系を明らかにする」(3)
2006 (H18)	東京都文化振興条例改正	同上	同上	同上	同上
1984 (S59)	津市文化振興	対象(2) 「芸術、学術お	市民生活の向上に資すること	基本原則(3) 「市民が文化の担い手	「文化の振興を図るた

文化条例項目別一覧表　255

個別の施策	推進体制	コメント
助成、後援(3) 表彰及び買上げ(4)	なし	阿寒町との合併に伴い、2005（H17）に同一内容で改めて制定。2013（H25）に釧路市文化芸術振興基本条例が新しく制定され、本条例は廃止されたが、日本初の文化条例であることから、本表では残した。
表彰および助成(6) 表彰および助成の決定および取消し(7)	文化振興審議会(4)	
芸術文化の振興(6) 伝統的文化の保存、継承及び活用(7) 自主的文化活動の推進(8) 生涯学習の機会及び場の提供(9) 青少年のための施策(10) 行事の実施(11) 文化情報の収集および提供(12) 顕彰(13) 文化の視点にたったまちづくり(14) 文化施設の整備等(15) 国際文化交流の推進(16)	なし	都市空間そのものが文化の表現であり、文化創造の場であるという視点にたって、まちづくりに関する施策を推進するよう努めるものとする（14①）と規定し、都市空間を文化創造の場と捉える視点がある。
同上	東京芸術文化評議会(17) 「評議会は、文化振興に関し識見を有する者のうちから、知事が任命する評議員十五人以内をもって組織する。」(17⑤)	
文化振興のための施策(5) 文化環境の整備(6)	文化振興審議会の設置等（7、8）	東京都［1983］と類似しつつも、文化法の基本原則は後

制定年	名称	条例の対象領域・定義	目的	文化法の基本原則	基本計画等
	条例（旧）	「よび広く市民の文化向上のための諸活動」(2)	(1)	であることを認識し、その自主性と創造性を最大限に尊重」(3)	めの方針を明らかにする」(4①)
1984 (S59)	安土町文化振興条例				
1985 (S60)	横須賀市文化振興条例	「文化が市民生活そのもの」（前文）「自主的文化活動」（5Ⅱ、8）芸術文化活動(5Ⅲ)	「市民と市が一体となって推進する文化の創造と振興に関する基本事項を定めること」(1)	条例の運用(8)「文化の担い手である市民の自主的な文化活動が損なわれることのないよう努めなければならない」(8)	なし
2007 (H19)	横須賀市文化振興条例改正	「芸術、伝統芸能、生活文化等」(5)「歴史、文化的遺産及び伝統的文化」(6)「市民の文化活動」(7)「景観」(11)	「心豊かで潤いと活力ある地域社会の実現に寄与すること」(1)	基本理念(2)「市民の自主性及び創造性が尊重」(2①)「多様な文化の保護」(2③)「市民の意見が反映」(2⑦)	「文化の振興を図るための施策の体系を明らかにする」(4②)
1986 (S61)	江戸川区文化振興条例	「区民の文化活動（スポーツを含む。）」(3)	「人間性豊かな地域社会の形成と区民生活の充実及び向上に資すること」(1)	なし	なし
1988 (S63)	熊本県文化振興基本条例	「地域の歴史的文化資産」（5②Ⅱ）「県民の文化活動」（5②Ⅲ）	「文化振興に関する県の責務を明らかにするとともに、文化振興に関する県の施策の基本となる事項を定める」(1)	県民との関係(3)「県民の自主性と創造性が発揮」(3)	文化振興基本方針(5)

個別の施策	推進体制	コメント
表彰及び助成(9)		退、基本計画等は発展させた。対象という見出しの条項を置く(2)
		2010年3月近江八幡市への合併により廃止
文化活動の場づくり(4) 文化活動の機会づくり(5) 市民文化資産の指定等(6)	審議会(7)	
芸術等の振興(5) 地域文化の振興(6) 市民の文化活動の充実(7) 文化による交流の推進(8) 人材の育成(9) 文化活動の場の充実(10) 景観の保全及び形成(11) 市民文化資産の指定等(12)	審議会(13)	基本計画等は、東京都[1983]にならう。個別の施策を充実させ、努力義務規定であるが景観の保全及び形成の規定を置く。
施策の展開(2) 援助等(3) 顕彰(4) 国際文化交流(5)	なし	
援助等(6) 顕彰(7)	基金の設置等財政上の措置の努力義務(8) 熊本県文化振興審議会（9、10) 「委員は、文化に関し識見を有する者のうちから知事が任命する。」(10②)	

258　第4編　文化条例研究資料

制定年	名称	条例の対象領域・定義	目的	文化法の基本原則	基本計画等
1993 (H5)	様似町文化振興条例	「芸術文化」(6) 「伝統的文化」(7) 高山植物の紹介及び調査研究(8) 「町民の自主的な文化活動」(9)	「町民生活の向上に資すること」(1)	基本原則(2) 「文化の担い手が町民であることを認識し、自主性と創造性が発揮」(2)	なし
1994 (H6)	北海道文化振興条例	「文化活動」(6②) 「歴史的文化遺産」(6②Ⅵ) 「文化の概念は生活全般にかかわるもの」(前文)と定義。	「文化振興に関する道の責務を明らかにするとともに、文化振興に関する道の施策の基本を定める」(1)	「一人一人がひとしく豊かな文化的環境の中で暮らす権利」(前文) 施策における配慮(3) 「文化の担い手が道民であることを認識し、道民の文化活動が自主的かつ創造的に行われるよう配慮」(3)	文化振興指針(第2章、6)
1995 (H7)	矢吹町文化・スポーツ振興条例	「文化とスポーツ」(1) 定義(2) 「文化とは人間が一定の目的にしたがって自然に働きかけ、生活を充実・発展させることをいう。また、その過程で作り出されたものをいう。」(2①)	「町民の健康増進と生活の向上に資すること」(1)	基本原則(3) 「町民が文化・スポーツの担い手であることを認識し、その自主性と創造性を最大限に尊重」(3)	なし
1996 (H8)	富山県民文化条例	「芸術文化」(9) 「伝統文化」(10) 「生活文化等」(11)	「ゆとりと豊かさが実感できる県民生活の形成に資すること」(1)	基本理念(2) 「文化の担い手が一人一人の県民であることにかんがみ、県民の自由な文化活動が尊重」	県民文化計画の策定(8)

文化条例項目別一覧表　259

個別の施策	推進体制	コメント
芸術文化の振興(6) 伝統的文化の保存、継承及び活用(7) 高山植物の紹介及び調査研究(8) 自主的文化活動の推進(9) 生涯学習の機会及び場の提供(10) 青少年のための施策(11) 行事の実施(12) 文化情報の収集および提供(13) 顕彰(14) 文化の視点にたったまちづくり(15) 文化施設の整備(16) 美術品等の収集(17)	文化振興審議会（第3章、18、19） 「委員は、文化に関し識見を有する者のうちから町長が委嘱する。」(19②)	「町は、地表空間そのものが文化の表現であり、文化創造の場であるという視点にたって、まちづくりに関する施策を推進するよう努めるものとする」(15①)とし、東京都[1983]と同様の規定を置く。東京都と類似し、文化法の基本原則は後退させたが、推進体制を置いた。
民間団体等及び市町村に対する援助等(7) 民間団体等の支援活動の促進(8) 顕彰(9)	北海道文化基金（第4章、10-16） 北海道文化審議会（第5章、17-23） 「委員及び特別委員は、学識経験を有する者のうちから、知事が任命する。」(20①)	熊本県[1988]に類似する。「一人一人がひとしく豊かな文化的環境の中で暮らす権利を有する」と前文で文化権の社会権的側面を明記、北海道文化基金を設置する（10-16）など発展させた。
文化環境の整備(5) スポーツ環境の整備(6)	なし	文化とスポーツを併記した点に特色がある。
芸術文化の振興(9) 伝統文化の振興(10) 生活文化等の振興(11) 国際文化交流及び環日本海文化交流の推進(12)	財政措置等（第3節、20-23） 基金の設置その他の財政上の措置の努力義務(20)	①基本理念の明示②財政上の措置③文化計画の策定④審議会における住民の制作策定への参加を盛り込んでいることから、根木(2003)は都道府

制定年	名称	条例の対象領域・定義	目的	文化法の基本原則	基本計画等
				（2②） 施策の策定及び実施に係る基本方針(7) 県民の自主性及び創造性が発揮(7)	
1997 (H9)	出雲市文化のまちづくり条例	「文化財」(5) 「芸術文化」(6) 「科学技術」(7)	「真に心豊かなふるさと出雲の創造に資すること」(1) ※「文化のまちづくりに関する基本的事項を定める」(1)との記載に特色。	なし	なし
1997 (H9)	太宰府市文化振興条例	「市民文化」(前文、6) 「市民の文化活動」(2) 「文化は人々が豊かで、安らかな人間らしい生活を求めて行うあらゆる活動から生まれるもの」(前文)と定義。	「市民が自ら取り組む新しい市民文化の創造に寄与すること」(1)	「行政は市民の文化活動に介入することなく、広くその活動を支援し、そのための必要な条件を整備するという任務を負っている」(前文)	なし
2001 (H13)	文化芸術振興基本法	「文化芸術活動」(1、2) 「芸術」(8) 「メディア芸術」(9) 「伝統芸能」(10) 「芸能」(11)	「心豊かな国民生活及び活力ある社会の実現に寄与すること」(1)	基本理念(2) 「文化芸術活動を行う者の自主性が十分に尊重」(2①) 「文化芸術活動を行う者の創造性が十分に尊重」(2②) 「文化芸術を創造し、	基本方針(7) 「文化審議会の意見を聴いて基本方針の案を作成」(7③)

文化条例項目別一覧表　261

個別の施策	推進体制	コメント
文化活動担い手の育成(13) 文化活動の場の整備(14) 文化交流の促進及び連携(15) 文化交流を支える条件の整備(16) 文化性の導入等(17) 情報の収集および提供(18) 文化に関する産業の振興等(19) 援助(21) 調査研究(22) 顕彰(23)	富山県文化審議会（第3章、24、25）「委員は、学識経験のある者のうちから、富山県教育委員会の意見を聴いて、知事が任命する。」(25②)	県レベルのモデル型の典型例とする。 しかし、①基本理念は、東京都［1983］より後退し、文化権の明記（北海道［1994］）もない。②財政上の措置についても、文化基金設置（北海道）の規定がない。総じて制定後の文化政策に影響を与える視点がない。
文化財の保存・活用(5) 芸術文化の創造・発展(6) 科学技術の振興(7) 生涯学習の推進(8) 人材の育成(9) ※文化財が芸術文化より前におかれている点が特色。	出雲芸術文化振興会議等の設置(10)	名称に『文化のまちづくり』を掲げた点、対象に科学技術を加えた点などに特色。2005年21世紀出雲芸術の振興条例の制定により廃止された。名称、内容等が大幅に変更され、新条例が制定されていることから、2005年の欄に別途掲載した。
地域的特性への配慮(6) 生涯学習との関連(7) 国立博物館との関連(8) 人材の確保(9) 文化活動の拠点(10)	文化振興審議会(12)	行政の文化化(4)、人権の尊重(5)、「市は、総合計画の策定及び実施に当たっては、市民生活に直結する文化振興の視点を根底に置くものとする」(11)の3条項に特色がある。
芸術の振興(8) メディア芸術の振興(9) 伝統芸能の継承及び発展(10) 芸能の振興(11) 生活文化、国民娯楽及び出版物等の普及(12) 文化財等の保存及び活用(13) 地域における文化芸術の振興(14)	法制上の措置等(6) 関係機関等の連携等(34) 政策形成への民意の反映等(34)	その後の文化条例に大きな影響を与えた。

制定年	名称	条例の対象領域・定義	目的	文化法の基本原則	基本計画等
		「生活文化」（12） 「文化財等」（13）		享受することが人々の生まれながらの権利であることにかんがみ…、国民が…文化芸術を鑑賞し、これに参加し、又はこれを創造することはできるような環境の整備」（2③） 「多様な文化芸術の保護及び発展」（2⑤） 「国民の意見が反映されるよう十分配慮」（2⑧）	
2001 (H13)	苫小牧市民文化芸術振興条例	「文化芸術活動」（2、4、6②） 「地域の歴史的文化遺産」（6②Ⅱ） 「文化芸術」（6②）	「文化の薫り高く潤いのある市民生活の形成に資すること」（1）	基本理念(2) 「文化芸術活動を行う者の自主性及び創造性が尊重」（2①） 「市民の幅広い文化的利益の享受及び文化芸術活動への参加」（2②） 「表現の自由を保障、多様な文化芸術の保護及び発展」（2③） 市の責務(3) **「市は…文化芸術の内容に介入し、又は干渉**	基本方針(6)

個別の施策	推進体制	コメント
国際交流等の推進(15) 芸術家等の養成及び確保(16) 文化芸術に係る教育研究機関等の整備(17) 国語についての理解(18) 日本語教育の充実(19) 著作権等の保護及び利用(20) 国民の鑑賞等の機会の充実(21) 高齢者、障害者等の文化芸術活動の充実(22) 青少年の文化芸術活動の充実(23) 学校教育における文化芸術活動の充実(24) 劇場、音楽堂等の充実(25) 美術館、博物館、図書館等の充実(26) 地域における文化芸術活動の場の充実(27) 公共の建物等の建築に当たっての配慮(28) 情報通信技術の活用の推進(29) 地方公共団体及び民間の団体等への情報提供等(30) 民間の支援活動の活性化等(31) 顕彰(33)		
民間団体等に対する援助等(7) 民間団体等の支援活動の促進(8) 顕彰(9)	財政上の措置の努力義務(5) 苫小牧市民文化芸術審議会(第4章、10-16) 「委員及び臨時委員は、学識経験を有する者のうちから、市長が委嘱する。」(13①)	文化芸術振興基本法の影響を受けている。根木(2003)は、中核市及び市区町に通ずるモデル型とする。 同日に苫小牧市民文化芸術振興基金条例を公布。 議員立法で制定。

制定年	名称	条例の対象領域・定義	目的	文化法の基本原則	基本計画等
				することのないよう十分留意」（3④）	
2002 (H14)	四日市市文化振興条例	「文化活動」（2①、4）「伝統文化」（4Ⅲ）	「文化を活かした個性豊かな地域づくりを行うこと」(1)	なし	文化振興ビジョン(6)
2002 (H14)	目黒区芸術文化振興条例	芸術文化(5)「伝統文化」(6)	「地域における芸術文化振興を図ること」(1)	基本理念(2)「文化芸術活動を行う者の自主性及び創造性を十分に尊重」（2②）	芸術文化振興のための計画(4)「区長は、前項の計画を策定するときは、あらかじめ区民の意見を反映させるため、適切な措置を講じなければならない。」（4②）
2002 (H14)	春日井市文化振興基本条例	「文化活動」（3③、4、5）地域文化財(10)	「心豊かな市民生活の向上に寄与すること」(1)	基本理念(3)「市民一人ひとりが文化の担い手であることを認識し、その自主性及び創造性が十分に尊重」（3①）「文化を創造し、享受することが人の生まれながらの権利であることを考慮し、すべての市民が文化活動を行うことができるような環境整備」（3③）	基本計画の策定(8)「市長は、基本計画の策定に当たっては、広く市民の意見を反映するための必要な措置を講ずるものとする。」（8②）

個別の施策	推進体制	コメント
援助(8) 顕彰(9)	財政措置等(5) 財政上の措置、四日市市文化振興基金条例に基づく文化振興基金の有効な活用の努力義務(5) 文化振興審議会(7)	議員立法で制定。
芸術文化振興のための条件整備(5) 伝統文化の保存等(6) 芸術文化の担い手の育成(7) 高齢者、障害者等のための芸術文化の振興(8) 青少年のための芸術文化の振興(9) 国の内外との芸術文化交流(10) 顕彰(11)	なし	文化芸術振興基本法制定後に、「文化芸術」でなく「芸術文化」という言葉が使われている点に特色がある。
文化活動の場の充実(9) 地域文化財の保存及び活用(10) 芸術家等の養成(11) 青少年の文化活動の充実(12) 情報通信技術の活用の推進(13) 市民メセナ活動の推進(14) 市民メセナ活動の支援(15) 顕彰及び助成(16)	なし	文化芸術振興基本法の影響を受けている。 しかし、芸術家等の定義規定をおいたこと(2)、文化活動の場の充実(9)、芸術家等の養成(11)の条項をいずれも措置義務規定として置いたこと、努力義務規定であるもののメセナ活動の規定を置いたこと(14、15)に特色がある。

制定年	名称	条例の対象領域・定義	目的	文化法の基本原則	基本計画等
				「多彩な分野及び多様な水準にわたる文化の保護並びに発展」（3④） 「広く市民の意見が反映」（3⑤）	
2002 (H14)	気仙沼市文化振興条例	「文化芸術活動」（2②、3①） 「芸術」（6Ⅰ） 「生活文化、国民娯楽」（6Ⅱ） 「伝統芸能」（6Ⅲ） 「文化財」（6Ⅳ） 「メディア芸術」（6Ⅴ）	「市民生活の形成及び活力ある社会の実現に寄与すること」(1)	基本理念(2) 「文化芸術を創造し、享受することが人々の生まれながらの権利であることから、市民が等しく文化芸術を鑑賞し、これに参加し、又は創造することができるような環境の整備」（2①） 「文化芸術活動は市民が主体であることから、その自主性及び創造性が十分に尊重」（2②） 「広く市民の意見が反映」（2③） 「多様な文化芸術の保護」（2④）	基本方針(5)
2002 (H14)	牛久市文化芸術振興条例	市民の自主的な文化芸術活動（3、4②） 「地域の伝統的な文化芸術」（4②Ⅳ） 「地域の歴史的文化遺産」（4②Ⅴ）	「心豊かな市民生活の形成に資すること」(1)	市の責務(2) 「広く市民の意見を反映」（2②）	文化芸術振興施策の基本方針(4)

文化条例項目別一覧表　267

個別の施策	推進体制	コメント
文化芸術の振興(6) 市民の鑑賞等の機会の充実(7) 環境の整備等(8) 学校等における青少年の文化芸術活動の充実(9) 国際交流等の推進(10) 人材の育成及び確保(11) 著作権等の保護及び利用(12) 公共施設の充実等(13) 公共施設等の建築に当たっての配慮(14) 民間の団体等への情報提供等(15)	関係機関等との連携(16) 政策形成への民意の反映等(17) 総合的な調整等のための体制の整備(18)	条例の名称以外、文化芸術振興基本法の影響を受けている。しかも、推進体制の規定が、いずれも抽象的で不十分である。
市民の文化芸術活動等に対する援助(3)	文化芸術振興審議会(5-12) 所管事項(6) 「基本方針策定のための調査審議及び答申」(6Ⅰ) 「委員及び臨時委員は、市民及び学識経験を有する者のうちから、市長が委嘱する。」(7②)	文化芸術振興基本法の影響を大きく受けている。財政上の措置に関する規定がない。とはいえ、文化芸術振興審議会の所管事項に基本方針を明記したこと(6Ⅰ)、委員に市民を入れたこと(7③)が、いずれも文化条例で初めてである点は評価される。

制定年	名称	条例の対象領域・定義	目的	文化法の基本原則	基本計画等
2003 (H15)	松本市文化芸術振興条例	「文化芸術活動」（2⑤、3①、4②、8Ⅱ） 「文化財」（8Ⅳ）	「心豊かな市民生活及び活力ある社会の実現を図ること」(1)	基本理念(2) 「文化芸術活動を行う者の自主性及び創造性が十分に尊重」（2①） 「文化芸術を創造し、享受することが人の生まれながらの権利であることにかんがみ、市民が等しく文化芸術を創造し、享受することができるような環境の整備」（2②） 「多様な文化芸術の保護及び発展」（2③） 「文化芸術活動を行う者その他広く市民の意見が反映」（2⑤）	基本方針(7) 市長は、基本方針策定するに当たっては、あらかじめ文化芸術活動を行う者その他広く市民の意見を聴くために必要な措置を講ずるとともに、松本市文化芸術振興審議会の意見を聴かねばならない（7②）
2003 (H15)	鳥取県文化芸術振興条例	「文化芸術活動」(7-10) 「伝統的な芸能」(13) 「文化財」(14)	「心豊かで潤いのある県民生活及び個性豊かで活力ある社会の実現に寄与すること」(1)	基本理念(2) 「県民一人一人が身近に文化芸術に触れ、かつ親しむことができるような環境の整備」（2①） 「県民一人一人の自主性及び創造性が尊重」（2②） 「多様な文化芸術の保護及び発展」（2③） 意見の反映等(5) 「文化芸術に関する活動を行う者その他の県民の意見を十分に反映」（5①）	なし

文化条例項目別一覧表　269

個別の施策	推進体制	コメント
文化芸術の振興に関する基本施策(8) 青少年の文化芸術活動の充実（8①） 学校教育における文化芸術活動の充実（8②） 文化芸術に係る国際的な交流の促進（8③） 文化財の保護及び活用（8④） 前各号に掲げるもののほか、文化芸術の振興（8⑤）	財政上の措置の努力義務(5) 文化芸術振興審議会(9-12) 「委員は、次に掲げる者のうちから、市長が任命する。 (1)文化芸術活動を行う者の代表 (2)学識経験者(3)その他市長が特に必要と認める者」(10②)	文化芸術振興基本法の影響を大きく受けている。財政上の措置を努力義務規定とする。
県民の観賞等の機会の充実(6) 文化芸術活動の充実及び担い手の育成(7) 高齢者等の文化芸術活動の充実(8) 子どもの文化芸術活動の充実(9) 学校教育における文化活動の充実(10) 文化芸術交流の推進(11) 文化芸術施設の充実(12) 伝統的な芸能等の継承及び発展(13) 文化財の保存及び活用(14) 顕彰(16)	その他の支援等(15) 財政上の支援等の措置義務(15) 鳥取県文化芸術振興審議会(17-21) 「委員は、学識経験を有する者のうちから、知事が任命する。」(19①)	文化芸術振興基本法制定後最初の都道府県条例である。文化芸術振興基本法の影響を受けている。基本計画の策定義務がない。財政上の支援等の措置義務規定を置くが、文化振興のための基金が設置されず実効性が担保されていない。

制定年	名称	条例の対象領域・定義	目的	文化法の基本原則	基本計画等
2003 (H15)	富士河口湖町心豊かな文化の町づくり振興条例	「町民の文化活動」（2Ⅲ）「地域の歴史的文化資産」（2Ⅳ）	「潤いと活力のある町づくりに寄与すること」(1)	なし	なし
2003 (H15)	千代田区文化芸術基本条例	「文化芸術活動」（3②、5）	「文化芸術を通じて豊かな区の未来を拓くこと」(1)	基本理念(2)「すべての人々の文化芸術を創造し、享受する権利を尊重」（2①）区の責務(3)「区民の文化芸術活動が自主的かつ創造的に行われるよう配慮」（3②）	文化芸術振興のための計画(6)
2003 (H15)	福島県文化振興条例	「文化活動」（4、7②）「伝統文化」（7②Ⅳ）「生活文化」（7②Ⅴ）	「県民福祉の向上に資すること」(1)	基本理念(2)「県民一人ひとりが文化の担い手であることを認識し、県民が文化活動を行うに当たっては、その自主性及び創造性が最大限に発揮」（2①）「文化活動を行う者及び県民の意見が反映」（2⑤）	文化振興基本計画（第2章、7）「知事は、文化振興計画を定めようとするときは、あらかじめ、福島県文化振興審議会の意見を聴かなければならない。」（7③）
2003 (H15)	大阪市芸術文化振興条例	定義(2)「芸術文化 音楽、演劇、舞踏、美術、写真、映像、文	「芸術文化都市大阪の創造に寄与すること」(1)	基本理念(3)「市民及び芸術家の自主性が十分に尊重」（3Ⅰ）「市民が芸術家の活力	文化振興計画の策定(5)「市長は、文化振興計

文化条例項目別一覧表　271

個別の施策	推進体制	コメント
事業(2) 援助等(3) 顕彰(4)	審査会（5-9） 「審査会は、委員15人以内をもって組織し、町内の学識経験者を有する者の中から町長がこれを委嘱する。」(6)	
重点目標(7) 顕彰(8)	なし	文化法の基本原則で文化権の自然権的記述を外す規定を初めておいた点に特色がある。
なし	福島県文化振興審議会（第3章、8-10） 「委員は、学識経験を有する者その他知事が適当と認める者のうちから、知事が任命する。」(9②) 財政上の措置の努力義務(11)	文化芸術振興基本法制定後二番目の都道府県条例である。文化芸術振興基本法を踏襲し基本原則をないがしろにした基本理念を定める。基本計画を作成し、審議会も設置する。財政上の措置は努力義務規定である。
市民が芸術環境に親しむ環境の整備(6) 地域における活動の活性化(7) 芸術文化創造のための措置(8) 青少年のための措置(9)	施策の推進のための措置(12)	「国際化がますます進展し、都市と都市とがその魅力を競い合う時代において、長期的な視点に立って芸術文化を振興…都市として魅力あふれる

制定年	名称	条例の対象領域・定義	目的	文化法の基本原則	基本計画等
		学、文楽、能楽、歌舞伎、茶道、華道、書道その他の芸術に関する文化をいう。」（2Ⅰ） 「芸術活動 芸術作品を創作し、発表することをいう。」（2Ⅱ）		及び創意を尊重」（3Ⅲ） 「多種多様な芸術文化の保護及び発展」（3Ⅴ）	画を策定しようとするときは、あらかじめ大阪府市文化振興会議の意見を聴かなければならない。（4②）
2003 （H15）	大分県文化振興条例	「芸術、メディア芸術等の創造的な芸術活動、卓越した芸術文化」（8） 「伝統芸能、文化財、地域の祭り等の先人から受け継がれてきた伝統文化」（9） 「生活文化、国民娯楽、芸能、出版物等の日常生活に喜びや潤いを与える文化活動」（10）	「心豊かで活力ある県民生活の実現に寄与すること」（1）	基本理念（2） 「文化の担い手が一人ひとりの県民であることを認識し、県民の主体的な参加による自由な発想と文化活動を尊重」（2②） 施策の策定及び実施（6） 「県民の自主性及び創造性が発揮されるよう十分配慮」（6）	文化振興基本方針（7） 「県は、文化振興基本方針を定めようとするときは、あらかじめ、大分県文化振興県民会議の意見を聴かなければならない。」（7③）
2004 （H16）	宮城県文化芸	「文化芸術活動」（2⑤、3④）	「心豊かな県民生活及び活力あ	基本理念（2） 「県民一人一人の自主	文化芸術振興ビジョ

個別の施策	推進体制	コメント
伝統的な芸術文化の保護及び継承(10) 顕彰(11)		「芸術文化都市」を創造する…「芸術文化都市」の創造を目指すことを決意」と前文で、都市の創造を明確にする他、条項で芸術家、アートマネージャー等の育成(7)を明記した点に特色。前文、目的等に積極的に創造都市的政策を掲げる最初のきっかけとなった文化条例。また、「芸術文化」と「芸術活動」の両者の定義規定を初めておいた。文化芸術振興基本法に追随して「文化芸術」とせず、「芸術文化」とした点も画期的である。 一方、推進体制に関しては、審議会の設置や財政的措置に関する規定がない点で不十分となっている。
芸術文化の振興(8) 伝統文化の振興(9) 生活文化等の振興(10) 文化活動担い手の育成(11) 文化活動に接する機会の提供(12) 情報の収集及び提供(13) 文化活動の場の充実(14) 連携の促進(15) 文化による地域づくり(16) 国際文化交流の推進(17) 文化情報の発信(18) 民間団体等の支援活動の促進(19) 文化的な環境の整備(20) 顕彰(22)	**財政上の措置の措置義務(21)** 大分県文化振興県民会議(第4章、23、24) 「委員及び特別委員は、学識経験を有する者のうちから、知事が任命する。」(24③)	文化芸術振興基本法制定後三つ目の都道府県条例である。文化芸術振興基本法の影響を受けながらも、条例の対象領域を「芸術文化」とする点、文化による地域づくり(16)、財政上の措置の措置義務(21)の規定を置く点に特色がある。
第1節 文化芸術の振興 芸術及び芸能の振興(5)	推進体制の整備(23)	文化芸術振興基本法の影響を大きく受けている。目的規定

制定年	名称	条例の対象領域・定義	目的	文化法の基本原則	基本計画等
	術振興条例	芸術及び芸能(5) 「生活文化」(6) 「伝統文化」(7)	る社会の実現に寄与すること」(1)	性及び創造性が尊重、多様な文化芸術の保護及び発展」(2①) 「文化芸術を創造し、享受することが県民の権利であることにかんがみ、県民が等しく文化芸術を鑑賞し、これに参加し、又はこれを創造することができるよう環境の整備」(2②) 「県民の意見が反映」(2⑤)	ン（第2章、4） 「県は、文化芸術振興ビジョンを定めるに当たっては、あらかじめ、宮城県文化芸術振興審議会の意見を聴くとともに、議会の議決を経なければならない。」(4④)
2004 (H16)	つくば市文化芸術振興基本条例	「文化芸術活動」(1、2)	「心豊かで活力のある市民生活の実現に寄与すること」(1)	基本理念(2) 「文化芸術活動を行う者の自主性及び創造性が十分に尊重」(2①) 「文化芸術活動が活発に行われるような環境を醸成」(2②) 「多様な文化芸術の保護及び発展」(2③) 「市民により主体的に文化芸術活動が行われるよう配慮するとともに、つくば市の歴史、	基本方針(4) 「市長は、基本方針の策定に民意を反映し、その過程の公正性及び透明性を確保するため、広く市民に意見を求め、これを十分考慮

個別の施策	推進体制	コメント
生活文化の振興(6) 伝統文化の継承及び発展(7) 第2節　文化芸術による地域づくり 文化芸術による地域づくり(8) 文化活動担い手の育成(9) 学校教育における文化芸術活動の充(10) 青少年の文化芸術活動の充実(11) 高齢者、障害者等の文化芸術活動の充実(12) 文化芸術交流の推進(13) 文化芸術情報の発信(14) 文化芸術に関する産業の振興(15) 公共の建築物の建築に当たっての配慮(16) 第3節　文化芸術に関する諸条件の整備 文化芸術に接する機会の充実(17) 文化芸術施設の充実及び活用(18) 情報の収集及び提供(19) 情報通信技術の活用の推進(20) 市町村及び民間団体等に対する援助(21) メセナ活動の推進(22) 顕彰(25)	**財政上の措置等(24)** **財政上の措置の措置義務、文化振興基金の有効な活用(24)** 宮城県文化芸術振興審議会（第4章、26-31) 「審議会は、知事が任命する委員二十人以内で組織する。」(27)	は大分県とほぼ同一である。自然権的記述を外し、文化権の権利性に言及している点、個別の施策で、文化芸術による地域づくり(8)、文化芸術に関する産業の振興努力義務規定(15)、メセナ活動の推進の規定を置いた点、財政上の措置の措置義務規定を置き、文化振興基金の活用に触れている点に特色がある。議員立法。 ※「県は、県民の文化芸術活動の促進に資する文化芸術に関する地域産業の振興に努めるとともに、当該産業による地域文化の形成の奨励に努めるものとする」(15)
文化芸術の振興に関する施策(5) 顕彰(6)	つくば市文化芸術振興審議会（第4章、7-13) 「委員は、文化芸術に関し優れた識見を有する者のうちから市長が任命する。」(10②)	文化芸術振興基本法の影響を大きく受けている。 財政上の措置の努力義務規定がない。

制定年	名称	条例の対象領域・定義	目的	文化法の基本原則	基本計画等
				風土等を反映した特色ある文化芸術の発展」（2④） 「文化芸術活動を行う者その他市民の意見が広く反映」（2⑤）	したうえで策定を行う仕組みの活用等を図るものとする。」（4④）
2004 (H16)	三笠市民文化芸術振興条例	「文化芸術活動」（2、5②） 「地域の歴史的文化遺産」（5②）	「心豊かな市民生活及び活力ある社会の実現に寄与すること」（1）	基本理念(2) 「文化芸術活動を行う者の自主性及び創造性が十分に尊重」（2①） 「文化芸術を創造し、享受することが人々の生まれながらの権利であることから、市民が等しく文化芸術を鑑賞し、これに参加し、又はこれを創造することができるような環境の整備」（2②） 「市の歴史、風土等を反映した特色ある文化芸術をはじめとする多様な文化芸術の保護、発展、創造」（2③） 市の責務(3) 「広く市民の意見を反映」（3②）	基本方針(5) 「文化芸術性に配慮したまちづくりの推進に関すること」（5②Ⅶ） 「市長は、基本方針を定めるときは、第7条に規定する三笠市民文化芸術審議会に諮問しなければならない。」（5③）
2004 (H16)	立川市文化芸術のまちづくり条例	「文化芸術に関する活動」（1、5）	「新たな立川文化の創造と振興に寄与すること」（1）	基本方針(2) 「広く市民が文化芸術を鑑賞し、参加し、創造することのできる環境の整備」（2①） 「市民の自主性及び創造性を尊重」（2②）	必要な方策を立てる努力義務(5)

文化条例項目別一覧表　277

個別の施策	推進体制	コメント
民間団体等に対する援助(6)	財政上の措置の努力義務(4) 審議会の設置等(7-15) 「委員及び臨時委員は、学識経験を有するもののうちから、市長が委嘱する」(9③)	文化芸術振興基本法の影響を大きく受けている。 「石炭産業と農業により発展したまち」「エネルギー革命による炭鉱の閉山…まちの経済は後退を余儀なくされた」と前文で、まちの歴史を振り返っている点、基本方針(5)に文化芸術性に配慮したまちづくりの推進に関すること(5②Ⅶ)とある点に特色がある。 「炭鉱の記憶」を手がかりに地域再生に取り組むNPOが炭鉱遺産を活用したアートプロジェクトなどに取り組む。文化条例の具体化が行政に問われている。
環境の整備(6)	資金の調達(7) 資金の調達の努力義務(7①) 立川市地域づくり振興基金の有効活用(7②) 関係機関等との関係(8) 立川市文化振興推進委員会の活用	目的規定に「文化とやさしさのあるまちづくり」(1)を掲げる。 基本計画の策定が努力義務となっている(5)。

制定年	名称	条例の対象領域・定義	目的	文化法の基本原則	基本計画等
2004 (H16)	練馬区文化芸術振興条例	「文化芸術活動」（3、4、6）「地域における文化財その他の伝統文化」（7）	「区民福祉の向上に資すること」(1)	区の責務(4)「区民が行う文化芸術活動の自主性及び創造性を十分に尊重」（4①）「区民等の意見の反映」(5)「広く区民及び文化芸術団体等の意見を求め、これを十分に反映」(5)	なし
2004 (H16)	丸亀市文化振興条例	「市民等の文化活動」(2)「芸術文化活動」（4Ⅰ）「伝統的文化」（4Ⅱ）「自主的文化活動」（4Ⅲ）「文化財」(4)	「ゆとりと豊かさの満ちあふれた活力あるまちづくりに資すること」(1)	市民等の役割(3)「市民等は、自らが文化の担い手であることを認識し、自主性と創造性を活かす」（3①）	基本計画の策定(4)
2004 (H16)	川崎市文化芸術振興条例	「文化芸術活動」（1、2①、3、4）	「個性と魅力が輝き、市民が生き生きと心豊かに暮らせるまちづくりに寄与すること」	基本理念(2)「文化芸術活動を行う者の自主性及び創造性が尊重」（2①）「市民が文化芸術を鑑賞し、これに参加し、又はこれを創造するこ	文化芸術振興計画(7)「市長は、振興計画を策定しようとするとき

個別の施策	推進体制	コメント
	(8①)	
文化芸術活動の機会の充実および人材の育成(6) 伝統文化の継承および発展(7) 文化芸術に関する情報の提供等(8)	区の責務(4) 財政上の措置の努力義務（4④）	
なし	市の責務(2) 財政上の措置の努力義務（2④） 審議会の設置(5) 「市は、次に掲げる事項を調査及び審査するため、丸亀市文化振興審議会を置く。 (1)基本計画の策定及び変更に関すること。」（5①） 「委員は、次に掲げる者のうちから市長が委嘱する。 (1)学識経験者 (2)文化団体の代表者 (3)市議会議員」（5④）	「市民等は・・・自らの実践活動により、文化のまちづくりに資するものとする」（3②）との規定を置いた点、基本計画で「文化の振興による地域産業の活性化に関すること」（4⑥）に文化条例で初めて触れた点に特色がある。
文化芸術振興施策(5)	文化芸術振興施策(5) 財政上の措置の努力義務（5②） 文化アセスメント(8) 「市長は、振興計	「文化芸術は…都市生活の質を高める重要な役割を担うとともに、創造的な市民や企業を育て、持続的に発展する都市を作り出す源となるものである」と前文で、企業を射程に入れつつ、文化芸術を都市

制定年	名称	条例の対象領域・定義	目的	文化法の基本原則	基本計画等
				とができるような環境が整備」（2②） 「文化芸術の多様性を尊重し、地域で育まれてきた多様で特色ある文化芸術の保存及び活用」（2③） 「文化芸術振興基本法の第2条に定める事項が尊重」（2④）	は、川崎市文化芸術振興会議の意見を聴くとともに、市民の意見を反映させるための必要な措置を講じなければならない。」（7③）
2004 (H16)	鹿児島県文化芸術振興に関する条例	「文化芸術活動」（2①、3③） 「芸術及び芸能」（5） 「伝統文化」（6） 「生活文化」（7）	「心豊かで活力ある県民生活の実現に寄与すること」（1）	基本理念(2) 「県民一人一人の自主性及び創造性が尊重」（2②） 「県民がその居住する地域にかかわらず等しく、文化芸術を鑑賞し、これに参加し、又はこれを創造することができるような環境の整備」（2④） 「文化芸術活動を行う者その他広く県民の意見が反映」（2⑥）	文化芸術振興指針（第2章、4） 「知事は、文化芸術振興指針を定めるに当たっては、あらかじめ、鹿児島県文化芸術振興審議会の意見を聴かなければならない。」（4③）

文化条例項目別一覧表　281

個別の施策	推進体制	コメント
	画に基づく事業の成果又は経過について、川崎市文化芸術振興会議の評価を受けなければならない。」（8①） 文化芸術振興会議(9) 「委員は、市民及び学識経験のある者のうちから市長が委嘱する」（9③）	政策の中心に位置づけている点、文化アセスメントの規定を置いた点に特色がある。 文化政策研究者の関与はない。
芸術及び芸能の振興(5) 伝統文化の継承及び発展(6) 生活文化の振興(7) 言葉についての理解と尊重(8) 文化芸術の振興による地域づくり(9) 文化芸術交流の推進(10) 県民の鑑賞等の機会の充実(11) 文化芸術活動を行う者の育成(12) 高齢者、障害者等の文化芸術活動の充実(13) 乳幼児期からの文化芸術に接する機会の拡充(14) 青少年の文化芸術活動の充実(15) 学校教育における文化芸術活動の充実(16) 文化施設の充実及び活用等(17) 公共の建物等の整備に当たっての配慮(18) 文化芸術情報の収集及び提供(19) 市町村及び民間団体等に対する支援(20) 民間の支援活動の活性化等(21) 顕彰(22)	推進体制の整備(23) 財政上の措置の努力義務(24) 鹿児島県文化芸術振興審議会（第4章、25-30) 「文化芸術に関し学識経験を有する者又は文化芸術活動を行う者のうちから知事が任命する委員17人以内をもって組織する。」(27)	文化芸術振興基本法の影響を大きく受けている。 目的規定は、大分県［2003］と同一である。文化権の権利性の表現がない点で、理念規定は、宮城県［2004］より後退した。 個別の施策として、言葉についての理解と尊重(8)、文化芸術の振興による地域づくり(9)、乳幼児期からの文化芸術に接する機会の拡充(14)の規定を置いている点に特色がある。

制定年	名称	条例の対象領域・定義	目的	文化法の基本原則	基本計画等
2004 (H16)	大阪府文化振興条例	「芸術」(9) 「伝統芸能」(10) 「上方演芸」(11) 「生活文化等」(12) 「スポーツ文化」(13) 「学術文化」(14) 「文化財」(15)	「心豊かで潤いのある府民生活を実現し、個性豊かで活力のある地域社会の発展に寄与すること」(1)	基本理念(2) 「文化を創造し、これを享受することが人々の生まれながらの権利であることにかんがみ、府民が等しく、文化を身近なものとして感じ、これに参加し、又はこれを創造することができるような環境の整備」(2①) 「府民一人ひとりの自主性及び創造性が尊重」(2②) 「府民、事業者並びに府外からの通勤及び通学をする者並びに観光旅客等の幅広い意見が反映」(2⑥) ※当該地域の他の地方公共団体等との連携(2⑦)の規定に特色。	計画の策定(6)
2004 (H16)	徳島県文化振興条例	定義(2) 「文化」とは文学、音楽、美術、演劇、舞踏その他の芸術、伝統芸能、伝統的な年中行事、文化財その他の伝統文化、料理、ファッション、華道、茶道、囲碁、将棋その他の生活文化等をいう。(2①)	「心の豊かさを実感できる県民生活及び活力ある地域社会の実現に寄与する」(1)	基本理念(3) 「県民一人一人が文化の担い手であるという認識の下、その自主性及び創造性を最大限に尊重」(3①)	基本方針の策定(7) 「県は、基本方針を定めるに当たっては、本県の特色を生かしたものとするとともに、あらかじめ、文化活動を行う者その他県民の意見を広く聴くもの

個別の施策	推進体制	コメント
芸術の振興(9) 伝統芸能の保存等(10) 上方演芸の保存及び振興(11) 生活文化等の振興(12) スポーツ文化の振興(13) 学術文化の振興(14) 文化財の保存等(15) 都市の景観等の活用等(16) 府民等の文化活動の充実(17) 高齢者、障害者等の文化活動の充実(18) 子どもの文化活動の充実(19) 学校教育等における文化芸術活動の促進(20) 人材等の育成(21) 民間団体による文化支援活動との連携(22) 文化の創造等に資する産業との連携(23) 情報の収集及び提供(24) 観光旅客等の来訪及び文化交流の促進(25) 顕彰の実施(26)	大阪府市文化振興会議への諮問等（第3章、7、8） 「知事は、あらかじめ、次に掲げる事項に関して、大阪府市文化振興会議に諮問し、その意見を聴かなければならない。 一　文化振興計画の策定及び変更に関すること」(7Ⅰ) 府民等の意見の施策等への反映(8) 財政上の措置の努力義務(27)	「まちを魅力的でにぎわいのあるものとするために、新たな文化や産業が次々と生まれるような創造的活動が活発に行われる土壌づくりを行う」（前文）とし、「映像に係る産業、音楽に係る産業、放送業、出版業その他文化の創造等に資する産業との連携により文化の振興に努めるものとする」(23)との規定を置く。文化の創造性に着目したうえで、産業振興に結びつける視点を有する。また、上方演芸(11)、スポーツ文化(13)、学術文化(14)を対象領域に加える。 大阪府市再編の議論の中で、2013年4月1日文化条例が改正され、大阪府文化振興会議に替え、大阪府市文化振興会議が設置された(7)。
担い手の育成(8) 文化生活を支える環境の整備(9) 文化的な生活環境の整備(10) 交流文化の促進(11) 情報の収集及び発信(12) 顕彰(13)	財政上の措置の努力義務(14)	都道府県条例で初めて文化等の定義を置き、伝統文化、生活文化等を含むことを明確にした。

制定年	名称	条例の対象領域・定義	目的	文化法の基本原則	基本計画等
					とする。」(7③)
2004 (H16)	八幡市文化芸術振興条例	「文化芸術活動」(2、3)	「市民生活の向上に資すること」(1) 基本理念(2) 心豊かな市民生活及び活力ある地域社会の実現に寄与すること(2)	基本理念(2)「広く市民が文化芸術を鑑賞し、これに参加し、又はこれを創造することができる環境を醸成することにより、市民の自主的な文化芸術活動を一層促進」(2)	基本方針(6)「市長は、基本方針の策定に当たっては、市民の意見を反映するため、必要な措置を講ずるものとする。」(6②)
2004 (H16)	渋谷区文化芸術振興基本条例	「文化芸術活動」(4、6、7)「地域の文化」、「伝統文化」、「文化財等」(5)	「区と区民が相互に連携協力を図り、地域での文化芸術を振興するとともに、伝統文化を継承し、心豊かな区民生活の向上に寄与すること」(1)	なし	なし
2005 (H17)	足立区文化芸術振興基本条例	「文化芸術活動」(1-8)	「文化芸術の潤いのある心豊かな区民生活の実現と活力ある地域社会の形成に資すること」(1)	基本理念(2)「区民一人ひとりが文化芸術活動の担い手であることを踏まえ、文化芸術活動を行う区民等の自主性及び創造性が尊重」(2①)「文化芸術の鑑賞又は創造を通して区民の誰もが文化芸術を享受することのできる権利の実現」(2②)「表現の自由が保障さ	基本計画の策定(9)

個別の施策	推進体制	コメント
なし	財政上の措置の努力義務(5) 文化芸術振興会議(7) 「委員は、文化芸術活動の経験又は学識経験を有する者その他適当と認める者のうちから、市長が任命する。」(7③)	文化芸術振興基本法の影響を大きく受けている。財政上の措置が努力義務規定である。
区民の文化芸術活動の推進(4) 地域文化・伝統文化伝承の推進(5) 文化芸術活動を通じた国際交流の促進(6) 子どもたちのための文化芸術の充実(7) 表彰(10)	文化芸術振興推進協議会の設置(8)	基本原則や基本計画の策定義務、財政上の措置に関する規定がない。
施設の活用(10) 支援及び助成(12) 顕彰(13)	財政上の措置の努力義務(11)	文化法の基本原則で文化権の自然権の記述を外した点に特色がある。

制定年	名称	条例の対象領域・定義	目的	文化法の基本原則	基本計画等
				れ、多様な文化芸術活動の保護及び発展」（2③） 運用上の留意(14) 「区は…文化芸術活動に介入し、又は干渉することのないよう十分留意」(14)	
2005 (H17)	21世紀出雲芸術文化のまちづくり条例	「文化財」(6) 「伝統芸能等」(7) 「芸術文化」(8)	「真に心豊かな芸術文化の都出雲の創造に資すること」(1) ※「芸術文化のまちづくりに関する基本的事項を定める」(1)との記載に特色。	基本理念(2) 「市民一人ひとりが身近に芸術文化に触れ、親しむことができるような環境の整備」(2①) 「市民一人ひとりの自主性及び創造性が尊重」(2②) 「多様な芸術文化の保護及び発展」(2③)	なし
2005 (H17)	東京都板橋区文化芸術振興基本条例	「地域における伝統文化」(2③) 「文化芸術活動」(2、3①、4)	「地域における文化芸術の振興を図ることにより、心豊かな区民生活の実現に寄与すること」(1)	基本理念(2) 「文化芸術を創造し、享受する者の権利を尊重するとともに、文化芸術活動を行う者の自主性が十分に尊重」(2①) 区の責務(3) 「文化芸術を鑑賞し、若しくは創造し、又は文化芸術活動に参加することができる環境の整備」(3①)	なし
2005 (H17)	宇城市伝統文化継承条例	定義(2) 「伝統文化」とは、雅楽、文楽、能楽、神楽その他の伝統に関する文化をいう。(2①)	「心の豊かさを実感できる市民生活及び活力ある地域社会の実現に寄与すること」(1)	基本理念(3) 「市民及び伝統文化継承者の自主性が十分に尊重」(3①) 「市民が伝統文化継承者の活力及び創意を尊重」(3③)	なし

個別の施策	推進体制	コメント
文化財の保存・活用(6) 伝統芸能等の継承・発展(7) 芸術文化の創造・発展(8) 芸術文化を担う人材の育成(9) 青少年の芸術文化活動の充実(10) ※文化財、伝統芸能が芸術文化より前におかれている点に特色。	出雲芸術文化振興会議の設置(11)	「心の豊かさが真に実感できる芸術文化の都出雲の創造を目指し、ここに『21世紀出雲芸術文化のまちづくり条例』を制定する。」と前文にある点、「本物志向と住民参加による出雲総合芸術文化祭等を推進」(8)と出雲総合芸術文化祭という特定の芸術祭が条例に明記されている点に特色がある。
重点目標(5) 顕彰(6)	なし	基本原則や基本計画の策定義務、推進体制に関する規定がない。千代田区[2003]同様に文化法の基本原則で文化権の自然権的記述を外した点に特色がある。
市民が伝統文化に親しむ環境の整備(5) 顕彰(6)	なし	対象領域を伝統文化に限る珍しい文化条例である。

制定年	名称	条例の対象領域・定義	目的	文化法の基本原則	基本計画等
				「各種多様な伝統文化の保護及び発展」（3④）	
2005（H17）	士別市文化振興条例	「文化活動」（6、7）	「市民生活の向上に資すること」(1) ※目的規定に「豊かな自然と歴史的風土に培われた文化を継承し、守り育てるとともに、自らが新たな文化を創出することにより地域文化の創造と振興を図り」(1)とも掲げる。	市の役割(4) 「文化の担い手が市民であることを認識し、市民の文化活動が自主的、創造的に行われるよう配慮」（4①）	なし
2005（H17）	京都府文化力による京都活性化推進条例	「京都の文化」(10) 「文化的創作物」(11) 「歴史的又は文化的な景観」(12) ※景観を対象領域とする点に特色。	「心豊かでより質の高い府民生活及び活力ある京都の実現に寄与すること」（前文） ※目的を内容とする条項を置かず、前文に文化条例の目的を記載。	基本理念(1) 「芸術をはじめとする多様な文化の振興」（1⑦） ※知的資産の活用や、学問、研究等の振興等芸術文化の領域横断的な活用の視点を基本理念に置いた点に特色がある。 「京都の豊富な技術、意匠等の知的財産を活用した活発に行われる環境を整備することにより、創造性豊かな社会を実現」（1④） 「将来の社会の発展を支える基礎的な学問、研究等の振興」（1⑤）	基本指針(7) 「知事は、基本指針を定めるに当たっては、府民の意見を反映することができるような適切な措置を講じるものとする」（7③）

個別の施策	推進体制	コメント
文化活動の振興(6) 自主的文化活動の促進(7)	なし	基本計画の策定義務、推進体制の規定がない。
第2章　文化力を向上するための施策 第1節　京都の文化の継承、発展及び創造のための施策等 京都の文化の継承、発展及び創造(10) 文化的創作物を創造する者への支援(11) 歴史的又は文化的な景観の保全等(12) 第2節　文化活動充実のための施策 地域における文化の振興等(13) 「文化活動を行う者と文化活動を支援する者、観光、教育、福祉その他の分野における活動を行う者等との相互交流の機会の提供その他必要な施策を実施」(13②) 学校教育等における文化活動の充実(14) 次世代の文化活動の充実等(15) 第3章　文化力を発揮するための施策 知的資産の活用(16)	なし	名称、対象領域、個別の施策等文化芸術振興基本条例とは全く異なる。 個別の施策がすべて措置義務規定となっている点に特色がある。 「これまで培われてきた文化を新たな価値の創造のために活用することができる環境の整備等を通じて、文化力の向上を図り、京都の多様な文化を生かす創造活動が活発に行われる社会を実現していくことが緊要な課題となっている。」(前文)とし、地域における文化の振興等(13)、知的資産の活用(16)、文化的創作物による活性化(17)、文化資源の観光資源としての活用(18)等の措置義務規定を置く。文化力や文化の創造性、その領域横断的な活用が重視されている。

290　第4編　文化条例研究資料

制定年	名称	条例の対象領域・定義	目的	文化法の基本原則	基本計画等
2005(H17)	城陽市文化芸術の振興に関する条例	「文化芸術活動」(1、7)「伝統的文化」(7Ⅲ)「文化財」(7Ⅳ)	「心豊かな市民生活及び活力ある地域社会の実現に寄与すること」(1)	基本理念(2)「市民一人一人が文化芸術の担い手であることが認識されるとともに、その自主性及び創造性が尊重」(2①)「市民の意見が反映」(2③)	なし
2005(H17)	津市文化振興条例(新)	対象(2)「芸術、学術および広く市民の文化向上のための諸活動」(2)	「住民生活の向上に資すること」(1)	基本原則(3)「住民の自由で自主的な文化活動を促進するための環境整備」、「地域の個性や魅力の礎となる文化の醸成」(3)	「文化の振興を図るための方針を明らかにする」(4①)
2005(H17)	世田谷区文化及び芸術の振興に関する条例	文化及び芸術に関する活動(2Ⅰ、5)「地域文化及び伝統文化」(7)	「区民一人ひとりが生き生きと暮らし、誇りを持って住むことができる地域社会の実現に寄与すること」(1)	基本理念(2)「文化及び芸術に関する活動における自主性及び創造性は、尊重」(2①)「文化及び芸術を鑑賞し、その活動に参加し、及び創造することのできる環境の整備」(2②)	なし

個別の施策	推進体制	コメント
文化的創作物による活性化(17) 文化資源の観光資源としての活用(18) 調査研究(19)		文化政策研究者の関与がなく、文化法の基本原則への配慮を欠く。
文化芸術活動の振興施策(7)	城陽市文化芸術推進会議(10) 「委員は、文化芸術活動に関心のある者のうちから市長が委嘱する。」(10④)	「…文化の香り高いまちづくりを目指し、この条例を制定する」と前文で記載。 基本計画の策定義務を欠く。
文化振興のための施策(6) 文化環境の整備(7) 表彰及び助成(13)	文化振興審議会の設置等(8-12) 「委員は、次に掲げる者のうちから、市長が委嘱する。 ①文化に関して識見を有する者②文化団体の代表者③住民の代表④その他市長が必要と認める者」(9②)	内容変更が多岐にわたったことから、改正によらず新条例を制定した。 新条例により文化振興審議会の設置条項が充実した。
文化及び芸術に触れることができる機会の充実(4) 自主的な活動に対する支援(5) 文化及び芸術に関する専門的知識又は技能を有する者に対する支援等(6) 地域文化及び伝統文化の保存、継承及び発展(7) 国際交流の推進(8) 高齢者、障害者等の文化及び芸術に関する環境の整備(9) 青少年の文化及び芸術に関する活動の充実(10) 学校教育における文化及び芸術に関する活動の充実(11)	区の責務(3) **財政上の措置の措置義務**(3②) 文化及び芸術の振興に関する委員会の設置(14)	基本計画の策定義務を欠く。

制定年	名称	条例の対象領域・定義	目的	文化法の基本原則	基本計画等
2005 (H17)	利府町文化芸術振興条例	「文化芸術活動」（2①、5②） 「地域の歴史的文化遺産や景観等」（5②Ⅶ）	「心豊かな町民生活及び活力ある社会の実現に寄与すること」（1）	基本理念(2) 「文化芸術活動を行う町民の自主性及び創造性が十分に尊重」（2①） 「町民が等しく文化芸術を鑑賞し、これに参加し、又はこれを創造することができるような環境の整備」（2②）	基本方針（5） 「基本方針は、利府町文化芸術審議会の意見を聴いて定めなければならない。」（5③）
2005 (H17)	函館市文化芸術振興条例	「文化芸術活動」（2①、4、5、7②）	「心の豊かさを実感できる市民生活および活力ある社会の実現に寄与すること」（1）	基本理念(2) 「市民の自主性及び創造性が十分に尊重」（2①） 「**市民が文化芸術を創造し、享受する権利を有することを踏まえ、**市民が等しくこれを創造し、これに参加し、またはこれを鑑賞することができるような環境の整備」（2②）	基本方針（7） 「市は、基本方針を策定するに当たっては、あらかじめ、市民の意見を反映することができるように必要な措置を講じなければならない」（7③）
2005 (H17)	岡山県文化振興基本条例	県民の文化活動（2②、3①、6） 芸術及びメディア芸術(9) 生活文化等(10) 伝統文化(11)	「県民が心豊かに生きることができる地域社会の実現に寄与すること」（1）	基本理念(3) 「文化の担い手は県民一人一人であることを認識し、県民、芸術家等及び民間団体等の自由な発想及び主体的な文化活動が尊重」（3①） 「文化を創造し、及び享受することは人の生	基本計画の策定（第二章、7）

文化条例項目別一覧表　293

個別の施策	推進体制	コメント
情報の提供(12) 顕彰(13)		
顕彰(6)	町の責務(3) 財政上の措置の努力義務（3②） 文化芸術振興審議会（7-11）	文化芸術振興基本法の影響を大きく受けている。 「ここに利府町の文化芸術の継承と新たな創造を目指し、この条例を制定する」との前文に特色がある。
なし	財政上の措置の努力義務(6)	文化芸術振興基本法の影響を受けている。 東京都区の文化条例で見られるように、文化法の基本原則で文化権の自然権的記述を外した点に特色がある。
芸術の振興(9) 生活文化等の振興(10) 伝統文化の継承等(11) 人材等の育成及び活用(12) 青少年の文化活動の充実(13) 高齢者、障害者等の文化活動の充実(14) 教育における文化活動の充実(15) 鑑賞等の機会の充実(16) 文化活動の場の充実及び活用(17)	文化振興審議会の意見の聴取（第3章、8） 「知事は、次に掲げる事項に関し、岡山県文化振興審議会の意見を聴かなければならない。 二　基本計画の策定及び変更に関す	芸術家等の定義規定を置く(2)ほかは、文化芸術振興基本法の影響を受けている。 「県は、地域文化が、観光の振興をはじめとする地域産業の創出及び活性化に寄与するよう、地域文化と地域産業との相互連携の促進に努めるものとする。」(23)との芸術文化と産業の融合を図る規定を

制定年	名称	条例の対象領域・定義	目的	文化法の基本原則	基本計画等
				まれながらの権利であることにかんがみ、県民がその居住する地域にかかわらず、等しく、文化を創造し、及び享受することができる環境の整備」(3②)	
2005 (H17)	日田市文化振興条例	「文化活動」(2、4、6①Ⅲ)	「いきいきと心豊かに暮らせるまちづくりに資すること」(1)	「文化を創造し、享受することは、人々の生まれながらの権利」(前文) 基本理念(2) 「市民が主体的に文化活動に参画できるよう配慮」(2③) 「文化活動を行う者の自主性及び自由な発想が尊重」(2④) 「市民が等しく文化芸術を鑑賞し、これに参加し、又は創造することができる環境の整備」(2⑤) 「市民の意見が広く反映」(2⑦)	基本計画(6) 「市は、基本計画の策定に当たっては、第8条に規定する日田市民文化振興会議の意見を聴かなければならない」(6②)
2005 (H17)	京都文化芸術都市創生条例	「伝統的な文化芸術」(11) 「新たな文化芸術」(12)	「文化芸術都市の創生を総合的かつ計画的に推進すること」	なし ※市民の自主的な活動を支援するための施策(21)を個別の施策に置く点、基本理	文化芸術都市基本創生計画(第1節、

個別の施策	推進体制	コメント
情報の収集及び提供(18) 民間団体等への支援(19) 連携の支援(20) 文化交流の促進(21) 文化情報の発信(22) 地域文化と地域産業との相互連携(23) 日本語についての理解(24) 歴史的な景観の保全等(25) 顕彰(26)	る事項」(8Ⅱ) 財政上の措置の努力義務規定(27)	置く。
基本的施策(7)	日田市民文化振興会議の設置等(8-11) 振興会議の所管事項(9) (1)基本計画の策定及び変更に関する事項(9Ⅰ) 「委員は、次に掲げる市民及び文化の振興に識見のある者のうちから市長が委嘱し、又は任命する。 (1)市議会の議員、(2)文化施策に精通した者、(3)文化活動を行う者、(4)青少年の育成に携わる者、(5)社会福祉活動に携わる者、(6)その他市長が必要と認める者」(10②)	日田市民文化振興会議の委員構成に特色がある。
暮らしの文化に対する市民の関心と理解を深めるための施策(8) 市民が文化芸術に親しむことができるようにするための施策(9)	財政上の措置の努力義務(6) 京都文化芸術都市創生審議会	名称、対象領域、目的、個別の施策等文化芸術振興基本法とは全く異なる。基本理念と個別条項で、学術又は産業と

制定年	名称	条例の対象領域・定義	目的	文化法の基本原則	基本計画等
		「文化財」(16) 「景観」(17) ※日本古来の文化、芸能を芸術と区別するのが一般的であったが、伝統的な文化芸術という言葉を初めて使った。 ※景観を対象領域とする点に特色がある。 ※条項の文言からすれば、文化芸術都市の創生（前文、1、3-6）を対象領域と考えることもできよう。	(1)	念(3)で、「文化芸術に関する活動と学術研究又は産業に関する活動との連携を促進」(3⑤)を謳う点に特色。	7) 「市長は、文化芸術都市創生計画を定めるに当たっては、第22条に規定する審議会の意見を聴くとともに、市民の意見を適切に反映するために必要な措置を講じなければならない。」(7③)
2005 (H17)	小樽市文化芸術振興条例	「文化芸術活動」(1-4、7②) 「地域の歴史的文化遺産」(7②Ⅵ)	「小樽市における文化芸術の振興並びに小樽の自然、歴史等に根ざし、個性的で潤いに満ちた市民生活及び活力ある地域社会の実現に資すること」(1)	基本理念(2) 「文化芸術活動者が、…その自主性及び創造性が尊重」(2①) 「市民が多様な文化芸術を享受し、これに参加し、又はこれを創造することができるよう環境の整備」(2②) 「表現の自由を保障し、多様な文化芸術の保護及び発展」(2	基本方針(6) 基本計画(7-10) 「文化芸術に配慮したまちづくりの推進」(7②Ⅵ後段) 「市長は、基本計画の

個別の施策	推進体制	コメント
子供の感性を磨き、表現力を高めるための施策(10) 伝統的な文化芸術の保存及び継承等のための施策(11) 新たな文化芸術の創造に資するための施策(12) 文化芸術に関する活動及び地域のまちづくりに関する活動の活性化に資するための施策(13) 文化芸術に関する活動及び地域のまちづくりに関する活動の活性化に資するための施策(14) 国内外の人々の関心と理解を深めるための施策(15) 文化財を保護し、及び活用するための施策(16) 景観を保全し、及び再生するための施策(17) 施設の充実を図るための施策(18) 文化芸術及び学術研究が相互に影響を与え、創造的な活動を新たに生み出すための施策(19) 文化芸術及び産業が相互に影響を与え、創造的な活動を新たに生み出すための施策(20) 市民の自主的な活動を支援するための施策(21)	（第3章、22-24） 「委員は、学識経験のある者その他市長が適当と認める者のうちから、市長が委嘱し、任命する。」(23②)	の連携の視点が見られる点、個別の施策がすべて措置義務規定とされている点に特色がある。 文化政策研究者の関与がなく、文化法の基本原則への配慮を欠く。
第3章 アーティストバンク（11-15) 第4章 文化芸術活動者に対する支援等 文化芸術活動者に対する支援(16) 文化芸術活動の支援活動の促進(17) 顕彰(18)	財政上の措置の努力義務(5) 小樽市文化芸術審議会（第5章、19-26) 「委員及び臨時委員は、学識経験者及び市民のうちから市長が委嘱する」(21③)	第3章 アーティストバンク (11-15) の規定に特色がある。

制定年	名称	条例の対象領域・定義	目的	文化法の基本原則	基本計画等
				③) 市の責務(3) 「市は…文化芸術活動の内容に介し、又は干渉することのないよう留意」（3⑤）	策定に当たっては、小樽市文化芸術審議会の意見を聴かなければならない」(8)
2005 (H17)	豊島区文化芸術振興条例	「文化芸術活動」（2②、8） 「地域文化及び伝統文化並びに文化財その他の文化芸術的資源」(9)	「心豊かな区民生活と活力ある地域社会の実現に資すること」(1)	基本理念(2) 「文化芸術を創造し、享受する者の権利を尊重」、「文化芸術活動を行う者の自主性を尊重」（2②） 「多様で特色ある文化芸術の発展」（2③）	文化芸術振興に関する計画の策定(6)
2005 (H17)	久留米市文化芸術振興条例	**文化芸術(3)** 「文化芸術」とは、芸術文化に限らず、地域の伝統や生活に根ざした文化などを含む幅広いものとする。(3)	「市民の誰もが文化芸術に親しみ、自らの意思で積極的に文化芸術活動を行い、個性豊かな久留米らしい文化芸術の創造に取り組むまちづくりに寄与すること」(1)	基本理念(2) 「文化芸術の振興を担うのはすべての市民であることを踏まえ、市民の自主性及び意思が尊重」（2①） 「文化芸術活動を担う市民の個性や価値観、多様性が尊重」（2②）	基本計画(15) 「**市は、基本計画を策定し、又は変更しようとするときは、あらかじめ市民の意見を反映させるよう努める**」(15②) 「**市は基本計画に基づく施策の実施状況を取りまとめ、**

個別の施策	推進体制	コメント
芸術顧問の設置(7) 文化芸術振興のための支援(8) 地域文化、伝統文化の継承及び発展(9) 文化芸術の担い手の育成(10) 高齢者、障害者等の文化芸術施策の充実(11) 子どもたちのための文化芸術施策の充実(12) 区民及び文化芸術団体等との連携等(13) 国の内外との文化芸術交流(14) 顕彰(15)		芸術顧問の設置(7)の規定に特色がある。
市民との協働(4) 機会や場の確保(5) 情報の提供(6) 人材の育成及び活用(7) 市民支援の促進(9) 久留米らしい文化の創造(10) 文化的なまちづくり(11) 顕彰(12) 文化資源の保存活用(13)	**財政上の措置の措置義務(8)** 体制等の整備(14) 審議会の設置(16) 「審議会は、市長の諮問に応じ、次に掲げる事項を調査審議する。 (1)基本計画の策定及び変更に関すること」(16②)	文化芸術の定義を置いている点、基本計画に基づく施策の実施状況について評価の仕組みに言及している点に特色がある。「文化芸術は、人々の心を潤して豊かな感性や個性を育てるとともに、産業経済や地域社会に活力を与えて誇りが持てる生き生きとした社会を生み出します」と文化芸術を領域横断的に活用する視点を前文に置くが、明確な個別条項はない。

制定年	名称	条例の対象領域・定義	目的	文化法の基本原則	基本計画等
					その成果を適切に評価するため必要な仕組みをつくるものとする」(15③)
2005 (H17)	浄瑠璃の里文化振興条例	「浄瑠璃の里文化」とは、能勢町の歴史・風土を背景として、浄瑠璃をはじめとする芸能・生活・産業・景観その他の分野において形成されてきた地域文化をいう。(2)	「浄瑠璃の里文化の発展のため…心豊かな町民生活の向上に寄与すること」(1)	なし	なし
2005 (H17)	小山市文化芸術振興条例	「文化芸術活動」(2④、3①、4、5、7) 「文化財等」(8)	「心豊かな市民生活の形成に資すること」(1)	基本理念(2) 「市民一人ひとりが文化の担い手であることを認識するとともに、その自主性及び創造性が十分に尊重」(2①) 「文化芸術を創造し、享受することが人の生まれながらの権利であることにかんがみ、すべての市民が等しく文化活動を行うことができるような環境の整備」(2②) 「多様な文化芸術の保護及び発展」(2③) 「文化芸術活動を行う者その他市民の意見が広く反映」(2④)	基本方針(6) 「市長は、基本方針の策定に当たっては、あらかじめ第11条に規定する小山市文化芸術振興審議会の意見を聴かなければならない」(6②)

個別の施策	推進体制	コメント
町の役割(4) 「映像その他の記録作成」(4①) 「情報提供」(4②) 「人材育成」(4③) 顕彰(6)	なし	地域文化のみを条例の対象領域とする珍しい条例で、地域文化振興条例ともいうべき存在である。
文化芸術活動の充実(7) 文化財等の保存等(8) 市民等の支援活動等の活性化(9) 顕彰(10)	文化芸術審議会(11) 「審議会は、市長の諮問に応じ、基本方針…を調査審議する」(11②)	文化芸術振興基本法の影響を大きく受けいている。前文に「私たちは、心豊かで活気のあるくらしやすい『文化都市小山』を自らの手で創造するため、ここに、この条例を制定する」との記載がある点に特色がある。

制定年	名称	条例の対象領域・定義	目的	文化法の基本原則	基本計画等
2005 (H17)	摂津市文化振興条例	「芸術文化（音楽、美術、演劇その他の芸術に係る文化をいう）」(7) 「生活文化（茶道、華道、演劇その他の芸術に係る文化をいう。）及び地域文化（祭り、伝承その他の地域に係る文化をいう。）」(8) スポーツ文化(9) 「文化財」(10)	「心豊かで潤いのある市民生活を実現し、活力のある地域社会の発展に寄与すること」(1)	基本理念(2) 「文化を創造し、これを享受することが人々の生まれながらの権利であることにかんがみ、市民が等しく、文化を身近なものとして感じ、これに参加し、又はこれを創造することができるような環境の整備」(2①) 「市民一人ひとりの自主性及び創造性が十分に尊重」(2②)	計画の策定(6) 「市長は、文化振興計画策定に当たっては、市民及び事業者等から幅広く意見を聴き、これを反映できるよう必要な措置を講ずるものとする」(6②)
2005 (H17)	吹田市文化振興基本条例	「文化活動」(3①、4①、5①) 「伝統的文化」(15) 文化的都市景観(17) ※努力義務規定ではあるが、景観も対象領域とする。	「豊かで幅広い文化が創造されるまちづくりを進めること」(1)	基本理念(3) 「市民の文化活動における自主性及び創造性を十分に尊重」(3①) 「文化を創造し、これを享受することが人々の生まれながらの権利であることを踏まえ、市民一人ひとりが等しく身近に文化に触れることができるような環境の整備」(3②) 「多様な文化の交流」(3④)	文化振興基本計画(7) 「市長は、文化振興基本計画を定めるときは、あらかじめ、吹田市文化振興審議会の意見を聴かなければならない」(7③)
2005 (H17)	豊中市文化芸術振興条例	市民の文化芸術活動(7) 「歴史的文化遺産」(10) 「市民の日々の暮らしを豊かにしていこうと	「心豊かな市民生活及び活力ある地域社会の実現に寄与すること」(1)	基本理念(2) 「文化芸術活動を行う者の自主性及び創造性が十分に尊重(2①) 文化芸術を創造し、享受することが人々の生まれながらの権利であ	基本方針(5) 市長は、基本方針を策定しようとするときは、あらか

文化条例項目別一覧表　303

個別の施策	推進体制	コメント
芸術文化の振興(7) 生活文化等の振興(8) スポーツ文化の振興(9) 文化財の保存等(10) 高齢者、障害者等の文化活動の充実(11) 青少年の文化活動の充実(12) 生涯学習における文化活動の促進(13) 人材等の育成(14) 文化支援活動との連携等(15) 顕彰(16)	なし	芸術文化、生活文化等の簡易な定義規定を置くほか、スポーツ文化(9)も条例の対象領域としている点、前文に「文化の薫り漂うせっつのまちづくりに向けて文化の振興に取り組むことを決意し、この条例を制定する」と記載する点に特色がある。
市民の文化活動の機会の充実(8) 高齢者、障害者等の文化活動の充実(9) 青少年の文化活動の充実(10) 生涯学習の充実(11) 文化活動の担い手の育成(12) 国内及び海外との交流(13) 大学との交流等(14) 伝統的文化の保存等(15) 文化環境の整備(16) 文化的都市景観の形成(17) 顕彰(18)	市の役割(6) 財政上の措置の努力義務(6②) 吹田市文化振興審議会(第4章、19) 「審議会は、市長の諮問に応じ、文化振興計画の策定…を調査審議し、答申するものとする」(19②)	前文に「〜文化の息づく感性豊かな自立のまちづくりを進めるため、この条例を制定する」と記載する点に特色がある。
協働の仕組みづくり及び場の整備等(6) 市民の文化芸術活動の場及び機会の充実(7) 子ども、高齢者、障害者等の文化芸術活動に対する必要な措置(8) 人材の育成(9)	財政上の措置(13) 財政上の措置の努力義務(13) 推進体制の整備(14) 文化芸術振興審議会(16)	文化芸術振興基本法の影響を受けている。前文で「文化振興ビジョン」に言及し芸術文化の定義等を示しているものの、本文では文化芸術活動を対象領域としている。

制定年	名称	条例の対象領域・定義	目的	文化法の基本原則	基本計画等
		する営みやそれを支える諸活動である生活文化と、美術、音楽、演劇、文学、芸能などの芸術文化」（前文）		ることにかんがみ、市民が等しく、文化芸術を鑑賞し、これに参加し、又はこれを創造することができるような環境の整備」（2②）「多様な文化芸術及び価値観を理解し、尊重」（2⑤）	じめ、第16条に規定する豊中市文化芸術審議会の意見を聴かなければならない（5②）
2006（H18）	港区文化芸術振興条例	「文化芸術活動」（3②、5②、6）「伝統的な文化」、「文化財」、「地域の文化」（9）	「心豊かな区民生活と魅力ある地域社会の実現に資すること」（1）	基本理念(3)「すべての区民が、年齢、障害の有無、国籍等にかかわらず、等しく、文化芸術を鑑賞し、これに参加し、又はこれを創造することができる環境の整備」（3①）「多種多様な文化芸術の保護及び発展」（3③）	なし
2006（H18）	飯塚市文化振興基本条例	「文化活動」（6、7②）「文化財及び伝統的文化」(8)	「心豊かな市民生活及び活力ある飯塚市の実現に資すること」（1）※目的規定に「文化が市民の生活に多くの潤いをもたらすものであることから…」(1)と記す点にも特色。	基本原則(2)「文化の担い手が市民であることから…市民の自主性及び創造性は十分に尊重」（2①）「**文化の内容に介入し、又は干渉することのないよう十分に留意**」（2②）「文化の創造、発展(7)文化の創造、発展・市民が文化を鑑賞し、これに参加し、又はこれを創造することができる環境の整備」（7①）	なし

文化条例項目別一覧表　305

個別の施策	推進体制	コメント
歴史的文化遺産の保存等(10) 交流の推進(11) 情報の収集等(12) 顕彰(15)	「基本方針の策定及び変更…を調査審議するため、豊中市文化芸術振興審議会を設置する」(16①)	
文化芸術に関するネットワークの整備等(7) 人材の育成(8) 伝統的文化等の保存及び継承並びに地域文化の発展(9) 国際文化交流(10) 顕彰(11)	区の責務(4) 必要な体制の整備及び財政上の措置の努力義務（4③）	文化芸術に関するネットワークの整備等(7)の規定に特色がある。
文化の創造、発展(7) 文化財及び伝統的文化の保存等(8) 生涯学習の推進(9) 人材の育成(10) 高齢者、障がい者等のための文化の振興(11) 青少年のための文化の振興(12)	文化振興審議会の設置(13)	見出しを基本原則(2)とし、文化の内容に不介入、又は不干渉への留意（2②）の規定を置く点に特色がある。

制定年	名称	条例の対象領域・定義	目的	文化法の基本原則	基本計画等
2006 (H18)	広島県文化芸術振興のまちづくり推進条例	定義(2)「文化芸術」とは文学、音楽、美術、演劇、舞踏その他の芸術、伝統芸能、伝統的な年中行事、文化財その他の伝統文化、茶道、華道、囲碁、将棋その他の生活文化等をいう。(2①)	「文化芸術の振興による個性豊かで活力のある地域社会の形成に資すること」(1) ※「文化芸術の振興によるまちづくりの推進に関する基本方針を定め」と記す点に特色。	基本方針(3)「文化芸術に関する活動を行う者の自主性及び創造性が十分に尊重」「多様な文化芸術の振興」(3①)	なし
2006 (H18)	静岡県文化振興基本条例	「多様な文化資源」(7) 県民の文化活動(8) 文化を創造する活動への支援等(11) 「文化活動」を文化を創造し、若しくは享受し、又はこれらの活動を支える活動(2①)と定義。	「個性豊かで創意及び活力にあふれる地域社会の実現に寄与すること」(1)	基本理念(2)「文化を創造し、若しくは享受し、又はこれらの活動を支える活動(以下これらを「文化活動」という)を行うことが県民の権利であることにかんがみ、県民が等しく文化活動に参加できるような環境の整備」(2①)「県民一人ひとりの自主性及び創造性が尊重」(2②)「文化の多様性の尊重と地域における多様な文化の共生が図られるよう配慮」(2③) 県の役割(3)「文化の内容に介入し、又は干渉することがないようにする」「広く県民の意見が反映」(3②)	文化振興基本計画(第2章、6)「知事は、文化振興基本計画を定めるに当たっては、あらかじめ、広く県民の意見を聴くとともに、静岡県文化審議会に意見を求めるものとする」(6④)

文化条例項目別一覧表　307

個別の施策	推進体制	コメント
文化芸術に関するボランティア活動の推進(9) 合併地域における文化芸術活動の推進(10) 情報の収集及び提供(11) 民間団体等の支援活動の促進協働(12) 協働連携による文化芸術活動の推進(13) 顕彰(14)	なし	「文化芸術」の定義規定を置く点、平成の大合併に対する配慮を前文と10条で明記している点、個別の施策としてボランティアに関する規定を置く点に特色がある。 「今、平成の大合併を経た県内各地域では、…新たな文化芸術の創造に取り組むことが求められている。…文化芸術振興によるまちづくりを推進しもって活力ある広島県の創造に寄与するため、この条例を制定する。」(前文)
多様な文化資源の把握等(7) 文化活動を行う機会の提供等(8) 学校教育における文化活動の充実等(9) 高齢者等の文化活動が活発に行われるような環境の整備等(10) 文化を創造する活動への支援等(11) 支援活動の普及啓発等(12) 地域産業の振興等に関する情報の提供等(13) 「県は、県民の文化活動の促進に資する地域産業の振興を図るとともに、当該地域産業による地域文化の形成を促進するため、これらに関する情報の提供その他の必要な施策を講ずるものとする」(13)	県の役割（3） 財政上の措置の努力義務（3③） 静岡県文化政策審議会（第4章、14-20） 「文化振興基本計画に関し、第6条第4項に規定する意見を述べること」(14①) 「知事の諮問に応じ、文化振興施策の目標達成度、効果等について検証し、及び評価すること」(14③) 「審議会は知事が任命する委員20人以内で組織する」(15)	前文で「文化を創造し、又は享受する活動が尊重されるとともに、それらの活動を理解し、支援し、仲介する等の文化を支える活動が尊重されなければならない」と記す。 文化活動に、「文化を創造し、若しくは享受」だけでなく「これらの活動を支える活動」を含めた点、多文化共生への配慮の規定（2③）を置く点、地域産業の振興等に関する措置義務規定(13)を置く点、施策の目標達成度、効果等について検証、評価することを明記している点に特色がある。 多数の文化政策研究者が関与する。

制定年	名称	条例の対象領域・定義	目的	文化法の基本原則	基本計画等
2006 (H18)	鳴門市文化のまちづくり条例	「文化活動」（4、5） 「景観」（13） 「特色ある地域文化」（15） ※努力義務規定ではあるが、景観も対象領域とする。	「暮らしの中で文化と創造が息づき、豊かで活力のある鳴門市の未来を拓くこと」（1） ※目的に「鳴門市の文化のまちづくりを推進するに当たっての基本理念を定め、市の責務及び市民等の役割を明らかにする文化のまちづくりに関する施策の基本となる事項を定める」とも掲げる。	基本理念(2) 「市民一人ひとりが文化の担い手であることを認識し、市民の自主性及び創造性を最大限に尊重」（2①） 「多様な文化の保護及び発展」（2②） 「文化活動を行う者その他広く市民の意見が反映」（2④） ※基本理念(2)で、「文化が経済や社会の発展に結びついていることを認識し、学術研究、産業、観光及び社会生活等に関する活動との連携を推進」（2③）と謳う点に特色。	基本計画(7)
2006 (H18)	泉大津市文化芸術振興条例	「文化芸術活動」（2①）	「心豊かな市民生活及び活力ある社会の実現に寄与すること」（1）	基本理念(2) 「文化芸術活動を行う者の自主性及び創造性が十分に尊重」（2①） 「市民が等しく文化芸術を鑑賞し、これに参加し、又は創造することができる環境の整備」（2②） 「多様な文化芸術…の育成及び向上」（2③） 「広く市民の意見が反映」（2④）	文化芸術振興計画の策定(5) 「振興計画の策定に当たっては、次条に規定する泉大津市文化芸術振興会議の意見を聴くとともに、市民の意見を反映させるための措置を講じなければならない」（5③）

文化条例項目別一覧表　309

個別の施策	推進体制	コメント
担い手の育成等(8) 文化団体等の協力及び連携(9) 文化鑑賞の機会の提供(10) 文化的な環境の整備(11) 文化施設等の整備及び充実(12) 景観の保全及び創造等(13) 成果の地域的活用(14) 「市は、市民の文化活動の成果が、地域の産業、観光及び社会の発展に結びつくように活用できる環境の整備に努めるものとする」(14) 特色ある地域文化の創造等(15) 文化交流の促進(16) 鳴門市文化月間(17) 顕彰(18)	財政上の措置の努力義務(6) 鳴門市文化のまちづくり審議会(19) 「市は、基本計画…を審議するため、鳴門市文化のまちづくり審議会を置く」(19①) 「審議会の委員及び臨時委員は、文化に造詣の深い者、文化団体の役員及び有識者のうちから、市長が任命する」(19④)	前文で「『観光と文化』による都市形成を目指し、文化について重きをおいてきた…豊かで活力のある文化のまちづくりを目指すため、この条例を制定する」と文化の観光での活用を示唆している点、都道府県、政令市以外では初めて基本理念、個別の施策で文化と産業を始めとした他分野と連携を図る規定を置いた点に特色がある。
なし	文化芸術振興会議の設置(6) 「委員は市民及び学識経験を有する者のうちから市長が委嘱する」(6③)	文化芸術振興基本法の影響を大きく受けている。 前文で、「心の豊かさを実感できる文化芸術のまち泉大津を実現するため、この条例を制定する」と記載している点に特色がある。

制定年	名称	条例の対象領域・定義	目的	文化法の基本原則	基本計画等
2006 (H18)	札幌市文化芸術振興条例	「文化芸術活動」（2、4）	「市民が心豊かに暮らせる文化の薫り高きまちづくりに寄与すること」(1)	基本理念(2) 「文化芸術に関する活動を行う市民の主体性及び創造性が十分に尊重」（2①） 「文化芸術活動が活発に行われるような環境の整備」（2②）	基本計画(6) 「市長は、基本計画を定めるに当たっては、市民の意見を適切に反映することができるよう必要な措置を講じなければならない」（6③）
2006 (H18)	小金井市芸術文化振興条例	定義(2) 「芸術文化」とは、人間の感性を豊かにする知的かつ創造的な活動で、多様な芸術文化領域を含むものをいう。（2①） 「芸術文化活動」とは、広く芸術文化を鑑賞し、創造し、又はこれに参加することをいう。（2②）	「地域における芸術文化の振興を図ること」(1)	基本理念(3) 「市民等が芸術文化活動を行うことができるための環境整備」（3①） 「市民が心豊かな生活及び人間らしい生き方を求めて、芸術文化活動を行うことは市民の権利である」（3②） 「市は…芸術文化活動を行うものの自主性及び創造性を十分に尊重」（3③） 芸術文化の内容に対しては介入又は干渉することのないように十分に留意（3③）	基本計画の策定(8) 「市長は、基本計画の策定に当たり、基本計画策定委員会を設置するものとする」（8②） 「市長は、基本計画を策定するときは、あらかじめ広く市民の意見を反映させることがで

文化条例項目別一覧表　311

個別の施策	推進体制	コメント
文化芸術を振興する環境の整備等(7) ※「文化芸術が地域の産業として育成されること」(7①Ⅵ)に、文化芸術を地域産業として捉える視点が認められる。	文化芸術活動に対する支援等(8) 基金の活用等の努力義務(8) 「市民、事業者等による文化芸術活動に対する資金的支援が活発に行われ、文化芸術活動に係る寄附文化が市民、事業者及び市の協働により醸成されていくために必要な環境の整備に努める」(8) 意見交換の仕組みの整備(10)	前文で「文化芸術を地域の産業としてはぐくみ、」とするほか、7①Ⅵを規定し文化芸術を地域産業とする点に特色。また、「市は、市民、芸術家等、文化芸術活動を行う団体等の自由な発想が文化芸術の振興に欠かせないものであることにかんがみ、市とこれらの者とが、文化芸術の振興に関し、互いに自由かつ率直に意見の交換を行うことができる仕組みの整備を図るものとする」(10)とする。審議会等の設置を義務付けるのが通例であるところ、市民自治の観点から有意義な議論が出来る仕組みを構築するという、非常に自由度の高い規定となっている点に特色がある。
基本施策(7) 芸術文化活動施設の運営(10)	市の役割(4) 財政上の措置の努力義務（4②) 推進機関の設置(9) 「芸術振興推進機関は、芸術文化の推進に係る調査検討による提言、基本計画の評価及び見直し等を行うものとする。」(9②)	「芸術文化」という言葉を使い、しかも「芸術文化」、「芸術文化活動」それぞれを熟慮した定義づけをした点、推進機関を設置し基本計画の評価を謳っている点に特色。また、「先人から受け継いだ伝統的文化資源を活用し、また、新たな芸術文化資源を創出することによって、芸術文化の持つ力に期待し、市民一人一人が小金井市民としての誇りを持って、日々心豊かに生活していくことができることを願い、ここに小金井市芸術文化振興条例を定めます」と前文に記載する点にも特色がある。 文化政策研究者が関与する。

制定年	名称	条例の対象領域・定義	目的	文化法の基本原則	基本計画等
					きるよう適切な措置を講じなければならない」（8③）
2006 (H18)	門真市文化芸術振興条例	「文化芸術活動」（2⑤、4、5）	「地域に根ざした文化が創造されるまちづくりを図ること」（1）	基本理念(2) 「市民が等しく、身近に文化芸術に触れ、これに参加し、又はこれを創造することができるような環境の整備」（2①） 「市民一人ひとりの自主性及び創造性が十分に尊重」（2②） 「1人ひとりの多様な文化や価値観を理解し、尊重」（2④） 「都市空間の整備において、常に文化的視点が導入されるよう配慮」（2⑥）	基本方針(6) 「委員会は、基本方針を策定しようとするときは、あらかじめ、第8条第1項に規定する門真市文化芸術振興審議会の意見を聴かなければならない。」（6②）
2006 (H18)	奈良市文化振興条例	定義(2) 「文化」とは、芸術、芸能、伝統文化及び生活文化をはじめ、学術、景観、観光及び市民が主体となって行う生涯学習等を含む創造的な諸活動をいう。(2)	「地域の個性を生かした活力あるまちづくりに資すること」（1） ※「文化によるまちづくりの基本理念を定め」との記載もある。	基本理念(3) 「文化に関する活動を行う者の自主性及び創造性を尊重」（3Ⅰ） 「市民すべてが文化を創造し、及び享受する権利を有することを尊重し、その環境整備を図ること」（3Ⅱ） 「文化活動の内容に介入し、又は干渉することなく、それを尊重」（3Ⅴ） 市の責務及び役割(4) 「広く市民の意見を反映」（4④）	基本方針(7) 「文化の振興と経済との連携に関すること」（7②ⅩⅣ） 「市長は、基本方針を定めようとするときは、あらかじめ、次条に定める奈良市文化振

文化条例項目別一覧表　313

個別の施策	推進体制	コメント
なし	市の責務(3) 財政上の措置の努力義務（3④) 推進体制の整備(7) 門真市文化芸術振興審議会(8) 「委員会の諮問に応じ、基本方針の策定及び変更その他文化芸術の振興に関する重要事項を調査審議するため、門真市文化芸術振興審議会を置く。」(8①)	文化芸術振興基本法の影響を受けている。
なし	財政上の措置の努力義務(6) 奈良市文化振興計画推進委員会(8) 「前条第3項に定めるもののほか、文化の振興に係る計画の策定及びその推進のため、奈良市文化振興計画推進委員会を設置する。」(8①)	「文化」が定義され、生涯学習が含まれている点、前文で「文化は創造力の源泉であり、様々な分野の活力を促し、まちを豊かにする。〜それを、人づくり、まちづくりに生かすことによって、古都奈良を生き生きとしたまちに蘇（よみがえ）らせることができるのではないだろうか」とし、また、基本方針に「文化の振興と経済との連携」（7条2項）を掲げ、文化の創造力を領域横断的に活用という姿勢が見て取れる点に特色がある。

314　第4編　文化条例研究資料

制定年	名称	条例の対象領域・定義	目的	文化法の基本原則	基本計画等
				※「文化によるまちづくり」(3本文)を掲げる	興計画推進委員会の意見を聴かなければならない。」(7③)
2007 (H19)	21世紀出雲「神在月」文化振興条例	「古代出雲文化」(2Ⅰ) 「生活文化」(2Ⅱ) 「芸術文化、スポーツ等」(2Ⅲ) 「商工業から農林水産業にわたる各般の産業振興」 「観光の振興」(2Ⅴ)	「神在月を誇る出雲において、古代出雲文化をめぐる学習・交流の場や賑わいの場を市民総参加で創造することを通じて、市民が出雲文化に自信と誇りを持ち、心豊かな出雲文化の継承・発展と21世紀産業文化交流都市・出雲の躍進を図るとともに、これを全国に、さらに全世界に発信していくこと」(1)	なし	なし
2007 (H19)	国分寺市文化振興条例	「歴史的文化遺産」(8①) 「芸術活動」(8②) 「文化活動」(8③)	「心豊かな市民生活及び活力ある社会の実現を図ること」(1)	基本理念(3) 「文化を創造し、享受することが人の生まれながらの権利であることを踏まえ、すべての市民が文化を創造し、享受することができるよう、環境の充実」(3①) 「文化の振興に関する活動を行う者の自主性及び創造性が十分に尊重」(3②)	文化振興計画(7) 「市長は、文化振興計画を策定するに当たっては、市民の意見を反映できるよう必要な措置を講ずるものとする」(7

個別の施策	推進体制	コメント
		文化政策研究者が関与している。
基本方針(2) 重点活動(3)	神在月文化振興会議(4)	毎年10日及び11日の神在月間に、出雲文化の振興（継承・発展）、産業文化交流、及び全国への情報発信をしていくことを目的に制定した。 出雲文化の振興に重きを置いた振興法的性格を有する。
文化施策の推進(8) 文化環境の整備(10) 情報の共有(11) 協働による文化振興の推進(12) 国及び他の地方公共団体との連絡調整(13)	文化施策の推進(8) 「文化振興に関する施策の立案、実施及び評価に当たっては、市民の意見を反映できるよう必要な措置を講ずるものとする」(8⑤) 財政上の措置の努力義務(9)	施策の立案、実施及び評価に市民の意見を反映できるよう措置義務規定を置く点に特色がある（8⑤）。評価規定をおくが、文化政策研究者の関与はない。

制定年	名称	条例の対象領域・定義	目的	文化法の基本原則	基本計画等
					③）
2007 (H19)	松坂市文化芸術振興条例	「文化芸術活動」（2、3②、5、7②） 「地域の歴史的文化遺産」（7②Ⅲ） 「地域の伝統的な文化芸術」（7②Ⅳ）	「文化の薫り高く心豊かで潤いのある市民生活の形成に資すること」(1)	基本理念(2) 「文化芸術活動を行う者の自主性及び創造性が尊重」（2①） 「市民の幅広い文化的利益の享受及び文化芸術活動への参加」（2②） 「表現の自由を保障し、多様な文化芸術の保護及び発展」（2③） 市の責務(3) 「市は…文化芸術の内容に介入し、又は干渉することのないよう十分留意」（3④）	基本方針(7)
2007 (H19)	品川区文化芸術・スポーツのまちづくり条例	**区民等の自主的な文化芸術活動、スポーツ活動**(1) **定義**(2) 文化芸術 文学、音楽、美術、演劇、その他の芸術、伝統芸能、伝統的な年中行事、文化財、生活文化等をいう。（2①）	「区民等の自主的な文化芸術活動およびスポーツ活動を促進し、潤いのある健康で活力に満ちたまちづくりに資すること」(1)	基本理念(3) 「区民等および団体の自主性が尊重」（3②） 「区民等が文化芸術を創造し、享受することその他の多様な活動のための環境の整備」（3④後段）	なし

文化条例項目別一覧表　317

個別の施策	推進体制	コメント
支援活動の促進(14) 顕彰(15)	財政上の措置の努力義務(6) 審議会の設置等(8-13) 「基本方針について調査審議するため、松坂市文化芸術振興審議会を置く。」(8①) 「審議会の委員は、次に掲げる者のうちから教育委員会が委嘱する。 (1)文化に関して識見を有する者 (2)文化芸術に関係する各種機関及び組織等の関係者 (3)公募による市民 (4)その他教育委員会が必要と認める者」(9②)	文化芸術振興基本法の影響を受けつつも、市の文化芸術の内容の不介入、又は不干渉の留意(3④)の規定を置く点、審議会の委員に公募市民を入れた点に特色がある。
国際交流の推進(7) 顕彰(8)	区の責務(4) 財政上の措置の努力義務(4④)	前文で「文化芸術およびスポーツの振興によるまちづくりを図るため、これらの活動を通じた国際交流を積極的に推進するよう努めるものとする」と記載し、文化芸術とスポーツを同一条文で規定する点、文化芸術、スポーツのそれぞれの定義規定を置く点に特色がある。

制定年	名称	条例の対象領域・定義	目的	文化法の基本原則	基本計画等
2007（H19）	文化芸術の振興による心豊かで活力あふれる香川づくり条例	定義(2)「文化芸術」とは、文化、音楽、美術、書道、演劇、舞踏、写真、映像、その他の芸術、茶道、華道、郷土料理、盆栽その他の生活文化並びに有形及び無形の文化財、伝統工芸、民俗芸能その他の伝統文化をいう。(2)	「県民一人一人が心の豊かさとうるおいを実感できる活力ある香川の実現に寄与すること」(1)	基本理念(3)「文化芸術の担い手は県民一人一人であるとの認識の下に、自由な発想及び自主的かつ主体的な文化芸術に関する活動が尊重」(3①)「文化芸術を創造し、享受することは人々の生まれながらの権利であることから、県民一人一人が文化芸術に関わることができる機会を持ち、文化芸術の発表及び交流ができるよう、環境の整備」(3④)	香川県文化芸術振興計画（第3章、20）「知事は、文化芸術振興計画を定めるに当たっては、あらかじめ、香川県文化芸術振興審議会の意見を聴かなければならない。」(20③)
2007（H19）	山口県文化芸術振興条例	「文化芸術活動」(2③)「芸術、伝統芸能、民俗芸能、生活文化その他の多様な文化芸術」(2④)	「心豊かで潤いのある県民生活及び個性豊かで活力に満ちた地域社会の実現に寄与すること」(1)	基本理念(2)「県民の自主性及び創造性が十分に尊重」(2①)「文化芸術を創造し、及び享受することが人々の生まれながらの権利であることにかんがみ、県民がその居住する地域にかかわらず等しく、文化芸術を鑑賞し、これに参加し、又はこれを創造することができるような環境の整備」(2②)芸術、伝統芸能、民俗	基本方針(6)「知事は、基本方針を策定するに当たっては、あらかじめ、山口県文化芸術振興審議会の意見を聴かなければならない。(6④)

文化条例項目別一覧表　319

個別の施策	推進体制	コメント
地域固有の生活文化及び伝統文化の保存等(7) 個性豊かな芸術の振興(8) 創造的な活動を行う者等の育成(9) 文化芸術に親しむ機会の充実等(10) 青少年が文化芸術に触れる機会の充実等(11) 文化芸術活動の取組に対する援等(12) 文化芸術活動の場の充実及び活用(13) 文化芸術に関する創作活動等の推進(14) 民間による支援活動の促進(15) 文化資源を活用した産業の振興等(16) 文化芸術の交流の促進(17) 情報の収集及び発信(18) 顕彰及び奨励(19)	県の責務(4) 財政上の措置の努力義務（4③) 香川県文化芸術振興審議会（第4章、21-23) 「知事の諮問に応じ、…前条の規定による文化芸術振興計画の策定等その他文化芸術の振興に関する重要事項を審議する…」(21①) 「委員は、学識経験を有する者その他知事が適当と認める者のうちから知事が委嘱する。」(22②) 香川県文化芸術振興基金（第5章、24-27)	前文で「文化芸術を創造し、活用し」「地域社会の活性化にもつながる」「こうした文化芸術の持つ力を認識した上で、香川を創造することを目指」すと記載する。個別施策で、現代美術、映像等振興（8)、アーティスト・イン・レジデンスの推進等（14)、文化資源を活用した産業の振興等（16)と努力義務規定を置く。国際芸術祭開催等これまでの実績を踏まえた現代美術を重視する姿勢が顕著である。
県民の鑑賞、参加及び創造の機会の充実(7) 高齢者、障害者等の文化芸術活動の充実(8) 子どもの文化芸術活動の充実(9) 学校教育における文化芸術活動の充実(10) 地域の特色ある文化芸術の振興(11) 交流の促進及び国内外への発信(12) 担い手の育成及び確保(13) 顕彰(14) 文化施設の充実(15) 身近な文化芸術活動の場の充実(16) 情報の収集及び提供(17) 民間の支援活動の活性化(18)	推進体制の整備(19) 財政上の措置の努力義務(20) 年次報告(21) 「知事は、毎年、県議会に、文化芸術の振興の状況及び文化芸術の振興に関する施策について報告するとともに、これを公表しなければならない。」(21) 山口県文化芸術審議会(第3章、22)	文化芸術振興基本法の影響を大きく受けている。文化力の向上（2⑥)という言葉が使われている点に特色がある。

制定年	名称	条例の対象領域・定義	目的	文化法の基本原則	基本計画等
				芸能、生活文化その他の多様な文化芸術の保護及び発展（2④）	
2007 (H19)	都留市文化のまちづくり条例	「文化芸術活動」（3、5、6、9） 文化財(11)	「潤いと活力に満ちた文化の薫り高いまちづくりに寄与すること」(1)	基本理念(3) 「文化芸術活動を行う者の自主性及び創造性が十分に尊重」（3①） 「市民等の幅広い文化的利益の享受及び文化芸術活動への参加」（3②） 「一人ひとりの優れた文化芸術活動を理解し、尊重することにより、表現の自由を保障し、本市の多様な文化芸術の保護及び発展」（3④） 「文化芸術振興基本法第2条に定める事項が尊重」（3⑤）	基本方針(8) 「市は、基本方針を策定しようとするときは、あらかじめ文化芸術活動を行う者その他広く市民の意見等を聴くものとする。」（8③）
2007 (H19)	中野市文化芸術振興条例	「文化芸術活動」（2①、4）	「市民一人ひとりが文化芸術に親しみ、文化芸術の香る心豊かな社会の実現に寄与すること」(1)	基本理念(2) 「文化芸術に関する活動を行う者の自主性及び創造性が十分に尊重」（2①） 「市民が等しく文化芸術を創造し、かつ、身近に触れ、親しむことができるような環境の整備」（2②） 「多様な文化芸術の発展」（2③）	基本方針(5) 「市長は、基本方針を策定するに当たっては、市民の意見を広く反映するよう努めるものとする。」（5②）
2007 (H19)	岩手県文化芸	「文化芸術活動」（2⑥、4）	「県民が豊かな文化芸術ととも	基本理念(2) 「県民一人ひとりの自	文化芸術振興指針

個別の施策	推進体制	コメント
	「委員は、学識経験を有する者のうちから知事が任命する。」(22③)	
子ども、高齢者、障害者等の文化芸術活動(9) 人材の育成(10) 文化財の保存及び活用(11) 顕彰(12)	市の責務(4) 財政上の措置の努力義務（4③）	「今こそ、市民一人ひとりが文化芸術を自ら実践し、これに親しみ、支えあい、活力に満ちた文化のまちへ大きく踏み出すことが重要であります。ここに、市民が文化的な環境を享受し、その個性と能力を生かし、心のふれあいを通じて、21世紀においても光輝く文化都市の実現に向けて力強く取り組むことを決意し、この条例を制定します」と前文で記載し、文化都市を宣言する。
人材及び団体の育成(6) 鑑賞等の機会の充実(7) 地域における文化芸術の継承及び発展(8)	財政上の措置の努力義務(9) 審議会の設置等(10-15) 「委員は、次に掲げる者のうちから市長が委嘱する。 (1)識見を有する者 (2)団体から推薦のあった者 (3)その他市長が必要と認める者」 (12②)	文化芸術振興基本法の影響を受けている。
第1節　文化芸術の振興 芸術及び芸能の振興(6)	財政上の措置の努力義務(20)	文化芸術振興基本法の影響を受けている。

制定年	名称	条例の対象領域・定義	目的	文化法の基本原則	基本計画等
	術振興基本条例	芸術及び芸能(6) 「伝統文化」(7) 「生活文化」(8) 「地域の歴史的又は文化的な景観」(18)	に生きる地域社会の形成に寄与すること」(1)	主性及び創造性が尊重(2①) 「文化芸術を創造し、及び享受することが人々の生まれながらの権利であることにかんがみ、県民が等しく文化芸術を鑑賞し、これに参加し、又はこれを創造することができるような環境の整備」(2②) 「広く県民の意見が反映されるよう十分に配慮」(2⑥)	(第2章、5) 「県は、文化振興指針を定めようとするときは、あらかじめ、県民の意見を反映することができるよう必要な措置を講ずるとともに、岩手県文化審議会の意見を聴かなければならない。」(5③)
2008 (H20)	岐阜県文化芸術振興基本条例	「文化芸術活動」(6) 「伝統文化」(9)	「心豊かな県民生活及び活力にあふれた地域社会の実現に寄与すること」(1)	基本理念(2) 「文化芸術の担い手は県民一人一人であるとの認識の下に、県民の主体性及び創造性が十分に尊重」(2①) 「県民が等しく、文化芸術にかかわる機会を持ち、これを創造することができるような環境の整備」(2②)	なし
2008 (H20)	神奈川県文化芸術振興条例	文化芸術(5) 「文学、音楽、美術、写真、演劇、舞踊、メディア芸術その他の芸術及び芸能」(5①) 「茶道、華道及	「真にゆとりと潤いの実感できる心豊かな県民生活の実現及び個性豊かで活力に満ちた地域社会の発展に寄与すること」(1)	基本理念(2) 「文化芸術を創造し、享受することが人々の生まれながらの権利であることにかんがみ、県民等が等しく文化芸術を鑑賞し、これに参加し、又はこれを創造	文化芸術振興計画の策定(4) 「知事は、文化芸術振興計画を定めるに当たっては、

文化条例項目別一覧表　323

個別の施策	推進体制	コメント
伝統文化の振興(7) 生活文化の振興(8) 第2節　文化芸術の認識及び創造 文化芸術の認識及び創造(9) 文化芸術の総合的把握及び記録(10) 文化財等の保存及び活用(11) 文化芸術創造活動に対する支援等(12) 第3節　文化芸術の発信等(13) 第4節　文化芸術の基盤整備 人材の育成(14) 文化芸術活動に対する支援等(15) 連携の促進(16) 文化施設の活用及び充実(17) 第5節　地域の歴史的又は文化的な景観の保全等(18) 第6節　顕彰(19)	岩手県文化芸術振興審議会（第4章、21-26) 「委員は、学識経験のある者のうちから14人以内を、岩手県文化財保護審議会の委員から2人を、それぞれ教育委員会の意見を聴いて、知事が任命する。」(22②)	
文化芸術活動の取組及び機会の充実(6) 文化芸術活動を担う者等の育成(7) 青少年の文化芸術活動の充実(8) 伝統文化の継承及び発展(9) 文化施設の充実(10) 文化芸術資源を活用した産業の振興等(11) その他文化芸術の振興(12)	県の責務(3) 財政上の措置の努力義務（3③) **岐阜県文化芸術振興基金の設置(13)**	努力義務規定であるが、「県は、地域の豊かな文化芸術資源を活用して、観光産業を始めとする産業の振興及び地域の活性化が図られるよう必要な措置を講ずるよう努めるものとする」とし、文化芸術と産業振興の融合の視点が見られる。
文化芸術の振興(5) 県民の文化芸術活動の充実(6) 芸術家等の育成等に関する支援等(7) 文化芸術団体の育成等(8) 子どもの文化芸術活動の充実(9) 学校教育における文化芸術活動の充実(10) 高齢者、障害者等の文化芸術活動の	財政上の措置の努力義務(20) 神奈川県文化芸術振興審議会（附属機関の設置に関する条例)	文化芸術振興基本法の影響を受けている。 基本理念(2)に「創造的活動が、…地域の活性化に資する」2（④)と明記するほか、「県は、地域における文化資源を活用した観光の振興その他の地域の活性化を図る

制定年	名称	条例の対象領域・定義	目的	文化法の基本原則	基本計画等
		び書道その他の生活に係る文化」（5②）「伝統的な芸能」「文化財その他の伝統的な文化芸術」（5③）「自然景観」「歴史的景観」「都市景観」（15）	※「文化資源を活用した地域づくりの推進を図り」（1）との記載を置く点に特色。	することができるような環境の整備」（2①）「文化芸術の担い手は県民であるとの認識の下に、県民の自主性及び創造性が尊重」（2②）「文化芸術の多様性が尊重」（2③）	神奈川県文化芸術審議会の意見を聴かなければならない。」（4③）
2008(H20)	古賀市文化芸術振興条例	定義(2)「文化芸術　美術、音楽、演劇、伝統芸能その他の芸術並びに地域の伝統及び生活に根ざした文化をいう。」（2①）	「心豊かな市民生活の実現及び活力ある地域社会の形成に寄与すること」（1）	基本理念(3)「市民一人ひとりがその担い手であるということを踏まえ、市民及び民間団体等の主体性及び創造性が十分に尊重」（3①）「すべての人々が多様な文化芸術を創造し、享受する権利を有していることにかんがみ、市民が文化芸術を鑑賞し、これに参加し、又はこれを創造することができる環境の整備」（3②）	なし
2008(H20)	昭島市文化芸術振興基本条例	「文化芸術活動」（2①、4、5、6②）「歴史的文化遺産と伝統的な文化芸術」（6②V）	「心豊かな市民生活及び活力ある地域社会の実現に寄与すること」（1）	基本理念(2)「市民の自主性及び創造性が十分に尊重、市民による多様な文化芸術活動が促進」（2①）「すべての市民が文化芸術を創造し、享受する権利を有することを踏まえ、市民が等しくこれを鑑賞し、これに参加し、又はこれを創	基本方針(6)

個別の施策	推進体制	コメント
充実(11) 文化芸術に関する交流の推進 [(12) 創造的活動等の推進(13) 文化資源の活用(14) 景観の形成(15) 文化施設の充実等(16) 情報通信技術の活用(17) 文化芸術活動に対する支援の促進(18) 顕彰(19)		ため、当該文化資源に関する情報の収集および発信その他必要な施策を講ずるよう努めるものとする」(14)とし、文化資源を活用した観光振興等を謳った点に特色がある。
施策の立案及び実施に係る基本方針(7) ※文化基本計画の策定義務を置いているわけではない。	審議会の設置(8) 「委員は、文化芸術に関し識見を有する者、市民及び民間団体等を代表する者のうちから、市長が委嘱する。」(8⑤)	久留米市［2005］と似た文化芸術の定義規定を置く点に特色がある。文化基本計画の策定義務を欠く。
情報の収集及び提供(8) 顕彰(9)	財政上の措置の努力義務(7) 施策形成への市民の意見の反映等努力義務(10)	文化芸術振興法の影響を受けつつも、京都市［2005］と同様に伝統的な文化芸術という言葉を使う点に特色がある。

制定年	名称	条例の対象領域・定義	目的	文化法の基本原則	基本計画等
				造することができるような環境の整備」(2②) 「広く市民の意見が反映」(2⑤)	
2008 (H20)	旭川市文化芸術振興条例	「文化芸術活動」(2、5②) 「アイヌの人々をはじめ、先人から受け継がれてきた文化芸術」(2④) アイヌ文化(5②ⅤⅣ) 「地域の歴史的文化遺産」(5②Ⅹ)	「心豊かな県民生活及び活力ある地域社会の実現に寄与すること」(1)	基本理念(2) 「市民の誰もが多様な文化芸術を創造し、享受する権利を有することを踏まえ、文化芸術に関する活動を行う市民等の自主性及び創造性が十分に尊重」(2①) 「市民等の文化芸術に接する機会の拡充及び文化芸術活動が活発に行われるような環境の整備」(2③) 「アイヌの人々をはじめ、先人から受け継がれてきた文化芸術の保存、継承及び発展」(2④)	基本計画(5) 「市は、基本計画を策定するに当たっては、市民等の意見を反映することができるように必要な措置を講じなければならない。」(5③)
2008 (H20)	和歌山県文化芸術振興条例	「芸術」(5) 「メディア芸術」(6) 「伝統芸能」(7) 「芸能」(8) 「生活文化及び国民娯楽」(9) 「文化財等」(10) 「市民文化」(11)	「心豊かな県民生活及び活力ある地域社会の実現に寄与すること」(1)	基本理念(2) 「文化芸術を創造し、享受することが人々の生まれながらの権利であることにかんがみ、すべての県民が等しく文化芸術の創造、鑑賞、継承、支援その他の活動に参加することができるような環境の整備」(2①) 「県民一人一人が文化芸術の担い手であるとの認識の下、自主性及び創造性の尊重」(2	文化芸術振興基本計画(第2章、4) 「知事は、基本計画を定めるに当たっては、県民の意見を反映させるために必要な措置を講じなければならない」(4③)

文化条例項目別一覧表　327

個別の施策	推進体制	コメント
顕彰(7)	**財政上の措置の措置義務(6)**	アイヌ文化への配慮や財政上の措置の措置義務(6)の規定に特色がある。 文化条例には反映されていないが、2008年8月5日の旭川市文化芸術振興条例（仮称）検討懇話会第5回で、創造都市論が議論されている ※市のWebページで確認した。
芸術の振興(5) メディア芸術の振興(6) 伝統芸能の継承及び発展(7) 芸能の振興(8) 生活文化及び国民娯楽の普及(9) 文化財等の保存及び活用(10) 市民文化の振興(11) 文化情報の収集及び発信(12) 文化交流活動の促進(13) 参加機会の提供(14) 文化芸術活動の担い手の育成(15) 青少年の文化芸術活動の充実(16) 高齢者の文化芸術活動の充実(17) 顕彰(18)	なし	文化芸術振興基本法の大きな影響を受けている。個別の施策に関する規定を努力義務規定とする文化条例が多いなか、文化芸術振興基本法と同様措置義務規定とする。 推進体制に関する規定を欠く。 「ボランティア活動、寄附等の助成活動その他の文化芸術支援活動への県民の参加の促進に必要な施策を講ずるものとする」(13条)という規定をおく点に特色がある。

制定年	名称	条例の対象領域・定義	目的	文化法の基本原則	基本計画等
				②) 「その多様性が尊重されるとともに、地域における多様な価値観の共生が図られるよう配慮」（2③）県の責務（3） 広く県民の意見が反映（3③）	
2008 (H20)	栃木県文化振興条例	「文化活動」（2⑤、5、6） 「芸術及び芸能」(8) 「生活文化等」(9) 「文化財」(10) 「伝統的な文化」(11)	「心豊かな県民生活及び活力ある地域社会の実現に寄与すること」(1)	「県民一人ひとりの自主性及び創造性が尊重」（2①） 「文化を創造し、及び享受することが人々の生まれながらの権利であることにかんがみ、県民が等しく文化を鑑賞し、これに参加し、又は、これを創造することができるような環境の整備」（2②） 「多様な文化の保護及び発展」（2③）	文化振興基本計画(7) 「知事は、文化振興基本計画を定めようとするときは、あらかじめ、栃木県文化振興審議会の意見を聴かなければならない。」（7③）
2008 (H20)	明石市文化芸術創生条例	定義(2) 「文化芸術」とは、文化芸術振興基本法が対象とする文化芸術その他多様な文化領域を含むものをいう。（2①） 「文化芸術活動」	「心豊かでうるおいとやすらぎのある市民生活と個性豊かで活力のある地域社会の実現及び地域を支える人づくりに寄与すること」(1)	基本理念(3) 「市民一人ひとりの自主性及び創造性が尊重」 「文化芸術の内容に対して、介入し、及び干渉することのないよう細心の注意」（3①） 「文化芸術活動が市民の権利であるととら	基本計画の策定(9) 「市長は、基本計画を策定しようとするときは、あらかじめ、次条第1項の明石文化芸

個別の施策	推進体制	コメント
芸術及び芸能の振興(8) 生活文化等の振興(9) 文化財の保存等(10) 伝統的な文化の保存等(11) 文化交流の推進(12) 文化情報の発信(13) 文化活動の担い手の育成(14) 鑑賞等の機会の充実(15) 高齢者、障害者等の文化活動の充実(16) 学校教育等における文化活動の充実(17) 文化施設の充実及び活用(18) 文化情報の収集及び提供(19) 文化による地域づくり(20) 文化をはぐくむ環境の整備(21) 市町村及び文化団体等との連携等(22) 民間の支援活動等の促進(23) 顕彰(24)	推進体制の整備(25) 財政上の措置の努力義務(26) 栃木県文化振興審議会(第4章、27) 「委員は、学識経験を有する者のうちから、知事が任命する」(27④)	文化芸術振興基本法の影響を受けている。 大分県［2003］、宮城県［2004］、鹿児島県［2004］の文化による地域づくりの条項をより充実させ、「県は、文化が、家庭や地域社会に潤いをもたらすとともに、地域の特色ある産業の創出及び活性化に寄与することにかんがみ、文化による地域づくりに必要な施策を講ずるように努めるものとする」(20)とし、文化が地域産業の創出や地域活性化に寄与することに着目する。
基本施策(8)	市の役割(6) 財政上の措置の努力義務（6②） 文化芸術創生会議(10)	文化芸術、文化芸術活動の定義規定を置く点(2)、目的規定に「人づくり」(1)を入れた点、文化法の基本原則に配慮がある点(3)に特色がある。文化政策研究者が関与している。

制定年	名称	条例の対象領域・定義	目的	文化法の基本原則	基本計画等
		とは、文化芸術を鑑賞し、これに参加し、又はこれを創造する活動をいう。(2②)		え、市民が等しく文化芸術活動ができるような環境の整備」(3③) 「多様な文化芸術及び価値観を理解し、尊重」(3④)	術創生会議の意見を聴かなければならない。」(9②) 「市長は、基本計画を策定するに当たっては、市民の意見を反映することができるよう、必要な措置を講ずるものとする。」(9③)
2008 (H20)	東大阪市文化芸術振興条例	「文化芸術活動」(2、4、5)	「市民生活にゆとりやうるおいを育み、地域社会の発展に寄与すること」(1)	基本理念(2) 「文化芸術の創造の主体である市民及び事業者の自主性及び創造性が十分に尊重」(2①) 「誰もが文化芸術を享受し、文化芸術活動に参加し、及び文化芸術を創造することのできる権利が、文化的権利として確立」(2②) 「人々が出会い、交流する、開放性、多様性及び国際性に富んだ都市」(2③) 「文化芸術活動の担い手となる人材を発掘し、育成するとともに、その能力を十分に発揮することのできる	基本方針(6) 「市長は、基本方針の策定に当たっては、あらかじめ、東大阪市文化芸術審議会の意見が反映されるよう適切な措置を講ずるものとする。」(6②)

個別の施策	推進体制	コメント
文化的環境の整備等(8) 文化芸術活動における交流(9) 情報の収集、整備及び発信(10) 人材の育成(11) 子ども、高齢者、障害者、外国人等の文化芸術活動の充実(12) 顕彰(13)	財政上の措置の努力義務(7) 審議会の設置(14) 「基本方針の策定及び変更…を調査及び審議するため東大阪市文化芸術審議会を設置する。」(14①)	文化権や、文化芸術振興基本法の環境整備の条項で使われた参加権を明記し、文化権の保障が社会権的側面に及ぶ可能性を示唆した点に特色がある。 文化政策研究者が関与している。

制定年	名称	条例の対象領域・定義	目的	文化法の基本原則	基本計画等
				環境を整える」（2④）「文化芸術活動を行う者及び市民等の意見が反映」（2⑥）	
2009 (H21)	我孫子市文化振興条例	「文化芸術活動」(6) 「市特有の文化」(9) 「歴史的文化遺産」(11)	「心豊かな市民生活及び活力ある地域社会の実現に寄与すること」(1)	基本理念(3) 「市民及び団体が文化芸術の担い手であることを認識し、文化芸術活動を行う市民等の自主性及び創造性が尊重」（2①） 「文化芸術を創造し、享受することが人々の生まれながらの権利であることにかんがみ、市民等が等しく、文化を鑑賞し、これに参加し、及び創造することができるような環境の整備」（2②） 「市民等の意見が反映」（2⑤）	基本方針(15) 「市は、基本方針の策定に当たっては、広く市民等の意見を聴くものとする。」（15②）
2009 (H21)	埼玉県文化芸術振興基本条例	「文化芸術活動」（2、3③） 「文学、音楽、美術、演劇、舞踊、メディア芸術その他の芸術及び落語、歌唱その他の芸能」（6①） 「能楽、歌舞伎その他の伝統芸能」（6②） 「茶道、華道、書道、盆栽、衣食住等に係る生活様式その他の	「心豊かな県民生活及び活力ある社会の実現に寄与すること」(1)	基本理念(2) 「文化芸術活動を行う者の自主性が十分に尊重」（2①） 「県民の主体的で多彩な文化芸術活動の展開」（2②） 「文化芸術を創造し享受することが、県民の生まれながらの権利であることを踏まえ、県民が等しく文化を鑑賞し、これに参加し、又はこれを創造することができるような環境の整備」（2③）	文化芸術振興計画(4) 「県は、文化芸術振興計画を定めるに当たっては、あらかじめ、県民の意見を反映することができるよう必要な措置を講じなければならない。」

文化条例項目別一覧表　333

個別の施策	推進体制	コメント
文化芸術振興のための支援等(6) 子どもの文化芸術活動に係る施策の充実(7) 高齢者、障害者等の文化芸術活動に係る施策の充実(8) 市特有の文化の継承と創造(9) 人材の育成(10) 歴史的文化遺産の保存等(11) 情報の収集と提供(12) 顕彰(16)	財政上の措置の努力義務(13) 推進体制の整備(14)	文化芸術振興基本法の影響を受けている。 前文で「文化芸術は、人々の感性を磨き、創造性を高め、柔軟で活力ある地域社会を持続させる根源的な力を持っている。…心豊かなまちづくりを推進できるよう、ここにこの条例を制定する」と規定し、文化芸術の創造性に着目する。
文化芸術の鑑賞等の機会の充実(5) 文化芸術振興のための措置(6) 文化芸術による地域づくり(7) 文化芸術活動の担い手の育成及び確保(8) 学校教育における文化芸術活動の充実(9) 青少年の文化芸術活動の充実(10) 高齢者、障害者等の文化芸術活動の充実(11) 文化芸術交流の推進(12) 文化芸術施設の充実及び活用等(13) 情報通信技術の活用の推進(14) メセナ活動の促進(15)	推進体制の整備(16) 財政上の措置の努力義務(17)	栃木県［2008］の文化による地域づくり(20)の規定を発展させ「県は、地域に根ざした独創的で優れた文化芸術が地域の発展に大きな役割を果たすことから、文化芸術による地域づくりに努めるものとする」(7)と規定し、文化芸術の独創性が地域の発展に大きな役割を果たすことに着目している。 メセナ活動推進の努力義務規定を置く(15)。 議員立法で制定。

制定年	名称	条例の対象領域・定義	目的	文化法の基本原則	基本計画等
		生活文化」（6③)		文化芸術活動を行う者その他広く県民の意見が反映（2⑥)	（4③)
2009 (H21)	滋賀県文化振興条例	「文化活動」(2、3③)「文学、音楽、美術、写真、演劇、舞踏、メディア芸術その他の芸術」(5)「文化財その他の地域において継承されてきた文化的資産」(6)「魅力ある風景」(7)	「心豊かで潤いのある県民生活および個性豊かで活力にあふれる地域社会の実現に寄与すること」(1)	基本理念(2)「県民一人ひとりが文化の担い手であることにかんがみ、文化活動を行う者の自主性が尊重、創造性が十分に発揮」(2①)「文化を創造し、および享受することが人々の生まれながらの権利であることにかんがみ、県民が等しく文化活動を行うことができるような環境の整備」(2②)「地域の特色ある文化、新たに創造される文化その他の多様な文化がすべての県民にはぐくまれ、次の世代に継承されるよう配慮」(2④)県の責務(3)広く県民の意見が反映（3②)	文化振興基本方針（第2章、4)「知事は、文化振興基本方針を定めるに当たっては、あらかじめ、県民の意見を反映することができるよう必要な措置を講じなければならない。」（4③)「知事は、…滋賀県文化審議会の意見を聴かなければならない。」(4④)
2009 (H21)	長野市文化芸術及びスポーツの振興による文化力あふれるまちづく	「自主的かつ主体的な文化芸術活動及びスポーツ活動」(4)	「文化力あふれるまちづくりの実現に寄与すること」(1)	基本理念(2)「市民等の自主性及び主体性が十分に尊重」(2②)「市民等が等しく文化芸術及びスポーツに親しみ、参加し、又はこれらの活動を活発に行うことができる環境の整備」(2⑤)	なし

個別の施策	推進体制	コメント
芸術活動の促進(5) 地域において継承されてきた文化的資産の保存及び活用(6) 魅力ある風景の保全及び継承(7) 文化活動の場の充実(8) 文化に関する情報の発信および取得(9) 文化に関する交流の推進(10) 産業の分野との連携(11) 高齢者、障害者等の文化活動の充実(12) 青少年の文化活動の充実(13) 学校教育における文化活動の充実(14) 文化の継承および発展を担う人材の育成(15)	滋賀県文化審議会（第4章、16-17） ※「委員は、文化の振興に関し学識経験を有する者および県民から公募した者のうちから知事が任命する。」(17②)	文化芸術振興基本条例の影響を受けている。香川県［2007］、岐阜県［2008］、神奈川県［2008］は文化資源を活用した産業の振興等の努力義務規定を置く。滋賀県はこの規定を措置義務規定として採り入れた点（11条）、都道府県レベルで審議会委員に県民を入れている点に特色がある。 県は、観光その他の産業の分野の発展とともに文化の振興を図るため、これらの分野への文化的資産の活用その他の必要な施策を講ずるものとする。(11)
なし	財政上の措置の努力義務(5)	文化芸術とスポーツの振興を同一条例で謳う点に特色がある。

336　第4編　文化条例研究資料

制定年	名称	条例の対象領域・定義	目的	文化法の基本原則	基本計画等
	り条例				
2009 (H21)	西東京市文化芸術振興条例	「文化芸術活動」（2、3②、5）	「地域における文化芸術の振興を図ること」(1)	基本理念(2) 「文化芸術活動を行うすべての市民及び団体等の主体性及び創造性が尊重」（2②）	基本計画の策定(6) 「市長は、基本計画を策定するときは、あらかじめ、市民の意見を聴き、基本計画に反映させるものとする」（6②）
2009 (H21)	逗子市文化振興条例	定義(2) 「文化」とは、多様な芸術及び人間の感性を豊かにする知的な活動をいう。（2①） 「文化活動」とは、…広く文化を創造し、継承し、鑑賞し、又はこれに参加することをいう。（2②）	「心豊かな市民生活の実現に寄与すること」(1)	基本方針(3) 「文化を創造し、及び享受するための文化活動を行うことは、市民の権利」（3①） 「市は…文化活動を行う者の自主性及び創造性を十分に尊重、文化の内容に対しては、原則として介入しないよう留意」（3②）	基本計画の策定(5) 「基本計画の策定に当たっては、市民、学識経験を有する者、市内の文化活動を行う団体等からの推薦を受けた者等を持って構成される組織を設置するものとする。」（5③） 「市は、基本計画の策定に当たっては、あらかじめ広く市民の意見を聴くため

文化条例項目別一覧表　337

個別の施策	推進体制	コメント
重点目標及び基本施策(7) 文化芸術活動における施設の運営(9)	市の役割(4) 財政上の措置の努力義務（4②) 推進機関の設置(8)	文化芸術振興基本法の影響を受けている。
なし	基本計画の推進(6) **調査、評価組織の設置(7)** 財政上の措置の努力義務(8)	小金井市［2006］にならい、「文化活動」と「文化」を明確に定義している点(2)、基本計画の推進についての調査、評価組織を設置している点(7)に特色がある。 「市は、基本計画の推進に当たって、基本計画に基づく施策、事業等が的確に実施されているかどうか等について、調査、評価等を行う組織を設置するものとする。」(7①) 「前項の組織は、基本計画の内容及び基本計画に基づく施策、事業等の評価、見直し等について調査、検討を行い、その結果に基づき市に提言するものとする。」(7②)

制定年	名称	条例の対象領域・定義	目的	文化法の基本原則	基本計画等
					に必要な措置を講じるものとする。」（5④)）
2009 (H21)	宗像市文化芸術振興条例	「定義（2）文化芸術　美術、音楽、写真、演劇、舞踏その他の芸術、伝統芸能及び地域の伝統又は生活に根ざした文化並びに文化財等をいう。」（2①）「文化芸術活動　文化芸術の鑑賞、創造及び継承活動をいう。」（2③）	「文化芸術活動を促進し、文化芸術活動によるまちづくりに寄与する」（1）	基本理念(3)「文化芸術を創造し、及び享受することは人々の生まれながらの権利であることにかんがみ、すべての市民等が文化芸術活動に親しめる環境整備」（3①）「文化芸術活動を行う者の自主性及び創造性が十分に尊重」（3②）	文化芸術振興ビジョン(7)「市は、振興ビジョンを策定しようとするときは、宗像市市民文化・芸術活動審議会の意見を聴かなければならない」（7②）
2009 (H21)	寝屋川市文化振興条例	「自主的かつ主体的な文化活動」（4）芸術・生活文化の振興(5)「文化財」（6）「地域文化」（7）	「心豊かな市民生活及び活力ある地域社会の実現に寄与すること」（1）	基本理念(2)「市民（寝屋川市に住み、働き、学び、又は活動する個人、団体及び事業者をいう。以下同じ。）の自主性及び創造性並びに文化の多様性が尊重」（2①）「市民が文化を創造し、享受することができる環境の整備」（2②）	なし

文化条例項目別一覧表　339

個別の施策	推進体制	コメント
なし	市の責務(6) 財政上の措置の努力義務(6③)	前文、基本理念（3③）で、文化芸術の領域横断的な活用を謳う。 「文化芸術は、教育、福祉、健康、医療、観光等の幅広い分野にも波及していく可能性を有しています。私たちは、文化芸術が持つ力を宗像市の政策に取り入れ、文化芸術の振興を通じて総合的なまちづくりを進めていくために、この条例を制定します」（前文） 「文化芸術は、…教育、福祉、健康及び医療の充実、さらに観光産業等の地域経済の活性化、市のイメージ向上につながる力を有するものであることを踏まえ、今後のまちづくりに文化芸術の力が活かされなければならない」（3③）
芸術・生活文化の振興(5) 文化財の保存等(6) 地域文化の振興(7) 市民の鑑賞等の機会の充実(8) 人材等の育成(9) 情報の提供等(10)	寝屋川市文化振興会議の設置(10) 「委員は、市民、学識経験を有する者及び関係団体の代表者等のうちから、教育委員会が委嘱する。」（11④）	振興会議の委員に市民を入れている点に特色がある。

340　第4編　文化条例研究資料

制定年	名称	条例の対象領域・定義	目的	文化法の基本原則	基本計画等
2009 (H21)	大和市文化芸術振興条例	「文化芸術活動」（4③）	「心豊かで潤いのある市民生活及び活力ある地域社会の実現に寄与すること」(1)	基本理念(2) 「文化芸術を創造し、享受することが人々の生まれながらの権利であることにかんがみ、市民が文化芸術に親しむことのできる環境をつくる」（2①） 「市民の自主性及び創造性並びに文化芸術の多様性を尊重」（2②）	文化芸術振興基本計画(7) 「市長は、大和市文化芸術振興基本計画を策定し、又は改定しようとするときは、次条に規定する大和市文化芸術振興審議会の意見を聴かなければならない。」（7②）
2009 (H21)	朝倉市文化芸術振興条例	定義(2) 「文化芸術　美術、音楽、演劇、その他の芸術、伝統芸能、文化財並びに地域の伝統及び生活に根ざした文化をいう。」（2①）	「心豊かな市民生活及び地域の活力に根ざした文化芸術の創造に取り組むまちづくりに寄与すること」(1)	基本理念(3) 「文化芸術活動を行う者の自主性が尊重」（3①） **「文化芸術を創造し、享受する者の権利の尊重、多種多様な文化芸術の保存及び発展」（3②）** 「市民及び民間団体等が等しく文化芸術を鑑賞し、これに参加し、又はこれを創造することができるよう環境の整備」（3③）	なし
2009 (H21)	新宿区文化芸術振興基本条例	「文化芸術活動」（3①） 地域の伝統、文化等(9)	「文化芸術の担い手となるあらゆる主体の相互のかかわりを通して、新宿のま	基本原則(3) 「区民は、自らが文化芸術の担い手となることを自覚し、自主的かつ持続的な文化芸術活	なし

個別の施策	推進体制	コメント
子どものための施策推進(5) 多文化共生のための施策推進(6) 顕彰(9)	文化芸術振興審議会(8)	文化芸術振興基本法の影響を大きくうけている。 地域の実態に鑑み多文化共生のための施策推進の措置義務規定(6)を置く点に特色がある。 「市は、国籍、民族等の異なる市民が互いの文化を認め合い、多様な文化が共生するための施策を推進するものとする。」(6)
基本的施策(7)	朝倉市文化芸術審議会の設置(8)	古賀市［2008］とほぼ同様の文化芸術の定義規定を置く点に特色がある。
地域の伝統、文化等の保護等(9) 子どもの文化芸術活動への参加等の機会の確保(10) 文化芸術に関する情報の収集、提供等(11)	文化芸術振興会議（第3章、17-19） 「委員は、学識経験を有する者、区内に住所を有する	新宿区は、前文、目的で、まちの特性を生かした文化芸術の創造性を明確に謳っている他、個別の施策で「文化芸術に関する人的なネットワーク

制定年	名称	条例の対象領域・定義	目的	文化法の基本原則	基本計画等
			ちの特性を生かした発展的な文化芸術の創造に資すること」(1)	動を行う」(3①)「区民は、等しく文化芸術を鑑賞し、これに参加し、又はこれを創造することができる環境の整備」(3⑤)	
2009 (H21)	芦屋市文化基本条例	定義(2)「文化 芸術、芸能、生活文化など文化芸術振興基本法が対象とするもののほか、学術、景観、観光その他の創造的活動をいう。」(2①)「文化活動 文化を創造し、若しくは享受し、又はこれらの活動を支援し、若しくは継承することをいう。(2②)	「豊かな人間性をはぐくむ人づくり及び個性豊かで幅広い芦屋文化が創造される活力のあるまちづくりの実現に資すること」(1)	基本理念(3)「文化の担い手である市民一人一人の自主性及び創造性が尊重」(3①)「文化を創造し、享受することが人々の生まれながらの権利であることにかんがみ、市民が等しく文化活動を行うことができるような環境の整備」(3③)「文化の多様性が尊重されるとともに、地域における多様な文化の共生が図られるよう配慮」(3④)「市の役割及び責務(6) 市は…文化の内容に介入し、又は干渉することがないよう十分に配慮」(6④)	文化振興基本計画(8)「市長は、文化振興基本計画を定めるときは、あらかじめ芦屋市附属機関の設置に関する条例に規定する芦屋市文化振興審議会の意見を聴かなければならない。」(8③)
2009 (H21)	筑紫野市文化芸術振興条例	「文化活動」(4、5)	「心豊かな市民生活及び活力ある地域づくりに寄与すること」(1)	基本原則(2)「市民が等しく文化に触れ、これに参加し、又はこれを創造することができるような環境を整備」(2①)	文化振興計画(6)

文化条例項目別一覧表　343

個別の施策	推進体制	コメント
文化芸術に関する環境の整備(12) 公共的空間の活用(13) 人材の発掘、育成等(14) 多文化の交流の促進(15) 表彰(16) ※地域の実態に鑑み、多文化の交流の促進(15)の努力義務規定を置く点に特色。	者、文化芸術団体の構成員、教育の関係者及び企業等のうちから区長が委嘱する。」(19③)	の構築」(12)「私たち区民は、人々が文化芸術を鑑賞し、これに参加し、又はこれを創造できる場を提供するため、公共的空間の積極的活用」等努力義務規定を置く(13)。 「文化芸術創造のまち新宿」を実現することを決意し、ここに、この条例を制定する。(前文)
伝統的文化の保存等(9) 文化活動を行う機会の充実(10) 高齢者、障害者等の文化活動の充実(11) 青少年の文化活動の充実(12) 学校教育における文化活動の充実(13) 文化活動の担い手の育成(14) 良好な景観の形成(15) 国内及び国外との交流(16) 情報の収集等(17) 文化活動に対する支援(18) 文化活動に対する民間支援活動の促進(19) 顕彰(20)	市の役割及び責務(6) 財政上の措置の努力義務(6②) 芦屋市文化振興審議会(8③、芦屋市附属機関の設置に関する条例) 「(1)学識経験者 (2)市民 (3)その他市長が適当と認める者(芦屋市附属機関の設置に関する条例)	文化基本条例という名称が使われている点、「文化」「文化活動」(2)が明確に定義されている点、文化法の基本原則への配慮がある点に特色がある。 文化政策研究者が関与する。
なし	市の役割(3) 財政上の措置の努力義務(3④) 文化振興審議会の設置(7)	文化芸術振興基本法の影響を受けている。

制定年	名称	条例の対象領域・定義	目的	文化法の基本原則	基本計画等
				「文化活動を行うものの自主性及び創造性を十分に尊重」（2③） 市の役割(3) 「広く市民の意見を反映」（3②）	
2010 (H22)	宇部市文化の振興及び文化によるまちづくり条例	定義(2) 「文化」とは、芸術、芸能、伝統文化、生活文化その他市民が主体的に行う創造的な諸活動及び文化財（近代化産業遺産（日本の産業の近代化を支えた建造物、機械等で、経済産業省が各地域から募集し、認定した文化遺産の一分類をいう。）を含む。以下同じ。）をいう。(2)	「子どもたちの健やかな成長、心豊かな市民生活及び活力あるまちの創造に寄与すること」(1) ※「文化によるまちづくりに関する施策を総合的かつ計画的に推進し」(1)との記載もある。	基本理念(3) 「文化活動を行う市民等の自主性及び創造性並びに活動の多様性を尊重」（3Ⅰ） 「市民すべてが文化を創造し、及び享受することができることを尊重し、市民の文化意識が高まり、市民等の文化活動が活発に行われるような環境の整備」（3Ⅲ） 「文化の振興に関する活動及び取組を観光、産業その他の分野の活動に連携させ、市の活力を高めること」（3Ⅳ）を基本理念に置く点が特色。	基本方針の策定(6) 「市長は、基本方針を定めようとするときは、あらかじめ次条に規定する審議会の意見を聴かなければならない（6③）
2010 (H22)	小豆島町芸術文化のまちづくり条例	「芸術を活かした地域づくり」（前文、1、2、3）	「豊かで潤いある地域社会の実現及び小豆島の発展に資すること」(1) ※「芸術を活かした地域づくりに関する施策を住民の理解と協力を得つつ推進し」(1)との記載がある点に特色。	なし	なし

文化条例項目別一覧表　345

個別の施策	推進体制	コメント
なし	市の役割(4) 財政上の措置の努力義務（4②） 審議会(7) 「委員は、市民、学識経験者及び文化活動を行う関係者又は関係団体の代表者のうちから、市長が任命する。」（7③）	以下の前文を置く点に特色がある。 「そして、それらの活動は、荒廃した生活空間や青少年の心の蘇生を願い、「自然と人間の接点を芸術から」という先駆的な観点で始まった野外彫刻でまちを飾る運動へと発展し、本市独自の文化が創造されました。 この独自の文化は、ビエンナーレ形式の野外彫刻展という形で歴史を刻み、まちの至る所で野外彫刻が鑑賞できる本市固有の情景が生まれました。 また、市内には、産業都市としての本市の歩みを印象づける数々の近代化産業遺産があります。」
施策の基本方針(7) 地域の指定(8) 拠点の整備(9)	町の役割(3) 財政上の措置の努力義務（3②） 検討会(6) 「本町における芸術の振興を図るため、町長の附属機関として、アートフィールド検討会を置く」(6) **基金に関する規定(10-14)**	「私たちは、これまで多くの芸術家が訪れたオリーブの丘や、町中が美術館として数多くの石彫作品が配置されている島の東部、今後多くの芸術家を輩出するであろう芸術家村など芸術との関わりを大切にしてきた。 こうした地域の個性や営みを活かしつつ、今後も小豆島を若手芸術家の創作活動の場、作品展示の場とする取り組みは、先進的かつ個性的な地域

制定年	名称	条例の対象領域・定義	目的	文化法の基本原則	基本計画等
2010（H22）	久米南町文化振興条例	「文化芸術に関する活動」(1)	「新たな文化の町久米南の創造と振興に寄与すること」(1)「文化と思いやりのあるまちづくりの推進を図り」(1)との記載もある。	「文化的な環境を享受し、幸福を求めることは、人々の生まれながらの権利である」（前文）「広く町民が文化芸術を鑑賞し、参加し、創造することのできる環境の整備」(2①)「すべての町民の自主性及び創造性を尊重」(2②)	なし
2010（H22）	清須市文化芸術振興条例	「文化芸術活動」(6)	「心豊かな市民生活と活力ある地域社会の実現に寄与すること」(1)	「市民の自主性及び創造性が十分に尊重」(3①)「市民による多様な芸術活動が促進されるよう配慮」(3①)「文化芸術を創造し、享受することが人の生まれながらの権利であることを踏まえ、全ての市民が等しくこれを鑑賞し、これに参加し、又はこれを創造することができるような環境の充実」(3②)「広く市民の意見が反映」(3⑤)	なし
2010（H22）	高砂市文化振興条例	定義(2)「文化」とは、文化芸術振興基本法（平成13年法律第148号）が対象とするもののほか、学	「心豊かな市民生活と活力あるまちの発展及び創造に寄与すること」(1)※「文化活動の振興及び文化の持つ	基本理念(3)「文化活動を行う市民、団体等の自主性及び創造性並びに文化活動の多様性が尊重」(3①)「市民全てが文化を創	基本方針の策定(5)「市長は、基本方針を定めるときは、あらかじめ市民、

文化条例項目別一覧表　347

個別の施策	推進体制	コメント
		づくりの一翼を担うものである。」との前文を置く点に特色がある。
文化芸術の振興(5)		
文化芸術に関するネットワークの整備等(7) 人材の育成(8) 伝統的文化等の保存及び継承並びに地域文化の発展(9) 国際文化交流(10) 顕彰(12)	財政上の措置の努力義務(11)	努力義務規定であるが、文化芸術に関するネットワークの整備等(7)、人材の育成(8)の規定を置く点に特色がある。
なし	高砂市文化振興審議会（5⑤）	「文化」と「文化活動」の両者の定義規定を置いたこと、文化活動を他分野の活動に連携させようとしている点に特色がある。

制定年	名称	条例の対象領域・定義	目的	文化法の基本原則	基本計画等
		術、景観、観光、市民、団体等が主体的に行う創造的活動、人間の自然との関わりや風土の中で生まれ、育ち、身に付けていく立ち居振る舞い、衣食住をはじめとする暮らし、生活様式又は価値観等、人間と人間の生活に関わる総体をいう。(2①) 「文化活動」とは、文化を創造し、学び、若しくは享受し、又はこれらの活動を支援し、若しくは継承することをいう。(2②)	力によるまちづくりを進めるための基本理念を定めるとともに……文化の振興によるまちづくりに関する施策を総合的かつ計画的に推進し」(1)との記載もある。	造し、学び、及び享受することができることを尊重し、市民の文化意識が高まり、市民、団体等の文化活動が活発化するような環境の整備」(3②) ※「文化の振興によるまちづくりに当たっては、文化活動を福祉、教育、地域社会、産業等他の分野の活動に連携させ、市の活力が高められなければならない」(3④)を基本理念に置く点が特色。	団体等の意見を反映することができるよう、必要な措置を講ずるものとする。」(6②)
2011 (H23)	島根県文化芸術振興条例	「文化芸術活動」(2①、3③、4)	「心豊かで潤いがあり、活力に満ちあふれた魅力的な地域社会の実現に寄与すること」(1)	「県民の自主性及び創造性が十分に尊重」(2①)	なし
2011 (H23)	さいたま市文化芸術都市創造条例	「文化芸術活動」(2Ⅱ、3⑤) 定義(2) 「文化芸術 次に掲げる芸術等であって、盆栽、漫画、人	「市民等が生き生きと心豊かに暮らせる文化芸術都市を創造する」(1)	基本理念(3) 「市民等の自主性が尊重」(3②) 「地域で育まれてきた文化芸術の保存及び活用並びに新たな文化芸術に配慮された環境の	文化芸術都市創造のための計画(6) 「市長は、前項の計画の策定及び

文化条例項目別一覧表　349

個別の施策	推進体制	コメント
文化芸術活動の振興に関する基本的施策(5) 文化芸術に関する情報の収集及び発信(6) 顕彰(7)	なし	文化芸術振興基本法の影響を受けている。基本計画の策定義務がない。 議員立法で制定。
文化芸術都市創造に関する施策(7) 他の施策への配慮(8)	**財政上の措置の措置義務(9)** 審議会の設置(10) 「第6条1項の計画の策定及び文化芸術都市の創造に	前文で「文化芸術の持つ伝統と新しい文化芸術の持つ創造性により、本市の経済や教育、都市計画等の様々な分野に影響を与え、地域の活性化を図り、新たな都市としての魅力を高め、文化芸術都市と

制定年	名称	条例の対象領域・定義	目的	文化法の基本原則	基本計画等
		形、鉄道といった地域の活性化及び都市としての魅力の増進に資するものをいう。 ア　文学、音楽、美術…その他の芸術 イ 芸能 ウ 生活文化 エ 国民的娯楽（2Ⅰ） ※京都市［2005］同様、文化芸術都市の創生（前文、1、3-6）を対象領域と考えることもできる。		整備」（3④）	その変更に当たっては、市民等の意見を反映するため必要な措置を講じなければならない。」（6②）
2011 (H23)	群馬県文化基本条例	「文化活動」（2、3④） 「文学、音楽、美術、写真、演劇、舞踏その他の芸術文化」（7①） 「茶道、華道、書道その他の生活に係る芸術文化」（7②） 「囲碁、将棋その他の国民的娯楽」（7②） 「映画、漫画、アニメーション及びコンピューターその他の電子機器等を利用した芸術（以下	「心豊かな文化にあふれた活力ある地域社会の実現に寄与すること」(1)	基本理念(2) 「文化芸術を創造し、享受することが人の生まれながらの権利であることを踏まえ、文化活動を行う者又は文化活動を行う団体の自主性、創造性及び多様性が十分に尊重」（2①） 「県民が等しく、文化を鑑賞し、文化活動に参加し、又は文化の創造を行うことができるような環境の整備」（2②） 「多様な文化との交流に務めるとともに、文化に関する情報発信が図らなければならな	文化振興指針（第2章、5） 「知事は、文化振興指針を定めるに当たっては、あらかじめ、群馬県文化審議会の意見を聴かなければならない」（5③）

個別の施策	推進体制	コメント
	関する施策について市長の諮問に応じ、調査審議するためさいたま市文化芸術都市創造審議会を置く。」(10①)	してのさいたま市を創造することが必要である」とし、文化芸術都市（2②）を定義する。文化芸術の創造性に着目し、文化芸術を領域横断的に活用し、文化政策を都市政策の中心に置くという創造都市的政策を明確に謳っている。
第2節 芸術文化等振興及び文化活動の充実 芸術文化の振興(7) 群馬特有の文化の振興(8) 創造性豊かな地域づくりの推進(9) スポーツ文化及び科学の推進(10) 県民の文化活動の充実(11) 高齢者の文化活動の充実(12) 障害者の文化活動の充実(13) 青少年の文化活動の充実(14) 学校教育における文化活動の充実(15) 第4節 人材の育成 次世代を担う子どもたちの育成(21) 文化活動を行う者の育成等(22) 文化団体の育成等(23) 文化活動を支える活動を行う者及び団体の育成等(24) 顕彰(25) 第5節 文化資産の保存及び活用	財政上の措置の努力義務(4) 文化活動の支援体制の充実（第3節、16-20） 文化施設の機能の充実(16) 文化活動の場の提供(17) 文化活動に係る研究教育機関等の充実(18) 文化活動に対する企業の支援の促進(19) 推進体制の整備等(20) 群馬県文化審議会（第4章、32-40） 「委員は、文化の	文化芸術振興基本法の影響を受けつつも以下の点に特色がある。名称を文化基本条例としている点、第五章で基金設置（41-48）の規定を置いた点、基本理念に自主性、創造性及び多様性の尊重（2①）の規定をおくとともに、第三章文化の振興に関する基本的施策第一節文化活動の自主性及び多様性の尊重に文化的権利（6①）の規定を置いた点、文化活動の支援体制の充実の規定を第四章第三節で詳細に置いた点である。

制定年	名称	条例の対象領域・定義	目的	文化法の基本原則	基本計画等
		「メディア芸術」という。)」(7③) 「各地域の固有の民謡・民舞、神楽、歌舞伎、人形芝居、祭り囃子その他の伝統芸能及び地域の年中行事、わらべうた、昔話その他の伝統的な文化（以下これらを「伝統文化」という。)」(26)		い」(2⑥) 県の責務(3) 「広く県民の意見が反映」(3②) 第三章　文化の振興に関する基本的施策 第一節　文化活動の自主性及び多様性の尊重 「全ての県民の文化的権利を尊重し、県民一人一人の文化活動への自主的な参加並びに多様な文化活動を行っている県民相互の理解及び連携が図られるような環境の整備その他必要な施策を講ずるよう務めるものとする。(6①)	
2012 (H24)	常総市文化芸術振興条例	「文化芸術に関する活動」(2②⑤、4、5) 「有形又は無形の文化財並びにその保存技術（以下「文化財等」という。)」(27①)	心豊かな市民生活の形成及び活力ある地域社会の実現に寄与すること(1)	市民一人ひとりの自主性が十分に尊重(2①) 文化芸術に関する活動を行う者の創造性が十分に尊重(2②) 文化芸術を鑑賞し、これに参加し、又はこれを創造することができるような環境の整備(2③) 多様な文化芸術の保護及び発展(2④) 市民の意見が広く反映(2⑤)	基本計画の策定(6) 「基本計画は次条の常総市文化芸術審議会の意見を聴いて定めなければならない」(6③)
2012 (H24)	富士見市文化	「文化芸術」とは感性を豊かに	「心豊かな市民生活の形成及び	「文化芸術活動を行うことは市民及び団体の	基本計画の策定(8)

個別の施策	推進体制	コメント
伝統文化の保存等(26) 文化財等及び歴史的な文書等の保存等(27) 世界遺産等への登録等(28) 文化資産の活用(29) 文化資産を生かしたまちづくり(30) 第6節　情報発信及び文化交流の促進(31)	振興に関し学識経験を有する者、文化活動を行う者及び文化関係団体の代表者等のうちから知事が任命する。」(34) 群馬県文化振興基金(第5章、41-48)	
なし	財政上の措置の努力義務(3③) 審議会の設置等(7-11) 「委員は、次に掲げる者のうちから市長が委嘱する。 (1)公募による市民 (2)文化芸術に関する活動を行う者 (3)民間団体又は事業者の代表者 (4)学識経験を有する者 (5)前各号のほか市長が特に認める者」(10①)	文化芸術振興基本法の影響を大きく受けている。
なし	推進機関の設置(9)	「文化芸術」と「文化芸術活動」の両者の定義規定をお

制定年	名称	条例の対象領域・定義	目的	文化法の基本原則	基本計画等
	芸術振興条例	するもので、多様な文化芸術領域を含むものとする。（2①）「文化芸術活動」とは、広く文化芸術を鑑賞し、これに参加し、これを創造し、又は発信することをいう。（2②）	活力ある地域社会の実現に寄与すること」(1)	権利であり、これを尊重」(3①)「文化芸術活動を行う市民及び団体の自主性及び創造性を尊重」(3②)「市民及び団体が文化芸術活動を等しく行うことができる環境を整備し、その活動を支える人材の育成を図るよう配慮」(3③)「文化芸術活動を行う市民及び団体並びにそれ以外のものの意見が反映されるよう配慮」(3⑥)	「市長は、基本計画の作成段階において、次条に規定する推進機関の意見を聴かなければならない。」(8②)「市長は、基本計画を策定するに当たっては、広く市民の意見を反映させることができるよう適切な措置を講じなければならない。」(8③)
2012（H24）	墨田区文化芸術振興基本条例	「文化芸術活動」（2Ⅰ Ⅱ、3①、4、5、6）	「人々がいきいきと躍動し、魅力と活力あふれるすみだを創り上げていくこと」(1)	「文化芸術活動を行う者の自主性及び創造性が尊重されるとともに、誰もが身近に文化芸術に触れ、これを鑑賞し、又はこれに参加することができる環境の整備」(3①)「伝統ある文化芸術が保護され、継承されるととみに、新たな文化の創造及び発展」(3②)	なし
2012（H24）	厚木市文化芸	「文化芸術活動」（2②、4、	「心豊かな市民生活と活力に満	「市民が文化芸術を鑑賞し、これに参加し、	基本計画(6)

個別の施策	推進体制	コメント
	「文化芸術の振興に関する施策、基本計画の策定等に係る調査検討及び提言を行うものとする。」(9②)	き、その内容が小金井市[2006]と類似している。また、評価に関する条項を欠くが、小金井市と同一名称の推進機関を設置する。小金井市の影響を受けたと考えられる。文化政策研究者の関与はない。
文化芸術活動の環境の整備(8) 文化芸術活動のネットワークの構築(9) 文化芸術情報の収集及び発信(10) 子どもに対する文化芸術施策の充実(11) 高齢者、障害者等に対する文化芸術施策の充実(12) 伝統文化の顕彰及び継承(13) 多文化共生及び国内・国際交流の推進(14) 人材等の活用(15)	なし	「この文化芸術の持つ力は、産業、観光、教育、福祉、コミュニティづくり、多文化共生など幅広い分野において効用を発揮し、地域の活性化やきずなづくりにも寄与することが期待されている」（前文）、区の責務として「区は、地域の活性化に資するため、文化芸術が有する創造性を積極的に活用するものとする」(7③)とする。文化芸術の他分野への活用を謳う点に特色がある。
文化芸術の継承等(7) 市の自然等をいかした文化芸術の創	文化芸術振興委員会(12)	文化芸術振興基本法の影響を大きく受けている。

制定年	名称	条例の対象領域・定義	目的	文化法の基本原則	基本計画等
	術振興条例	5）	ちた地域社会の実現に寄与すること」(1)	又はこれを創造することができるような環境の整備」(2①) 「市民の自主性及び創造性が十分に尊重」(2②) 「多様で特色ある文化芸術が発展するよう配慮」(2③)	「市長は、基本計画を策定しようとするときは、厚木市文化芸術振興委員会の意見を聴かなければならない。」(6②)
2012 (H24)	岸和田市文化振興条例	**定義（2）** **「文化　文化芸術振興基本法が対象とする文化芸術をいう。」** **（2(1)）**	「個性豊かで創造に満ちた地域社会の発展に寄与することを」(1)	「市民一人一人の自主性及び創造性を十分に尊重」(3(1)) 「文化を創造し、享受し、参加することが人々の生まれながらの権利であることに鑑み、市民が等しく文化を身近なものとして感じられるよう環境の整備」(3(2)) 「文化の多様性を尊重するとともに、その他の分野との関係において連携を図ること(3(3))	文化振興計画(7) 「市長は、振興計画の策定に当たっては、別に条例で設置する岸和田市文化振興審議会の意見を聴くとともに、市民及び団体から意見を聴取するものとする」(7③)
2013 (H25)	沖縄県文化芸術振興条例	伝統的な文化(7) 「文学、音楽、美術、演劇、舞踊、メディア芸術（映画、漫画、アニメーション及びコンピュータその他の電子機器等を	「心豊かな県民生活及び活力ある社会の実現に寄与すること」(1)	「県民一人一人が文化芸術の担い手であるという認識の下に、その自主性が尊重」(2①) 「文化芸術の担い手の創造性が十分に尊重」(2②) 「文化芸術を創造し、これを享受することが	なし

文化条例項目別一覧表　357

個別の施策	推進体制	コメント
造(8) 創造的活動を行う者等の育成(9) 市民の鑑賞等の機会の充実(10) 文化芸術に関する情報の収集及び発信(11)	**評価等(13)**	「市長は、委員会の意見を踏まえ、4年を超えない期間ごとに、この条例の運用状況を評価し、その結果に基づき必要に応じた措置を講ずるものとする」(13)との評価等の規定を置く点に特色がある。 文化政策研究者の関与はない。
文化活動の機会の充実(18) 文化施設の整備及び公共施設の活用(9) 文化財及び景観への理解(10) 専門家、研究者等との交流及び連携(11) 子どもの文化活動の充実(12) 高齢者、障害者等の文化活動の充実(13) 生涯学習活動との連携(14) 情報の収集と提供(15) 表彰(17)	財政上の措置の努力義務(16)	文化の定義規定を置く点(2(3))、他分野との連携を意識している点(3(3)、8)に特色がある。 素宰の段階で検討された文化振興審議会の規定が削除された。
第1節　文化芸術の振興 伝統的な文化の継承及び発展(7) 芸術等の振興(8) 文化財等の保存及び活用(9) 景観の形成等(10) 第2節　人材の養成等 芸術家等の養成等(11) 文化芸術に関する教育の充実等(12) 文化芸術団体への支援(13) 顕彰(14)	沖縄県文化芸術振興審議会(25) 推進体制の整備(26) 財政上の措置の努力義務(27)	第4節　文化芸術の活用を置き、文化芸術による地域づくり(17)、文化芸術に関する産業の創出及び振興(18)、地域産業との相互連携の促進(19)の条項を置く点に特色がある。

制定年	名称	条例の対象領域・定義	目的	文化法の基本原則	基本計画等
		利用した芸術をいう。）その他の芸術」（8①） 「芸能（前条第2項に規定する伝統芸能を除く。）及び生活文化（茶道、華道、書道その他の生活に係る文化をいう。）」（8②） 文化財等(9) 景観の形成等(10)		人々の生まれながらの権利であることに鑑み、県民等が年齢、性別、出身地、居住する地域、障害の有無等にかかわらず、等しく文化芸術を鑑賞し、及び創造し、並びに文化芸術活動に参加することができるような環境の整備」（2③） 「文化芸術の多様性が尊重され、その保護及び発展」（2④）	
2013 (H25)	釧路市文化芸術振興基本条例	文化芸術活動（2、4、5②）	「市民が生き生きと心豊かに充実した生活を営むことができる地域社会の実現に寄与すること」(1)	「文化芸術活動を行う者の自主性及び創造性が十分に尊重」（2①） 「誰もが文化芸術を鑑賞し、これに参加し、又はこれを創造することができるような環境の整備」（2②） 「市民が子どもの頃から生涯を通じて文化芸術に関わることができるような環境の整備（2③） 「多様な文化芸術の保護、継承及び発展が図られるとともに、新たな文化芸術が創造されるよう配慮」（2④） 「文化芸術の発展が図られ、ひいては地域の活性化に資するよう考慮」（2⑤）	基本方針(5) 「市は、基本方針及びこれに基づく施策に市民等の意見を適切に反映することができるよう必要な措置を講ずるものとする。」（5③）

個別の施策	推進体制	コメント
第3節　文化芸術活動の充実 県民等の鑑賞等の機会の充実等(15) 文化芸術交流の推進(16) 第4節　文化芸術の活用 文化芸術による地域づくり(17) 文化芸術に関する産業の創出及び振興(18) 地域産業との相互連携の促進(19) 第5節　文化芸術を支える基盤の強化 教育研究機関の機能強化(20) 文化芸術施設等の充実及び活用(21) 知的財産に関する知識の普及(22) 企業等による支援活動の促進(23)		
助成等(7) 顕彰(8)	財政上の措置の努力義務(6)	1986年日本初の文化条例を制定した。阿寒町との合併に伴い、2005(H17)に同一内容で改めて制定した。今回内容を全面的に改め新条例を制定する。

制定年	名称	条例の対象領域・定義	目的	文化法の基本原則	基本計画等
2013 (H25)	近江八幡市文化振興条例	定義（2）「文化　文学、音楽、美術、写真、演劇、舞踊、メディア芸術（映画、漫画、アニメーション及び電子機器等を利用したもの。）等の芸術、地域において継承されてきた文化的資産（有形及び無形の文化財、生活文化等）、人々の生活とともに形成されてきた魅力ある風景等をいう。」（2Ⅰ）「文化活動　文化を創造し、若しくは享受し、又はこれらを支える活動をいう。」（2Ⅱ）	「個性及び活力の豊かな地域の文化生活の実現に寄与すること」（1）	「**文化活動を行うことが市民の権利である**ことに鑑み、市民が等しく文化活動に参加できる環境の整備」（3Ⅰ）「**市民一人ひとりの自主性及び創造性が尊重**」（3Ⅱ）「**文化の多様性が尊重されるとともに、地域における多様な文化の共生が図られるよう配慮**」（3Ⅲ）	文化振興基本計画（6）「市長は、文化振興基本計画を定めるに当たっては、あらかじめ、広く市民の意見を聴くとともに、第16条に定める近江八幡市文化振興審議会に意見を求めるものとする。」（6④）
2014 (H26)	三島市文化振興基本条例	定義（2）「文化　人間の活動により生み出されるものであって、芸術、芸能、生活文化をはじめ、文化財、景観等を含む人間及び人間の生活に関わる総体をいう。」（2Ⅰ）	「心豊かな市民生活及び市民等が将来にわたり誇りと愛着を持つことのできる活力に満ちた地域社会の実現に寄与すること」（1）	「文化活動を行うことが人々の権利であることに鑑み、市民等が等しく文化活動を行うことができるような環境の整備」（3①）「市民等の自主性及び創造性並びに文化の多様性が尊重」（3②）「現在及び将来の世代にわたって市民等が文化を創造し、享受する	文化振興基本計画（第2章）基本計画（9）

文化条例項目別一覧表   361

個別の施策	推進体制	コメント
多様な文化資源の把握等(7) 協働の仕組みづくり(8) 子ども、高齢者、障がい者等の文化活動の充実(9) 交流(10) 歴史的文化遺産(11) 地域産業の振興(12) 文化活動の担い手の育成(13) 文化的都市景観の形成(14) 顕彰(15)	財政上の措置の努力義務規定（53） 審議会(16) 「市長が次に掲げる者のうちから委嘱する。 (1)学識経験を有する者（文化に関し識見を有する者を含む）(2)公募による市民(3)その他市長が必要と認める者」	「文化」と「文化活動」の両者の定義規定をおき、「文化活動」の内容については静岡県と同様である点、「文化活動を行うことが市民の権利である」と明記した点に特色がある。 文化政策研究者が関与している。
第3章　文化の振興に関する基本的施策 市民等の文化活動を行う機会の充実(10) 子どもの多様な文化に親しむ機会の提供(11) 伝統文化の継承、発展等(12) 情報の収集及び提供等(13) 人材の育成等(14) その他の分野における施策との連携の促進等(15)	財政上の措置の努力義務(16) 文化振興審議会（第4章） 審議会(17) 「審議会の委員は、…次に掲げる者のうちから、教育委員会が委嘱し、又は任命する。 (1)学識経験者 (2)文化団体を代	「文化」と「文化活動」の両者の定義規定をおき、「文化活動」の内容については静岡県と類似する点、「文化活動を行うことが人々の権利である」と明記した点に特色がある。 文化政策研究者の関与はない。

制定年	名称	条例の対象領域・定義	目的	文化法の基本原則	基本計画等
		「文化活動 文化を創造し、若しくは享受し、又はこれらの活動を支援する活動をいう。」（2Ⅱ）		ことができるとともに、…地域に対し市民等が誇りと愛着を持つことができるよう配慮」（3③）伝統文化の継承と新たな文化の創造（3④）	
2014（H26）	海の道を活かし、アートや文化による地域活性化を目指す条例	「アートや文化による地域づくり」（1、2、3、4）	「豊かで活力ある地域社会の実現及び小豆島の発展に資すること」(1)	なし	なし
2014（H26）	草加市文化芸術振興条例	「文化芸術活動」（5、6）	「心豊かな市民生活と魅力ある地域社会の実現に寄与すること」(1)	「すべての市民等及び地域団体等が年齢、障害の有無、国籍等にかかわらず、等しく文化芸術を鑑賞し、これに参加し、又はこれを創造することができる環境の整備」（3①）「多種多様な文化芸術の保護及び発展並びに新たな文化芸術の創造の促進」（3③）	なし

個別の施策	推進体制	コメント
	表する者 (3)学校教育関係者 (4)事業者を代表する者 (5)市内に居住する者 (6)その他教育委員会が必要と認める者」(17③)	
施策の基本方針(6) 拠点整備等(7)	基金(8) 「小豆島町地域振興基金を活用」(8)	小豆島町芸術文化のまちづくり条例が文化条例の基本法的性格を有するものとして2011年に制定された。本条例はアートや文化による地域づくりを目的とした振興法的性格を有する。
文化芸術の振興等(7) 文化芸術の継承及び保護(8) 文化芸術に係る学びの場における支援(9) 国際文化交流(10)	財政上の措置の努力義務(4③)	文化芸術振興基本法の影響を大きく受けている。

第5編
スポーツ条例研究資料

序　論

　本編は、「第4編　文化条例研究資料」と同様に、スポーツ条例について、研究上又は実務上の基礎的な資料を掲げている。

　（1）条例政策を研究するに当たって、全国の地方自治体の条例に眼を通すことは先例研究として必須であること
　（2）スポーツの行政・政策実務担当者が、条例の制定や改正に際して、先例の収集作業を行うことは様々な業務の合間を縫っての担当であることが多く、なかなか行い難いこと

　これらは、文化条例政策を展開する場合と同様である。
　そこで、本編では、まず、第1章としてスポーツ条例調査について述べた。調査の概要（調査期間、調査方法）を示し、調査できなかった地方自治体を一覧表にし、調査結果を掲げた。第2章ではスポーツに関する基本的な法律（条例の上位の法規範）として、スポーツ基本法及びスポーツ振興法（旧法）をその制定の経緯と共に全文を示した。そして、第3章では、すべてのスポーツ条例（前編文化条例の場合は一部）についてその全文を制定順に掲載した（前記「第1章　スポーツ条例調査」後に成立したものも追加）。

第1章　スポーツ条例調査

1　調査概要

これまでのスポーツ全般にわたる振興・推進を広汎に意図した政策に関する条例について全文を掲げる。調査期間は平成28年3月18日～同年4月1日までである。調査方法は、日本のすべての都道府県及び市区町村（1718市町村、東京都特別区23区、47都道府県）を対象とし、当該団体のホームページ上の例規集を検索することで行った。

2　調査できなかった団体

ホームページの閲覧が不可能であった団体は、次表1のとおりである。93市町

表1　例規集を閲覧できなかった市町村（2016年4月1日現在）

北海道	京極町	泊村	積丹町	仁木町	赤井川村				
青森県	風間浦村	佐井村							
秋田県	上小阿仁村								
山形県	鮭川村								
福島県	檜枝岐村	昭和村	飯舘村						
群馬県	南牧村								
東京都	大島町								
新潟県	加茂市	粟島浦村							
福井県	池田町								
山梨県	早川町	道志村							
長野県	南牧村	南相木村	北相木村	平谷村	根羽村	下條村	王滝村	小川村	
	飯綱町	栄村							
岐阜県	北方町	東白川村							

三重県	大台町							
京都府	笠置町							
奈良県	御杖村	高取町	吉野町	下市町	黒滝村	天川村	野迫川村	十津川村
	下北山村	上北山村	川上村	東吉野村				
和歌山県	九度山町	広川町	有田川町	由良町	日高川町	すさみ町	太地町	古座川町
	北山村							
岡山県	新庄村							
山口県	周防大島町	上関町						
徳島県	勝浦町	牟岐町	美波町	海陽町	つるぎ町			
高知県	馬路村	大川村	佐川町	津野町	三原村			
福岡県	久山町	大任町						
熊本県	南阿蘇村	水上村						
大分県	姫島村							
宮崎県	西米良村	諸塚村						
鹿児島県	三島村	東串良町	大和村	宇検村	龍郷町	喜界町	徳之島町	天城町
	伊仙町	和泊町	知名町					
沖縄県	東村	恩納村	粟国村	渡名喜村	南大東村	北大東村	伊是名村	多良間村

閲覧不可は上掲93市町村（1市40町52村）。
全国市区町村（2016年4月1日現在）：1,741市区町村（特別区23、790市、745町、183村）なお、全都道府県とも検索可能。

村（1市40町52村）が該当した。

3　調査結果

　調査した結果、全国で37件のスポーツ条例が存在することが判明した。全条例を掲げると下表2のとおりである。10県、3区、16市、8町である。昭和40年代から50年代は町（特に埼玉県）が多く、平成22年以降は、県の動きが活発である。

表2 スポーツ基本条例一覧表

番号	都道府県	条例名	制定年月日	条例番号	備考
1	北海道	倶知安町スポーツ振興条例	S47.12.19	19号	H23.12.16、倶知安町スポーツ推進条例に改正（条例第23号）
2	埼玉県	横瀬町スポーツ振興条例	S50.12.25	16号	
3	長崎県	長与町スポーツ振興条例	S51.8.2	25号	H12.3.22改正、H12.4.1より施行（条例第13号）
4	埼玉県	川島町スポーツ振興条例	S52.10.1	23号	H24.4.1より川島町スポーツ推進条例として施行（平成24年条例第10号）
5	北海道	弟子屈町スポーツ振興条例	S56.7.9	12号	H25.3.5改正（条例第16号）
6	埼玉県	長瀞町スポーツ振興条例	S.58.12.27	14号	H12.4.1より施行（平成12年条例第8号改正）、長瀞町スポーツ推進条例として施行（平成25年条例第10号）
7	東京都	葛飾区文化・スポーツ活動振興条例	H2.3.16	4号	H.5.3.16改正（条例第36号）
8	福島県	矢吹町文化・スポーツ振興条例	H8.3.18	18号	
9	埼玉県	秩父市スポーツ振興条例	H17.4.1	124号	
10	島根県	21世紀出雲スポーツのまちづくり条例	H18.6.28	56号	H23.12.27改正（条例第144号）
11	埼玉県	埼玉県スポーツ振興のまちづくり条例	H18.12.26	70号	
12	東京都	品川区文化芸術・スポーツのまちづくり条例	H19.12.10	45号	
13	長野県	長野市文化芸術及びスポーツの振興による文化力あふれるまちづくり条例	H21.9.25	38号	H27.3.27改正（条例第4号）
14	埼玉県	東松山市スポーツ振興まちづくり条例	H21.12.18	29号	H23.12.16東山松山市スポーツ推進まちづくり条例に改正（条例第17号）、H27.12.24改正（条

					例第41号）
15	埼玉県	さいたま市スポーツ振興まちづくり条例	H22.3.25	14号	
16	山口県	下関市スポーツ振興のまちづくり基本条例	H22.3.29	27号	
17	鹿児島県	スポーツ振興かごしま県民条例	H22.6.25	27号	
18	千葉県	千葉県体育・スポーツ振興条例	H22.12.24	61号	
19	埼玉県	熊谷市スポーツ振興まちづくり条例	H23.3.24	5号	
20	山口県	山口県スポーツ推進条例	H24.3.21	2号	
21	岡山県	岡山県スポーツ推進条例	H24.7.3	33号	
22	北海道	黒松内町スポーツ推進条例	H.24.9.18	18号	
23	長野県	小諸市スポーツ推進条例	H24.12.25	31号	
24	愛知県	春日井市スポーツ振興基本条例	H25.3.15	10号	
25	秋田県	横手市「スポーツ立市よこて」でまちを元気にする条例	H25.3.22	13号	
26	滋賀県	近江八幡市スポーツ推進条例	H25.3.25	4号	
27	岐阜県	岐阜県清流の国スポーツ推進条例	H25.3.26	29号	
28	群馬県	群馬県スポーツ振興条例	H25.3.26	29号	
29	東京都	町田市スポーツ推進条例	H25.3.29	6号	
30	山口県	柳井市スポーツ推進条例	H25.6.25	19号	
31	徳島県	徳島県スポーツ推進条例	H26.3.20	43号	
32	北海道	恵庭市スポーツ振興まちづくり条例	H26.11.28	29号	
33	三重県	三重県スポーツ推進条例	H26.12.24	95号	
34	福岡県	宗像市スポーツ推進条例	H27.3.31	16号	
35	埼玉県	ふじみ野市文化・スポーツ振興条例	H27.9.30	33号	
36	滋賀県	滋賀県スポーツ推進条例	H27.12.14	60号	
37	東京都	中野区スポーツ推進条例	H28.3.28	35号	

第2章　スポーツ基本法とスポーツ振興法（旧法）

1　スポーツ基本法及びスポーツ振興法の制定経緯

（1）わが国のスポーツ振興政策の展開とスポーツ基本法

わが国のスポーツ政策は、戦後の混乱期から、東京オリンピック誘致・開催を契機に制定されたスポーツ振興法を経て、20111年6月17日に新たに制定されたスポーツ基本法により、その歴史の新たな段階に一歩を踏み出した。ここでは、一連の流れを辿りつつ、スポーツに関する基本的人権（スポーツ権）、障害者への配慮などのさまざまな規定が盛り込まれたスポーツ基本法が制定されるに至ったことについて、その経緯を述べる。

（2）スポーツ政策

政策とは、主として国家や政党から提示される政治上の方針や手段をいう。最近では、「新しい公共」の名の下、NPO法人（特定非営利活動法人）などの政治的方針などについても、政策のカテゴリーの中に含めることもある。

スポーツに関する政策（主として振興）、すなわちスポーツ政策は、一般の文化政策と同じように、わが国が、法治主義（行政は法に基づいて行われなければならないとの考え）を採っている以上、法に規定されて行政として実施されるものである。「法」も文化に属するものであることから、スポーツを振興することを目的とする法による政策は、二重の意味で文化性を持つものである。

ところで、2011年6月17日にスポーツ振興法（昭和36年法律第141号）が全面改正され、スポーツ基本法（平成23年法律第78号）が制定された。新法では、スポーツ権に関する規定が盛り込まれるなど、これまでのスポーツ振興法とは異なった規定が新設され、また既存の規定の修正、削除が行われた。スポーツ振興法が制定されて以来、50年の歳月を経ての制定であった。

戦後のスポーツ振興政策は、大きく3期に分類することが可能である。まず第

一に、戦後まもなくからスポーツ振興法が制定され、その3年後に東京オリンピックが開催されるまでの時期である。第二に、スポーツ振興法制定・東京オリンピック開催後、新たにスポーツ基本法の制定が準備されるまでの時期である。第三に、スポーツ基本法制定前後の時期である。

（3）戦後の混乱期のスポーツ政策

　戦後当初から、最初の法律によるスポーツに関する基本的政策となったスポーツ振興法制定までの経緯の概要は【表1】のとおりである。
　ア　スポーツへの規制の時期
　戦後の混乱期当初は、スポーツへの関心は強かったが、一方で、スポーツに対する規制の時期でもあった。文部省は、戦後まもなく、新日本建設の教育方針を公布し、その中で、体育・スポーツ・学校保健の基本方針を述べた（1945年9月）。とともに、武道の実施についての制約に関する通牒（学校教育における課外での実施も禁止、1945年11月）を発した。通牒とは、行政官庁が、その所管する機関や職員に対して出す通知で、通達の古い呼び名である。このように、戦後の新しい体育・スポーツについて方針を定めると同時に、一定のスポーツには、規制をしたのである。国家により、「スポーツをする自由」が制約を受けた時期であった。これらのスポーツ政策は、通牒や通達で実施されてきた。あくまでも、文部省という上級機関が、下部の行政機関に対して、一種の職務命令を発する形で行われてきたものであった。
　イ　保健体育審議会でのスポーツ政策
　1949年に、社会教育法が成立し、学校体育以外にも視野を広げ、学校外での「体育及びレクリエーション」を社会教育活動に含むことが規定された。同じ年に、文部省に保健体育審議会が文部大臣の諮問機関（相談機関）として設置された。数年後には、答申「保健体育ならびにレクリエーション振興方策について」が公表された。答申とは、諮問機関が、諮問を受けた事項について、行政官庁に意見を申し述べることをいう。その決定は諮問機関を拘束しない。すなわち、保健体育審議会の答申は、文部大臣を拘束しないのである。
　保健体育審議会は、上記答申を始め、スポーツ振興法制定に至るまでに、幾つかの立法措置に関する答申を行った。その一つが、答申「独立後におけるわが国保健体育レクリエーション並びに学校給食の振興方策について」（昭和31年度諮問

表1 戦後「スポーツ振興法」制定及び東京オリンピックまでの主な動向

年　月	内　　容
1945年9月	文部省の機構改革で「体育局」復活。
1946年	体育局に「振興課」を設置。
1947年	超党派スポーツ議員連盟が発足
1949年6月	「社会教育法」成立、公布
1949年7月	保健体育審議会（文部大臣の諮問機関）設置
1951年5月	ＩＯＣで日本のオリンピック復帰決定
1957年2月	スポーツ振興審議会（内閣総理大臣の諮問機関）設置
1958年3月	内閣総理大臣あての要望書「スポーツ振興のための立法措置の強化について」（スポーツ振興審議会）＊スポーツ振興法制定への影響大
1958年3月	内閣総理大臣あての答申「スポーツ振興のための立法措置の強化について」（スポーツ振興審議会）
1958年5月	文部省に「体育局」設置
1958年11月	スポーツ振興法制定促進期成会結成（スポーツ団体、学校教育関係などの全国組織）
1958年12月	文部大臣あての答申「スポーツ振興のための必要な立法措置およびその内容について」（保健体育審議会）
1959年5月	東京オリンピック（第18回）開催決定
1959年6月	スポーツ振興国会議員懇談会設置
1961年2月	スポーツ振興国会議員懇談会で議員立法実現の決議
1961年4月	スポーツ振興法制定期成大会（スポーツ振興法制定促進期成会）開催
1961年4月	内閣総理大臣あての、スポーツ振興立法措置の早期実現の意見具申（総理府青少年問題協議会）
1961年5月	「スポーツ振興法案」を第38回国会に自由民主党、日本社会党（当時）、民主社会党（当時）3党が共同提案として提出
1961年5月	「スポーツ振興法案」衆議院可決
1961年6月	「スポーツ振興法案」参議院が可決され、「スポーツ振興法」成立
1961年6月	「スポーツ振興法」公布
1964年10月	東京オリンピック開催

第1号）である。社会教育法が成立したものの、「全国的規模において行われる国内運動競技や、オリンピックその他の国際的運動競技に要する経費を援助し、あわせて国内スポーツ施設の充実、その他スポーツの普及発達に必要な経費を援助するための法的措置が必要である」旨を述べている。しかし、スポーツに関する事業が既に各省庁に分散していたこと、スポーツの定義問題など、課題があったため立法に至らなかった。

　ウ　スポーツ振興審議会でのスポーツ政策
　立法措置の必要性を認めながらも、その課題を克服するために、保健体育審議会とは別個に、内閣総理大臣の諮問機関としてスポーツ振興審議会が1957年に設置された。この審議会は幾つかの重要な答申などを行っている。同審議会が設置された年の6月に「スポーツの国民一般に対する普及振興策等」について、10月に「体育指導委員の制度化とスポーツ施設の充実」について答申をした。翌年3月24日には、池田勇人首相に対しスポーツ振興のための法的措置の強化について要望書を提出し、同月28日には、「スポーツ振興のための法的措置の強化について」を答申した。
　この動きに連動して、同年10月31日に、時の灘尾弘吉文部大臣が、スポーツ振興策を保健体育審議会に諮問し、12月に、同審議会が、「スポーツ振興のための必要な立法措置およびその内容について」の答申を行った。これが、スポーツ振興法のベースとなった。

（4）スポーツ振興法の制定経緯と同法下のスポーツ政策
　ア　スポーツ振興法の制定
　本法は1961年に制定された。その目的は、「スポーツの振興に関する施策の基本を明らかにし、もつて国民の心身の健全な発達と明るく豊かな国民生活の形成に寄与すること」であると規定している（1条）。ただし、実質上の制定の目的は、東京オリンピック誘致・開催にあったといわれている。目的は「スポーツの振興に関する施策の基本を明らかにし」とあるところから、日本におけるスポーツ政策に関する基本的な法律であったといえる。
　規定に盛り込まれた内容は、条文の編成に従うと【表2】のとおりである。
　その後、最低限必要な事項については改正（一部削除）がなされた。大きな改正としては、プロスポーツ選手の競技技術の活用（16条の2）が追加された。ま

表 2　スポーツ振興法の内容

章	法 律 内 容
第1章：総則	本法の目的＝国民の新進の健全な発達と明るく豊かな国民生活の形成（1条）、スポーツの定義（2条）、施策の方針（3条）、スポーツの振興に関する基本的計画の策定＝国と地方（4条）
第2章：スポーツの振興のための措置	国・地方による体育の日の行事の実施援助（5条）、国民体育大会の開催（6条）、地方によるスポーツ行事の実施・奨励、国の援助（7条）、青少年スポーツの振興（8条）、職場スポーツの奨励（9条）、野外活動の普及奨励（10条）、指導者の充実＝養成、講習会等の開催（11条）、施設の整備（12条）、学校施設の利用（13条）、スポーツの水準の向上のための措置（14条）、顕彰（15条）、スポーツ事故の防止（16条）、科学的研究の促進（17条）
第3章：スポーツ振興審議会等及び体育指導委員	スポーツ振興審議会等（18条）、体育指導委員と非常勤扱い（19条）
第4章：国の補助	国の補助（20条）、他の法律との関係（21条）、地方公共団体の補助（22条）、審議会への諮問等（23条）
附則	（略）

た、スポーツ振興審議会以外の機関でもスポーツの振興に関する計画について審議・答申などができるようになった（18条関係）。さらに、地方公共団体のスポーツの事務について、条例を定めることにより、地方公共団体の長が管理・執行できるようになった（4条3項関係）。他方、青少年スポーツの振興のための事業経費や一般のスポーツ施設整備のための経費への国の補助規定が無くなった（20条関係）。

　この法律については、問題点として、①規定の内容が現在の状況に合っていないこと（例えば、スポーツ振興法はアマチュアスポーツを想定していたが、現在ではプロスポーツを抜きにしては考えられない）、②スポーツ権に関する規定が無いこと、③予算の裏付けがないこと（「予算の範囲内において」という上限があること）、④努力義務規定が多く有効性に欠けること、などが指摘されてきた。

　イ　スポーツ振興基本計画（当初）の策定
　スポーツ振興法4条1項に基づいて、2000年にスポーツ振興基本計画が策定された。スポーツ振興法が制定されてから約40年後のことであった。遅れた理由

は、予算の裏付けが無かったからであると言われている。スポーツ振興投票の実施等に関する法律（tooくじ法）が制定されたことで、スポーツ政策の実施が可能と判断されたものである。

この当初スポーツ振興基本計画は、「スポーツの機会を提供する公的主体及び民間主体と、利用する住民や競技者が一体となった取組みを積極的に展開し、一層のスポーツ振興を図ることにより、21世紀における明るく豊かで活力ある社会の実現を目指すものである」として、今後のスポーツ行政の主要な課題として次のものを掲げ、その具体化を図ることとした。その概要は、【表3】のとおりである。

本計画は、生涯スポーツを第1順位に置き、また生涯スポーツ・競技スポーツのいずれも学校体育・スポーツとの関わりを意識したものになっている点に特徴

表3　スポーツ振興基本計画の内容

課　題	目標・具体化
(1) 生涯スポーツ社会の実現に向けた、地域におけるスポーツ環境の整備充実方策	・国民の誰もがそれぞれの体力や年齢、技術、興味・目的に応じて、いつでもどこでも、いつまでもスポーツに親しむことができる渉外スポーツ社会を実現。 ・目標：できるだけ早期に、成人の週1回以上のスポーツ実施率が2人に1人（50％）となることを目指す。 ・総合型地域スポーツクラブの全国展開（目標：①2010年までに全国の各市町村において少なくとも一つは荘が他地域スポーツクラブを育成、②同年までに各都道府県に少なくとも一つは広域スポーツセンターを育成） ・スポーツ指導者の養成・確保、スポーツ施設の充実、地域における的確なスポーツ情報の手強体制の整備、住民のニーズに即応した地域スポーツ行政の見直しを推進。
(2) 我が国の国際競技力の総合的な向上方策	早期にメダル獲得率を3.5％となることを目指す。
(3) 生涯スポーツ及び競技スポーツと学校体育・スポーツとの連携を推進するための方策	生涯にわたる豊かなスポーツライフの実現と国際競技力の向上を目指し、生涯スポーツ及び競技スポーツと学校体育・スポーツとの連携を推進。

がある。

ウ　スポーツ振興基本計画（当初）の改定

当初スポーツ振興基本計画は、その後、5年後の見直しということから、2006年に改定された。改定された計画の狙いは、当初の計画と同じであったが、具体策が異なっている。「生涯スポーツ社会の実現に向けた、地域におけるスポーツ環境の整備充実方策」及び「) 我が国の国際競技力の総合的な向上方策」は、基本的には当初版と同じである。相対的順位も変わっていない。しかし、第1順位に登場したのが、「スポーツの振興を通じた子どもの体力の向上方策」であった。文部科学省の「体力・運動能力調査」によれば、昭和60年頃から長期的に低下傾向にあり、また子ども間の格差が広がっていることから体力向上国民運動の展開などを行うこととなったものである。

（5）スポーツ基本法の制定経緯

ア　基本的法律制定への動き

スポーツ振興法が制定された後に、スポーツ権規定を盛り込んだスポーツに関する基本的な法律の制定への動きは、【表4】のとおりである。

イ　スポーツ基本法要綱案のアピール

本要綱案は、1997年12月20日に開催された日本スポーツ法学会第3回学会大会中の総会において採択されたアピール文である。スポーツに関する基本的な権利（スポーツ権）の実現を目指したもので、スポーツ振興法は、行政の条件整備の必要を内容としたものと位置づけている。本要綱案の立案者は、スポーツ権を中心とした基本的規定の法としてスポーツ基本法を、それらの条件整備規定をスポーツ振興法で、といった2本立ての法律を想定していたものと考えられる。

本要綱案は、条数が表記されておらず、規定として盛り込むことが期待される内容を分野ごとに列挙したものであるため、「要綱案」とされたものである。①スポーツに関する権利、②国および地方公共団体、③スポーツの保護、④スポーツ団体の権利と義務、⑤スポーツの安全、⑥スポーツと環境、⑦スポーツに関する国際協調、⑧法令制定義務、⑧スポーツ振興法との関係、の諸分野にまとめている。

ウ　スポーツ基本法案（第171回国会提出）

これは、従来から存在するスポーツ振興法の全面改正として、2009年7月14日

第2章 スポーツ基本法とスポーツ振興法（旧法）　379

表4　「スポーツ基本法」制定に至るまでの主な動向

年　月	内　容
1976年11月	「『国民スポーツの画期的な発展のために』」―国民スポーツ基本法の制定を―」（日本共産党発表）
1997年12月	「スポーツ基本法要綱案」提案（日本スポーツ法学会）
1998年5月	「スポーツ振興投票の実施等に関する法律」成立
2000年9月	「スポーツ振興基本計画」（文部省告示：行政指針）
2006年9月	「スポーツ振興基本計画（第1次改定）
2006年12月	スポーツ振興に関する懇談会（遠藤利明文部科学副大臣の私的諮問機関）設置
2007年8月	スポーツ振興に関する懇談会「『スポーツ立国』ニッポン～国家戦略としてのトップスポーツ～」において、新スポーツ振興法の制定を提言
2007年10月	自由民主党内に「スポーツ立国調査会」設置
2007年11月	超党派スポーツ議員連盟（1947年発足）が「新スポーツ振興法制定プロジェクトチーム」を設置（以後、15回審議）
2007年12月	教育再生会議（安倍政権下2006年設置）「第三次報告」において、スポーツ振興に関する国の責務の明確化などを提言（12月）
2008年4月	新スポーツ振興法制定プロジェクトチームに有識者からなる「アドバイザリーボード」を設置（以後、9回審議）
2009年4月	アドバイザリーボード「答申（中間まとめ）」において、スポーツ振興法を全面改正して「スポーツ基本法（仮）」を制定することを提言
2009年5月	・教育再生懇談会（教育再生会議を引き継いだもの）「第四次報告」において、スポーツに関する基本法の制定を提言 ・超党派スポーツ議員連盟が新スポーツ振興法制定プロジェクトチームの「スポーツ基本法に関する論点整理」を了承
2009年7月	「スポーツ基本法案」提出 （第171回国会提出、自民党・公明党による議員立法、14日→衆議院解散により廃案）
2009年8月	政権交代（自由民主党→民主党）
2010年3月	「スポーツ立国戦略」策定への検討開始（文部科学省）
2010年5月	民主党スポーツ議員連盟発足
2010年6月	「スポーツ基本法案」提出 （第174回国会に提出、自民党・公明党による議員立法、11日→継続審議→2011年6月1日撤回）
2010年7月	「スポーツ立国戦略（案）」の公表（文部科学省）

2010年8月	日本弁護士連合会:「スポーツ立国戦略」に基本的に賛成、スポーツ基本法制定をアピール。
2010年8月	「スポーツ立国戦略」策定:スポーツ基本法の整備を提言(文部科学省:行政指針)
2011年5月	民主党スポーツ議員連盟が民主党案を公表(国会不提出)
2011年5月	超党派スポーツ議員連盟「スポーツ基本法制定プロジェクトチーム」が発足(以後、自民党・公明党案と民主党案を基に3回審議))
2011年5月	超党派スポーツ議員連盟がスポーツ基本法制定プロジェクトチームの超党派案を了承
2011年5月	衆議院8会派*による超党派案(スポーツ基本法案(第177回国会衆第11号))の提出
2011年6月	継続審議であった自民党・公明党案(スポーツ基本法案(第174回国会衆第29号))の撤回
2011年6月	衆議院本会議において全会一致で可決、参議院へ提出
2011年6月	参議院本会議において全会一致で可決、成立
2011年6月	「スポーツ基本法」(平成23年法律第78号)公布
2011年8月	スポーツ基本法施行
2012年3月	「スポーツ基本計画」策定、公表

* 8会派:民主党、自民党、公明党、共産党、社民党、国民新党・新党日本、たちあがれ日本、国益と国民の生活を守る会
(本表作成にあたっては、後藤雅貴「スポーツ基本法の制定」『立法と調査』(2011)50頁掲載の一覧表「主な経過」)を参考にし、一部加筆した)

に第171回国会に提出されたものである。法案の提出理由としては「スポーツに関する施策を総合的かつ計画的に推進し、もって国民の心身の健全な発達、明るく豊かな国民生活の形成、活力ある社会の実現及び国際社会の調和ある発展に寄与するため、スポーツに関する施策に関し、基本理念を定め、並びに国及び地方公共団体の責務等を明らかにするとともに、スポーツに関する施策の基本となる事項を定める必要がある」と記載されている。

自民党・公明党提出の議員立法である。会期中に衆議院が解散され、審議未了として廃案となった。「スポーツ基本法」という表現が初めて法律案レベルで使用された例である。従来からのスポーツ振興法と比較して特徴的なことは、①国が国家戦略としてスポーツ立国を目指してスポーツの推進を図り、国際競技力の

向上に力点が置かれていること（前文等）、②プロや障害者等も対象としたこと（16条、18条、20条等）、③国や地方自治体へのスポーツ政策実施責任の明確化（3条及び4条）、④スポーツ庁の設置（附則2条）、などである。しかし、スポーツに関する権利には触れていなかった。

エ　スポーツ基本法案（第174回国会提出）

　これは、自民党と公明党がスポーツ振興法の全部改正として2010年6月11日に国会に提出したものである。法案の提出理由としては、上記第174回国会提出のケースと全く同じである。内容の大きな違いは、上記第174回国会提出のスポーツ基本法案に、第28条として、「スポーツに関する紛争の迅速かつ円滑な解決」の見出しを付け、「国は、スポーツを行う者の権利利益の保護が図られるよう、スポーツに関する紛争の仲裁又は調停を行う機関への支援その他のスポーツに関する紛争の迅速かつ円滑な解決に資するために必要な施策を講ずるものとする」との追加規定を置いたことである。わずかな変更であるが、「スポーツを行う者の権利利益」、すなわち、いわゆるスポーツ権が明文化されたこと及びスポーツ紛争の解決に触れたこと（第171回国会提出の法案は「スポーツに親しみ、スポーツを楽しみ、又はスポーツを支える活動に参画することのできる機会」と表現）は、大いに評価されて良い。継続審議扱いとなっていたが、その後、撤回されている。

オ　「スポーツ立国戦略」の決定・公表

　「スポーツ立国戦略」は、行政機関である文部科学省により2000年に策定された「スポーツ振興基本計画」が、2回目の改定時期を迎えているところから、その改定に先立って、その基本的方針をということで検討されてきたものである。民主党政権になって初めてのスポーツに関する基本的政策であった。2010年3月から検討が開始され、スポーツで活躍する選手やスポーツに詳しい有識者等から意見を聴取し、スポーツ事業に携わる団体等へ現地調査を行い、スポーツ関係者と意見交換が行われた。7月20日に公表され、約20日間という短期間の国民との議論の場（いわゆる熟議）が設定された。そこでは、競技力の向上などの重点策が盛り込まれたが、その中で、スポーツ基本法制定に向けての検討が指摘された。「スポーツ基本法などの関連法制の整備」の項で、「スポーツ基本法の検討」が掲げられ、「スポーツ振興法を半世紀ぶりに見直し、新しい政策の拠り所となる『スポーツ基本法』を検討する」と述べられた。そして、その中では、「スポーツを通じて幸福で豊かな生活を実現することは、すべての人々に保障される

べき権利の一つである。」と述べられている。これは画期的なことであった。この文言が新「スポーツ基本法」に盛り込まれたのである。

カ　スポーツ基本法の制定

スポーツ基本法は、衆参両院における全会一致で可決され、2011年6月17日に成立した。本法の制定については、自民党も民主党も一致していた。しかし、マニュフェストや先の自民党提出のスポーツ基本法案などにみられるスポーツ政策には、違いがあった。自民党は、スポーツ庁の設置、トップレベル選手の育成強化等に力点を置いてきた。これに対し、民主党は、地域密着型の拠点づくり、地域スポーツリーダーの育成といった、地域スポーツの振興を通じて、スポーツの一般国民への普及や育成をより重要視してきた。また、特に文部科学副大臣の鈴木寛参議院議員は、スポーツ基本法にスポーツ権の規定を盛り込むことについて、強い関心を持っていた。民主党政権下において策定された「スポーツ立国戦略」の下、制定が検討されるスポーツ基本法も、同政党の考えを反映したものとなることが予想された。

スポーツ基本法の制定への動きには、日本スポーツ法学会や日本体育学会（体育社会学専門分科会）といったスポーツ系の研究団体のみならず、日本弁護士連合会等も強い関心を持ってきた。日本弁護士連合会は「スポーツ立国戦略」に基本的には賛成しつつ、スポーツ基本法の制定をアピールした（2010年8月26日）。スポーツ基本法の概要は、【表5】のとおりである。

スポーツ振興法とスポーツ基本法の制定経過について、共通点としては、①オリンピック誘致がらみであること、②超党派での制定への活動が行われたこと（スポーツ振興法は、3党の共同提案であり、スポーツ基本法制定は、衆参両議院で全会一致であったこと）などが挙げられる。

主な相違点としては、①時代背景が異なっていること（このため法に盛り込まれた内容が異なっていること）、②周囲の熱に違いがあること（スポーツ振興法の場合は、国、国民、政党、学校関係者など、国や多くの国民が制定を望んでおり、スポーツ基本法は、東日本大震災の影響もあると推測されるが、国民の盛り上がりに欠けるところがあったこと）などが挙げられる。

スポーツ基本法の意義としては、①前文（法令の条項の前に置かれる文章）を入れ、そこにスポーツ権規定を設けたこと、②国や地方公共団体の責務としたこと、③プロスポーツも視野に入れたこと、④障害者へ配慮した規定を加えたこ

表5　スポーツ基本法の内容

章	法律内容
前文	「スポーツを通じて幸福で豊かな生活を営むことは、全ての人々の権利」であるとのスポーツ権規定の設置
第1章：総則	目的（1条）、基本理念（2条）、国の責務（3条）、地方公共団体の責務（4条）、スポーツ団体の努力（5条）、国の参加及び支援の促進（6条）、関係者相互の連携及び協議（7条）、法制上の措置等
第2章：スポーツ基本計画等	スポーツ基本計画（9条）、地方スポーツ推進計画（10条）
第3章：基本的政策 第1節：スポーツの推進のための基礎的条件の整備等	指導者等の養成等（11条）、スポーツ施設の整備等（12条）、学校施設の利用（13条）、スポーツ事故の防止等（14条）、スポーツに関する紛争の迅速かつ適正な解決（15条）、スポーツに関する科学的研究の推進等（16条）、学校における体育の充実（17条）、スポーツ産業の事業者との連携等（18条）、スポーツに係る国際的な交流及び貢献の推進（19条）、顕彰（20条）
第2節：多様なスポーツの機会の確保のための環境の整備	地域におけるスポーツの機会の確保のための事業への支援等（21条）、スポーツ行事の実施及び奨励（22条）、体育の日の行事
第3節：競技水準の向上等	優秀なスポーツ選手の育成等（25条）、国民体育大会及び全国障害者スポーツ大会（26条）、国際競技大会の招致又は開催支援等（27条）、企業、大学等によるスポーツへの支援（28条）
第4章：スポーツの推進に係る体制の整備	スポーツ推進会議（30条）、都道府県及び市町村のスポーツ推進審議会等（31条）、スポーツ推進委員（32条）
第4章：国の補助等	国の補助（33条）、地方公共団体の補助（34条）、審議会等への諮問等（35条）
附則	施行期日（1条）、スポーツに関する施策を総合的に推進するための行政組織の在り方の検討（2条）、スポーツの振興に関する計画に関する経過し措置（3条）、スポーツ推進委員に関する経過措置（4条）等

と、⑤迅速・適正なスポーツ紛争解決施策を求めたこと、⑥国際競技大会の誘致などへの措置を求めたこと、⑦ドーピング防止に関する規定を設けたこと、⑧附則でスポーツ庁の検討に関する規定を盛り込んだことなど、スポーツ振興法で

は、規定されていなかった事項について触れたことである。しかし、スポーツ振興法（2条）のようなスポーツの定義規定は設けなかったことは、法の対象である「スポーツ」が何であるかを示していないこととなり、問題視する意見もある。

キ　スポーツ基本計画の策定

スポーツ基本法では、文部科学大臣は、スポーツに関する施策の総合的かつ計画的な推進を図るため、スポーツの推進関する基本的な計画を定めなければならないとしている（9条1項）。このスポーツ基本計画は、去る3月30日に策定、公表された。骨子は【表6】のとおりである。今後10年間、わが国のスポーツ政策は、5年後の見直しはあるものの、これに依拠して展開されることとなる。これまでのスポーツ振興基本計画と比較すると、トップスポーツや競技力向上については、変更が見られるが（より強力な支援策の展開）、地域スポーツ、生涯スポーツ、学校スポーツにあっては、それまでと大差がない。

ク　他への影響

スポーツ基本法では、生涯スポーツ、地域スポーツの進展が強く唱えられ、地方自治体の責務であることを明言している（スポーツ基本法4条）。このため、今後は、地域の行政に委ねられるところが大きく、スポーツ基本法が盛り込んだスポーツ権を規定に盛り込むなど、条例による政策の展開が、積極的におこなわれることが予測される。

このような日本におけるスポーツ基本法制定（特にスポーツ権規定）への動きは、韓国の学会や国会に影響を与えることになるであろう。日本のスポーツ振興法が、韓国の国民体育振興法の全面改正の際に参考にされたように、また、韓国の「スポーツ産業振興法」（この種の法典は日本では未制定）が、日本の研究者から関心を持たれていると同じように、韓国と日本とは、スポーツ基本法の制定にあたっても、影響を及ぼし合うのは否定できない。

ケ　今後の新たな展開

スポーツ基本法の制定で、現代に合うようにスポーツに関する基本的な法律が制定された。しかし、実際のスポーツ政策は、スポーツ基本法の制定及び行政計画である「スポーツ基本計画」の策定でもって、完成したとはいい難い。例えば、スポーツ事故の補償政策についてみれば、補償に関する個別的な法律が制定される必要がある。先般策定されたスポーツ基本計画でもいまだ不十分である。

表6　スポーツ基本計画の内容

課　題	目標・具体化
(1) 学校と地域における子どものスポーツ機会の充実	・幼児期からの子どもの体力向上方策の推進 ・学校の体育に関する活動の充実 ・子どもを取り巻く社会のスポーツ環境の充実
(2) 若者のスポーツ参加機会の拡充や高齢者の体力つくり支援等ライフステージに応じた活動の推進	・ライフステージに応じたスポーツ活動等の推進 ・スポーツにおける安全の確保
(3) 住民が主体的に参画する地域のスポーツ環境の整備	・コミュニティの中心となる地域スポーツクラブの育成・推進 ・地域のスポーツ指導者等の充実 ・地域スポーツ施設の充実 ・地域スポーツと企業・大学等との連携
(4) 国際競技力の向上に向けた人材の養成やスポーツ環境の整備	・ジュニア期からトップレベルに至る戦略的支援の強化 ・スポーツ指導者及び審判員等の養成・研修やキャリア循環の形成 ・トップアスリートのための強化・研究活動等の拠点構築
(5) オリンピック・パラリンピック等の国際競技大会等の招致・開催等を通じた国際交流・貢献の増進	・オリンピック・パラリンピック等の国際競技大会等の招致・開催 ・スポーツに係る国際的な交流及び貢献の推進
(6) ドーピング防止やスポーツ仲裁等の推進によるスポーツ界の透明性、公平・公正性の向上	・ドーピング防止活動の推進 ・スポーツ団体のガバナンス強化透明性の向上に向けた取組の推進 ・スポーツ紛争の予防及び迅速・円滑な解決に向けた取組の推進
(7) スポーツ界における好循環の創出に向けたトップスポーツと地域におけるスポーツとの連携・協働の推進	・トップスポーツと地域におけるスポーツとの連携・協働の推進 ・地域スポーツと企業・大学等との連携

今後、このような個別に制定される法律（個別法。例えばスポーツ事故補償法やアンチ・ドーピング法）の制定が待たれるところである。また、スポーツ基本計画も、2015年12月にスポーツ審議会がスポーツ庁長官の諮問機関として設けられ、スポーツ基本計画の中間見直しに入ったところである。当初スポーツ基本計画策定時は、2020東京オリ・パラの誘致が決定されていない時期であり、今回の中間見直しは当然2010東京オリ・パラを見据えての計画改定となる。スポーツ基本法の趣旨を踏まえた、2020東京オリ・パラに不当に偏することなく、充実した内容の計画が期待される。

参考文献
1 川口頼好・西田剛著『逐条解説 スポーツ振興法』柏林書房、1961年。
2 千葉正士・濱野吉生『スポーツ法学入門』体育施設出版、1995年。
3 岸野雄三他編『近代体育スポーツ年表〈三訂版〉』大修館書店、1999年。
4 吉田勝光『地方自治体のスポーツ立法政策論』成文堂、2007年。
5 小笠原正監修『導入対話によるスポーツ法学（第2版）』不磨書房、2007年。
6 諏訪伸夫他編『スポーツ政策の現代的課題』日本評論社、2008年。
7 澤田大祐「スポーツ政策の現状と課題―「スポーツ基本法」の成立をめぐって―」『調査と情報』722号1-12頁、2011年。
8 後藤雅貴「スポーツ基本法の制定」『立法と調査』320号49-56頁、2011年。
9 菊幸一他編『スポーツ政策論』成文堂、2011年。
10 日本スポーツ法学会編『詳解スポーツ基本法』成文堂、2011年。

2　スポーツ基本法（全文）

平成23年法律第78号

スポーツ振興法（昭和36年法律第141号）の全部を改正する。

スポーツは、世界共通の人類の文化である。
スポーツは、心身の健全な発達、健康及び体力の保持増進、精神的な充足感の獲得、自律心その他の精神の涵（かん）養等のために個人又は集団で行われる運動競技その他の身

体活動であり、今日、国民が生涯にわたり心身ともに健康で文化的な生活を営む上で不可欠のものとなっている。スポーツを通じて幸福で豊かな生活を営むことは、全ての人々の権利であり、全ての国民がその自発性の下に、各々の関心、適性等に応じて、安全かつ公正な環境の下で日常的にスポーツに親しみ、スポーツを楽しみ、又はスポーツを支える活動に参画することのできる機会が確保されなければならない。

スポーツは、次代を担う青少年の体力を向上させるとともに、他者を尊重しこれと協同する精神、公正さと規律を尊ぶ態度や克己心を培い、実践的な思考力や判断力を育む等人格の形成に大きな影響を及ぼすものである。

また、スポーツは、人と人との交流及び地域と地域との交流を促進し、地域の一体感や活力を醸成するものであり、人間関係の希薄化等の問題を抱える地域社会の再生に寄与するものである。さらに、スポーツは、心身の健康の保持増進にも重要な役割を果たすものであり、健康で活力に満ちた長寿社会の実現に不可欠である。

スポーツ選手の不断の努力は、人間の可能性の極限を追求する有意義な営みであり、こうした努力に基づく国際競技大会における日本人選手の活躍は、国民に誇りと喜び、夢と感動を与え、国民のスポーツへの関心を高めるものである。これらを通じて、スポーツは、我が国社会に活力を生み出し、国民経済の発展に広く寄与するものである。また、スポーツの国際的な交流や貢献が、国際相互理解を促進し、国際平和に大きく貢献するなど、スポーツは、我が国の国際的地位の向上にも極めて重要な役割を果たすものである。

そして、地域におけるスポーツを推進する中から優れたスポーツ選手が育まれ、そのスポーツ選手が地域におけるスポーツの推進に寄与することは、スポーツに係る多様な主体の連携と協働による我が国のスポーツの発展を支える好循環をもたらすものである。

このような国民生活における多面にわたるスポーツの果たす役割の重要性に鑑み、スポーツ立国を実現することは、二十一世紀の我が国の発展のために不可欠な重要課題である。

ここに、スポーツ立国の実現を目指し、国家戦略として、スポーツに関する施策を総合的かつ計画的に推進するため、この法律を制定する。

第1章　総　則

(目的)
第1条　この法律は、スポーツに関し、基本理念を定め、並びに国及び地方公共団体の責務並びにスポーツ団体の努力等を明らかにするとともに、スポーツに関する施策の基本となる事項を定めることにより、スポーツに関する施策を総合的かつ計画的に推進し、もって国民の心身の健全な発達、明るく豊かな国民生活の形成、活力ある社会の実現及び国際社会の調和ある発展に寄与することを目的とする。

(基本理念)
第2条　スポーツは、これを通じて幸福で豊かな生活を営むことが人々の権利であることに鑑み、国民が生涯にわたりあらゆる機会とあらゆる場所において、自主的かつ自律的

にその適性及び健康状態に応じて行うことができるようにすることを旨として、推進されなければならない。
2　スポーツは、とりわけ心身の成長の過程にある青少年のスポーツが、体力を向上させ、公正さと規律を尊ぶ態度や克己心を培う等人格の形成に大きな影響を及ぼすものであり、国民の生涯にわたる健全な心と身体を培い、豊かな人間性を育む基礎となるものであるとの認識の下に、学校、スポーツ団体（スポーツの振興のための事業を行うことを主たる目的とする団体をいう。以下同じ。）、家庭及び地域における活動の相互の連携を図りながら推進されなければならない。
3　スポーツは、人々がその居住する地域において、主体的に協働することにより身近に親しむことができるようにするとともに、これを通じて、当該地域における全ての世代の人々の交流が促進され、かつ、地域間の交流の基盤が形成されるものとなるよう推進されなければならない。
4　スポーツは、スポーツを行う者の心身の健康の保持増進及び安全の確保が図られるよう推進されなければならない。
5　スポーツは、障害者が自主的かつ積極的にスポーツを行うことができるよう、障害の種類及び程度に応じ必要な配慮をしつつ推進されなければならない。
6　スポーツは、我が国のスポーツ選手（プロスポーツの選手を含む。以下同じ。）が国際競技大会（オリンピック競技大会、パラリンピック競技大会その他の国際的な規模のスポーツの競技会をいう。以下同じ。）又は全国的な規模のスポーツの競技会において優秀な成績を収めることができるよう、スポーツに関する競技水準（以下「競技水準」という。）の向上に資する諸施策相互の有機的な連携を図りつつ、効果的に推進されなければならない。
7　スポーツは、スポーツに係る国際的な交流及び貢献を推進することにより、国際相互理解の増進及び国際平和に寄与するものとなるよう推進されなければならない。
8　スポーツは、スポーツを行う者に対し、不当に差別的取扱いをせず、また、スポーツに関するあらゆる活動を公正かつ適切に実施することを旨として、ドーピングの防止の重要性に対する国民の認識を深めるなど、スポーツに対する国民の幅広い理解及び支援が得られるよう推進されなければならない。

（国の責務）
第3条　国は、前条の基本理念（以下「基本理念」という。）にのっとり、スポーツに関する施策を総合的に策定し、及び実施する責務を有する。

（地方公共団体の責務）
第4条　地方公共団体は、基本理念にのっとり、スポーツに関する施策に関し、国との連携を図りつつ、自主的かつ主体的に、その地域の特性に応じた施策を策定し、及び実施する責務を有する。

（スポーツ団体の努力）
第5条　スポーツ団体は、スポーツの普及及び競技水準の向上に果たすべき重要な役割に

鑑み、基本理念にのっとり、スポーツを行う者の権利利益の保護、心身の健康の保持増進及び安全の確保に配慮しつつ、スポーツの推進に主体的に取り組むよう努めるものとする。
2 スポーツ団体は、スポーツの振興のための事業を適正に行うため、その運営の透明性の確保を図るとともに、その事業活動に関し自らが遵守すべき基準を作成するよう努めるものとする。
3 スポーツ団体は、スポーツに関する紛争について、迅速かつ適正な解決に努めるものとする。

（国民の参加及び支援の促進）
第6条 国、地方公共団体及びスポーツ団体は、国民が健やかで明るく豊かな生活を享受することができるよう、スポーツに対する国民の関心と理解を深め、スポーツへの国民の参加及び支援を促進するよう努めなければならない。

（関係者相互の連携及び協働）
第7条 国、独立行政法人、地方公共団体、学校、スポーツ団体及び民間事業者その他の関係者は、基本理念の実現を図るため、相互に連携を図りながら協働するよう努めなければならない。

（法制上の措置等）
第8条 政府は、スポーツに関する施策を実施するため必要な法制上、財政上又は税制上の措置その他の措置を講じなければならない。

第2章　スポーツ基本計画等

（スポーツ基本計画）
第9条 文部科学大臣は、スポーツに関する施策の総合的かつ計画的な推進を図るため、スポーツの推進に関する基本的な計画（以下「スポーツ基本計画」という。）を定めなければならない。
2 文部科学大臣は、スポーツ基本計画を定め、又はこれを変更しようとするときは、あらかじめ、審議会等（国家行政組織法（昭和23年法律第120号）第8条に規定する機関をいう。以下同じ。）で政令で定めるものの意見を聴かなければならない。
3 文部科学大臣は、スポーツ基本計画を定め、又はこれを変更しようとするときは、あらかじめ、関係行政機関の施策に係る事項について、第30条に規定するスポーツ推進会議において連絡調整を図るものとする。

（地方スポーツ推進計画）
第10条 都道府県及び市（特別区を含む。以下同じ。）町村の教育委員会（地方教育行政の組織及び運営に関する法律（昭和31年法律第162号）第24条の2第1項の条例の定めるところによりその長がスポーツに関する事務（学校における体育に関する事務を除く。）を管理し、及び執行することとされた地方公共団体（以下「特定地方公共団体」という。）にあっては、その長）は、スポーツ基本計画を参酌して、その地方の実情に即したス

ポーツの推進に関する計画(以下「地方スポーツ推進計画」という。)を定めるよう努めるものとする。
2　特定地方公共団体の長が地方スポーツ推進計画を定め、又はこれを変更しようとするときは、あらかじめ、当該特定地方公共団体の教育委員会の意見を聴かなければならない。

第3章　基本的施策

第1節　スポーツの推進のための基礎的条件の整備等

(指導者等の養成等)
第11条　国及び地方公共団体は、スポーツの指導者その他スポーツの推進に寄与する人材(以下「指導者等」という。)の養成及び資質の向上並びにその活用のため、系統的な養成システムの開発又は利用への支援、研究集会又は講習会(以下「研究集会等」という。)の開催その他の必要な施策を講ずるよう努めなければならない。

(スポーツ施設の整備等)
第12条　国及び地方公共団体は、国民が身近にスポーツに親しむことができるようにするとともに、競技水準の向上を図ることができるよう、スポーツ施設(スポーツの設備を含む。以下同じ。)の整備、利用者の需要に応じたスポーツ施設の運用の改善、スポーツ施設への指導者等の配置その他の必要な施策を講ずるよう努めなければならない。
2　前項の規定によりスポーツ施設を整備するに当たっては、当該スポーツ施設の利用の実態等に応じて、安全の確保を図るとともに、障害者等の利便性の向上を図るよう努めるものとする。

(学校施設の利用)
第13条　学校教育法(昭和22年法律第26号)第2条第2項に規定する国立学校及び公立学校の設置者は、その設置する学校の教育に支障のない限り、当該学校のスポーツ施設を一般のスポーツのための利用に供するよう努めなければならない。
2　国及び地方公共団体は、前項の利用を容易にさせるため、又はその利用上の利便性の向上を図るため、当該学校のスポーツ施設の改修、照明施設の設置その他の必要な施策を講ずるよう努めなければならない。

(スポーツ事故の防止等)
第14条　国及び地方公共団体は、スポーツ事故その他スポーツによって生じる外傷、障害等の防止及びこれらの軽減に資するため、指導者等の研修、スポーツ施設の整備、スポーツにおける心身の健康の保持増進及び安全の確保に関する知識(スポーツ用具の適切な使用に係る知識を含む。)の普及その他の必要な措置を講ずるよう努めなければならない。

(スポーツに関する紛争の迅速かつ適正な解決)

第15条　国は、スポーツに関する紛争の仲裁又は調停の中立性及び公正性が確保され、スポーツを行う者の権利利益の保護が図られるよう、スポーツに関する紛争の仲裁又は調停を行う機関への支援、仲裁人等の資質の向上、紛争解決手続についてのスポーツ団体の理解の増進その他のスポーツに関する紛争の迅速かつ適正な解決に資するために必要な施策を講ずるものとする。

(スポーツに関する科学的研究の推進等)
第16条　国は、医学、歯学、生理学、心理学、力学等のスポーツに関する諸科学を総合して実際的及び基礎的な研究を推進し、これらの研究の成果を活用してスポーツに関する施策の効果的な推進を図るものとする。この場合において、研究体制の整備、国、独立行政法人、大学、スポーツ団体、民間事業者等の間の連携の強化その他の必要な施策を講ずるものとする。
2　国は、我が国のスポーツの推進を図るため、スポーツの実施状況並びに競技水準の向上を図るための調査研究の成果及び取組の状況に関する情報その他のスポーツに関する国の内外の情報の収集、整理及び活用について必要な施策を講ずるものとする。

(学校における体育の充実)
第17条　国及び地方公共団体は、学校における体育が青少年の心身の健全な発達に資するものであり、かつ、スポーツに関する技能及び生涯にわたってスポーツに親しむ態度を養う上で重要な役割を果たすものであることに鑑み、体育に関する指導の充実、体育館、運動場、水泳プール、武道場その他のスポーツ施設の整備、体育に関する教員の資質の向上、地域におけるスポーツの指導者等の活用その他の必要な施策を講ずるよう努めなければならない。

(スポーツ産業の事業者との連携等)
第18条　国は、スポーツの普及又は競技水準の向上を図る上でスポーツ産業の事業者が果たす役割の重要性に鑑み、スポーツ団体とスポーツ産業の事業者との連携及び協力の促進その他の必要な施策を講ずるものとする。

(スポーツに係る国際的な交流及び貢献の推進)
第19条　国及び地方公共団体は、スポーツ選手及び指導者等の派遣及び招へい、スポーツに関する国際団体への人材の派遣、国際競技大会及び国際的な規模のスポーツの研究集会等の開催その他のスポーツに係る国際的な交流及び貢献を推進するために必要な施策を講ずることにより、我が国の競技水準の向上を図るよう努めるとともに、環境の保全に留意しつつ、国際相互理解の増進及び国際平和に寄与するよう努めなければならない。

(顕彰)
第20条　国及び地方公共団体は、スポーツの競技会において優秀な成績を収めた者及びスポーツの発展に寄与した者の顕彰に努めなければならない。

第2節　多様なスポーツの機会の確保のための環境の整備

(地域におけるスポーツの振興のための事業への支援等)

第21条　国及び地方公共団体は、国民がその興味又は関心に応じて身近にスポーツに親しむことができるよう、住民が主体的に運営するスポーツ団体（以下「地域スポーツクラブ」という。）が行う地域におけるスポーツの振興のための事業への支援、住民が安全かつ効果的にスポーツを行うための指導者等の配置、住民が快適にスポーツを行い相互に交流を深めることができるスポーツ施設の整備その他の必要な施策を講ずるよう努めなければならない。

（スポーツ行事の実施及び奨励）
第22条　地方公共団体は、広く住民が自主的かつ積極的に参加できるような運動会、競技会、体力テスト、スポーツ教室等のスポーツ行事を実施するよう努めるとともに、地域スポーツクラブその他の者がこれらの行事を実施するよう奨励に努めなければならない。
2　国は、地方公共団体に対し、前項の行事の実施に関し必要な援助を行うものとする。

（体育の日の行事）
第23条　国及び地方公共団体は、国民の祝日に関する法律（昭和23年法律第178号）第2条に規定する体育の日において、国民の間に広くスポーツについての関心と理解を深め、かつ、積極的にスポーツを行う意欲を高揚するような行事を実施するよう努めるとともに、広く国民があらゆる地域でそれぞれその生活の実情に即してスポーツを行うことができるような行事が実施されるよう、必要な施策を講じ、及び援助を行うよう努めなければならない。

（野外活動及びスポーツ・レクリエーション活動の普及奨励）
第24条　国及び地方公共団体は、心身の健全な発達、生きがいのある豊かな生活の実現等のために行われるハイキング、サイクリング、キャンプ活動その他の野外活動及びスポーツとして行われるレクリエーション活動（以下この条において「スポーツ・レクリエーション活動」という。）を普及奨励するため、野外活動又はスポーツ・レクリエーション活動に係るスポーツ施設の整備、住民の交流の場となる行事の実施その他の必要な施策を講ずるよう努めなければならない。

第3節　競技水準の向上等

（優秀なスポーツ選手の育成等）
第25条　国は、優秀なスポーツ選手を確保し、及び育成するため、スポーツ団体が行う合宿、国際競技大会又は全国的な規模のスポーツの競技会へのスポーツ選手及び指導者等の派遣、優れた資質を有する青少年に対する指導その他の活動への支援、スポーツ選手の競技技術の向上及びその効果の十分な発揮を図る上で必要な環境の整備その他の必要な施策を講ずるものとする。
2　国は、優秀なスポーツ選手及び指導者等が、生涯にわたりその有する能力を幅広く社会に生かすことができるよう、社会の各分野で活躍できる知識及び技能の習得に対する支援並びに活躍できる環境の整備の促進その他の必要な施策を講ずるものとする。

（国民体育大会及び全国障害者スポーツ大会）

第26条　国民体育大会は、公益財団法人日本体育協会（昭和2年8月8日に財団法人大日本体育協会という名称で設立された法人をいう。以下同じ。）、国及び開催地の都道府県が共同して開催するものとし、これらの開催者が定める方法により選出された選手が参加して総合的に運動競技をするものとする。

2　全国障害者スポーツ大会は、財団法人日本障害者スポーツ協会（昭和40年5月24日に財団法人日本身体障害者スポーツ協会という名称で設立された法人をいう。以下同じ。）、国及び開催地の都道府県が共同して開催するものとし、これらの開催者が定める方法により選出された選手が参加して総合的に運動競技をするものとする。

3　国は、国民体育大会及び全国障害者スポーツ大会の円滑な実施及び運営に資するため、これらの開催者である公益財団法人日本体育協会又は財団法人日本障害者スポーツ協会及び開催地の都道府県に対し、必要な援助を行うものとする。

（国際競技大会の招致又は開催の支援等）
第27条　国は、国際競技大会の我が国への招致又はその開催が円滑になされるよう、環境の保全に留意しつつ、そのための社会的気運の醸成、当該招致又は開催に必要な資金の確保、国際競技大会に参加する外国人の受入れ等に必要な特別の措置を講ずるものとする。

2　国は、公益財団法人日本オリンピック委員会（平成元年8月7日に財団法人日本オリンピック委員会という名称で設立された法人をいう。）、財団法人日本障害者スポーツ協会その他のスポーツ団体が行う国際的な規模のスポーツの振興のための事業に関し必要な措置を講ずるに当たっては、当該スポーツ団体との緊密な連絡を図るものとする。

（企業、大学等によるスポーツへの支援）
第28条　国は、スポーツの普及又は競技水準の向上を図る上で企業のスポーツチーム等が果たす役割の重要性に鑑み、企業、大学等によるスポーツへの支援に必要な施策を講ずるものとする。

（ドーピング防止活動の推進）
第29条　国は、スポーツにおけるドーピングの防止に関する国際規約に従ってドーピングの防止活動を実施するため、公益財団法人日本アンチ・ドーピング機構（平成13年9月16日に財団法人日本アンチ・ドーピング機構という名称で設立された法人をいう。）と連携を図りつつ、ドーピングの検査、ドーピングの防止に関する教育及び啓発その他のドーピングの防止活動の実施に係る体制の整備、国際的なドーピングの防止に関する機関等への支援その他の必要な施策を講ずるものとする。

第4章　スポーツの推進に係る体制の整備

（スポーツ推進会議）
第30条　政府は、スポーツに関する施策の総合的、一体的かつ効果的な推進を図るため、スポーツ推進会議を設け、文部科学省及び厚生労働省、経済産業省、国土交通省その他の関係行政機関相互の連絡調整を行うものとする。

(都道府県及び市町村のスポーツ推進審議会等)
第31条　都道府県及び市町村に、地方スポーツ推進計画その他のスポーツの推進に関する重要事項を調査審議させるため、条例で定めるところにより、審議会その他の合議制の機関（以下「スポーツ推進審議会等」という。）を置くことができる。

(スポーツ推進委員)
第32条　市町村の教育委員会（特定地方公共団体にあっては、その長）は、当該市町村におけるスポーツの推進に係る体制の整備を図るため、社会的信望があり、スポーツに関する深い関心と理解を有し、及び次項に規定する職務を行うのに必要な熱意と能力を有する者の中から、スポーツ推進委員を委嘱するものとする。
2　スポーツ推進委員は、当該市町村におけるスポーツの推進のため、教育委員会規則（特定地方公共団体にあっては、地方公共団体の規則）の定めるところにより、スポーツの推進のための事業の実施に係る連絡調整並びに住民に対するスポーツの実技の指導その他スポーツに関する指導及び助言を行うものとする。
3　スポーツ推進委員は、非常勤とする。

第5章　国の補助等

(国の補助)
第33条　国は、地方公共団体に対し、予算の範囲内において、政令で定めるところにより、次に掲げる経費について、その一部を補助する。
一　国民体育大会及び全国障害者スポーツ大会の実施及び運営に要する経費であって、これらの開催地の都道府県において要するもの
二　その他スポーツの推進のために地方公共団体が行う事業に要する経費であって特に必要と認められるもの
2　国は、学校法人に対し、その設置する学校のスポーツ施設の整備に要する経費について、予算の範囲内において、その一部を補助することができる。この場合においては、私立学校振興助成法（昭和50年法律第61号）第11条から第13条までの規定の適用があるものとする。
3　国は、スポーツ団体であってその行う事業が我が国のスポーツの振興に重要な意義を有すると認められるものに対し、当該事業に関し必要な経費について、予算の範囲内において、その一部を補助することができる。

(地方公共団体の補助)
第34条　地方公共団体は、スポーツ団体に対し、その行うスポーツの振興のための事業に関し必要な経費について、その一部を補助することができる。

(審議会等への諮問等)
第35条　国又は地方公共団体が第33条第3項又は前条の規定により社会教育関係団体（社会教育法（昭和24年法律第207号）第10条に規定する社会教育関係団体をいう。）であるスポーツ団体に対し補助金を交付しようとする場合には、あらかじめ、国にあっては文

部科学大臣が第九条第二項の政令で定める審議会等の、地方公共団体にあっては教育委員会（特定地方公共団体におけるスポーツに関する事務（学校における体育に関する事務を除く。）に係る補助金の交付については、その長）がスポーツ推進審議会等その他の合議制の機関の意見を聴かなければならない。この意見を聴いた場合においては、同法第13条の規定による意見を聴くことを要しない。

附　則

（施行期日）
第1条　この法律は、公布の日から起算して六月を超えない範囲内において政令で定める日から施行する。

（スポーツに関する施策を総合的に推進するための行政組織の在り方の検討）
第2条　政府は、スポーツに関する施策を総合的に推進するため、スポーツ庁及びスポーツに関する審議会等の設置等行政組織の在り方について、政府の行政改革の基本方針との整合性に配慮して検討を加え、その結果に基づいて必要な措置を講ずるものとする。

（スポーツの振興に関する計画に関する経過措置）
第3条　この法律の施行の際現に改正前のスポーツ振興法第4条の規定により策定されている同条第一項に規定するスポーツの振興に関する基本的計画又は同条第三項に規定するスポーツの振興に関する計画は、それぞれ改正後のスポーツ基本法第九条又は第十条の規定により策定されたスポーツ基本計画又は地方スポーツ推進計画とみなす。

（スポーツ推進委員に関する経過措置）
第4条　この法律の施行の際現に改正前のスポーツ振興法第19条第1項の規定により委嘱されている体育指導委員は、改正後のスポーツ基本法第32条第1項の規定により委嘱されたスポーツ推進委員とみなす。

（地方税法の一部改正）
第5条　地方税法（昭和25年法律第226号）の一部を次のように改正する。
第75条の3第1号中「スポーツ振興法（昭和36年法律第141号）第6条第1項」を「スポーツ基本法（平成23年法律第78号）第26条第1項」に改める。

（放送大学学園法の一部改正）
第6条　放送大学学園法（平成14年法律第156号）の一部を次のように改正する。
第17条第4号中「スポーツ振興法（昭和36年法律第141号）第20条第2項」を「スポーツ基本法（平成23年法律第78号）第33条第2項」に改める。

（沖縄科学技術大学院大学学園法の一部改正）
第7条　沖縄科学技術大学院大学学園法（平成21年法律第76号）の一部を次のように改正する。
第20条第4号中「スポーツ振興法（昭和36年法律第141号）第20条第2項」を「スポーツ基本法（平成23年法律第78号）第33条第2項」に改める。

理　由

　スポーツに関する施策を総合的かつ計画的に推進し、もつて国民の心身の健全な発達、明るく豊かな国民生活の形成、活力ある社会の実現及び国際社会の調和ある発展に寄与するため、スポーツに関し、基本理念を定め、並びに国及び地方公共団体の責務並びにスポーツ団体の努力等を明らかにするとともに、スポーツに関する施策の基本となる事項を定める必要がある。これが、この法律案を提出する理由である。

3　スポーツ振興法（旧法）

```
昭和36年 6 月16日
法律第141号
最終改正年月日
平成23年 6 月24日
法律第74号
```

第1章　総　則

（目的）
第1条
　この法律は、スポーツの振興に関する施策の基本を明らかにし、もつて国民の心身の健全な発達と明るく豊かな国民生活の形成に寄与することを目的とする。
2　この法律の運用に当たつては、スポーツをすることを国民に強制し、又はスポーツを前項の目的以外の目的のために利用することがあつてはならない。
（定義）
第2条
　この法律において「スポーツ」とは、運動競技及び身体運動（キャンプ活動その他の野外活動を含む。）であつて、心身の健全な発達を図るためにされるものをいう。
（施策の方針）
第3条
　国及び地方公共団体は、スポーツの振興に関する施策の実施に当たつては、国民の間において行なわれるスポーツに関する自発的な活動に協力しつつ、ひろく国民があらゆる機会とあらゆる場所において自主的にその適性及び健康状態に応じてスポーツをすることができるような諸条件の整備に努めなければならない。

2　この法律に規定するスポーツの振興に関する施策は、営利のためのスポーツを振興するためのものではない。

(計画の策定)
第4条　文部科学大臣は、スポーツの振興に関する基本的計画を定めるものとする。
2　文部科学大臣は、前項の基本的計画を定めるについては、あらかじめ、審議会等（国家行政組織法（昭和23年法律第120号）第八条に規定する機関をいう。第23条において同じ。）で政令で定めるものの意見を聴かなければならない。
3　都道府県及び市（特別区を含む。以下同じ。）町村の教育委員会（地方教育行政の組織及び運営に関する法律（昭和31年法律第162号）第24条の2第1項の条例の定めるところによりその長がスポーツに関する事務（学校における体育に関する事務を除く。）を管理し、及び執行することとされた地方公共団体（以下「特定地方公共団体」という。）にあつては、その長）は、第1項の基本的計画を参しやくして、その地方の実情に即したスポーツの振興に関する計画を定めるものとする。
4　都道府県及び第18条第2項の審議会その他の合議制の機関が置かれている市町村の教育委員会（当該都道府県又は当該市町村が特定地方公共団体である場合にあつては、その長）は、前項の計画を定めるについては、あらかじめ、同条第3項に規定するスポーツ振興審議会等の意見を聴かなければならない。
5　第3項の規定により、地方公共団体の長がスポーツの振興に関する計画を定める場合には、あらかじめ、当該地方公共団体の教育委員会の意見を聴かなければならない。

第2章　スポーツの振興のための措置

(体育の日の行事)
第5条　国及び地方公共団体は、国民の祝日に関する法律（昭和23年法律第178号）第2条に規定する体育の日において、国民の間にひろくスポーツについての理解と関心を深め、かつ、積極的にスポーツをする意欲を高揚するような行事を実施するとともに、この日において、ひろく国民があらゆる地域及び職域でそれぞれその生活の実情に即してスポーツをすることができるような行事が実施されるよう、必要な措置を講じ、及び援助を行なうものとする。

(国民体育大会)
第6条　国民体育大会は、財団法人日本体育協会（昭和2年8月8日に財団法人大日本体育協会という名称で設立された法人をいう。第3項において同じ。）、国及び開催地の都道府県が共同して開催する。
2　国民体育大会においては、都道府県ごとに選出された選手が参加して総合的に運動競

技をするものとする。
3　国は、国民体育大会の円滑な運営に資するため、財団法人日本体育協会及び開催地の都道府県に対し、必要な援助を行うものとする。
（スポーツ行事の実施及び奨励）
第7条
　地方公共団体は、ひろく住民が自主的かつ積極的に参加できるような運動会、競技会、運動能力テスト、スポーツ教室等のスポーツ行事を実施するように努め、かつ、団体その他の者がこれらの行事を実施するよう奨励しなければならない。
2　国は、地方公共団体に対し、前項の行事の実施に関し必要な援助を行なうものとする。
（青少年スポーツの振興）
第8条
　国及び地方公共団体は、青少年スポーツの振興に関し特別の配慮をしなければならない。
（職場スポーツの奨励）
第9条
　国及び地方公共団体は、勤労者が勤労の余暇を利用して積極的にスポーツをすることができるようにするため、職場スポーツの奨励に必要な措置を講ずるよう努めなければならない。
（野外活動の普及奨励）
第10条
　国及び地方公共団体は、心身の健全な発達のために行なわれる徒歩旅行、自転車旅行、キャンプ活動その他の野外活動を普及奨励するため、コースの設定、キャンプ場の開設その他の必要な措置を講ずるよう努めなければならない。
（指導者の充実）
第11条
　国及び地方公共団体は、スポーツの指導者の養成及びその資質の向上のため、講習会、研究集会等の開催その他の必要な措置を講ずるよう努めなければならない。
（施設の整備）
第12条
　国及び地方公共団体は、体育館、水泳プールその他の政令で定めるスポーツ施設（スポーツの設備を含む。以下同じ。）が政令で定める基準に達するよう、その整備に努めなければならない。
（学校施設の利用）
第13条
　学校教育法（昭和22年法律第26号）第2条第2項に規定する国立学校及び公立学校の設置者は、その設置する学校の教育に支障のない限り、当該学校のスポーツ施設を一般のスポーツのための利用に供するよう努めなければならない。
2　国及び地方公共団体は、前項の利用を容易にさせるため、当該学校の施設（設備を含

む。）の補修等に関し適切な措置を講ずるよう努めなければならない。
(スポーツの水準の向上のための措置)
第14条
　国及び地方公共団体は、わが国のスポーツの水準を国際的に高いものにするため、必要な措置を講ずるよう努めなければならない。
2　国は、前項に定める措置のうち、財団法人日本オリンピック委員会（平成元年8月7日に財団法人日本オリンピック委員会という名称で設立された法人をいう。以下この項において同じ。）が行う国際的な規模のスポーツの振興のための事業に関する措置を講ずるに当たつては、財団法人日本オリンピック委員会との緊密な連絡に努めるものとする。
(顕彰)
第15条
　国及び地方公共団体は、スポーツの優秀な成績を収めた者及びスポーツの振興に寄与した者の顕彰に努めなければならない。
(スポーツ事故の防止)
第16条
　国及び地方公共団体は、登山事故、水泳事故その他のスポーツ事故を防止するため、施設の整備、指導者の養成、事故防止に関する知識の普及その他の必要な措置を講ずるよう努めなければならない。
(プロスポーツの選手の競技技術の活用)
第16条の2
　国及び地方公共団体は、スポーツの振興のための措置を講ずるに当たつては、プロスポーツの選手の高度な競技技術が我が国におけるスポーツに関する競技水準の向上及びスポーツの普及に重要な役割を果たしていることにかんがみ、その活用について適切な配慮をするよう努めなければならない。
(科学的研究の促進)
第17条
　国は、医学、生理学、心理学、力学その他の諸科学を総合して、スポーツに関する実際的、基礎的研究を促進するよう努めるものとする。

第3章　スポーツ振興審議会等及び体育指導委員

(スポーツ振興審議会等)
第18条
　都道府県に、スポーツの振興に関する審議会その他の合議制の機関を置くものとする。
2　市町村に、スポーツの振興に関する審議会その他の合議制の機関を置くことができる。
3　前二項の審議会その他の合議制の機関（以下「スポーツ振興審議会等」という。）は、第四条第四項に規定するもののほか、都道府県の教育委員会若しくは知事又は市町村の教育委員会（当該市町村が特定地方公共団体である場合にあつては、市町村の教育委員

会又はその長。以下この項において同じ。）の諮問に応じて、スポーツの振興に関する重要事項について調査審議し、及びこれらの事項に関して都道府県の教育委員会若しくは知事又は市町村の教育委員会に建議する。
4 　スポーツ振興審議会等の委員は、スポーツに関する学識経験のある者及び関係行政機関の職員の中から、教育委員会が任命する。この場合において、都道府県の教育委員会は知事の、市町村の教育委員会はその長の意見を聴かなければならない。
5 　前項の規定にかかわらず、特定地方公共団体におけるスポーツ振興審議会等の委員の任命は、当該特定地方公共団体の教育委員会の意見を聴いて、地方公共団体の長が行う。
6 　第 1 項から前項までに定めるもののほか、スポーツ振興審議会等の委員の定数、任期その他スポーツ振興審議会等に関し必要な事項については、条例で定める。

（体育指導委員）
第19条
　市町村の教育委員会（特定地方公共団体にあつては、その長）は、社会的信望があり、スポーツに関する深い関心と理解を持ち、及び次項に規定する職務を行うのに必要な熱意と能力を持つ者の中から、体育指導委員を委嘱するものとする。
2 　体育指導委員は、教育委員会規則（特定地方公共団体にあつては、地方公共団体の規則）の定めるところにより、当該市町村におけるスポーツの振興のため、住民に対し、スポーツの実技の指導その他スポーツに関する指導及び助言を行うものとする。
3 　体育指導委員は、非常勤とする。

第 4 章 　国の補助等

（国の補助）
第20条
　国は、地方公共団体に対し、予算の範囲内において、政令で定めるところにより、次の各号に掲げる経費について、その一部を補助する。
一　国民体育大会の運営に要する経費であつてその開催地の都道府県において要するもの
二　その他スポーツの振興のために地方公共団体が行なう事業に要する経費であつて特に必要と認められるもの
2 　国は、学校法人に対し、その設置する学校のスポーツ施設の整備に要する経費について、予算の範囲内において、その一部を補助することができる。この場合においては、私立学校振興助成法（昭和50年法律第61号）第11条から第13条までの規定の適用があるものとする。
3 　国は、スポーツの振興のための事業を行なうことを主たる目的とする団体であつて当該事業がわが国のスポーツの振興に重要な意義を有すると認められるものに対し、当該事業に関し必要な経費について、予算の範囲内において、その一部を補助することができる。

（他の法律との関係）

第21条

前条第1項及び第2項の規定は、他の法律の規定に基づき国が負担し、又は補助する経費については、適用しない。

(地方公共団体の補助)

第22条

地方公共団体は、スポーツの振興のための事業を行なうことを主たる目的とする団体に対し、当該事業に関し必要な経費についてその一部を補助することができる。

(審議会への諮問等)

第23条

国又は地方公共団体が第20条第3項又は前条の規定により団体に対し補助金を交付しようとする場合には、あらかじめ、国にあつては文部科学大臣が第4条第2項の政令で定める審議会等の、地方公共団体にあつては教育委員会(特定地方公共団体におけるスポーツに関する事務(学校における体育に関する事務を除く。)に係る補助金の交付については、その長)がスポーツ振興審議会等の意見を聴かなければならない。この意見を聴いた場合においては、社会教育法(昭和24年法律第207号)第13条の規定による意見を聴くことを要しない。

附　則（抄）

(施行期日)

1　この法律中第4条第4項及び第18条の規定、第23条の規定(地方公共団体に係る部分に限る。)並びに附則第七項の規定は昭和37年4月1日から、その他の規定は公布の日から起算して3箇月をこえない範囲内において政令で定める日から施行する。

(以下略)

第3章　スポーツ条例（全文・制定順）

　ここでは、これまでに制定されたスポーツ条例をすべて取り上げ、かつその全文を掲載することとする。

〔追記〕「第1章　スポーツ条例調査」では、調査期間2016年3月18日〜同年4月1日までとして述べているが、本書の編集中にもスポーツ条例制定の動きがあった。そこで、読者の便宜を考え、同年4月2日以降に制定され、著者が入手できたスポーツ条例について、追加させていただくこととする。なお、神奈川県では、ラグビーワールドカップ2019の決勝戦や2020東京オリンピック競技大会のセーリング競技、全国健康福祉祭（ねんりんピック）などの大きな大会が開催されるのを機に、スポーツ推進のための条例を制定しようとしている。また、四日市市は、スポーツ振興条例調査特別委員会を設置し、開催し、制定に向けて検討している。

【1】 倶知安町スポーツ推進条例

昭和47年12月19日条例第18号
改正：平成23年12月16日条例第23号

倶知安町スポーツ振興条例（昭和47年倶知安町条例第19号）の全部を改正する。

（目的）
第1条　この条例は、スポーツ基本法（平成23年法律第78号）の規定に基づき、スポーツの推進に関する施策の基本を明らかにし、もって住民の心身の健全な発達と健康で明るい生活形成を助長し、本町の社会体育の向上に寄与することを目的とする。
2　この条例の運用にあたってはスポーツを行うことを住民に強制し、又はスポーツを前項の目的以外に利用することがあってはならない。

（定義）
第2条　この条例において「スポーツ」とは、運動競技及び身体運動等で、心身の健全な発達を図るために行われるものをいう。

（町技）
第3条　倶知安町は、スポーツの推進を図るため町技を指定することができる。
2　前項の指定にあたっては議会の同意を得て町長がこれを宣言する。

（町技の推進）
第4条　町技の推進に関して必要な事項は、規則で定める。

（スポーツ推進審議会）
第5条　スポーツの推進に関する重要事項を調査審議させるため、倶知安町スポーツ推進審議会を置く。
2　スポーツ推進審議会の委員の定数は、10人以内とする。
3　委員の任期は、2年とし、欠員を生じた場合の補欠委員の任期は前任者の残任期間とする。
4　スポーツ推進審議委員について必要な事項は、規則で定める。

（スポーツ推進委員）
第6条　スポーツの推進のための事業実施に係る連絡調整及び実技の指導その他指導助言を行うためスポーツ推進委員を置く。
2　スポーツ推進委員の定数は、10人以内とする。
3　スポーツ推進委員の任期は2年とし、欠員を生じた場合の補欠委員の任期は前任者の残任期間とする。
4　スポーツ推進委員について必要な事項は、規則で定める。

（スポーツ指導員）
第7条　スポーツ推進委員の実践活動を助長し補助するためにスポーツ指導員を置く。

2　スポーツ指導員の定数は、30人以内とする。
3　スポーツ指導員の任期は、1年とする。
4　スポーツ指導員について必要な事項は、規則で定める。
（委任）
第8条　この条例の施行に関し必要な事項は、教育委員会規則で定める。

附　則

（施行期日）
第1条　この条例は、公布の日から施行する。
（スポーツ推進審議会委員に関する経過措置）
第2条　この条例の施行の際、現に改正前の倶知安町スポーツ振興条例第5条第1項の規定により任命されているスポーツ振興審議会委員は、改正後の倶知安町スポーツ推進条例第5条第1項の規定により任命されたスポーツ推進審議会委員とみなす。
（スポーツ推進委員に関する経過措置）
第3条　この条例の施行の際、現に改正前の倶知安町スポーツ振興条例第6条第1項の規定により任命されている体育指導委員は、改正後の倶知安町スポーツ推進条例第6条第1項の規定により任命されたスポーツ推進委員とみなす。

【2】横瀬町スポーツ振興条例

昭和50年12月25日
条例第16号

（目的）
第1条　この条例は、スポーツ振興のための施策の基本を明らかにし、もって町民の心身の健全な発達と明るく豊かな町民生活の形成に寄与することを目的とする。
（定義）
第2条　この条例において「スポーツ」とは、運動競技及び身体運動（野外活動その他のレクリエーション活動を含む。）であって心身の健全な発達を図るためにされるものをいう。
（施策の方針）
第3条　町は、スポーツの振興に関する施策の実施に当たっては、町民の間において行われるスポーツに関する自発的な活動に協力しつつ、ひろく町民があらゆる場所において自主的にその適性及び健康状態に応じてスポーツをすることができるような諸条件の整備に努めるものとする。

(計画の策定)
第4条　町は、スポーツの振興に関する基本的計画を定めるものとし、その一環としてスポーツ振興の施策を推進するものとする。
(スポーツ振興のための措置)
第5条　町は、ひろく町民が自主的かつ積極的に参加できるようなスポーツ行事を実施するように努め、かつ、団体等がこれらの行事を実施するよう奨励し、必要な援助を行うものとする。
2　町は、スポーツの指導者の養成及びその資質の向上のため講習会、研究会等の開催その他必要な措置を講ずるものとする。
(施設の整備)
第6条　町は、町民が日常生活圏域で手軽にスポーツ活動ができるような施設の整備に努めるものとする。
(学校施設の利用)
第7条　町は、その設置する学校の教育に支障のない限り、当該学校のスポーツ施設を一般のスポーツのための利用に供するよう努めなければならない。
(顕彰)
第8条　町は、スポーツの優秀な成績を収めた者及びスポーツの振興に寄与した者(団体を含む。)の顕彰を行う。
(委任)
第9条　この条例の施行に関し必要な事項は、別に定める。

附　則

この条例は、公布の日から施行する。

【3】長与町スポーツ振興条例

昭和51年8月2日条例第25号
改正：平成12年3月22日条例第13号

(目的)
第1条　この条例は、スポーツの振興に関する施策の基本を明らかにし、もって町民の心身の健全な発達と明るく豊かな町民生活の形成に寄与することを目的とする。
2　この条例の運用に当たっては、スポーツをすることを町民に強制し、又はスポーツを前項の目的以外の目的のために利用することがあってはならない。
(定義)

第2条　この条例において、「スポーツ」とは、運動競技及び身体運動（キャンプ活動、その他の野外活動を含む。）であって、心身の健全な発達を図るためにされるものをいう。

（施策の方針）
第3条　町は、スポーツの振興に関する施策の実施に当たっては町民の間において行われるスポーツに関する自発的な活動に協力しつつ、ひろく町民があらゆる機会とあらゆる場所において自主的にその適性及び健康状態に応じて、スポーツをすることができるような諸条件の整備に努めなければならない。
2　この条例に規定するスポーツの振興に関する施策は、営利のためのスポーツを振興するためのものではない。

（計画の策定）
第4条　教育委員会は、地域の実情に即したスポーツの振興に関する計画を定めるものとする。
2　教育委員会は、前項の計画を定めるについては、あらかじめ長与町スポーツ振興審議会等の意見を聴かなければならない。

（指導者の充実）
第5条　教育委員会は、スポーツの指導者の養成及びその資質の向上のため、講習会、研究集会等の開催その他の必要な措置を講ずるよう努めなければならない。

（施設の整備）
第6条　町は、スポーツの振興のための施設を地域の実情に応じて計画的に整備するものとする。

（学校施設の利用）
第7条　教育委員会は、その設置する学校の教育に支障のない限り、当該学校のスポーツ施設を一般のスポーツのための利用に供するよう努めなければならない。
2　教育委員会は、前項の利用を容易にさせるため、当該学校の施設（設備を含む。）の補修等に関し、適切な措置を講ずるよう努めなければならない。

（顕彰）
第8条　教育委員会は、スポーツの優秀な成績を収めた者及びスポーツの振興に寄与した者の顕彰に努めなければならない。

（スポーツ振興審議会等）
第9条　教育委員会に長与町スポーツ振興審議会等（以下「スポーツ振興審議会等」という。）を置く。
2　スポーツ振興審議会等は、教育委員会の諮問に応じて、スポーツの振興に関する重要事項について調査審議し、及びこれらの事項に関して教育委員会に建議する。
3　スポーツ振興審議会等の委員は、スポーツに関する学識経験のある者及び関係行政機関の職員の中から教育委員会が任命する。この場合においては、町長の意見を聴かなければならない。
4　スポーツ振興審議会等の委員は、10人以内で組織する。

5 スポーツ振興審議会等の委員の任期は、2年とする。ただし、補欠委員の任期は、前任者の残任期間とする。

(スポーツ団体への補助)
第10条　町は、スポーツ振興のための事業を行うことを主たる目的とする団体に対し、予算の範囲内において当該事業に関し必要な経費について、その一部を補助することができる。
2　前項の規定により、団体に対し補助金を交付しようとする場合には、スポーツ振興審議会等の意見を聴かなければならない。この意見を聴いた場合においては、社会教育法（昭和24年法律第207号）第13条の規定による社会教育委員の会議の意見を聴くことを要しない。
3　教育委員会は、スポーツ団体へ補助金を交付しようとする場合は、長与町補助金等交付規則（昭和42年規則第1号）を準用する。

(規則への委任)
第11条　この条例の施行に関し、必要な事項は、規則で定める。

　　　　　　　　　　附　則

この条例は、公布の日から施行する。

　　　　　　　附　則（平成12年3月22日条例第13号）

この条例は、平成12年4月1日から施行する。

【4】川島町スポーツ推進条例

　　　　　　　　　　　　　　　昭和52年10月1日条例第23号
　　　　　　　　　　　　　　　改正：平成24年条例第10号

(目的)
第1条　この条例は、スポーツの推進に関する施策の基本を明らかにし、もって住民の心身の健全な発達と明るく豊かな生活の形式に寄与することを目的とする。

(定義)
第2条　この条例において「スポーツ」とは、運動競技及び身体運動（野外活動その他のレクリエーション活動を含む。）であって心身の健全な発達を図るためにされるものをいう。

(施策の方針)
第3条　町は、スポーツの推進に関する施策の実施に当たっては、町民の間において行わ

れるスポーツに関する自発的な活動に協力しつつ、ひろく町民があらゆる機会と、あらゆる場所において自主的にその適性及び健康状態に応じてスポーツをすることができるような諸条件の整備に努めなければならない。
2　この条例に規定するスポーツの推進に関する施策は、営利のためのスポーツを推進するためのものではない。

(計画の策定)
第4条　町は、スポーツの推進に関する基本的計画を定めるものとする。
2　前項の計画を定めるについては、あらかじめ川島町スポーツ推進審議会の意見をきかなければならない。

(スポーツの推進のための措置)
第5条　町は、ひろく住民が自主的かつ積極的にスポーツ活動に参加できるように行事を実施するよう努めるとともに、団体等がこれらの行事を実施するよう奨励し、必要な援助を行うものとする。
2　町は、スポーツの指導者の養成及びその資質の向上のため、講習会、研究会等の開催その他必要な措置を講ずるよう努めなければならない。

(施設の整備)
第6条　町は、住民が日常生活圏域で手軽にスポーツ活動ができるような施設の整備に努めなければならない。

(顕彰)
第7条　町は、スポーツの優秀な成績を収めた者及びスポーツの推進に寄与した者(団体を含む。)の顕彰に努めなければならない。

(諮問機関)
第8条　町に、スポーツの推進について調査、審議するため川島町スポーツ推進審議会を置く。

(委任)
第9条　この条例の施行に関し必要な事項は、別に定める。

　　　　　　　　　　　附　則

この条例は、公布の日から施行する。

　　　　　　　　附　則（平成24年条例第10号）（抄）

(施行期日)
1　この条例は、平成24年4月1日から施行する。

【5】弟子屈町スポーツ振興条例

　　　　　　　　　　昭和56年7月9日弟子屈町条例第12号
　　　　　　　　　　改正　平成25年3月5日条例第16号

(目的)
第1条　この条例は、スポーツ振興のための施策の基本を明らかにし、もって町民の心身の健全な発達と明るく豊かな町民生活の形成に寄与することを目的とする。
(定義)
第2条　この条例において「スポーツ」とは、運動競技及び身体運動(キャンプ活動その他の野外活動及びスポーツ・レクリエーション活動を含む。)であって、心身の健全な発達を図るためにされるものをいう。
(町技)
第3条　町は、スポーツの振興を図るため町技を指定することができる。
2　前項の指定に当たっては教育委員会の意見を求め、町長が定める。
(スポーツ振興のための措置)
第4条　町は、ひろく町民が自主的かつ積極的に参加できるようなスポーツ行事を実施するように努め、かつ、団体等がこれらの行事を実施するよう奨励し必要な援助を行うものとする。
2　町は、スポーツの指導者の養成及びその資質の向上のため講習会等を開催、その他必要な措置を講ずるものとする。
(施設の整備拡充)
第5条　町は、スポーツ活動に必要な施設の整備拡充に努めなければならない。
(学校施設の利用)
第6条　町は、その設置する学校の教育に支障のない限り、当該学校スポーツ施設を一般のスポーツのための利用に供するよう努めなければならない。
(スポーツ振興審議会)
第7条　スポーツの振興を図るため、弟子屈町スポーツ振興審議会(以下「審議会」という。)を置く。
2　審議会の委員は10人以内とし、次の各号に掲げる者のうちから教育委員会が任命する。
　(1)　体育関係者
　(2)　学識経験者
3　委員の任期は2年とし、欠員を生じた場合の補欠委員の任期は、前任者の残任期間とする。
(表彰及び助成)
第8条　スポーツの大会で優秀な成績をおさめた者、及びスポーツの振興に貢献した者に

たいして表彰を行うことができる。
2　表彰及び助成について必要な事項は別に定める。
（委任）
第9条　この条例の施行に関し、必要な事項は教育委員会に委任する。

　　　　　　　　　　　　附　則

この条例は、公布の日から施行する。

　　　　　　　　　附　則（平成25年3月5日条例第16号）

この条例は、平成25年4月1日から施行する。

【6】長瀞町スポーツ推進条例

昭和58年12月27日条例第14号
改正：平成12年条例第8号
改正：平成25年条例第10号

（目的）
第1条　この条例は、町のスポーツの推進に関する施策の基本を明らかにし、もって町民の心身の健全な発達と明るく豊かな町民生活の形成に寄与することを目的とする。
（定義）
第2条　この条例において「スポーツ」とは運動競技及び身体運動であって、心身の健全な発達を図るために行われるものをいう。
（施策の方針）
第3条　町は、スポーツの推進に関する施策の実施に当たっては、町民のスポーツに関する自発的な活動に協力し、ひろく町民が自主的にその適性及び健康状態に応じてスポーツをすることができるように諸条件の整備に努めるものとする。
（計画の策定）
第4条　教育委員会は、前条に規定する施策の方針に基づき、スポーツの推進計画を策定する。
2　教育委員会は、前項の計画を策定するに当たっては、あらかじめスポーツ推進審議会の意見を聴かなければならない。
（スポーツ行事の実施及び奨励）
第5条　町は、ひろく住民が自主的かつ積極的に参加できるような運動会、競技会、運動能力テスト、スポーツ教室等のスポーツ行事を実施することに努め、かつ、町民がこれ

らの行事を実施するよう奨励するものとする。
（指導者の充実）
第6条　町は、スポーツの指導者の養成及びその資質を向上するため、講習会、研究集会等の開催その他必要な措置を講ずるよう努めるものとする。
（施設の整備）
第7条　町は、体育館及び運動場その他スポーツ施設の整備に努めるものとする。
（顕彰）
第8条　町は、スポーツに関し優秀な成績を収めた者及びスポーツの推進に寄与した者の顕彰を行う。
（スポーツ推進審議会）
第9条　スポーツ基本法（平成23年法律第78号）の規定に基づき、審議会その他の合議制の機関として、長瀞町スポーツ推進審議会を置く。
2　スポーツ推進審議会は、第4条第2項に規定するもののほか、教育委員会の諮問に応じてスポーツの推進に関する重要事項について調査審議し、及びこれらの事項に関して教育委員会に建議する。
3　スポーツ推進審議会の委員は、スポーツに関する学識経験のある者及び関係行政機関の中から教育委員会が任命する。この場合において、教育委員会は長の意見を聴かなければならない。
（スポーツ推進委員）
第10条　教育委員会にスポーツ推進委員を置き、その職は非常勤とする。
2　スポーツ推進委員は、スポーツを推進するため住民に対し、スポーツの実技指導その他スポーツに関する助言、指導を行うものとする。
3　スポーツ推進委員は、スポーツに関する深い理解を持ち、及び職務を行うのに必要な熱意と能力を持つ者の中から教育委員会が委嘱する。
（委任）
第11条　この条例の施行に関し必要な事項については、教育委員会規則で定める。

附　則

この条例は、昭和59年1月1日から施行する。

附　則（平成12年条例第8号）

この条例は、平成12年4月1日から施行する。

附　則（平成25年条例第10号）

この条例は、公布の日から施行する。

【7】葛飾区文化・スポーツ活動振興条例

平成2年3月16日条例第4号
改正:平成5年3月16日条例第36号

(目的)
第1条　この条例は、区民の自主的な文化活動及びスポーツ活動(以下「文化・スポーツ活動」という。)の振興を図ることにより、地域社会の活性化に寄与するとともに豊かな区民文化の創造と健康で活力に満ちた区民生活の向上に資することを目的とする。

(区の責務)
第2条　区は、前条の目的を達成するため、文化・スポーツ活動の振興のための施策を総合的かつ効果的に推進するよう努めるものとする。

(文化・スポーツ活動の促進)
第3条　区は、文化・スポーツ活動を促進するため、これらの活動に対する援助、助成その他の必要な措置を講ずるよう努めるものとする。

(行事への参加に対する助成)
第4条　区は、文化及びスポーツに関する行事で次に掲げるものに参加する個人又は団体に対して、その参加に要する経費の一部を助成することができる。
　(1)　国際的規模の行事
　(2)　全国的規模の行事
　(3)　関東等を地域的規模とする行事
　(4)　東京都を地域的規模とする行事
　(5)　その他区長が適当と認める行事
(平5条例36・全改)

(委任)
第5条　この条例の施行に関し必要な事項は、葛飾区規則で定める。

　　　　付　則

この条例は、平成2年4月1日から施行する。

　　　　付　則(平成5年3月16日条例第36号)

この条例は、平成5年4月1日から施行する。

【8】矢吹町文化・スポーツ振興条例

平成8年3月18日
条例第18号

(目的)
第1条　この条例は、町民の健康で文化的生活の実現のため文化とスポーツの振興に関わる矢吹町（以下「町」という。）の施策の基本を明らかにし、自然及び歴史的風土に培われた個性豊かな文化を創造することに寄与するとともに、町民の健康増進と生活向上に資することを目的とする。

(定義)
第2条　文化とは、人間が一定の目的にしたがって自然に働きかけ、生活を充実・発展させることをいう。また、その過程で作り出されたものをいう。
2　スポーツとは、陸上競技、野球、テニス、水泳などから、登山、狩猟などにいたるまで、遊戯、競走、肉体的鍛練の要素を含む運動であって、心身の健全な発達を図るためにされるものをいう。

(基本原則)
第3条　町は、町民が文化・スポーツの担い手であることを認識し、その自主性と創造性を最大限に尊重する。

(町の責務)
第4条　町は、文化・スポーツの振興を図るための施策の体系を明らかにするとともに、必要な組織を整備し、その施策を総合的かつ効果的に推進するものとする。
2　町は、町が行う施策に文化・スポーツ振興の視点を組み入れるよう努めるものとする。
3　町は、文化・スポーツ振興のための施策に広く町民の創意を反映するよう努めるものとする。

(文化環境の整備)
第5条　町は、文化振興の視点にたった、まちづくりに関する施策を推進するよう努めるものとする。
2　町は、自然景観、歴史的景観の保存と調和のとれた都市景観の形成に努めるものとする。
3　町は、必要な文化施設を体系的に整備するとともに、既存の公共施設を文化活動の場として活用させるよう努めるものとする。

(スポーツ環境の整備)
第6条　町は、いつでも、誰とでも、いつまでも町民がそれぞれ自分の能力・適性・欲求に応じてスポーツを享受できるようスポーツの施設及び設備の整備に努めるものとする。

(委任)

第7条　この条例の施行に関して必要な事項は、教育委員会が別に定める。

　　　　　　　　　　　　　　附　則

（施行期日）
1　この条例は、平成8年4月1日から施行する。
（矢吹町スポーツ振興審議会に関する条例の一部改正）
2　矢吹町スポーツ振興審議会に関する条例（昭和37年矢吹町条例第8号）の一部を次のように改正する。
（次のよう略）

【9】秩父市スポーツ振興条例

［平成17年4月1日
　条例第124号］

（目的）
第1条　この条例は、スポーツ振興のための施策の基本を明らかにし、もって市民の心身の健全な発達と明るく豊かな市民生活の形成に寄与することを目的とする。
（定義）
第2条　この条例において「スポーツ」とは、運動競技及び身体運動（野外活動その他のレクリエーション活動を含む。）であって心身の健全な発達を図るためにされるものをいう。
（施策の方針）
第3条　市は、スポーツの振興に関する施策の実施に当たっては、市民の間において行われるスポーツに関する自発的な活動に協力しつつ、広く市民があらゆる機会とあらゆる場所において自主的にその適性及び健康状態に応じてスポーツをすることができるような諸条件の整備に努めるものとする。
（計画の策定）
第4条　市は、スポーツの振興に関する基本的計画を定めるものとする。
（スポーツ振興のための措置）
第5条　市は、市民が自主的かつ積極的にスポーツ活動に参加できるように努めるとともに、団体等がこれらの行事を実施するよう奨励し、必要な援助を行うものとする。
2　市は、スポーツの指導者の養成及びその資質の向上のため、講習会、研究会等の開催その他必要な措置を講ずるものとする。
（施設の整備）

第 6 条　市は、市民が日常生活圏域で手軽にスポーツ活動ができるような施設の整備に努めるものとする。

(学校施設の利用)
第 7 条　市は、その設置する学校の教育に支障のない限り、当該学校のスポーツ施設を一般のスポーツのための利用に供するよう努めなければならない。

(顕彰)
第 8 条　市は、スポーツの優秀な成績を収めた者及びスポーツの振興に寄与した者（団体を含む。）の顕彰を行う。

(委任)
第 9 条　この条例の施行に関し必要な事項は、市長が別に定める。

　　　　　　　　　　　　附　則

この条例は、平成17年4月1日から施行する。

【10】21世紀出雲スポーツのまちづくり条例

平成18年6月28日条例第56号
改正：平成23年12月27日条例第144号

前文
　今日、市民一人ひとりが、終生、活力と心の張り合いをもって自己実現を図り、心身ともに健康で幸せを実感できる地域社会を築いていくことが、全市民が目指すべき共通の目標であり、21世紀出雲のまちづくりの基本である。
　スポーツは、我々が本来有する運動本能の欲求を満たし、爽（そう）快感、達成感等の精神的充足と体力向上、精神的ストレスの発散、生活習慣病の予防など生涯にわたり心身両面の健康増進に寄与するものである。スポーツの振興こそ、まさに21世紀出雲を支える心身ともに健全な人材の養成・確保を図り、全市民の真の願いである健康で活力ある生涯を約束する基本的に重要な施策であると考える。
　すなわち、市民生活のあらゆる局面で、市民が言わば生涯スポーツに親しみ、幅広く多様なスポーツや運動を生涯を通じ楽しみ、その活動の輪と裾（すそ）野を広げるとともに、市民が言わば競技スポーツの専門家を目指し、記録に挑戦し、夢と感動を与えられ、誇りを持つことは、活力ある健全な地域社会の発展に大きく貢献するものである。
　他方、大型スポーツイベントの誘致・開催は、市民の日常活動に大きな刺激を与えるとともに、観光ビジネス等地域経済の発展に重要な役割を果たしつつある。
　このため、全市民の生涯にわたる幸せと本市の悠久の発展を願い、これまで述べてきた

スポーツ文化によるまちづくりの基本を定めるべく、ここに「21世紀出雲スポーツのまちづくり条例」を制定する。

（目的）

第1条　この条例は、出雲市におけるスポーツ振興の基本的な目標・方策及びスポーツ関係団体の協力関係を明らかにし、市、市民、スポーツ関係団体及び事業所等の連携・協力を促し、もって本市のスポーツ文化の定着・発展に努め、真に心豊かなスポーツ文化都市・出雲の創造に資することを目的とする。

（スポーツ振興の基本目標）

第2条　夢を育み、人を結び、まちが輝くスポーツ文化都市・出雲の創造のため、市、市民、スポーツ関係団体及び事業所等が連携・協力して、次に掲げる基本目標の実現に努力する。

　(1)　大型スポーツイベントの開催及び誘致・支援、各種スポーツ大会等の開催及び支援、各種スポーツ教室等の開催及び支援並びにスポーツ拠点づくりの推進による「スポーツがあふれるまちづくり」

　(2)　選手強化施策の充実、全国大会等出場選手への参加支援及び指導者等人材の育成・支援による「スポーツを担う人づくり」

　(3)　各種スポーツ団体との連携及び組織強化への支援、学校と地域の連携強化への支援及びスポーツ交流事業の推進による「スポーツを支えるネットワークづくり」

（スポーツ振興の基本方策）

第3条　前条に定める基本目標の実現のため、市、市民、スポーツ関係団体及び事業所等が連携・協力のもとに進めるスポーツ振興の基本方策は、次のとおりとする。

　(1)　市は、市民、スポーツ関係団体及び事業所等が、本市のスポーツ振興の共通の基本目標のもとに、相互に緊密に連携・協力できるよう支援する。

　(2)　市は、スポーツ関係団体が、それぞれの目的に合った役割を十分に発揮できるよう、情報の共有化を図るとともに適切な支援に努める。

　(3)　市は、スポーツ関係団体及び事業所等と連携・協働して、各種スポーツ大会・教室の開催、大型スポーツイベントの誘致・開催及びスポーツ施設の整備と有効活用を図り、市民にスポーツに触れる機会をより多く提供できるよう努める。その際、あらゆる年齢層を対象とし、特に青少年の健全な育成と高齢者・障害者の活力増進に配慮する。

　(4)　市は、地域を代表し国内外で活躍するスポーツ競技者の育成と指導者の養成を図るため、スポーツ関係団体の協力・支援を得て、小学校、中学校及び高等学校（以下「学校」という。）並びに出雲市体育協会、スポーツ少年団等から選抜された者に、スポーツ競技力の向上に資する教育・訓練を行うとともに、指導者の研修機会の充実に努める。

　(5)　市民は、自らがスポーツによるまちづくりの担い手であるという立場から、それぞれがスポーツに対する関心を培い、市やスポーツ関係団体が行う多様なスポーツ

事業に積極的に参加する。
- (6) スポーツ関係団体は、市のスポーツ振興施策への積極的な参加・協力に努めるとともに、市が行うスポーツ振興施策と連携しつつ、自らのスポーツ事業活動により、スポーツのまちづくりに貢献する。
- (7) 事業所等は、市が行うスポーツ振興施策と連携しつつ、自らの事業活動及び社会奉仕活動を通じて、スポーツのまちづくりに貢献する。

(スポーツ関係団体の連携・協力)
第4条　前2条で定める基本目標及び基本方策の実現を目指して活動する本市のスポーツ関係団体の連携・協力の関係は、次のとおりである。
- (1) 学校、出雲市体育協会、総合型地域スポーツクラブ、スポーツ少年団その他運動・スポーツサークル等は、それぞれの役割に応じ、指導者・競技者の養成、各種スポーツ大会への参加、情報の提供等密接に連携・協力し、本市におけるスポーツ活動の総合的な振興を図るものとする。
- (2) 学校は、児童・生徒の学校外のスポーツ活動を尊重し、学校の体育・スポーツ指導と学校外のスポーツ活動との連携・協力に配慮するものとする。
- (3) 学校における体育・スポーツ指導はもとより、総合型地域スポーツクラブその他運動・スポーツサークル等も、広く市民の生涯スポーツ愛好の裾野の拡大に資するとともに、出雲市体育協会及びスポーツ少年団は、学校との連携・協力により、優秀な人材・競技者の育成、競技力の向上に資するものとする。

(出雲市スポーツ振興審議会への諮問)
第5条　市長は、21世紀出雲のスポーツ振興のあり方について、今後必要に応じ、出雲市スポーツ振興審議会条例(平成17年出雲市条例第343号)に基づき設置する出雲市スポーツ振興審議会に諮るものとする。

[出雲市スポーツ振興審議会条例(平成17年出雲市条例第343号)]

(委任)
第6条　この条例の施行に関し必要な事項は、市長が別に定める。

附　則

この条例は、公布の日から施行する。

附　則(平成23年12月27日条例第144号)

この条例は、公布の日から施行する。

【11】埼玉県スポーツ振興のまちづくり条例

平成18年12月26日
条例第70号

(目的)
第1条　この条例は、スポーツ（運動競技及びレクリエーションその他の目的で行う身体の運動をいう。以下同じ。）が健康の維持増進、高齢者等の介護予防、青少年の健全育成、地域の連帯感の醸成等に大きく資することを踏まえ、スポーツ振興のまちづくりに関する施策を総合的に実施することにより、県民の健康及び福祉の増進に資することを目的とする。

(責務)
第2条　県は、県民生活においてスポーツの果たす役割の重要性を深く認識して、市町村、スポーツ関係団体（主としてスポーツに関する活動を行う団体をいう。以下同じ。）、事業者及び県民と協力して、この条例の目的が達成されるよう努めなければならない。

(スポーツに関する多様な活動の促進)
第3条　県は、スポーツを通じた地域の連帯感の醸成等が図られるよう、市町村と協力して、スポーツをすること、見ること、若しくは学ぶこと、又はこれらを支えることを促進するために必要な措置を講ずるものとする。

(生涯スポーツの振興等)
第4条　県は、すべての県民が生涯にわたって、その体力、年齢、技術、関心等に応じてスポーツをすることができるよう、市町村及びスポーツ関係団体と協力して、その機会を提供するものとする。

2　県は、障害者の社会参加を促進するため、障害者の行うスポーツの普及に関し配慮するものとする。

3　県は、スポーツを通じた健康の維持増進及び高齢者等の介護予防に関し、必要な情報を適切に提供するものとする。

(子どもの体力向上及び学校体育の振興)
第5条　県は、市町村その他関係団体と協力して、子どもの体力向上のために必要な措置を講ずるものとする。

2　県は、児童及び生徒の行うスポーツに関し、学校教育が果たすべき役割の重要性を踏まえ、市町村その他関係団体と協力して、学校における体育の振興のために必要な措置を講ずるものとする。

(スポーツの競技力向上)
第6条　県は、スポーツの競技力の向上のため、スポーツ関係団体と協力して、講習会の開催その他指導者の育成及び資質の向上並びに選手の育成のために必要な措置を講ずる

（施設の整備及び充実等）
第7条　県は、スポーツ施設（設備を含む。以下同じ。）の整備及び充実に努めなければならない。
2　県は、自ら保有する土地、施設等の管理に当たっては、その所在する地域のスポーツ振興のまちづくりに資するよう努めるものとする。
3　県は、スポーツ施設の整備及び充実に当たっては、民間の資金、土地及び施設の活用に努めるものとする。
4　県は、前三項の規定により県が行うスポーツ施設の整備及び充実等に関する措置についての指針を定めるものとする。

（委任）
第8条　この条例に定めるもののほか、この条例の施行に関し必要な事項は、知事が定める。

附　則

この条例は、平成19年4月1日から施行する。

【12】品川区文化芸術・スポーツのまちづくり条例

平成19年12月10日
条例第45号

前文

　品川区は、東京湾に面した臨海部と山の手に連なる台地とからなり、古くから交通、交易の拠点として栄え、大森貝塚など歴史に名を残すところが数多く、江戸時代には東海道第一の宿としてにぎわい、明治時代に入ってからは近代工業の先駆け、京浜工業地帯の中心地域として人々が文化をはぐくみながら発展してきた。
　文化芸術に関して、品川区民憲章（昭和57年制定）は、その前文で、輝かしい歴史と伝統を誇りとし、品川区の将来像を「文化の香り豊かな近代都市」として、品川区の発展にとって文化的なまちづくりが必要であることを明らかにしている。日本古来の伝統文化を大切にするとともに、品川区独自の文化芸術を伝承し、新たなものを創つくりだすことは、人々の感性を豊かにし、互いに理解し合い、尊重し合う風土をはぐくみ、ひいては都市に活力とにぎわいをもたらす源泉であるからである。
　スポーツは、人間の身体的・精神的な欲求に応え、その活動を通じて心身をはぐくみ、規範と礼節を重んずる心を涵かん養する世界共通のものであり、見る者に努力の尊さと勇

気の大切さを伝え、心に感銘を与える。
　また、文化芸術とスポーツは、すべての世代にわたって地域への愛着と誇りをはぐくむ確かな礎であり、次代を担う子どもたちにとっても大きな励ましである。
　加えて文化芸術とスポーツは、品川区が積極的に取り組んでいる国際交流にも大きく貢献している。文化芸術およびスポーツを通じての交流は、相互理解および親善を深めるために極めて重要なことである。
　私たちは、こうした文化芸術とスポーツのもたらす恵沢がまちづくりに活（い）かされ、品川区が心豊かなにぎわい都市としてさらに大きく発展することを願い、この条例を制定する。

（目的）
第1条　この条例は、文化芸術およびスポーツの振興に関する基本理念を定め、品川区（以下「区」という。）の責務ならびに区民等および団体の役割を明らかにするとともに、文化芸術およびスポーツの振興に関する施策を総合的に推進することにより、区民等の自主的な文化芸術活動およびスポーツ活動を促進し、潤いのある健康で活力に満ちたまちづくりに資することを目的とする。

（定義）
第2条　この条例において、次の各号に掲げる用語の意義は、当該各号に定めるところによる。
　　一　文化芸術　文学、音楽、美術、演劇その他の芸術、伝統芸能、伝統的な年中行事、文化財、生活文化等をいう。
　　二　スポーツ　運動競技および身体運動（キャンプ活動その他の野外活動を含む。）であって、心身の健全な発達を図るためにされるものをいう。
　　三　区民等　区内に居住し、勤務し、または在学する者をいう。
　　四　団体　区内で活動する法人、地域団体その他の団体をいう。

（基本理念）
第3条　この条例に基づく文化芸術およびスポーツの振興は、区民等が愛着と誇りをもつことができる個性的で活力ある地域社会の実現を図るためのものでなければならない。
2　文化芸術およびスポーツの振興に当たっては、区民等および団体の自主性が尊重されなければならない。
3　文化芸術およびスポーツの振興に当たっては、区、区民等および団体の相互連携・協力が図られなければならない。
4　文化芸術の振興に当たっては、地域の歴史、風土および伝統文化の継承、保護および発展ならびに区民等が文化芸術を創造し、享受することその他の多様な活動のための環境の整備が図られなければならない。
5　スポーツの振興に当たっては、スポーツをすることもしくは見ること、スポーツについて学ぶことまたはこれらを支える多様な活動のための環境の整備が図られなければならない。

(区の責務)
第4条　区は、この条例の目的を達成するため、文化芸術およびスポーツの啓発に努めるものとする。
2　区は、基本理念にのっとり、文化芸術およびスポーツの振興に関する施策を総合的に推進するものとする。
3　区は、区民等が文化芸術およびスポーツに親しみ、意欲、技術等に応じて自主的な活動をすることができるよう施設等の環境の整備に努めるものとする。
4　区は、文化芸術活動およびスポーツ活動の促進に関する施策を実施するため、必要な財政上の措置を講ずるよう努めるものとする。

(区民等の役割)
第5条　区民等は、自らが文化芸術活動およびスポーツ活動の担い手であることを理解し、相互に尊重し合い、自主的な活動を通じて文化芸術およびスポーツの振興によるまちづくりに係る役割を積極的に果たすよう努めるものとする。

(団体の役割)
第6条　団体は、地域社会の一員として、自主的な文化芸術活動およびスポーツ活動の推進ならびに区民等の活動の支援を通じて、文化芸術およびスポーツの振興によるまちづくりに係る役割を積極的に果たすよう努めるものとする。

(国際交流の推進)
第7条　区は、文化芸術およびスポーツの振興によるまちづくりを図るため、これらの活動を通じた国際交流を積極的に推進するよう努めるものとする。

(顕彰)
第8条　区は、文化芸術活動およびスポーツ活動において著しい功績のあった者の顕彰を行うことができる。
2　区は、文化芸術およびスポーツの振興に寄与した者の顕彰を行うことができる。

(委任)
第9条　この条例に定めるもののほか、この条例の施行に関し必要な事項は、別に定める。

付　則

この条例は、平成20年4月1日から施行する。

【13】 長野市文化芸術及びスポーツの振興による文化力あふれるまちづくり条例

平成21年9月25日条例第38号
改正：平成27年3月27日条例第4号

　私たちの住む長野市は、美しい山並みに囲まれた豊かな自然に恵まれ、多彩な文化芸術をはぐくみ発展してきた。近年においては、冬季オリンピックの開催によりスポーツの都市として広く世界に知られるとともに、新たなスポーツ文化を築いてきた。
　私たちが継承し、はぐくんできた文化芸術及びスポーツには、人生をより豊かにする力、世代を超えた喜びや感動をもたらす力、人々の心のつながりや連帯感を形成する力など様々な力がある。これらの力を「文化力」とするなら、物の豊かさだけではなく心の豊かさが求められている今こそ、この文化力に満ちた地域社会の形成が必要である。
　ここに、私たち長野市民が互いに連携し、協働しながら、文化芸術及びスポーツの振興に力強く取り組むことにより、地域社会への誇りと愛着を醸成し、もって文化力あふれるまちづくりを推進するため、この条例を制定する。

（目的）
第1条　この条例は、文化芸術及びスポーツの振興による文化力あふれるまちづくりに関し、基本理念を定め、市の責務並びに市民並びに文化芸術活動又はスポーツ活動を行う個人、団体及び事業者（以下「市民等」という。）の役割を明らかにし、もって文化力あふれるまちづくりの実現に寄与することを目的とする。

（基本理念）
第2条　文化芸術及びスポーツの振興による文化力あふれるまちづくりは、市民等が誇りと愛着を持つことのできる活力に満ちた地域社会の実現を図ることを旨として、行われなければならない。
2　文化芸術及びスポーツの振興による文化力あふれるまちづくりは、市民等の自主性及び主体性が十分に尊重されることを旨として、行われなければならない。
3　文化芸術及びスポーツの振興による文化力あふれるまちづくりは、市民等の文化芸術及びスポーツに対する意識の高揚を図ることを旨として、行われなければならない。
4　文化芸術及びスポーツの振興による文化力あふれるまちづくりは、市及び市民等がそれぞれの役割を担い、相互の連携及び協働により推進することを旨として、行われなければならない。
5　文化芸術及びスポーツの振興による文化力あふれるまちづくりは、市民等が等しく文化芸術及びスポーツに親しみ、参加し、又はこれらの活動を活発に行うことができる環境の整備を図ることを旨として、行われなければならない。

（市の責務）
第3条　市は、前条に定める基本理念にのっとり、文化芸術及びスポーツの振興に関する

施策を計画的に推進するものとする。
2　市は、前項の施策の計画的な推進に当たっては、市民等の意見を反映させるよう努めるものとする。
3　市は、市民等の自主的かつ主体的な文化芸術活動及びスポーツ活動を支援するよう努めるものとする。

(市民等の役割)
第4条　市民等は、自主的かつ主体的な文化芸術活動及びスポーツ活動を通じて、文化芸術及びスポーツの振興に貢献する役割を果たすよう努めるものとする。

(財政上の措置)
第5条　市は、文化芸術及びスポーツの振興に関する施策を推進するため、必要な財政上の措置を講ずるよう努めるものとする。

(委任)
第6条　この条例に定めるもののほか、この条例の施行に関し必要な事項は、市長が別に定める。

　　　　　　　　　　　附　則

この条例は、公布の日から施行する。

　　　　　　附　則（平成27年3月27日条例第4号抄）

(施行期日)
1　この条例は、平成27年4月1日から施行する。

【14】東松山市スポーツ推進まちづくり条例

　　　　　　　　　　　　　　　　平成21年12月18日条例第29号
　　　　　　　　　　　　　　　　改正：平成23年12月16日条例第17号
　　　　　　　　　　　　　　　　改正：平成27年12月24日条例第41号

(目的)
第1条　この条例は、スポーツ（運動競技及びレクリエーションその他の目的で行う身体運動をいう。以下同じ。）が健康の維持増進、青少年の健全育成、市民の連帯感の醸成等に大きく寄与することを踏まえ、スポーツ推進によるまちづくりを総合的に実施することにより、市民の健康及び福祉の増進に資することを目的とする。

(責務)
第2条　市は、スポーツ関係団体（主としてスポーツに関する活動を行う団体をいう。以

下同じ。)、事業者及び市民と協力して、この条例の目的が達成されるよう努めなければならない。
2　市民は、自らがスポーツ推進によるまちづくりの担い手であるという立場から、それぞれがスポーツに対する関心を培い、市及びスポーツ関係団体が行うスポーツ事業に積極的に参加するよう努めるものとする。

（スポーツによるまちづくり）
第3条　市は、次に掲げるスローガンの下、スポーツ活動の推進及び健康で明るく活力に満ちたまちづくりの推進に努めるものとする。
　一　市民一人1スポーツ
　二　週に一度はスポーツを

（生涯スポーツの推進等）
第4条　市は、市民が生涯にわたって、スポーツに親しみ、健康で心豊かな生活を送ることができるよう、スポーツ関係団体と協力して、その機会を提供するものとする。
2　市は、高齢者及び障害者が行うスポーツ事業の普及に努め、健康の維持増進に必要な情報を提供するものとする。
3　市は、スポーツ関係団体と協力して、スポーツ大会及びスポーツ教室の開催が積極的に実施され、並びにスポーツ施設の有効活用が積極的に図られるよう努めるものとする。
4　市は、スポーツ競技者の育成及びスポーツ指導者の養成に努めるものとする。
5　市は、学校及びスポーツ関係団体と協力して、子どもたちのスポーツ推進に努めるとともに、子どもたちの体力向上のための必要な措置を講ずるものとする。

（ウォーキングの推進）
第5条　市は、身近で手軽にできるウォーキングを市民スポーツとして位置付け、地域、学校及びスポーツ関係団体と協力して、ウォーキングのまちづくりの推進に努めるものとする。

（施設の整備）
第6条　市は、スポーツ推進によるまちづくりに資するようスポーツ施設（設備を含む。）の管理、整備及び充実に努めるものとする。

（委任）
第7条　この条例に定めるもののほか、この条例の施行に関し必要な事項は、東松山市教育委員会が別に定める。

附　則

この条例は、平成22年4月1日から施行する。

　　　　　　附　則（平成23年12月16日条例第17号）抄

（施行期日）

1 この条例は、公布の日から施行する。

　　　　　　附　則（平成27年12月24日条例第41号）抄

(施行期日)
1 この条例は、平成28年4月1日から施行する。

【15】 さいたま市スポーツ振興まちづくり条例

平成22年3月25日
条例第14号

　スポーツは、人間が本来有する運動本能の欲求を満たすだけでなく、体力の向上、生活習慣病の予防、その活動を通じた精神的な充足感の獲得等に資するもので、健やかで心豊かな生活を営む上で極めて重要なものである。また、スポーツは、これを見る者にとっても、スポーツをする者のひたむきな姿から努力の尊さ等が伝えられるもので、青少年の健全な育成等に貢献するものである。

　これらの多様な意義を持つスポーツは、高齢化社会等への対応その他地域、職場等でのコミュニケーションを醸成する上においても重要な役割を果たすとともに、言語や生活習慣の違いを超え、夢、感動、希望等を与えることができる世界共通の文化となっている。

　このスポーツが有する意義等にかんがみ、すべての市民等が障害の有無及びその程度にかかわらず、いつでも、どこでも、いつまでも、スポーツにかかわることができる機会を増やし、並びに市の教育、文化、環境、経済、福祉、都市計画等の広範な分野において、市民等、スポーツ関連団体、事業者及び行政が連携を強化することにより、生涯スポーツの振興及びスポーツを活用した総合的なまちづくりの推進を図り、健康で活力ある「スポーツのまち　さいたま」を築くため、この条例を制定する。

(目的)
第1条　この条例は、スポーツ振興まちづくりの基本理念を定め、市の責務並びに市民等、スポーツ関連団体及び事業者の役割を明らかにすることにより、スポーツ振興まちづくりに関する施策を推進し、もって、市民等の心身の健全な発達、明るく豊かな市民生活の形成及び活力ある市の実現に寄与することを目的とする。

(定義)
第2条　この条例において、次の各号に掲げる用語の意義は、当該各号に定めるところによる。
　一　スポーツ　運動競技その他の身体運動であって、心身の健全な発達に寄与するものをいう。

二　生涯スポーツ　体力、年齢、技術等に応じて、生涯にわたって継続的にスポーツをすることをいう。
三　スポーツ振興まちづくり　広範な分野において、市民等、スポーツ関連団体、事業者及び行政が連携することにより、生涯スポーツを振興し、健康で活力ある地域社会を形成することをいう。
四　スポーツ関連活動　スポーツをすること、見ること若しくは学ぶこと又はこれらを支えることをいう。
五　スポーツ施設　一般の利用に供することを目的に設置された体育館、運動場その他のスポーツをするための施設（設備を含む。）をいう。
六　スポーツ財産　スポーツ関連活動を行う者、スポーツ施設その他スポーツ振興まちづくりの推進に寄与する財産をいう。
七　市民等　市内に居住し、通学し、通勤し、若しくは滞在する者又は本市が推進するスポーツ振興まちづくりに賛同し、協力する個人をいう。
八　スポーツ関連団体　市内においてスポーツ関連活動を行う法人その他の団体（国及び地方公共団体を除く。）をいう。
九　事業者　市内において事業活動を行うすべての者（スポーツ関連団体を除く。）をいう。

（基本理念）
第3条　スポーツ振興まちづくりの推進に当たっては、本市におけるスポーツの振興のみならず、市民等が愛着と誇りをもつことができる個性的で活力ある地域社会の形成が図られなければならない。
2　スポーツ振興まちづくりの推進に当たっては、スポーツに対する理解及び関心を深めるとともに、健康の保持及び増進に関する知識の向上が図られなければならない。
3　スポーツ振興まちづくりの推進に当たっては、スポーツ財産の活用を促進するとともに、地域、職場その他の場において、市民等の自主性に配慮した環境の整備が図られなければならない。
4　スポーツ振興まちづくりの推進に当たっては、市、市民等、スポーツ関連団体及び事業者がそれぞれの責務又は役割を理解し、相互の信頼のもとに連携及び協力が図られなければならない。

（市の責務）
第4条　市は、この条例の目的を達成するため、基本理念にのっとり、スポーツ振興まちづくりを総合的かつ計画的に推進しなければならない。
2　市は、市民等及びスポーツ関連団体が行うスポーツ関連活動に関する環境を整備しなければならない。
3　市は、生涯スポーツが促進されるよう、スポーツ関連団体と協力してその機会を提供するとともに、スポーツ関連活動に関する情報を提供しなければならない。

（市民等の役割）

第5条　市民等は、自らがスポーツ関連活動の担い手であることを理解し、相互に尊重し、自主的な活動を通じて、自らの健康の保持及び増進に努めるとともに、スポーツ振興まちづくりに関する施策に協力する役割を担うものとする。
(スポーツ関連団体の役割)
第6条　スポーツ関連団体は、地域社会の一員として、自主的なスポーツ関連活動を通じて、スポーツ振興まちづくりに関する施策に協力する役割を担うものとする。
(事業者の役割)
第7条　事業者は、スポーツ関連活動を行いやすい職場環境の整備に努めるとともに、スポーツ振興まちづくりに関する施策に協力する役割を担うものとする。
(スポーツ振興まちづくりに関する計画)
第8条　市は、スポーツ振興まちづくりの具体的な施策について、総合的な推進を図るための基本的な計画を定めるものとする。
2　市は、前項の計画を定め、又は変更したときは、遅滞なく、これを公表するものとする。
(市のスポーツ施設の整備等)
第9条　市は、スポーツ振興まちづくりの推進に当たっては、本市のスポーツ施設を整備するため、必要な措置を講じなければならない。
2　市は、本市のスポーツ施設の整備について、効果的及び効率的な推進を図るための指針を定めるものとする。
(スポーツ財産の活用)
第10条　市は、スポーツ振興まちづくりの推進に当たっては、スポーツ財産について、効果的及び効率的な活用を図らなければならない。
2　市は、前項の活用に当たっては、スポーツ関連活動において高度な競技技術又は指導力を有する市民等又はスポーツ関連団体に属する者の理解及び協力を得て、その者が有する高度な競技技術又は指導力の活用に努めるものとする。
3　市は、第1項の活用に当たっては、市民等、スポーツ関連団体、事業者又は他の地方公共団体若しくは国が所有し、又は管理する市内に存するスポーツ施設について、これらの者の理解及び協力を得て、その活用に努めるものとする。
(推進組織)
第11条　市は、スポーツ振興まちづくりを推進するための総合的な取組について、市、市民等、スポーツ関連団体及び事業者が意見を交換し、相互に協力し、及び推進するための組織を設置するものとする。
(委任)
第12条　この条例の施行に関し必要な事項は、市長が別に定める。

附　則

この条例は、平成22年4月1日から施行する。

【16】下関市スポーツ振興のまちづくり基本条例

平成22年3月29日
条例第27号

第1章　総則

(目的)
第1条　この条例は、スポーツ振興による健康で活力あるまちづくりについて、基本理念を定めるとともに、市の責務並びに市民及びスポーツ活動を行うもの（以下「市民等」という。）の役割を明らかにし、もって本市の健全な発展及び豊かで安心できる市民生活の実現に寄与することを目的とする。

(定義)
第2条　この条例において「スポーツ」とは、運動競技及び身体運動（キャンプ活動その他の野外活動を含む。）であって、心身の健全な発達を図るためにされるものをいう。

(基本理念)
第3条　スポーツ振興による健康で活力あるまちづくりは、市民等が住みたくなるまちの形成を目指すことを旨として行われなければならない。
2　スポーツ振興による健康で活力あるまちづくりは、市民等の自由な意思に基づいて行われなければならない。
3　スポーツ振興による健康で活力あるまちづくりは、市民等のスポーツに対する豊かな理解の下に行われなければならない。
4　スポーツ振興による健康で活力あるまちづくりは、市民等及び市の協働により推進することを旨として行われなければならない。
5　スポーツ振興による健康で活力あるまちづくりは、市民等が等しくスポーツに親しむことができる環境の整備に留意して行われなければならない。

(市の責務)
第4条　市は、前条に定める基本理念にのっとり、スポーツの振興に関する施策を計画的に推進するものとする。
2　市は、前項の施策の計画的な推進に当たっては、適宜市民等の意見を反映させるものとする。
3　市は、第1項の施策を計画的に推進するため、特に講ずることが必要な行政上の措置にも最大限配慮するものとする。

(市民等の役割)
第5条　市民等は、自らの自由な意思に基づき、スポーツの振興による健康で活力あるまちづくりについての理解を深めるよう努めるものとする。

2 市民等は、自らの自由な意思に基づき、スポーツ活動を通じて、スポーツの振興による健康で活力あるまちづくりを実現できるよう努めるものとする。

第2章 基本的施策

(スポーツ振興のまちづくりの実施に関する配慮等)
第6条 市は、スポーツ振興による健康で活力あるまちづくりの実施に関しては、市民生活においてスポーツの果たす役割の重要性を深く認識し、及び市民等との連携・協力関係を明らかにするとともに、市民の健康の維持増進、地域の連帯感の醸成、地域の青少年の健全育成、地域の高齢者等の介護予防、地域の経済の発展等に資するよう配慮しなければならない。
2 市は、スポーツ振興による健康で活力あるまちづくりに関する基本的計画を定めるものとする。

(スポーツの啓発・普及に関する配慮)
第7条 市は、スポーツの啓発・普及に当たっては、市民の個性及びライフスタイルに配慮しなければならない。
2 市は、スポーツの啓発・普及に当たっては、市民の自由な意思に配慮しなければならない。
3 市は、スポーツの啓発・普及に当たっては、市民がその生涯を通じて「いつでも・どこでも・だれでも」スポーツを楽しめるように配慮しなければならない。
4 市は、スポーツの啓発・普及に当たっては、市民がスポーツに触れる機会をより多く提供するよう努めるとともに、バリアフリー化及びユニバーサルデザインに配慮しなければならない。

(市民等の意見の反映等)
第8条 市は、スポーツ振興による健康で活力あるまちづくりに関する情報を適時に適切な方法で公表し、及び当該情報の市民等との共有に努めるとともに、広く市民等の意見を求めるために必要な措置を講ずるものとする。
2 市は、前項の市民等の意見を踏まえ、スポーツ振興による健康で活力あるまちづくりの実施について不断の見直しを行うものとする。

(委任)
第9条 この条例に定めるもののほか、この条例の施行に関し必要な事項は、規則で定める。

附 則

この条例は、公布の日から施行する。

【17】 スポーツ振興かごしま県民条例

[平成22年6月25日
条例第27号]

　スポーツは、人類共通の文化の一つである。
　体を動かすという人間の本源的な欲求を満たすとともに、精神的な充足、楽しさや喜びを与えてくれる。また、健康の保持増進、体力や運動能力の向上はもとより、社会性、協同性、規範意識、克己心やフェアプレーの精神を培い、特に青少年の健全な育成及び人格の形成に大きな影響を与え、心身の両面にわたる発達に大きく寄与する。
　人々は、自らの可能性を追求する一方、古代オリンピックなど古くから、その競技技術を競ってきた。スポーツ選手のひたむきに取り組む姿は人々に夢と感動を与えるとともに、地元のスポーツ選手の全国や世界での活躍は県民の誇りであり、県民に連帯感と郷土意識を呼び起こす契機となるなど、活力ある社会の形成にも貢献している。さらに、各種の競技会、イベント、スポーツキャンプなどを通じた交流は、地域の経済発展や活性化にも資するものである。
　このため、県民一人一人がスポーツの持つ意義について理解を深め、それぞれの関心や適性などに応じて、生涯にわたって主体的にスポーツに親しみ、スポーツを楽しみ、支えることにより、健やかで心豊かな県民生活と活力ある地域社会の実現に向けてスポーツを振興していくことが重要である。
　ここに、スポーツの振興についての基本理念を明らかにしてその方向を示し、県民の理解と参加のもとで、スポーツに関する施策を総合的かつ計画的に推進するため、この条例を制定する。

（目的）
第1条　この条例は、スポーツに関する施策に関し、基本理念を定め、県の責務及びスポーツ関係団体（主としてスポーツの振興を図る活動を行う団体をいう。以下同じ。）の役割を明らかにするとともに、スポーツに関する施策の基本となる事項を定めることにより、スポーツに関する施策を総合的かつ計画的に推進し、もって県民の心身の健全な発達、心豊かな県民生活及び活力ある地域社会の実現に寄与することを目的とする。

（基本理念）
第2条　スポーツに関する施策は、すべての県民が、それぞれの関心、適性、健康状態等に応じて、いつでもどこでもスポーツに親しむことができる機会が確保されるよう講ぜられなければならない。
2　スポーツに関する施策は、県民がスポーツの持つ意義について理解を深めるとともに、自主的にスポーツ活動に参加することにより、県民の体力の向上及び健康の保持増進が図られるよう講ぜられなければならない。

3　スポーツに関する施策は、スポーツ選手の育成、指導者の養成及び資質の向上、スポーツの施設及び設備の整備又は有効活用等競技力の向上に資する諸施策の効果的な推進が図られるよう講ぜられなければならない。
4　スポーツに関する施策は、青少年の心身の成長過程における体力及び運動能力の向上を図り、並びに豊かな人間性をはぐくむため、学校、家庭及び地域の相互の連携が促進されるよう講ぜられなければならない。
5　スポーツに関する施策は、スポーツ活動を通じて、すべての世代間及び地域間の交流が促進されるよう講ぜられなければならない。

(県の責務)
第3条　県は、前条に定める基本理念にのっとり、スポーツに関する施策を総合的かつ計画的に推進する責務を有する。
2　県は、市町村及びスポーツ関係団体等(スポーツ関係団体、大学その他県民のスポーツ活動に資する活動を行う個人及び団体をいう。以下同じ。)が相互に連携してスポーツの振興に関する取組が進められるよう総合調整及び必要な支援を行うものとする。

(スポーツ関係団体の役割)
第4条　スポーツ関係団体は、スポーツの振興を図るため、スポーツ活動の推進に主体的に取り組むとともに、県又は市町村が実施するスポーツに関する施策に協力するよう努めるものとする。

(市町村への要請及び支援)
第5条　県は、市町村に対し、スポーツに関する施策を策定し、及び実施すること並びに県が実施する施策への協力を求めるものとする。
2　県は、市町村がスポーツに関する施策を実施するために必要な助言及び情報の提供その他の支援を行うものとする。

(県民の参加の促進等)
第6条　県、市町村及びスポーツ関係団体は、県民のスポーツに関する理解と関心を深めるとともに、県民のスポーツ活動への参加を促進するよう努めるものとする。
2　県民は、青少年の健全な育成に当たって、社会性、規範意識及びフェアプレーの精神を培う等のスポーツの持つ意義を理解し、学校、家庭及び地域と連携してスポーツ活動に参加するよう努めるものとする。

(基本方針の策定)
第7条　知事は、スポーツの振興を推進するための基本的な方針(以下「基本方針」という。)を策定しなければならない。
2　知事は、基本方針を策定しようとするときは、あらかじめ、鹿児島県スポーツ推進審議会の意見を聴かなければならない。
3　知事は、基本方針を策定したときは、遅滞なく、これを公表しなければならない。
4　前2項の規定は、基本方針の変更について準用する。

(平23条例36・一部改正)

(生涯スポーツの推進)
第8条　県は、すべての県民が生涯にわたって、体力、年齢、技術、目的等に応じて、身近にスポーツに親しむことができるようにするため、市町村及びスポーツ関係団体等と協力して、県民がスポーツ活動に参加する機会の提供及び環境の整備に努めるものとする。

(健康の保持増進)
第9条　県は、県民のスポーツ活動を通じた健康の保持増進、疾病予防、高齢者の介護予防等のための健康づくりを推進するため、市町村及びスポーツ関係団体等と協力して、スポーツ活動に関する情報の適切な提供その他の必要な施策を講ずるよう努めるものとする。

(障がい者スポーツの推進)
第10条　県は、県民の障がい者に対する理解を深めるとともに、障がい者の自立及び社会参加を促進するため、市町村及びスポーツ関係団体等と協力して、障がいの種類及び程度に応じたスポーツ活動への参加の機会の提供その他の必要な施策を講ずるよう努めるものとする。

(競技力の向上)
第11条　県は、競技力の向上を図るため、市町村及びスポーツ関係団体等と協力して、計画的なスポーツ選手の育成、競技会への派遣その他の必要な施策を講ずるよう努めるものとする。
2　県は、スポーツ選手の健康の保持、安全の確保及びドーピングの防止を図るため、スポーツ活動に伴う事故の防止に関する啓発及び知識の普及並びにスポーツドクター等の活用の促進に関し必要な施策を講ずるよう努めるものとする。

(スポーツ関係団体及び企業によるスポーツ活動の促進)
第12条　県は、スポーツ関係団体及び企業がスポーツの普及及び競技力の向上に果たす役割の重要性にかんがみ、スポーツ関係団体及び企業によるスポーツ活動を促進するため、環境の整備に努めるものとする。

(人材の育成)
第13条　県は、生涯スポーツを推進し、及び優秀なスポーツ選手を育成するため、市町村及びスポーツ関係団体等と協力して、研修会又は講習会の開催等指導者の養成及び資質の向上並びにスポーツ選手を育成するシステムの構築に関し必要な施策を講ずるよう努めるものとする。
2　県は、優秀なスポーツ選手、指導者等が、その有する能力を幅広く社会に生かすことができるよう環境の整備に努めるものとする。

(子どもの心身の健全な発達及び学校体育の充実等)
第14条　県は、子どもの心身の健全な発達並びに体力及び運動能力の向上を図るため、市町村及びスポーツ関係団体等と協力して、地域におけるスポーツ活動への参加の機会の提供その他の必要な施策を講ずるよう努めるものとする。

2　県は、学校における体育及びスポーツの充実を図るため、教員の資質の向上を図るとともに、市町村及びスポーツ関係団体等と協力して、地域における指導者の活用及び環境の整備に努めるものとする。

(スポーツ施設の整備又は有効活用)
第15条　県は、県民のスポーツ活動の場の充実を図るため、市町村と協力して、スポーツの施設及び設備の整備又は有効活用に努めるものとする。
2　県は、県民のスポーツ活動の場として学校その他の公共の施設を容易に利用することができるようにするため、市町村と協力して、必要な施策を講ずるよう努めるものとする。

(スポーツの振興による地域づくり)
第16条　県は、市町村及びスポーツ関係団体等と協力して、スポーツを通じた地域の活性化、連帯感の醸成等を図るため、各種の競技会、イベント、スポーツキャンプ等の誘致又は開催その他の必要な施策を講ずるよう努めるものとする。

(財政上の措置)
第17条　県は、スポーツに関する施策を推進するために必要な財政上の措置を講ずるよう努めるものとする。

附　則

1　この条例は、公布の日から施行する。
2　第7条の規定による基本方針は、この条例の公布の日からおおむね1年以内に策定されなければならない。
3　この条例は、社会経済情勢の変化に対応して、スポーツの振興を図る観点から、適宜、適切な見直しを行うものとする。

附　則（平成23年10月14日条例第36号）抄

1　この条例は、公布の日から施行する。

【18】千葉県体育・スポーツ振興条例

［平成22年12月24日
　条例第61号　　　］

(目的)
第1条　この条例は、体育及びスポーツが県民の健康の保持増進、青少年の健全育成、地域社会の連帯感の醸成等に資することにかんがみ、県の責務及びスポーツ関係団体等の

役割を明らかにすることにより、体育及びスポーツの振興に関する施策を総合的かつ計画的に推進し、もって県民の健康及び福祉の増進並びに活力ある地域社会の実現に寄与することを目的とする。

(定義)

第2条　この条例において、次の各号に掲げる用語の意義は、それぞれ当該各号に定めるところによる。

一　体育　健康で充実した生活を送るために必要な身体能力、知識等を習得するために身体運動を通して行われる教育活動をいう。

二　スポーツ　運動競技、レクリエーションその他の身体運動であって、健康の保持増進、体力の向上又は心身の健全な発達を図るために行われるもの(体育を除く。)をいう。

三　スポーツ関係団体等　県内において体育又はスポーツの振興のための活動を行う個人及び法人その他の団体(国及び地方公共団体を除く。)をいう。

(県の責務)

第3条　県は、県民生活及び地域社会において体育及びスポーツの果たす役割の重要性を認識し、体育及びスポーツに関する総合的かつ計画的な施策を策定し、及び実施する責務を有する。

2　県は、市町村及びスポーツ関係団体等が行う体育若しくはスポーツの振興に関する取組又は県民が行うスポーツ活動に対して必要な支援を行う責務を有する。

(スポーツ関係団体等の役割)

第4条　スポーツ関係団体等は、体育又はスポーツの振興を図るための主体的な活動に取り組むとともに、県又は市町村が実施する体育及びスポーツの振興に関する施策に協力するよう努めるものとする。

(県民参加の促進)

第5条　県は、市町村及びスポーツ関係団体等と連携し、広報活動、啓発活動等を通じて、体育及びスポーツの重要性に対する県民の関心と理解を深めるとともに、県民のスポーツ活動への参加を促進するよう努めなければならない。

2　県民は、体育及びスポーツの重要性に対する関心と理解を深め、スポーツ活動に親しむよう努めるものとする。

(生涯スポーツの振興)

第6条　県は、すべての県民が生涯にわたって、それぞれの体力、年齢、技術、目的等に応じて、様々なスポーツに親しむことができるようにするため、市町村及びスポーツ関係団体等と連携して、県民がスポーツに参加する機会の提供、広報活動の充実その他の必要な施策を講ずるよう努めるものとする。

2　県は、優秀なスポーツの選手、指導者等の有する能力を地域のスポーツ活動において積極的に活用するため、市町村及びスポーツ関係団体等と連携し、必要な施策を講ずるよう努めるものとする。

(子どもの体力向上と体育の充実)

第7条　県は、子どもの心身の健全な発達及び体力の向上を図るため、市町村及びスポーツ関係団体等と連携し、必要な施策を講ずるよう努めるものとする。
2　県は、体育に関する施策の充実を図るため、市町村及びスポーツ関係団体等と連携し、教職員の資質の向上に努めるとともに、地域における指導者の派遣その他の必要な施策を講ずるよう努めるものとする。
(県民の健康の保持増進)
第8条　県は、県民の体育及びスポーツ活動を通じた健康の保持増進、疾病予防、高齢者の介護予防等のための健康づくりを支援するため、市町村及びスポーツ関係団体等と連携し、適切な情報の提供その他の必要な施策を講ずるよう努めるものとする。
(障害者スポーツの振興)
第9条　県は、障害者の自立及び社会参加を促進するため、市町村及びスポーツ関係団体等と連携し、障害の種類及び程度に応じたスポーツ活動に参加する機会の提供、広報活動の充実その他の必要な施策を講ずるよう努めるものとする。
(スポーツの競技力の向上)
第10条　県は、スポーツの競技力の向上を図るため、市町村及びスポーツ関係団体等と連携し、計画的な選手の育成及び指導者の養成、スポーツ医・科学の活用その他の必要な施策を講ずるよう努めるものとする。
(施設の整備及び充実)
第11条　県は、スポーツ活動の推進を図るため、スポーツ施設（設備を含む。）の整備及び充実に努めるものとする。
2　県は、県民のスポーツ活動の場として学校その他公共の施設が有効利用されるよう、市町村と連携して必要な施策を講ずるよう努めるものとする。
(財政上の措置)
第12条　県は、体育及びスポーツの振興に関する施策を推進するために、必要な財政上の措置を講ずるよう努めるものとする。

附　則

この条例は、公布の日から施行する。

【19】熊谷市スポーツ振興まちづくり条例

平成23年3月24日
条例第5号

　スポーツは、人格の形成、体力の向上及び健康長寿の礎であるとともに、地域の活性

化、スポーツ産業の広がりによる経済的効果の増大等に寄与し、明るく豊かで活力に満ちた社会を形成する上で欠かすことができないものである。

本市は、「実践」「応援」「協力」を合い言葉に、誰もが生涯にわたって健康で元気に暮らせるまちづくりを目指し、「スポーツ熱中都市」を宣言した。

市民等、スポーツ関連団体、事業者及び行政が連携を強化し、生涯スポーツ、障害者スポーツ及び高齢者スポーツを振興するとともに、スポーツを活用した活力あるまちづくりを推進するため、この条例を制定する。

(目的)
第1条 この条例は、スポーツの振興によるまちづくりを総合的に実施することにより、市民の健康及び福祉の増進並びに活力あるまちづくりに資することを目的とする。

(定義)
第2条 この条例において、次の各号に掲げる用語の意義は、当該各号に定めるところによる。
　一　市民等　市内に居住し、通学し、通勤し、若しくは滞在する者又は本市が推進するスポーツ振興まちづくりに賛同し、及び協力する個人をいう。
　二　スポーツ関連団体　市内においてスポーツ関連活動を行う法人その他の団体(国及び地方公共団体を除く。)をいう。
　三　事業者　市内において事業活動を行うすべての者(スポーツ関連団体を除く。)をいう。
　四　スポーツ振興まちづくり　広範な分野において、市民等、スポーツ関連団体、事業者及び行政が連携することにより、スポーツを振興し、健康で活力ある地域社会を形成することをいう。
　五　スポーツ関連活動　スポーツをすること、見ること若しくは学ぶこと又はこれらを支えることをいう。
　六　スポーツ財産　スポーツ関連活動を行う者、スポーツ施設その他スポーツ振興まちづくりの推進に寄与する財産をいう。

(市の責務)
第3条 市は、この条例の目的を達成するため、スポーツ振興まちづくりを推進しなければならない。
2　市は、市民等がスポーツを積極的に実践し、応援し、及び協力することを推進するために必要な措置を講ずるものとする。

(市民等の役割)
第4条 市民等は、自らの自由な意思に基づき、スポーツ活動を通じて、スポーツ振興まちづくりを実現するよう努めるものとする。

(スポーツ関連団体の役割)
第5条 スポーツ関連団体は、自主的なスポーツ関連活動を通じて、スポーツ振興まちづくりに関する施策に協力する役割を担うものとする。

（事業者の役割）
第6条　事業者は、スポーツ関連活動を行いやすい環境の整備に努めるとともに、スポーツ振興まちづくりに関する施策に協力する役割を担うものとする。
（生涯スポーツ等の振興）
第7条　市は、すべての市民等が生涯にわたってスポーツに親しむことができるよう生涯スポーツの振興に努めるものとする。
2　市は、障害者及び高齢者の社会参加を促進するため、障害者及び高齢者のスポーツ振興に配慮するものとする。
（スポーツ施設の整備）
第8条　市は、本市のスポーツ施設を整備し、及び充実するため必要な措置を講ずるものとする。
（スポーツ財産の活用）
第9条　市は、本市のスポーツ財産について、効果的及び効率的な活用を図るものとする。
（スポーツ選手の育成）
第10条　市は、スポーツの競技力向上のため、スポーツ関連団体と協力して、選手を育成する必要な措置を講ずるものとする。
（推進組織）
第11条　市は、市民等、スポーツ関連団体及び事業者と意見を交換し、相互に協力して、スポーツ振興まちづくりを推進するための組織を設置するものとする。
（委任）
第12条　この条例の施行に関し必要な事項は、市長が別に定める。

附　則

この条例は、平成23年4月1日から施行する。

【20】山口県スポーツ推進条例

平成24年3月21日
条例第2号

　スポーツは、心身の健全な発達、健康及び体力の保持増進、精神的な充足感の獲得、自律心その他の精神の涵養等に資するとともに、人と人との交流及び地域と地域との交流を促進し、地域の一体感や活力を醸成することにより、地域の活性化にも重要な役割を果たしており、今日、県民共通の文化として県民生活の向上や地域社会の健全な発展に不可欠なものとなっている。

こうした中、山口県においては、全ての県民がスポーツをする、観る、又は支える立場から参加したおいでませ！山口国体及びおいでませ！山口大会を契機として、スポーツに対する関心が一層の高まりを見せるとともに、選手の指導体制の整備による競技力の向上、地域に根差したスポーツに関する取組の普及、スポーツ施設の充実等、今後のスポーツの推進のための重要な基盤を得た。

この成果を次代に引き継ぎ、山口県の貴重な財産として活用し、健康で活力に満ちた県づくりを進めていくことは、私たち山口県民の責務である。

ここに、私たちは、将来にわたり、各々の関心、適性等に応じて、日常的にスポーツに親しみ、スポーツを楽しみ、又はスポーツを支える活動に参画することを通じて、健やかで心豊かな県民生活及び活力ある地域社会の実現を目指すことを決意し、スポーツの推進に関する施策を総合的かつ計画的に推進するため、この条例を制定する。

第1章　総　則

(目的)
第1条　この条例は、スポーツの推進について、基本理念を定め、並びに県及びスポーツ団体の責務並びに県民及び事業者の役割を明らかにするとともに、スポーツの推進に関する施策の基本となる事項を定めることにより、スポーツの推進に関する施策を総合的かつ計画的に推進し、もって県民の心身の健全な発達、明るく豊かな県民生活の形成及び活力のある社会の実現に寄与することを目的とする。

(基本理念)
第2条　スポーツは、これを通じて幸福で豊かな生活を営むことが人々の権利であることに鑑み、県民が生涯にわたってあらゆる機会とあらゆる場所において、自主的にその関心及び適性等に応じてスポーツに親しむことができるようにすることを旨として、推進されなければならない。

2　スポーツは、山口県のスポーツ選手が全国的な規模のスポーツの競技会において優秀な成績を収めることができるよう、スポーツに関する競技水準（以下「競技水準」という。）の向上に資する諸施策相互の有機的な連携を図りつつ、効果的に推進されなければならない。

3　スポーツは、とりわけ心身の成長の過程にある青少年によるスポーツ活動が生涯にわたる県民の心身の健康の増進と豊かな人間性の涵養のため特に重要であるとの認識の下に、学校、スポーツ団体（スポーツの振興のための事業を行うことを主たる目的とする団体をいう。以下同じ。）、家庭及び地域住民その他の関係者相互間の連携を図りながら推進されなければならない。

4　スポーツは、障害者の自立及び社会参加の促進に重要な役割を担うものであることに鑑み、障害者が自主的かつ積極的にスポーツを行うことができるよう、障害の種類及び程度に応じ必要な配慮をしつつ推進されなければならない。

5　スポーツは、これを通じて県民の心身の健康及び体力の保持増進が図られるよう、ス

ポーツを行う者の安全の確保に必要な配慮をしつつ推進されなければならない。
6　スポーツは、人々がその居住する地域において、主体的に協働することにより身近に親しむことができるようにするとともに、これを通じて、当該地域における全ての世代の人々の交流が促進され、かつ、地域間の交流の基盤が形成されるものとなるよう推進されなければならない。

(県の責務)
第3条　県は、前条に規定するスポーツの推進に関する基本理念(以下「基本理念」という。)にのっとり、スポーツの推進に関する施策を総合的に策定し、及び実施する責務を有する。
2　県は、前項の施策を策定し、及び実施するに当たっては、県民の意見を反映させるよう努めるとともに、県民、スポーツ団体、学校、事業者、市町等の間の連携を促進するよう努めるものとする。
3　県は、地域の振興に関する施策と連携してスポーツの推進を図るよう努めるとともに、行政の各分野において、スポーツの推進に資するように配慮した施策を推進するよう努めるものとする。

(市町との連携)
第4条　県は、スポーツの推進に関する施策を策定し、及び実施するに当たっては、市町との連携に努めるものとする。
2　県は、市町が自主的かつ主体的にその地域の特性に応じたスポーツの推進に関する施策を策定し、及び実施することを促進するため、技術的な助言その他の必要な支援を行うよう努めるものとする。

(スポーツ団体の責務)
第5条　スポーツ団体は、基本理念にのっとり、スポーツの推進に主体的に取り組むとともに、県が実施するスポーツの推進に関する施策に協力するよう努めるものとする。

(県民及び事業者の役割)
第6条　県民及び事業者は、スポーツが県民生活及び地域社会において果たす役割についての理解を深めるとともに、地域における主体的なスポーツの発展及び将来の世代への継承に配慮するよう努めることによって、スポーツの推進に積極的な役割を果たすものとする。

第2章　スポーツの推進に関する基本的施策

(推進計画)
第7条　知事は、スポーツの推進に関する施策の総合的かつ計画的な推進を図るため、スポーツの推進に関する計画(以下「推進計画」という。)を策定しなければならない。
2　推進計画は、スポーツの推進に関する施策を総合的かつ計画的に推進するための基本的な事項その他必要な事項を定めるものとする。
3　知事は、推進計画の案を作成しようとするときは、あらかじめ、県民の意見を反映す

ることができるように適切な措置を講ずるものとする。
4　知事は、推進計画を策定したときは、遅滞なく、これを公表しなければならない。
5　前二項の規定は、推進計画の変更について準用する。

(生涯スポーツの推進)
第8条　県は、県民が生涯にわたってその関心又は適性等に応じて身近にスポーツに親しむことができるよう、地域において住民が主体的に運営するスポーツ団体(以下「地域スポーツクラブ」という。)の活動の支援、多様なスポーツ活動に参加する機会の提供その他の必要な施策を講ずるものとする。

(競技水準の向上)
第9条　県は、競技水準の向上を図るため、スポーツ選手の計画的な育成、スポーツの指導者の確保及び養成、スポーツ選手の練習のための環境の整備、医学、歯学、生理学、心理学、力学等のスポーツに関する諸科学の知見の活用の促進その他の必要な施策を講ずるものとする。

(青少年のスポーツ活動の充実)
第10条　県は、地域における青少年によるスポーツ活動の充実を図るため、学校、家庭及び地域の連携による青少年の体力の向上に向けた取組の促進その他の必要な施策を講ずるものとする。
2　県は、学校教育におけるスポーツ活動の充実を図るため、スポーツに関する教員の資質の向上、地域におけるスポーツの指導者の活用その他の必要な施策を講ずるものとする。

(障害者スポーツの推進)
第11条　県は、障害者が自主的かつ積極的にスポーツを行うことができるようにするため、障害の種類及び程度に応じたスポーツ活動に参加する機会の提供、障害者スポーツに関する普及啓発その他の必要な施策を講ずるものとする。

(健康及び体力の保持増進)
第12条　県は、スポーツを通じた県民の健康及び体力の保持増進を図るため、運動の習慣の確立に向けた取組の促進、スポーツの指導者等に対する研修、スポーツにおける事故の防止に関する知識の普及啓発その他の必要な施策を講ずるものとする。

(スポーツを通じた地域の活性化)
第13条　県は、スポーツを通じて地域における世代間及び世代内の交流又は地域間の交流を促進し、地域の活性化を図るため、地域スポーツクラブへの参加の促進、地域の特性に応じたスポーツに関する取組への支援、各種の競技会等の開催又は誘致その他の必要な施策を講ずるものとする。

(県民運動の促進)
第14条　県は、県民が生涯にわたってその関心及び適性等に応じて身近にスポーツに親しむことができる社会の実現に向けた県民の自主的な活動(以下「県民運動」という。)の促進を図るため、県民運動に関する普及啓発、県民運動の推進に寄与する人材の育成そ

の他の必要な施策を講ずるものとする。
2　県は、県民、スポーツ団体、学校、事業者、市町等と連携し、県民運動を促進するための体制を整備するものとする。

(スポーツ団体及び企業によるスポーツ活動への支援)
第15条　県は、スポーツの普及又は競技水準の向上を図る上でスポーツ団体及び企業が果たす役割の重要性に鑑み、スポーツ団体及び企業によるスポーツ活動への支援その他の必要な施策を講ずるものとする。

(スポーツ推進月間)
第16条　県民の間に広くスポーツに対する関心と理解を深めるとともに、積極的にスポーツの推進に関する活動を行う意欲を高めるため、スポーツ推進月間を設ける。
2　スポーツ推進月間は、毎年10月とする。
3　県は、スポーツ推進月間の趣旨にふさわしい事業を実施するものとする。

(人材の育成)
第17条　県は、スポーツの推進を担う専門的な人材を育成するため、研修の実施その他の必要な施策を講ずるものとする。

(顕彰)
第18条　県は、県民のスポーツに対する関心及びスポーツを行う意欲を高めるため、スポーツで顕著な成果を収めた者及びスポーツの推進に寄与した者を顕彰するものとする。

(施設の整備及び利用)
第19条　県は、県民が身近にスポーツに親しむことができるよう、スポーツ施設(スポーツの設備を含む。以下同じ。)の整備その他の必要な施策を講ずるものとする。
2　前項の規定によりスポーツ施設を整備するに当たっては、当該スポーツ施設の利用の実態等に応じて、安全の確保を図るとともに、障害者等の利便性の向上を図るよう努めるものとする。
3　県は、県民にとって身近なスポーツ活動の場の充実を図るため、学校その他の施設を容易に利用することができるよう必要な施策を講ずるものとする。

(財政上の措置)
第20条　県は、スポーツの推進に関する施策を推進するため、必要な財政上の措置を講ずるよう努めるものとする。

附　則

この条例は、平成24年4月1日から施行する。

【21】岡山県スポーツ推進条例

平成24年7月3日
岡山県条例第33号

(目的)
第1条　この条例は、スポーツが心身の健全な発達、健康及び体力の保持増進、精神的な充足感の獲得、自律心その他の精神のかん養等のために重要であるとともに、スポーツを通じて幸福で豊かな生活を営むことは全ての人々の権利であることに鑑み、スポーツの推進に関し、基本理念を定め、並びに県、市町村及びスポーツ団体の責務又は役割を明らかにするとともに、スポーツの推進に関する施策の基本となる事項を定めることにより、スポーツの推進に関する施策を総合的かつ計画的に実施し、もって県民の心身ともに健康な生活及び活力ある地域社会の実現に寄与することを目的とする。

(定義)
第2条　この条例において「スポーツ団体」とは、スポーツの振興のための事業を行うことを主たる目的とする団体をいう。
2　この条例において「スポーツ活動」とは、スポーツを行い、指導し、観戦し、又はスポーツの競技会その他の催しの運営に携わる活動をいう。

(基本理念)
第3条　スポーツの推進は、全ての県民がスポーツの持つ意義について理解を深め、その関心、適性及び健康状態に応じ、生涯にわたり身近にスポーツに親しむことができるよう行われなければならない。
2　スポーツの推進は、スポーツを行う者の心身の健康の保持増進及び安全の確保が図られるよう行われなければならない。
3　スポーツの推進は、青少年（満18歳に満たない者をいう。第12条において同じ。）の体力の向上を図るとともに、公正さ、規律を尊ぶ態度、克己心等を培い、豊かな人間性が育まれるよう行われなければならない。
4　スポーツの推進は、障害のある人が積極的にスポーツ活動に参加することができるよう、その障害の種類及び程度に応じ、必要な配慮をしつつ行われなければならない。
5　スポーツの推進は、県内に活動の拠点を置き、現に居住し、若しくは居住していたスポーツ選手又は県内に活動の拠点を置くスポーツチーム（以下「県のスポーツ選手等」という。）が国際的又は全国的な規模のスポーツの競技会において優秀な成績を収めることができるよう、競技水準の向上に資する施策相互の有機的な連携を図りつつ、効果的に行われなければならない。
6　スポーツの推進は、世代間及び地域間の交流の基盤が形成され、かつ、その交流が促進されるよう行われなければならない。

7　スポーツの推進は、スポーツが県民に夢、勇気及び感動を与えることに鑑み、県のスポーツ選手等の活動を応援する社会的気運を高め、県民の一体感及び活力が醸成されるよう行われなければならない。

（県の責務）
第4条　県は、前条に規定する基本理念（次条及び第六条において「基本理念」という。）にのっとり、スポーツの推進に関する施策を総合的に策定し、及び計画的に実施する責務を有する。
2　県は、前項の施策の実施に当たっては、市町村、スポーツ団体、大学その他の関係者との連携に努めるとともに、関係者相互の連携によるスポーツの推進に関する取組の促進に努めるものとする。

（市町村の役割）
第5条　市町村は、基本理念にのっとり、地域の特性に応じ、スポーツの推進に関する施策を策定し、及び実施するよう努めるものとする。

（スポーツ団体の役割）
第6条　スポーツ団体は、基本理念にのっとり、スポーツの推進に関する施策に理解を深め、県、市町村、他のスポーツ団体その他の関係者との協働に努めるものとする。

（推進計画の策定）
第7条　知事は、スポーツの推進に関する施策を総合的かつ計画的に実施するため、スポーツの推進に関する計画（以下この条において「推進計画」という。）を策定するものとする。
2　知事は、推進計画を策定するに当たっては、岡山県スポーツ推進審議会（岡山県スポーツ推進審議会条例（昭和37年岡山県条例第31号）に基づく岡山県スポーツ推進審議会をいう。）の意見を聴かなければならない。
3　知事は、推進計画を策定したときは、遅滞なく、これを公表しなければならない。
4　前二項の規定は、推進計画の変更について準用する。

（県民のスポーツ活動への参加の促進）
第8条　県は、スポーツの持つ意義についての県民の理解を深め、その関心、適性及び健康状態に応じたスポーツ活動への自主的な参加を促進するよう努めるものとする。

（生涯にわたるスポーツ活動の推進）
第9条　県は、全ての県民が生涯にわたって、体力、年齢、技術、目的等に応じて、身近にスポーツに親しむことができるよう、スポーツ活動に参加する機会の提供、地域スポーツクラブ（地域の住民が主体的に運営するスポーツ団体であって、体力、年齢、技術、目的等に配慮しつつ、地域の住民に対しスポーツ活動に参加する機会を提供するものをいう。）及び地域におけるスポーツ活動を担う人材の育成その他の必要な施策を講ずるよう努めるものとする。

（スポーツ施設の整備等）
第10条　県は、県民のスポーツ活動の場の充実を図るため、県が設置するスポーツ施設

（当該施設の設備を含む。次項において同じ。）の整備及び機能の維持増進に努めなければならない。

2　県は、県が設置する学校（学校教育法（昭和22年法律第26号）第1条に規定する学校をいう。第13条において同じ。）及びスポーツ施設を県民がスポーツ活動の場として有効に活用することができるよう配慮するものとする。

（心身の健康の保持増進のためのスポーツ活動の推進）
第11条　県は、県民の心身の健康の保持増進のためのスポーツ活動を推進するため、当該スポーツ活動に関する情報の提供その他の必要な施策を講ずるよう努めるものとする。

（青少年のスポーツ活動への参加の機会の提供）
第12条　県は、青少年の心身の健全な発達及び体力の向上を図るため、青少年がスポーツ活動に参加する機会の提供その他の必要な施策を講ずるよう努めるものとする。

（学校における体育の充実）
第13条　県は、学校における体育の充実を図るため、教員の体育に関する資質の向上を図るとともに、地域におけるスポーツ活動を担う人材の活用、環境の整備その他の必要な施策を講ずるよう努めるものとする。

（障害のある人のスポーツ活動の推進）
第14条　県は、障害のある人が積極的にスポーツ活動に参加することができるよう、その障害の種類及び程度に応じたスポーツ活動への参加の機会の提供、障害のある人のスポーツ活動に携わる人材及び団体の育成その他の必要な施策を講ずるよう努めるものとする。

（競技水準の向上等）
第15条　県は、競技水準の向上を図るため、県のスポーツ選手等又はその指導者のスポーツの競技会への派遣、研修会又は講習会の開催等による県のスポーツ選手等、その指導者及びスポーツ団体の計画的な育成その他の必要な施策を講ずるよう努めるものとする。

2　県は、スポーツ選手が、スポーツの競技会においてその能力を最大限に発揮することができるよう、スポーツに伴う事故の防止等に関する啓発及び知識の普及並びにスポーツ医科学の活用の促進に関し必要な施策を講ずるよう努めるものとする。

3　県は、スポーツ選手及びその指導者が、その能力を幅広く地域社会に生かすことができるよう、地域社会の各分野において活躍することができる知識及び技能の習得に対する支援並びに環境の整備に努めるものとする。

（スポーツを通じた地域の活性化等）
第16条　県は、スポーツを通じた地域の活性化及び一体感の醸成並びに県の情報の発信を図るため、県のスポーツ選手等と県民の交流又は地域スポーツクラブ相互の交流の促進、スポーツの大会の開催又はスポーツの合宿の誘致その他の必要な施策を講ずるよう努めるものとする。

（顕彰）
第17条　県は、スポーツの競技会において特に優秀な成績を収めた者その他スポーツの推

進に特に功績があったと認められるものの顕彰を行うものとする。
(財政上の措置)
第18条　県は、スポーツの推進に関する施策を実施するため、必要な財政上の措置を講ずるよう努めるものとする。

　　　　　　　　　　　　　　　附　則

この条例は、公布の日から施行する。

【22】黒松内町スポーツ推進条例

［平成24年9月18日
　条例第18号］

(目的)
第1条　この条例は、スポーツに関し、町の施策方針及びスポーツ団体の努力等を明らかにするとともに、スポーツに関する施策の基本となる事項を定めることにより、スポーツに関する施策を総合的かつ計画的に推進し、もって町民の心身の健全な発達、明るく豊かな町民生活の形成及び活力ある地域社会の実現に寄与することを目的とする。

(定義)
第2条　この条例において、次に掲げる用語の意義は、当該各号に定めるところによる。
　一　スポーツ　　運動競技及び身体運動(ハイキング、サイクリング、キャンプ活動その他の野外活動及びスポーツ・レクリエーション活動を含む。)であって、心身の健全な発達を図るためになされるものをいう。
　二　スポーツ団体　　スポーツ振興のための事業を行うことを主たる目的とする団体をいう。
　三　体育　　健康で充実した生活を送るために必要な身体能力、知識等を習得するために身体運動を通して行われる教育活動をいう。

(施策方針)
第3条　町は、スポーツ基本法(平成23年法律第78号)第2条に規定する基本理念(以下「基本理念」という。)にのっとり、スポーツに関する施策に関し、自主的かつ主体的に施策を策定し、及び実施しなければならない。
2　町は、第1条の目的達成のため、議会の同意を得て、町技を制定することができるものとする。

(スポーツ団体の努力)
第4条　スポーツ団体は、スポーツの普及及び競技水準の向上に果たすべき重要な役割に

鑑み、スポーツの推進を図るため主体的な活動に取り組むよう努めるものとする。
（町民の参加及び支援の促進）
第5条　町及びスポーツ団体は、町民が健やかで明るく豊かな生活を享受することができるよう、スポーツに対する町民の関心と理解を深め、スポーツへの町民の参加及び支援を促進するよう努めなければならない。
（関係者相互の連携及び協働）
第6条　町、学校、スポーツ団体及び民間事業者その他の関係者は、基本理念の実現を図るため、相互に連携を図りながら協働するよう努めなければならない。
（スポーツ推進計画）
第7条　町教育委員会は、地域の実情に即したスポーツの推進に関する計画を定めるよう努めるものとする。
（指導者等の養成等）
第8条　町は、スポーツの指導者その他スポーツの推進に寄与する人材（以下「指導者等」という。）の養成及び資質の向上並びにその活用のため、講習会及び研修会等の開催その他の必要な施策を講ずるよう努めなければならない。
（スポーツ施設の整備等）
第9条　町は、町民が身近にスポーツに親しむことができるよう、スポーツ施設（スポーツの設備を含む。以下同じ。）の整備及び機能の維持増進その他の必要な施策を講ずるよう努めなければならない。
2　前項の規定によりスポーツ施設を整備するに当たっては、当該スポーツ施設の利用の実態等に応じて、安全の確保を図るとともに、障害者等の利便性の向上を図るよう努めるものとする。
（学校施設の利用）
第10条　町は、町が設置する学校の教育に支障のない限り、当該学校のスポーツ施設を一般のスポーツのための利用に供するよう努めなければならない。
2　町は、前項の利用を容易にさせるため、又はその利用上の利便性の向上を図るため、当該学校のスポーツ施設の改修その他の必要な施策を講ずるよう努めなければならない。
（スポーツ事故の防止等）
第11条　町は、スポーツ事故その他スポーツによって生じる外傷、障害等の防止及びこれらの軽減に資するため、指導者等の研修、スポーツ施設の整備、スポーツにおける心身の健康の保持増進及び安全の確保に関する知識（スポーツ用具の適切な使用に係る知識を含む。）の普及その他の必要な措置を講ずるよう努めなければならない。
（学校における体育の充実）
第12条　町は、学校における体育が青少年の心身の健全な発達に資するものであり、かつ、スポーツに関する技能及び生涯にわたってスポーツに親しむ態度を養う上で重要な役割を果たすものであることに鑑み、体育に関する指導の充実及び教員の資質の向上、学校におけるスポーツ施設の整備、地域におけるスポーツの指導者等の活用その他の必

要な施策を講ずるよう努めなければならない。
(地域におけるスポーツの振興のための事業への支援等)
第13条　町は、町民がその興味又は関心に応じて身近にスポーツに親しむことができるよう、住民が主体的に運営するスポーツ団体(以下「地域スポーツクラブ」という。)が行う地域におけるスポーツの振興のための事業への支援、住民が安全かつ効果的にスポーツを行うための指導者等の配置、住民が快適にスポーツを行い相互に交流を深めることができるスポーツ施設の整備その他の必要な施策を講ずるよう努めなければならない。
(スポーツ行事の実施及び奨励)
第14条　町は、広く住民が自主的かつ積極的に参加できるような運動会、競技会、体力テスト、スポーツ教室等のスポーツ行事を実施するよう努めるとともに、地域スポーツクラブその他の者がこれらの行事を実施するよう奨励に努めなければならない。
(体育の日の行事)
第15条　町は、国民の祝日に関する法律(昭和23年法律第178号)第2条に規定する体育の日において、町民の間に広くスポーツについての関心と理解を深め、かつ、積極的にスポーツを行う意欲の高揚を図るとともに、町民それぞれの実情に即してスポーツ活動が実施されるよう必要な措置を講ずるよう努めなければならない。
(野外活動及びスポーツ・レクリエーション活動の普及奨励)
第16条　町は、心身の健全な発達、生きがいのある豊かな生活の実現等のために行われるハイキング、サイクリング、キャンプ活動その他の野外活動及びスポーツとして行われるレクリエーション活動を普及奨励するために必要な措置を講ずるよう努めなければならない。
(財政上の措置等)
第17条　町は、スポーツの推進に関する施策を実施するため、必要な財政上の措置を講ずるよう努めるものとする。
2　町は、スポーツ団体に対し、その行うスポーツの振興のための事業に関し必要な経費について、その一部を補助することができる。
(委任)
第18条　この条例に定めるもののほか、必要な事項は教育委員会が別に定める。

附　則

この条例は、公布の日から施行する。

【23】小諸市スポーツ推進条例

平成24年12月25日
条例第31号

(目的)
第1条　この条例は、スポーツの推進に関し、基本理念を定め、スポーツの推進に関する施策の基本となる事項を定めることにより、スポーツの推進に関する施策を総合的かつ計画的に実施し、もって市民の心身ともに健康な生活及び活力ある地域社会の実現に寄与することを目的とする。

(定義)
第2条　この条例において、次に掲げる用語の意義は、当該各号に定めるところによる。
　一　スポーツ　心身の健全な発達、健康及び体力の保持増進、精神的な充足感の獲得、自律心その他の精神の涵（かん）養等のために個人又は集団で行われる運動競技その他の身体活動をいう。
　二　スポーツ団体　スポーツの振興のための事業を行うことを主たる目的とする団体をいう。
　三　スポーツ活動　スポーツを行い、指導し、観戦し、又はスポーツの競技会その他の催しの運営に携わる活動をいう。

(基本理念)
第3条　スポーツの推進は、全ての市民がスポーツの持つ意義について理解を深め、その関心、適性及び健康状態に応じ、生涯にわたり身近にスポーツに親しむことができるよう行われなければならない。
2　スポーツの推進は、スポーツを行う者の心身の健康の保持増進及び安全の確保が図られるよう行われなければならない。
3　スポーツの推進は、青少年の体力の向上を図るとともに、公正さ、規律を尊ぶ態度、克己心等を培い、豊かな人間性が育まれるよう行われなければならない。
4　スポーツの推進は、障がいのある人が積極的にスポーツ活動に参加することができるよう、その障がいの種類及び程度に応じ、必要な配慮をしつつ行われなければならない。
5　スポーツの推進は、世代間及び地域間の交流の基盤が形成され、かつ、その交流が促進されるよう行われなければならない。
6　スポーツの推進は、市のスポーツ選手等の活動を応援する社会的気運を高め、市民の一体感及び活力が醸成されるよう行われなければならない。

(市の責務)
第4条　市は、前条に規定する基本理念にのっとり、スポーツの推進に関する施策を総合的に策定し、及び計画的に実施する責務を有する。

(推進計画の策定)
第5条　市長は、スポーツの推進に関する施策を総合的かつ計画的に実施するため、スポーツの推進に関する計画(以下この条において「推進計画」という。)を策定するものとする。
2　市長は、推進計画を策定するに当たっては、小諸市スポーツ推進審議会(小諸市スポーツ推進審議会条例(昭和37年小諸市条例第9号)に基づく小諸市スポーツ推進審議会をいう。)の意見を聴かなければならない。
3　市長は、推進計画を策定したときは、遅滞なく、これを公表しなければならない。
4　前2項の規定は、推進計画の変更について準用する。

(生涯にわたるスポーツ活動の推進)
第6条　市は、全ての市民が生涯にわたって、体力、年齢、技術、目的等に応じて、身近にスポーツに親しむことができるよう、スポーツ活動に参加する機会の提供、地域スポーツクラブ及び地域におけるスポーツ活動を担う人材の育成その他の必要な施策を講ずるよう努めるものとする。

(スポーツ施設の整備等)
第7条　市は、市民のスポーツ活動の場の充実を図るため、市が設置するスポーツ施設の整備及び機能の維持増進に努めなければならない。

(心身の健康の保持増進のためのスポーツ活動の推進)
第8条　市は、市民の心身の健康の保持増進のためのスポーツ活動を推進するため、当該スポーツ活動に関する情報の提供その他の必要な施策を講ずるよう努めるものとする。

(青少年のスポーツ活動への参加の機会の提供)
第9条　市は、青少年の心身の健全な発達及び体力の向上を図るため、青少年がスポーツ活動に参加する機会の提供その他の必要な施策を講ずるよう努めるものとする。

(障がいのある人のスポーツ活動の推進)
第10条　市は、障がいのある人が積極的にスポーツ活動に参加することができるよう、その障がいの種類及び程度に応じたスポーツ活動への参加の機会の提供、障がいのある人のスポーツ活動に携わる人材及び団体の育成その他の必要な施策を講ずるよう努めるものとする。

(競技水準の向上等)
第11条　市は、競技水準の向上を図るため、市のスポーツ選手又はその指導者のスポーツの競技会への派遣、研修会又は講習会の開催等による市のスポーツ選手等、その指導者及びスポーツ団体の計画的な育成その他の必要な施策を講ずるよう努めるものとする。
2　市は、スポーツ選手及びその指導者が、その能力を幅広く地域社会に生かすことができるよう、地域社会の各分野において活躍することができる知識及び技能の習得に対する支援並びに環境の整備に努めるものとする。

(スポーツを通じた地域の活性化等)
第12条　市は、スポーツを通じた地域の活性化及び一体感の醸成並びに市の情報の発信を

図るため、市のスポーツ選手等と市民の交流又は地域スポーツクラブ相互の交流の促進、スポーツの大会の開催又はスポーツの合宿の誘致その他の必要な施策を講ずるよう努めるものとする。

(顕彰)
第13条　市は、スポーツの競技会において特に優秀な成績を収めた者その他スポーツの推進に特に功績があったと認められる者の顕彰を行うものとする。

(財政上の措置)
第14条　市は、スポーツの推進に関する施策を実施するため、必要な財政上の措置を講ずるよう努めるものとする。

(補則)
第15条　この条例に定めるもののほか、この条例の施行に関し必要な事項は教育委員会が別に定める。

　　　　　　　　　　　　　　附　則

この条例は、公布の日から施行する。

【24】春日井市スポーツ振興基本条例

〔平成25年3月15日
条例第10号〕

　スポーツは、心身の健全な発達、健康及び体力の保持増進などのために行われる運動競技その他身体活動であり、人間が本来有する運動本能の欲求を充足させるとともに、爽快感、達成感、楽しさ、喜びを与え、仲間との関わりによる連帯感や協調意識を向上させるものである。

　さらに、スポーツは、次代を担う青少年の健全育成、世代間の交流、地域コミュニティの醸成などに資するものであり、明るく豊かで活力に満ちた社会の形成に不可欠なものである。

　これらスポーツが有する多様な意義について市民一人ひとりが理解し、スポーツを通した市民相互の信頼と絆によって地域の交流を深め、市民の誰もが「いつでも」、「どこでも」、「いつまでも」スポーツに親しむことができる生涯スポーツ社会を実現していかなければならない。

　このような認識のもと、私たちは、市民、スポーツ団体、企業等及び市がそれぞれの役割を果たし協働することにより、明るく豊かで活力ある「スポーツ都市春日井」を築くため、ここに、この条例を制定する。

(目的)
第1条　この条例は、スポーツの振興について、基本理念を定め、並びに市民、スポーツ団体及び企業等の役割並びに市の責務を明らかにするとともに、スポーツの振興に関する施策の基本となる事項を定めることにより、スポーツの振興に関する施策を総合的に推進し、もって市民の心身の健全な発達及び明るく豊かな市民生活の向上に寄与することを目的とする。

(定義)
第2条　この条例において、次の各号に掲げる用語の意義は、それぞれ当該各号に定めるところによる。
(1)　スポーツ団体　市内においてスポーツの振興のための活動を主たる目的とする法人その他の団体をいう。
(2)　企業等　事業所、地縁による団体、公益法人その他の民間団体をいう。

(基本理念)
第3条　スポーツの振興に当たっては、市民、スポーツ団体、企業等及び市が協働して進めなければならない。
2　スポーツの振興に当たっては、市民一人ひとりが自らの健康状態を自覚し、スポーツ活動を通して、健康の保持増進に努めなければならない。
3　スポーツの振興に当たっては、全ての市民が生涯にわたりスポーツに親しむことができる機会が確保されなければならない。
4　スポーツの振興に当たっては、スポーツ活動を通じ、世代間の交流を促進し、地域の活性化が図られなければならない。
5　スポーツの振興に当たっては、全ての市民がスポーツ活動を行うことができるよう環境が整備されなければならない。
6　スポーツの振興に当たっては、施策の推進に広く市民の意見が反映されるよう十分配慮されなければならない。

(市民の役割)
第4条　市民は、スポーツ活動の担い手としてスポーツに対する関心及び理解を深め、自らの健康の保持増進に努めるとともに、学校、地域、スポーツ団体等のスポーツ活動に参画するよう努めるものとする。

(スポーツ団体の役割)
第5条　スポーツ団体は、心身の健康の保持増進及び安全の確保に配慮しつつ、スポーツ活動の推進に主体的に取り組むとともに、スポーツに対する市民の関心及び理解を深め、市民のスポーツ活動への参加を促進するよう努めるものとする。

(企業等の役割)
第6条　企業等は、地域社会の一員として自主的なスポーツ活動の実施及び支援を行うことにより、スポーツの振興及び地域の活性化を促進するよう努めるものとする。

(市の責務)

第7条　市は、第3条に定める基本理念にのっとり、スポーツの振興に関し、市の特性に応じた施策を総合的に策定し、及び実施する責務を有する。
2　市は、明るく豊かで活力ある「スポーツ都市春日井」を築くため、市民、スポーツ団体及び企業等と協働するとともに、これらのスポーツ活動に対して必要な支援を行うものとする。

(基本方針の策定)
第8条　市長は、スポーツの振興に関する施策の推進を図るため、スポーツの振興に関する基本方針を定めなければならない。

(生涯スポーツの推進)
第9条　市は、全ての市民が生涯にわたって、体力、年齢、技術等にあったスポーツを継続的に親しみ、健やかに過ごすことができるようにするため、スポーツに参加する機会及びスポーツに関する情報の提供その他必要な施策を講ずるものとする。

(コミュニティスポーツによる地域の活性化)
第10条　市は、地域における全ての世代の人々の交流が促進され、地域の活性化並びに人々の連帯感及び協調意識の向上を図るため、地域のスポーツ活動への支援その他必要な施策を講ずるものとする。

(子どもの体力向上及びスポーツ活動の充実)
第11条　市は、次代を担う子どもの心身の健全な発達及び体力の向上を図るため、スポーツ教室の実施その他必要な施策を講ずるものとする。

(障害者スポーツの促進)
第12条　市は、障害者が自主的かつ積極的にスポーツ活動に安心して参加できるよう、スポーツに参加する機会の提供その他障害者のスポーツ活動を促進するために必要な施策を講ずるものとする。

(指導者の養成)
第13条　市は、地域におけるスポーツ指導の充実、優秀なスポーツ選手の育成及びスポーツ事故の防止を図るため、スポーツの指導者の養成及びその資質を向上させる講習会等の開催その他必要な施策を講ずるものとする。

(スポーツ施設の整備)
第14条　市は、市民が身近にスポーツに親しむことができるようにするとともに、スポーツの競技水準の向上を図るため、スポーツ施設の整備に努めるものとする。
2　市は、前項の規定によりスポーツ施設を整備するに当たっては、利用者の実態に応じて、安全の確保を図るとともに、市民が安心して利用できるようスポーツ施設の維持管理に努めるものとする。

(顕彰及び助成)
第15条　市長は、スポーツ大会等において優秀な成績を収めた者及びスポーツの振興に寄与した者の顕彰を行うものとする。
2　市長は、スポーツの振興に寄与すると認められる者に対して、助成を行うことができる。

　　　　　　　附　則
　この条例は、平成25年4月1日から施行する。

【25】横手市「スポーツ立市よこて」でまちを元気にする条例

　　　　　　　　　　　　　　　　　　　　　　　　　平成25年3月22日
　　　　　　　　　　　　　　　　　　　　　　　　　条例第13号

(前文)
　スポーツは、人々に夢や希望、感動、勇気を与える世界共通の文化である。
　すべての市民等がスポーツに親しむことは、健康の維持及び増進、体力の向上、生活習慣病の予防、食育、精神の充足感、ストレス発散、青少年の健全な育成、高齢者の生きがいづくりなど多様な効果を生み出す。
　また、スポーツを通じて市民同士の連帯感を育み、一体となったまちづくりの機運を高めていくことができる。
　各競技団体による大型スポーツイベントの実施や合宿の誘致は青少年を中心とした競技レベルの向上に寄与するだけでなく、地域経済の活性化にも大きく貢献するものである。
　ここに、すべての市民等がいきいきと暮らす市民福祉の増進と持続可能な地域社会を実現するため、スポーツによるまちづくりの基本を定めるべく、この条例を制定するものである。

(目的)
第1条　この条例は、スポーツを「柱」としたまちづくりが青少年の健全な育成、高齢者等の介護予防、市民の健康の維持及び増進、地域間交流の増大、市民連帯感の醸成、地域経済の活性化、福祉のまちづくり等に資するものであることを踏まえ、横手市におけるスポーツの振興についてまちづくりに関する他の分野の施策と有機的な連携を持たせつつ、総合的な施策として展開するための基本的な目標及び方策を定め、市の執行機関、議会、市民等、スポーツ関係団体、市民団体及び事業者(以下「市の執行機関、議会及び関係者等」という。)の役割を明らかにし、もって幸せな地域社会の実現に寄与することを目的とする。

(定義)
第2条　この条例において、次の各号に掲げる用語の意義は、当該各号に定めるところによる。
　一　スポーツ　運動競技及び身体運動(野外活動を含む。)であって、心身の健全な発達を図るためにされるもの。
　二　市民等　市内に居住し、勤務し、若しくは滞在する者又はこの条例に賛同し、協

力する者。
三　まちづくり　すべての市民等がいきいきと暮らす市民福祉の増進と持続可能な地域社会を実現するための公共的な活動。
四　スポーツ関係活動　スポーツをすること、観ること、若しくは学ぶこと、又はこれらを支えること。
五　市民団体　市内で活動する法人、地域団体その他の団体。

(基本目標)
第3条　市の執行機関、議会及び関係者等は、スポーツの振興で市を元気にするため、相互に連携し、及び協力し、次に掲げる基本目標の実現に努める。
一　「スポーツで育む健康立市」　年齢や性別、障害の有無を問わず、すべての市民等が、生涯を通してスポーツに親しみ、体力、興味、関心等に応じたスポーツによる健康づくりに取り組む。
二　「スポーツで賑わう交流立市」　スポーツ施設はもとより、市の豊かな自然、歴史、文化、温泉等あらゆる地域資源を活用し、観光ビジネス等と関連付けた全国大会の誘致及びスポーツイベントの積極的な開催に取り組む。
三　「スポーツで深める協働立市」　四季折々で多様なスポーツに気軽に楽しめる環境を創出するため、各種スポーツ施設の適切な整備、管理及び活用について、市の特性を踏まえた知恵を出し合い、適切な役割分担のもと、持続可能な運営に取り組む。
四　「スポーツで誇れる文化立市」　スポーツ人口の底辺拡大を進め、全国や世界に誇れる選手及び指導者の育成を図り、及び地域が一体となって応援することにより、スポーツを介した連帯感や郷土意識が高められる文化的土壌の醸成に取り組む。

(基本方策)
第4条　市の執行機関、議会及び関係者等は、前条に定める基本目標に基づき、スポーツに関する取り組みを総合的に展開するため、相互に連携し、及び協力し、次に掲げる方策の推進に努めるものとする。
一　市は、スポーツを通じて市全体の元気付けが図られるよう関係部局の情報共有及び共通認識の下、スポーツを行うこと、観戦すること、若しくは学習すること、又はこれらを総合的に実施するため、及び支援するために必要な措置を継続的に講ずるものとする。
二　市は、スポーツに関する取り組みをスポーツ担当部局に限定せず、産業経済、健康福祉、市民生活、建設、施設維持管理等の関係部局のまちづくり施策と一体となるよう調整を行い、部局を横断して総合的かつ複合的な効果が生ずる施策を創出し、この条例の目的及び基本目標が真に達成されるよう努めるものとする。
三　市は、関係者と連携して、子どものスポーツに対する興味、関心を高め、心身の健全な発達や体力、運動能力の向上を図るものとする。
四　市民等は、市及び関係者等が実施する各種スポーツ事業の情報収集に努め、スポーツに関する理解や関心を深めるとともに、自身がスポーツで横手を元気にする

担い手であるという認識に立ち、スポーツに関する各種事業に積極的に参加するものとする。
　五　スポーツ関係団体は、スポーツの振興を図るため、スポーツ事業活動等の取り組みを積極的に進めるとともに、市が実施するあらゆるスポーツに関する事業に協力し、スポーツで横手を元気にするために主体的役割を果たすものとする。
　六　市民団体及び事業者は、市が実施するスポーツ振興事業と密接に連携し、自らの社会活動や事業活動を通じて、横手の元気付けに貢献するものとする。

(スポーツ環境の充実)
第5条　市は、市が所有する既存スポーツ施設の適切な維持管理を行うため、利用計画を策定し、施設の長寿命化及び老朽化した施設の統廃合を進めるほか、すべての市民等が気軽にスポーツに親しむことができる仕組みの構築及び大型イベントの大会誘致を可能とし、かつ大規模災害時の避難施設かつ支援施設としての機能を併せ持つ多機能スポーツ施設の整備など環境の充実に努めるものとする。

(スポーツ週間)
第6条　市は、第3条に定める基本目標を広く市民等に周知し、その実現をめざすため、スポーツに対する市民意識の普及、啓発及び活動の活発化を目的としたスポーツ週間を定めることができるものとする。

(スポーツ大賞)
第7条　市は、第3条に定める基本目標の実現に最も貢献した市民等又は市民団体に対し、当該活動を称えるとともに、他の模範として全市に奨励を図ることを目的とした表彰を行うことができるものとする。

(取り組みの評価、検証)
第8条　市の執行機関及び議会は、広く市民等又は市民団体の意見を聴取して、この条例の目的に基づく取り組みの達成状況や実施効果等を評価し、検証し、及び公表するものとする。

(委任)
第9条　この条例の施行に関し必要な事項は、別に定める。

附　則

この条例は、公布の日から施行する。

【26】近江八幡市スポーツ推進条例

平成25年3月25日
条例第4号

前文

　スポーツは、心身の健全な発達、健康と体力の保持増進、精神的な充実感の獲得等のために個人又は集団で行われる運動競技その他の身体活動であり、スポーツを通じて幸福で豊かな生活を営むことは、全ての人々の権利であって極めて重要なものである。

　スポーツの特性は、規範意識やフェアプレーの精神を培うとともに、人間形成に大きな影響を与える等心身の両面にわたり大きく貢献するものである。このため、年齢、性別や障がいの有無にかかわらず全ての市民は、スポーツが有する意義等について理解を深めスポーツに接することが大切である。

　よって、市民、スポーツ関連団体、事業者と行政が連携を図り、生涯にわたってスポーツに親しみ、楽しみそして支えることにより、「健康で生き生きとしたまちおうみはちまん」を築くため、この条例を制定する。

（目的）

第1条　この条例は、スポーツの推進についての基本理念を定め、市の責務並びに市民、スポーツ関連団体及び事業者の役割を明らかにするとともに、スポーツの推進に関する施策の基本となる事項を定めることにより、スポーツの推進に関する施策を総合的かつ計画的に実施し、もって市民の心身の健全な発達、明るく豊かな市民生活の形成及び活力ある地域社会の実現に寄与することを目的とする。

（用語の定義）

第2条　この条例において、次に掲げる用語の意義は、当該各号に定めるところによる。

　一　生涯スポーツ　体力、年齢、技術等に応じて、生涯にわたって継続的にスポーツに親しむことをいう。

　二　健康づくり　生涯スポーツを通じて、日常生活の中で適度な運動等で体力づくりに努めることをいう。

　三　スポーツ関連活動　スポーツをすること、観ること若しくは学ぶこと又はこれらを支えることをいう。

　四　スポーツ施設　一般の利用に供することを目的に設置された体育館、運動場その他のスポーツをするための施設（設備を含む。）をいう。

　五　市民　市内に居住する者又は通学若しくは通勤する者をいう。

　六　スポーツ関連団体　市内においてスポーツに取り組む福祉、医療、教育関係等の全ての法人及び団体をいう。

　七　事業者　市内において事業活動を行う全ての者をいう。

(基本理念)
第3条　スポーツの推進は、幸福で豊かな生活を営むことが人々の権利であることに鑑み、市民が自由な意思に基づき生涯にわたってスポーツに対して理解と関心を深め、各人の状態に応じてスポーツに親しむことができるよう行わなければならない。
2　スポーツの推進は、市民の心身の健康及び体力の保持増進が図られるよう、スポーツを行う者の安全の確保に必要な配慮をしつつ行わなければならない。
3　スポーツの推進は、乳幼児期の発達段階からの運動能力向上を図るとともに、公平さ、規律を尊ぶ態度、フェアプレーの精神等を培い、豊かな人間性が育まれるよう行わなければならない。
4　スポーツの推進は、障がい者の自立及び社会参加の促進に重要な役割を担うものであることに鑑み、障がい者が自主的かつ積極的にスポーツを行うことができるよう、障がいの種類及び程度に応じ必要な配慮をしつつ行わなければならない。
5　スポーツの推進は、地域における世代間及び地域間の交流の基盤が形成され、かつ、その交流が促進されるよう行わなければならない。
6　スポーツの推進は、市、市民、スポーツ関連団体及び事業者がそれぞれの責務又は役割を理解し、相互の信頼のもとに連携及び協力が図られるよう行わなければならない。

(市の責務)
第4条　市は、前条に規定する基本理念にのっとり、スポーツの推進に関する施策を総合的に策定し、及び計画的に実施する責務を有する。
2　市は、前項の施策を策定し、及び実施するに当たっては、市民の意見を反映させるよう努めるとともに、市民、スポーツ関連団体、事業者等の連携を図り、スポーツ関連活動に関する環境を整備するよう努めるものとする。
3　市は、生涯スポーツが促進されるよう、スポーツ推進委員及びスポーツ関連団体等と協力してその機会を提供するとともに、スポーツ関連活動に関する情報を提供しなければならない。

(市民の役割)
第5条　市民は、スポーツが市民生活及び地域社会において果たす役割について理解を深めるとともに、市民自らがスポーツ関連活動の担い手であることを認識し、健康及び体力の保持増進に努め、生き生きとしたまちづくりに向け、スポーツの推進に関する施策に協力するものとする。

(スポーツ関連団体の役割)
第6条　スポーツ関連団体は、第3条に規定する基本理念にのっとり、スポーツの推進に主体的に取り組むとともに、市が実施する施策に協力するよう努めるものとする。

(事業者の役割)
第7条　事業者は、スポーツ関連活動を行いやすい職場環境づくりに努めるとともに、スポーツの推進に関する施策に協力するよう努めるものとする。

(推進計画の策定)

第8条　市は、スポーツの推進に関する施策を総合的かつ計画的に実施するための基本的な計画（以下「推進計画」という。）を策定するものとする。
2　市は、推進計画を策定し、又は変更したときは、遅滞なく、これを公表するものとする。

(人材の育成)
第9条　市は、生涯スポーツを担う専門的な人材を幅広く育成するため、スポーツ関連団体等と連携して研修の実施その他の必要な施策を講ずるものとする。
2　市は、健康づくり又は障がい者スポーツの推進を担う専門的な人材を幅広く育成するため、研修の実施その他の必要な施策を講ずるものとする。
3　市は、競技力向上を図るため、スポーツ関連団体等と連携したスポーツ選手の育成並びにスポーツ指導者の確保及び養成その他の必要な施策を講ずるものとする。
4　市は、学校及び地域における青少年のスポーツ活動の充実及び健全な精神を培うため、スポーツに関する教員及び地域における指導者の指導力の向上及び育成その他の必要な施策を講ずるものとする。

(施設の整備及び利用)
第10条　市は、市民が身近にスポーツに親しむことができるよう、スポーツ施設の整備その他の必要な施策を講ずるよう努めるものとする。
2　市は、スポーツ施設の整備をするに当たっては、当該スポーツ施設の利用の実態等に応じて、安全の確保を図るとともに、全ての市民の利便性の向上を図るよう努めるものとする。
3　市は、スポーツ活動の場の充実を図るため、学校その他の施設をその目的に支障のない限りにおいて利用することができるよう必要な施策を講ずるものとする。

(スポーツ推進審議会)
第11条　市は、第3条に規定する基本理念に基づき、スポーツ基本法（平成23年法律第78号。以下「法」という。）第31条の規定により、近江八幡市スポーツ推進審議会（以下「審議会」という。）を設置する。
2　審議会は、次に掲げる事項について審議等を行う。
　一　推進計画の策定に関する事項
　二　推進計画の分析又は検証に関する事項
　三　法第35条に規定する事項
　四　その他この条例の目的を達成するために必要な事項

(審議会の組織)
第12条　審議会は、委員12人以内をもって組織する。
2　委員は、次に掲げる者のうちから教育委員会が委嘱又は任命する。
　一　学識経験者
　二　スポーツ関連団体又は事業者の代表者又はその推薦を受けた者
　三　公募による市民

四　関係行政機関の職員
　五　その他教育委員会が認める者
3　委員の任期は、2年とし、再任を妨げない。
4　委員が欠けた場合における補欠の委員の任期は、前任者の残任期間とする。
(顕彰)
第13条　市は、スポーツの競技会において特に優秀な成績を収めた者その他スポーツの推進に特に功績があったと認められるものの顕彰を行うものとする。
(財政上の措置)
第14条　市長は、スポーツの推進に関する施策を実施するため、必要な財政上の措置を講ずるよう努めるものとする。
(委任)
第15条　この条例の施行に関し必要な事項は、教育委員会が規則で定める。

付　則

この条例は、平成25年4月1日から施行する。

【27】岐阜県清流の国スポーツ推進条例

平成25年3月26日
条例第29号

　スポーツは、青少年の健全な育成や体力の向上に大きな役割を果たしている。また、スポーツは、心身の健康の保持増進にも重要な役割を果たすものであり、健康で活力に満ちた長寿社会の実現に不可欠である。さらに、スポーツ及びスポーツを支える活動は、その活動を通じて、地域の一体感や活力を醸成するものであり、地域社会の絆(きずな)を構築し、人間関係の希薄化等の問題を抱える地域社会の再生、地域の活性化、産業の振興等に寄与するものである。
　岐阜県においては、「輝け　はばたけ　だれもが主役」という合言葉のもと、県民総参加で開催された、ぎふ清流国体及びぎふ清流大会を契機として、障害者スポーツを含む、県民のスポーツに対する関心が一層の高まりを見せるとともに、岐阜方式の活用等による競技力の向上、両大会のマスコットキャラクター「ミナモ」を活用したダンス及び体操の普及を通じた県民の運動に親しむ意識の向上、おもてなし活動等を通じた県民の地域の絆づくり、障害者とともに生きる社会づくり、ボランティア活動等に対する意識の高揚等、スポーツを支える活動を含めたスポーツの推進がもたらす成果を強く実感したところである。そうした成果を継続し、発展させ、岐阜県の貴重な財産として引き続き活用し、健康

で活力のある地域づくりを進めていくことは、私たち県民一人一人の重要な責務である。
　ここに、私たちは、子どもから高齢者まで、生涯にわたり、自らの年齢、関心、適性等に応じて、日常的にスポーツに親しみ、スポーツを楽しみ、又はスポーツを支える活動に参画することにより、明るく健康で心豊かな県民生活の形成及び活力ある地域社会の実現を目指すことを決意し、スポーツの推進に関する施策を総合的かつ計画的に推進するため、この条例を制定する。

第1章　総　則

（目的）
第1条　この条例は、スポーツ（運動競技及びレクリエーションその他の目的で行う身体の運動をいう。以下同じ。）の推進について、基本理念を定め、並びに県の責務及びスポーツ関係団体の役割を明らかにするとともに、スポーツの推進に関する施策の基本となる事項を定めることにより、スポーツの推進に関する施策を総合的かつ計画的に推進し、もって県民の心身の健全な発達、明るく豊かな県民生活の形成及び活力のある地域社会の実現に寄与することを目的とする。

（基本理念）
第2条　スポーツは、これを行う者の安全の確保に必要な配慮をするとともに、スポーツを通じて県民の心身の健康の保持増進が図られるように推進されなければならない。
2　スポーツは、すべての県民が生涯にわたってあらゆる機会とあらゆる場所において、自らの年齢、関心、適性等に応じて親しむことができるよう推進されなければならない。
3　スポーツは、心身の成長過程にある青少年によるスポーツ活動が生涯にわたる県民の心身の健康の増進、豊かな人間性の涵かん養及び規範意識の醸成のため特に重要であるとの認識の下に、学校、スポーツ関係団体（スポーツに関する事業を行い、その振興に資する活動を行う団体をいう。以下同じ。）、家庭、地域住民その他の関係者が相互に連携を図りながら推進されなければならない。
4　スポーツは、障害者が自主的かつ積極的にスポーツを行うことができるよう、障害の種類及び程度に応じ必要な配慮をするとともに、障害者の自立及び社会参加を促進する等、障害者とともに生きる社会の推進に資するよう推進されなければならない。
5　スポーツは、岐阜県のスポーツ選手が全国的な規模のスポーツの競技会において優秀な成績を収めることができるよう、岐阜方式（一つのスポーツチームが、複数の企業から選手の雇用等による支援を受けながら活動していく方式をいう。以下同じ。）の継続等、競技水準の向上に資する施策について、関係者が相互に有機的な連携を図りつつ、効果的に推進されなければならない。
6　スポーツは、人々がその居住する地域において、主体的に協働することにより身近に親しむことができるようにするとともに、これを通じて、当該地域における全ての世代の人々の交流が促進され、地域の絆づくり及び地域の活性化が図られるよう推進されなければならない。

(県の責務)
第3条　県は、前条に定める基本理念(以下「基本理念」という。)にのっとり、知事、教育委員会その他の関係機関が相互に連携を図りつつ、スポーツの推進に関する施策を総合的に策定し、及び実施する責務を有する。
2　県は、前項の施策を策定し、及び実施するに当たっては、県民、スポーツ関係団体、健康及び福祉に関わる団体、学校、企業、その他の関係団体との連携に努めるものとする。

(スポーツ関係団体等の役割)
第4条　スポーツ関係団体その他の関係団体は、基本理念にのっとり、スポーツの推進に主体的に取り組むとともに、県、市町村、他のスポーツ関係団体その他の関係団体との協働に努めるものとする。

(市町村との連携)
第5条　県は、市町村が自主的かつ主体的にその地域の特性に応じたスポーツの推進に関する施策を策定し、及び実施することを促進するため、情報の提供、助言その他の必要な支援を行うよう努めるものとする。

(県民参加の促進)
第6条　県は、スポーツ関係団体、市町村、学校等と連携し、ミナモダンス及びミナモ体操(はばたけ、未来へ(ぎふ清流国体・ぎふ清流大会ソングをいう。)に合わせたダンス及び体操をいう。)等を活用した啓発活動、競技会その他スポーツイベントの開催等による高い競技水準に触れる環境づくり等を通じ、スポーツの重要性に対する県民の関心と理解を深めるとともに、県民のスポーツ活動への参加を促進するよう努めるものとする。

第2章　推進施策

(推進計画)
第7条　県は、スポーツの推進に関する施策の総合的かつ計画的な推進を図るため、その実情に即したスポーツの推進に関する計画(以下「推進計画」という。)を策定するものとする。
2　推進計画は、スポーツの推進に関する施策を総合的かつ計画的に推進するための基本的な事項その他の必要な事項を定めるものとする。
3　県は、推進計画を策定するに当たっては、あらかじめ、県民の意見を反映することができるように適切な措置を講ずるものとする。
4　県は、推進計画を策定したときは、遅滞なく、これを公表しなければならない。
5　前二項の規定は、推進計画の変更をする場合について準用する。

(健康の保持増進等)
第8条　県は、スポーツ活動を推進するとともに、県民の心身の健康の保持増進、疾病予防、高齢者の介護予防等県民が健やかに生活するために必要な施策を講ずるよう努めるものとする。

(生涯スポーツの推進等)
第9条　県は、子どもから高齢者まで、県民が生涯にわたって、体力、年齢、技術、目的等に応じて、身近にスポーツに親しむことができるよう、レクリエーション活動その他のスポーツ活動(以下「生涯スポーツ」という。)に参加する機会の提供、地域スポーツクラブ(地域の住民が主体的に運営するスポーツ関係団体であって、体力、年齢、技術、目的等に配慮しつつ、地域の住民に対しスポーツ活動に参加する機会を提供するものをいう。)及び地域におけるスポーツ活動を担う人材の育成その他の必要な施策を講ずるよう努めるものとする。

2　県は、生涯スポーツを推進するとともに、生涯にわたって生き生きと生活するための社会づくりに努めるものとする。

(青少年スポーツの推進等)
第10条　県は、地域における青少年によるスポーツ活動(以下「青少年スポーツ」という。)を推進するため、スポーツ活動に参加しやすい環境づくり及び参加する機会の提供、学校、スポーツ関係団体、家庭、地域住民その他の関係者の連携による青少年の体力の向上に向けた取組の促進その他の必要な施策を講ずるよう努めるものとする。

2　県は、青少年スポーツを推進するとともに、豊かな人間性の涵養、規範意識の醸成等青少年の健全な育成に努めるものとする。

(学校におけるスポーツ活動の推進)
第11条　県は、学校における部活動等のスポーツ活動の推進を図るため、スポーツに関する教員の資質の向上、地域におけるスポーツの指導者の確保及び活用その他の必要な施策を講ずるよう努めるものとする。

(障害者スポーツの推進等)
第12条　県は、障害者によるスポーツ活動(以下「障害者スポーツ」という。)を推進するため、その障害の種類及び程度に応じたスポーツ活動に参加する機会の提供、障害者スポーツに関する普及啓発その他の必要な施策を講ずるよう努めるものとする。

2　県は、障害者スポーツを推進するとともに、障害者が元気に安心して暮らすための社会づくりに努めるものとする。

(競技水準の向上)
第13条　県は、競技水準の向上を図るため、年齢に応じたスポーツ選手の計画的な育成、スポーツの指導者の確保及び養成その他の必要な施策を講ずるよう努めるものとする。

2　県は、スポーツ選手及びその指導者がその能力を幅広く地域社会に生かすことができるよう、環境の整備その他の必要な施策を講ずるよう努めるものとする。

3　県は、スポーツ選手及びスポーツチーム(以下「スポーツ選手等」という。)の競技水準の維持向上ができるよう、岐阜方式を継続するための支援その他の必要な施策を講ずるよう努めるものとする。

(スポーツを通じた地域の絆づくり)
第14条　県は、スポーツを通じた地域における絆づくりを促進するため、スポーツ大会等

におけるおもてなし活動（スポーツ選手及びその関係者を温かく迎える活動をいう。）その他の地域住民の自発的な活動への支援、地域スポーツクラブへの参加の促進、スポーツ選手等と県民との交流の促進、地域スポーツクラブ相互の交流の促進その他の必要な施策を講ずるよう努めるものとする。

（スポーツを通じた地域の活性化）
第15条　県は、スポーツを通じた地域の活性化を図るため、前条の施策のほか、各種スポーツ大会の開催及び誘致、スポーツ関連産業の振興その他の必要な施策を講ずるよう努めるものとする。

第3章　推進体制等

（県民会議）
第16条　県は、前章に規定する施策について広く県民の意見を反映し、県民と一体となってこれを実施するため、県民会議を設置する。

（スポーツ推進月間）
第17条　県は、県民のスポーツに対する関心と理解を深めるとともに、県民が積極的にスポーツ及びスポーツを支える活動に参画できるようスポーツ推進月間を設け、その趣旨にふさわしい事業を実施するよう努めるものとする。

（顕彰）
第18条　県は、スポーツ及びスポーツを支える活動に対する関心並びにこれらを行う意欲を高めるため、スポーツで顕著な成績を収めた者及びスポーツの推進に寄与した者を顕彰するものとする。

（施設の整備等）
第19条　県は、県民のスポーツ活動の場の充実を図るため、スポーツ施設（スポーツの設備を含む。以下同じ。）の整備及び利用の促進に努めるものとする。
2　県は、前項の規定によりスポーツ施設を整備するに当たっては、当該スポーツ施設の利用の実態等に応じて、安全の確保を図るとともに、障害者等の利便性の向上を図るよう努めるものとする。
3　県は、県が設置する学校その他の施設をスポーツ活動の場として有効に活用することができるよう努めるものとする。

（財政上の措置）
第20条　県は、スポーツの推進に関する施策を推進するため、必要な財政上の措置を講ずるよう努めるものとする。

附　則

この条例は、公布の日から施行する。

【28】 群馬県スポーツ振興条例

平成25年3月26日
条例第29号

　群馬県は、昭和53年に「スポーツ県群馬」を宣言した。昭和58年には国民体育大会「あかぎ国体」が開催され、昭和63年からは全日本実業団対抗駅伝競走大会「ニューイヤー駅伝」が本県で開催され、県民挙げての恒例行事となっている。
　スポーツに親しむ県民意識は高まり、県民スポーツ祭、ぐんま県民マラソンの実施や様々なスポーツ、レクリエーション活動等の普及により、いまやスポーツを行うこと、見ること、スポーツ活動を支えることは、県民生活の一部となっている。
　また、地元で育ったスポーツ選手が全国や世界で活躍する姿は、県民の誇りとなり、県民に連帯感や郷土愛を呼び起こし、スポーツへの関心をさらに高める。
　優れたスポーツ選手を育てるとともに、県民が生涯にわたり、いつでも、どこでもスポーツに親しみ、スポーツを楽しむことができるよう、スポーツ環境の整備に努め、スポーツによる明るく豊かな県民生活の実現を目指し、この条例を制定する。

（目的）
第1条　この条例は、スポーツの振興に関する基本理念を定め、県及びスポーツ団体の責務並びに県民の役割を明らかにするとともに、スポーツ環境の整備等に関し基本となる事項を定めることにより、スポーツの振興に関する施策を総合的かつ計画的に推進し、もって県民の心身の健全な発達及び活力ある地域社会の実現に寄与することを目的とする。

（基本理念）
第2条　スポーツの振興に関する施策は、次に掲げる事項を基本として推進されなければならない。
　一　スポーツに親しむ機会の確保　すべての県民が、体力、年齢、技術、健康状態等に応じて、身近にスポーツに親しむことができる機会が確保されること。
　二　競技力の向上　スポーツ選手の育成、指導者の確保及び養成等により競技力の向上が図られること。
　三　青少年の育成　スポーツに関し優れた資質を有する青少年の育成、競技力の向上等に必要な環境の整備が行われること。
　四　スポーツ環境の整備　県民が身近にスポーツに親しむとともに、スポーツにおける競技力の向上、プロスポーツ活動の支援等が図られるよう、スポーツ施設（設備を含む。以下同じ。）の設置その他スポーツ環境の整備が行われること。
　五　障害者の支援　障害者が自主的かつ積極的にスポーツを行うことができるよう、障害の種類及び程度に応じて必要な支援が行われること。

六　生涯スポーツの振興　県民が生涯にわたって、その関心、適性等に応じて、スポーツができるよう、市町村と連携して、スポーツ団体の活動の支援その他地域における生涯スポーツの振興が図られること。

(県の責務)
第3条　県は、前条の基本理念に基づき、スポーツの振興に関する施策を総合的かつ計画的に推進するものとする。
2　県は、市町村及びスポーツ団体が行うスポーツの振興に関する取組、県民が行うスポーツ活動に対し、情報の提供、助言その他の必要な支援を行うものとする。

(スポーツ団体の責務)
第4条　スポーツ団体は、スポーツの振興に主体的に取り組むとともに、県が実施するスポーツの振興に関する施策に協力するよう努めるものとする。

(県民の役割)
第5条　県民は、スポーツの持つ意義について理解を深めるとともに、自主的にスポーツ活動に参加することにより、体力の向上及び健康の保持増進に努めるものとする。

(拠点施設の設置等)
第6条　県は、第2条の基本理念を実現するため、スポーツ振興の拠点となるスポーツ施設の設置及び管理、その運用の改善、当該スポーツ施設への指導者の配置その他必要な施策を講ずるものとする。

(施設整備の方針)
第7条　県は、国民体育大会、プロスポーツ等の大規模なスポーツ大会の会場及び全県的なスポーツ活動の交流の場として、県有スポーツ施設の整備を行うものとする。
2　県は、市町村と連携し、各競技ごとに拠点となるスポーツ施設の整備を行うものとする。

(基本計画)
第8条　知事は、スポーツ施設(学校における体育のための施設を除く。)の設置及び管理に関する基本計画を定めるものとする。
2　知事は、前項の基本計画の作成、変更及び実施に当たっては、教育の観点から、教育委員会に対して必要な意見を求めるものとする。
3　第1項の基本計画については、群馬県行政に係る基本計画の議決等に関する条例(平成20年群馬県条例第21号)第2条に定める基本計画とみなして当該条例の規定を適用する。

(指導者の養成等)
第9条　知事は、優れたスポーツ選手を育成し、その競技力の向上を図るため、スポーツ団体と協力して、指導者の確保、計画的な養成及び資質の向上その他の必要な施策の実施に努めるものとする。
2　前項の施策の実施に当たっては、教育委員会が行う競技力向上のための施策との連携に留意するものとする。

(顕彰)
第10条　知事は、スポーツで顕著な成果を収めた者及びスポーツの振興に寄与した者の顕彰を行うものとする。
2　顕彰に当たっては、実績を重視し、地道な努力が報われるよう配慮するものとする。
(財政上の措置)
第11条　県は、スポーツの振興に関する施策を推進するために必要な財政上の措置を講ずるものとする。

附　則

(施行期日)
1　この条例は、平成25年4月1日から施行する。
(検討)
2　知事は、この条例の施行後三年を経過するごとに、この条例の実施状況について検討を加え、その結果に基づいて必要な見直しを行うものとする。

【29】町田市スポーツ推進条例

平成25年3月29日
条例第6号

前文
　今日、スポーツの持つ役割は、体力向上や健康の保持増進、青少年の健全育成といった役割から、生活習慣病の予防やストレスの防止、地域社会の活性化、スポーツを通じた都市環境の整備、地域経済への貢献など社会的役割へ拡大している。
　こうした状況の下、市民一人ひとりがスポーツの果たす役割の重要性について理解を深めるとともに、スポーツをする、見る、そして支えるというそれぞれの場面において様々な事業を行い、誰もが気軽にスポーツに親しむことができる環境を整え、豊かなスポーツ文化を育むことが重要である。
　ここに町田市は、スポーツに関する基本理念を明らかにするとともにその方向を示し、市民の理解と参加の下で、スポーツに関する施策を総合的かつ計画的に推進するため、この条例を制定する。
(目的)
第1条　この条例は、スポーツに関する基本理念を定め、町田市（以下「市」という。）の責務並びに市民等、ホームタウンチーム及びスポーツ関連団体の役割を明らかにするとともに、スポーツに関する施策を総合的かつ計画的に推進し、もって市民等の健康の保

持及び増進、明るく豊かな市民生活の形成並びに活力ある市の実現に寄与することを目的とする。

(定義)
第2条　この条例において、次の各号に掲げる用語の意義は、それぞれ当該各号に定めるところによる。
　一　スポーツ関連活動　スポーツをすること、若しくは見ること、又はこれらを支援することをいう。
　二　スポーツ施設　一般の利用に供することを目的として設置された体育館、運動場その他のスポーツ関連活動を行うための施設（設備を含む。）をいう。
　三　市民等　市内に在住し、在学し、在勤し、若しくは滞在する者又は市が推進するスポーツに関する施策に賛同し、協力する個人をいう。
　四　ホームタウンチーム　市内を本拠としてスポーツ関連活動を行う法人その他の団体のうち特定のスポーツ競技において国内における最高水準の組織に所属し、又は所属することが見込まれるものであって、市長の承認を受けたものをいう。
　五　スポーツ関連団体　市内においてスポーツ関連活動を行う法人その他の団体（国及び地方公共団体並びにホームタウンチームを除く。）をいう。

(基本理念)
第3条　スポーツの推進に当たっては、スポーツに親しむことができる環境の整備、スポーツ関連活動により市民等が誇りと愛着をもつことができる魅力ある地域社会の形成が図られなければならない。
2　スポーツの推進に当たっては、スポーツを通じた健康の保持及び増進に関する知識の向上が図られなければならない。
3　スポーツの推進に当たっては、市、市民等、ホームタウンチーム及びスポーツ関連団体がそれぞれの責務又は役割を理解し、相互の信頼の下に連携及び協力が図られなければならない。

(市の責務)
第4条　市は、第1条の目的を達成するため、基本理念にのっとり、市の特性に応じた施策を総合的かつ計画的に推進しなければならない。
2　市は、市民等の健康の保持及び増進のための施策を推進しなければならない。
3　市は、市民等、ホームタウンチーム及びスポーツ関連団体が行うスポーツ関連活動に関する環境を整備しなければならない。
4　市は、市民等、ホームタウンチーム及びスポーツ関連団体が行うスポーツ関連活動に対し、広報活動その他の方法により支援しなければならない。

(市民等の役割)
第5条　市民等は、自らがスポーツ関連活動の担い手であることを理解し、相互に尊重し、自主的な活動を通じて、自らの健康の保持及び増進に努めるとともに、前条の規定により市が行う施策に協力するよう努めるものとする。

(ホームタウンチームの役割)
第6条　ホームタウンチームは、自らの競技活動を通じて市の広報に努めるとともに、地域社会の一員として、自主的なスポーツ関連活動を通じて、第4条の規定により市が行う施策に協力するよう努めるものとする。
(スポーツ関連団体の役割)
第7条　スポーツ関連団体は、地域社会の一員として、自主的なスポーツ関連活動を通じて、第4条の規定により市が行う施策に協力するよう努めるものとする。
(スポーツ推進計画)
第8条　市長は、スポーツ基本法(平成23年法律第78号。以下「法」という。)第10条第1項の規定に基づき、スポーツに関する施策について、総合的な推進を図るための基本的な計画を定めるものとする。
(スポーツ施設の整備等)
第9条　市長は、スポーツの推進に当たって、スポーツ施設を整備するため、必要な施策を講ずるものとする。
(顕彰)
第10条　市は、スポーツの競技会において優秀な成績を収めた者及びスポーツの推進に寄与した者を顕彰するものとする。
(審議会の設置)
第11条　市は、法第31条に規定するスポーツ推進審議会等として、町田市スポーツ推進審議会を置く。
2　前項の町田市スポーツ推進審議会に関し必要な事項は、条例で別に定める。
(委任)
第12条　この条例の施行に関し必要な事項は、別に定める。

　　　　　　　　　　　　　附　　則

(施行期日)
1　この条例は、平成25年4月1日から施行する。
(町田市スポーツ振興審議会条例の一部改正)
2　町田市スポーツ振興審議会条例(平成20年3月町田市条例第21号)の一部を次のように改正する。
題名を次のように改める。
町田市スポーツ推進審議会条例
第1条を次のように改める。
(趣旨)
第1条　この条例は、町田市スポーツ推進条例(平成25年3月町田市条例第6号)第11条第2項の規定に基づき、町田市スポーツ推進審議会(以下「審議会」という。)の組織及び運営に関し、必要な事項を定めるものとする。

第2条第1号中「法」を「スポーツ基本法（平成23年法律第78号。以下「法」という。）」に改める。

【30】柳井市スポーツ推進条例

平成25年6月25日
条例第19号

(目的)
第1条　この条例は、スポーツの推進について、基本理念を定めるとともに、市及びスポーツ団体（スポーツの推進のための事業を行うことを主たる目的とする団体をいう。以下同じ。）の責務並びに市民及び事業者の役割を明らかにすることにより、スポーツの推進に関する施策を総合的かつ計画的に推進し、もって市民の心身の健全な発達、明るく豊かな市民生活の形成及び先人が築き上げた歴史と伝統のあるスポーツのまち柳井の発展に寄与することを目的とする。

(基本理念)
第2条　スポーツは、これを通じて幸福で豊かな生活を営むことが人々の権利であることから、全ての市民がそれぞれの関心、適性、健康状態等に応じて、いつでも、どこでも、いつまでもスポーツに親しむことができるよう推進されなければならない。
2　スポーツは、本市のスポーツ選手の活躍が市民に夢、勇気及び感動を与え、地域に活力をもたらすものであることから、全国的な規模の競技会において優秀な成績を収めることができるよう、スポーツに関する競技水準の向上を図りながら推進されなければならない。
3　スポーツは、これを行うことで体力の向上が図られるとともに、社会性、克己心、フェアプレーの精神等が培われ、特に青少年の健全な育成に大きな影響を及ぼすものであることから、学校、スポーツ団体、家庭及び地域が相互に連携を図りながら推進されなければならない。
4　スポーツは、障害者の自立及び社会参加の促進に重要な役割を担うものであることから、障害者が自主的かつ積極的にスポーツに親しむことができるよう、その障害の種類及び程度に応じ必要な配慮をしつつ推進されなければならない。
5　スポーツは、これを行う者の心身の健康の保持増進及び安全の確保が図られるよう推進されなければならない。
6　スポーツは、市民がその居住する地域において、主体的に協働することにより身近に親しむことができるようにするとともに、これを通じて、当該地域における全ての世代の人々の交流が促進され、かつ、地域間の交流の基盤が形成されるものとなるよう推進

されなければならない。
（市の責務）
第3条　市は、前条に規定するスポーツの推進に関する基本理念（次条において「基本理念」という。）にのっとり、スポーツの推進に関する施策を総合的に策定し、及び実施する責務を有する。
2　市は、前項の施策を策定し、及び実施するに当たっては、市民の意見を反映させるよう努めるとともに、市民、スポーツ団体、学校、事業者等の間の連携を促進するよう努めるものとする。
3　市は、地域の振興に関する施策と連携してスポーツの推進を図るよう努めるとともに、行政の各分野において、スポーツの推進に資するように配慮した施策を推進するよう努めるものとする。
（スポーツ団体の責務）
第4条　スポーツ団体は、基本理念にのっとり、スポーツの推進に主体的に取り組むとともに、市が実施するスポーツの推進に関する施策に協力するよう努めるものとする。
（市民及び事業者の役割）
第5条　市民及び事業者は、スポーツが市民生活及び地域社会において果たす役割についての理解を深めるとともに、地域における主体的なスポーツの発展及び将来の世代への継承に配慮するよう努めることによって、スポーツの推進に積極的な役割を担うものとする。
（推進計画）
第6条　教育委員会は、スポーツの推進に関する施策の総合的かつ計画的な推進を図るため、スポーツの推進に関する計画（以下この条において「推進計画」という。）を策定しなければならない。
2　推進計画は、スポーツの推進に関する施策を総合的かつ計画的に推進するための基本的な事項その他必要な事項を定めるものとする。
3　教育委員会は、推進計画の案を作成しようとするときは、あらかじめ、市民の意見を反映することができるよう適切な措置を講ずるものとする。
4　教育委員会は、推進計画を策定したときは、遅滞なく、これを公表しなければならない。
5　前2項の規定は、推進計画の変更について準用する。
（人材の育成及び活用）
第7条　市は、スポーツの指導者その他スポーツの推進に寄与する人材（次項及び次条において「指導者等」という。）を育成するため、研修の実施その他必要な施策を講ずるものとする。
2　市は、スポーツ選手及び指導者等が、その有する能力を幅広く地域社会に生かすことができるよう環境の整備に努めるものとする。
（指導者等の連携）

第8条　市は、優秀なスポーツ選手の育成を図るため、学校、スポーツ団体等の指導者等が相互に連携し、継続的かつ統一的な指導を行うことができるよう必要な施策を講ずるものとする。
(顕彰)
第9条　市は、市民のスポーツに対する関心及びスポーツを行う意欲を高めるため、スポーツで顕著な成果を収めた者及びスポーツの推進に寄与した者を顕彰するものとする。
(施設の整備及び利用の促進)
第10条　市は、市民が身近にスポーツに親しむことができるよう、スポーツ施設(スポーツの設備を含む。次項において同じ。)の整備、利用の促進その他の必要な施策を講ずるものとする。
2　市は、前項の規定によりスポーツ施設を整備するに当たっては、当該スポーツ施設の利用の実態等に応じて、安全の確保を図るとともに、障害者等の利便性の向上を図るよう努めるものとする。
3　市は、市民にとって身近なスポーツ活動の場の充実を図るため、学校その他の施設を容易に利用することができるよう必要な施策を講ずるものとする。
(財政上の措置)
第11条　市は、スポーツの推進に関する施策を推進するため、必要な財政上の措置を講ずるよう努めるものとする。

附　則

この条例は、平成25年7月1日から施行する。

【31】徳島県スポーツ推進条例

平成26年3月20日
徳島県条例第43号

　徳島県スポーツ推進条例をここに公布する。
徳島県スポーツ推進条例
　徳島県は、剣山、吉野川及び県南部の海岸線をはじめとする豊かな自然を生かしたグラススキー、ラフティング、サーフィン等のアウトドアスポーツが盛んである。また、春の風物詩であるとくしまマラソンの開催や、県民に誇りと喜び、夢と感動を与えるスポーツ選手の活躍等を通して、県民のスポーツに対する関心が一層の高まりを見せている。そして、こうしたスポーツに親しみ、又はスポーツを楽しむため、広く県内外から訪れる人々を温かく迎えるお接待の文化が、本県には古くから根付いている。

このような本県の特性に加え、スポーツは、心身の健全な発達、健康の保持増進並びに体力及び運動能力の向上に重要な役割を果たす運動競技その他の身体活動であるとともに、他者を尊重しこれと協同する精神、公正さと規律を尊ぶ態度や克己心を培い、特に青少年の健全な育成及び人格の形成に資するものである。

さらに、スポーツは、家族や仲間とのふれあいを生み、地域間の交流を促進し、地域の連帯感や郷土を愛する心を醸成するものであり、人間関係の希薄化等の問題を抱える地域社会の再生に寄与するものである。

こうした県民生活においてスポーツが有する役割の重要性等に鑑み、スポーツの推進についての基本理念を明らかにしてその方向性を示し、県民の理解と参画のもとに、スポーツに関する環境の整備に努め、本県のスポーツ人口の増加や競技力の向上を目指し、スポーツによる明るく豊かな県民生活を実現するため、この条例を制定する。

（目的）
第1条　この条例は、スポーツの推進に関し、基本理念を定め、県の責務並びにスポーツ団体、県民及び事業者の役割を明らかにするとともに、スポーツの推進に関する施策の基本となる事項を定めることにより、スポーツの推進に関する施策を総合的かつ計画的に実施し、もって県民の心身ともに健康な生活及び活力ある地域社会の実現に寄与することを目的とする。

（定義）
第2条　この条例において「スポーツ団体」とは、スポーツの振興のための事業を行うことを主たる目的とする団体をいう。

2　この条例において「スポーツ活動」とは、スポーツを行い、指導し、若しくは観戦し、又はスポーツの競技会その他の催しの運営に携わる活動をいう。

（基本理念）
第3条　スポーツの推進は、全ての県民が、少年期、青年期、壮年期、高年期等の各段階（以下「ライフステージ」という。）において、スポーツの有する意義について理解を深め、その関心、適性及び健康状態に応じ、身近にスポーツに親しむことができるよう行われなければならない。

2　スポーツの推進は、スポーツを行う者の心身の健康の保持増進及び安全の確保が図られるよう行われなければならない。

3　スポーツの推進は、青少年の体力の向上を図るとともに、公正さ及び規律を尊ぶ態度、克己心等を培い、豊かな人間性が育まれるよう行われなければならない。

4　スポーツの推進は、障がい者が積極的にスポーツに参加することができるよう、その障がいの種類及び程度に応じ、必要な配慮をしつつ行われなければならない。

5　スポーツの推進は、県内に居住したことがあり、若しくは県内に活動の拠点を置くスポーツ選手（プロスポーツの選手を含む。以下同じ。）又は県内に活動の拠点を置くスポーツチーム（以下「県のスポーツ選手等」という。）が国際的又は全国的な規模のスポーツの競技会において優秀な成績を収めることができるよう、スポーツに関する競技

水準(以下「競技水準」という。)の向上に資する施策相互の有機的な連携を図りつつ、効果的に行われなければならない。
6　スポーツの推進は、世代間及び地域間の交流の基盤が形成され、かつ、その交流が促進されるよう行われなければならない。
7　スポーツの推進は、県のスポーツ選手等の活動を応援する社会的気運を高め、県民の一体感及び活力が醸成されるよう行われなければならない。

(県の責務)
第4条　県は、前条に規定する基本理念(以下「基本理念」という。)にのっとり、スポーツの推進に関する施策を総合的かつ計画的に策定し、及び実施する責務を有する。

(スポーツ団体の役割)
第5条　スポーツ団体は、スポーツの普及及び競技水準の向上のため、基本理念にのっとり、スポーツの推進に主体的に取り組むよう努めるものとする。

(県民及び事業者の役割)
第6条　県民及び事業者は、スポーツの県民生活及び地域社会において果たす役割について、理解を深め、将来の世代への継承に配慮するよう努めるとともに、地域におけるスポーツの発展に積極的な役割を果たすよう努めるものとする。

(関係者相互の連携及び協働)
第7条　県、スポーツ団体、県民及び事業者その他の関係者は、基本理念にのっとり、相互に連携を図りながら協働するよう努めるものとする。

(推進計画の策定)
第8条　知事は、スポーツの推進に関する施策を総合的かつ計画的に実施するため、スポーツの推進に関する計画(以下「推進計画」という。)を策定するものとする。
2　知事は、推進計画を策定したときは、遅滞なく、これを公表しなければならない。
3　前項の規定は、推進計画の変更について準用する。

(県民のスポーツ活動への参加の促進)
第9条　県は、スポーツに対する県民の関心を高め、その関心、適性及び健康状態に応じたスポーツ活動への自主的な参加を促進するよう努めるものとする。

(ライフステージ等に応じたスポーツ活動の推進)
第10条　県は、全ての県民が生涯にわたって、ライフステージ、体力、技術、目的等に応じて、身近にスポーツに親しむことができるよう、スポーツ活動に参加する機会の提供、地域におけるスポーツ活動を担う人材及び地域スポーツクラブ(地域の住民が主体的に運営するスポーツ団体であって、ライフステージ、体力、技術、目的等に配慮しつつ、地域の住民に対しスポーツ活動に参加する機会を提供するものをいう。以下同じ。)の育成その他の必要な施策を講ずるよう努めるものとする。

(スポーツ施設の整備等)
第11条　県は、県民のスポーツ活動の場の充実を図るため、県が設置するスポーツ施設(スポーツ施設の設備を含む。次項において同じ。)の整備並びに機能の維持及び改善に

努めるものとする。
2　県は、県が設置する学校の教育に支障のない限り、当該学校のスポーツ施設を県民がスポーツ活動の場として、有効に活用することができるよう配慮するものとする。

(心身の健康の保持増進のためのスポーツの推進)
第12条　県は、県民の心身の健康の保持増進のためのスポーツを推進するため、当該スポーツに関する情報の提供その他の必要な施策を講ずるよう努めるものとする。

(青少年のスポーツに参加する機会の提供等)
第13条　県は、青少年の心身の健全な発達及び体力の向上を図るため、青少年がスポーツに参加する機会の提供その他の必要な施策を講ずるよう努めるものとする。

(学校における体育の充実)
第14条　県は、学校における体育の充実を図るため、体育に関する教員の資質の向上に努めるとともに、地域におけるスポーツ活動を担う人材の活用、環境の整備その他の必要な施策を講ずるよう努めるものとする。

(障がい者のスポーツ活動の推進)
第15条　県は、障がい者が積極的にスポーツ活動に参加することができるよう、その障がいの種類及び程度に応じたスポーツへの参加の機会の提供、障がい者のスポーツ活動に携わる人材の育成その他の必要な施策を講ずるよう努めるものとする。

(競技水準の向上)
第16条　県は、競技水準の向上を図るため、市町村、スポーツ団体等と協力し、スポーツ選手の計画的な育成、スポーツ指導者の確保及び養成、スポーツに関する医学をはじめとする科学の活用その他の必要な施策を講ずるよう努めるものとする。

(スポーツを通じた地域の活性化等)
第17条　県は、スポーツを通じた地域の活性化及び一体感の醸成並びに県の情報の全国への発信を図るため、県のスポーツ選手等と県民との交流又は地域スポーツクラブ相互の交流の促進、スポーツの競技会その他の催しの開催、県外からのスポーツの合宿の誘致その他の必要な施策を講ずるよう努めるものとする。

(顕彰)
第18条　県は、スポーツの競技会において特に優秀な成績を収めた者及びスポーツの推進に特に功績があったと認められる者の顕彰を行うものとする。

(財政上の措置)
第19条　県は、スポーツの推進に関する施策を実施するため、必要な財政上の措置を講ずるよう努めるものとする。

附　則

1　この条例は、公布の日から施行する。
2　この条例の施行の際現に策定されているスポーツの推進に関する県の計画であって、スポーツの推進に関する施策の総合的かつ計画的な実施を図るためのものは、第8条第

1項の規定により策定された推進計画とみなす。

【32】恵庭市スポーツ振興まちづくり条例

〔平成26年11月28日
条例第29号〕

　スポーツは、人々に夢や希望、感動、勇気を与える文化です。
　また、花・水・緑のまち恵庭に暮らす市民がスポーツに親しむことは、健康の維持及び増進並びに地域コミュニティづくりなど、多様な効果を生み出します。
　これらを踏まえ、恵庭市は、誰もが生涯にわたって健康で元気に暮らせる「夢と健康を育むスポーツ都市」の実現を目指します。
　そのため、市は誰もが気軽にスポーツに親しむことができる環境を整え、団体の垣根、世代等を超えてスポーツを振興するとともに、スポーツを活かした活力あるまちづくりを推進するため、この条例を制定します。

(目的)
第1条　この条例は、スポーツ振興によるまちづくりを総合的に進めるための施策を明らかにすることにより、市民等の誰もが夢を抱き、生涯を明るく健康で過ごすことができる活力あるまち「えにわ」の実現に寄与することを目的とします。

(定義)
第2条　この条例において、次の各号に掲げる用語の意義は、それぞれ各号に定めるところによります。
　一　市民等　市内に居住し、通学若しくは通勤する者又は本市が推進するスポーツ振興のまちづくりに賛同し、及び協力する個人をいいます。
　二　市　市長及び教育委員会をいいます。
　三　スポーツ関連団体　市内においてスポーツに関連した活動を行う法人その他の団体（国及び地方公共団体を除きます。）をいいます。
　四　事業者　市内において事業活動を行う者（スポーツ関連団体を除きます。）をいいます。
　五　スポーツ振興　まちづくりの広範な分野において、市民等、スポーツ関連団体、事業者及び市が連携することにより、スポーツを通して健康で活力ある地域社会を形成することをいいます。
　六　スポーツ関連活動　スポーツをすること、観ること、応援すること若しくは学ぶこと又はこれらの活動を支援することをいいます。
　七　スポーツ財産　スポーツ関連活動を行う者、スポーツ施設その他スポーツ振興の

まちづくりの推進に寄与する財産をいいます。
（市の責務）
第3条　市は、前文にある、スポーツによる「健康の維持及び増進」、「地域コミュニティづくり」、そのための「環境整備」、「世代等を超えたスポーツ振興」及び「スポーツを活かした活力あるまちづくり」という基本理念にのっとり、本市の特性に応じた施策を総合的に策定するとともに、この条例の目的が真に達成されるよう、スポーツに関する取り組みをスポーツ振興担当部に限定せず、部を横断して計画的に推進しなければなりません。

2　市は、市民等及びスポーツ関連団体が行うスポーツ関連活動に対し、当該団体と協働して適切に環境整備を行わなければなりません。

3　市は、スポーツを「する」だけのものではなく、「観たり、応援したり」といった市民等が参画しやすい環境を整備し、多世代が交流できるコミュニティづくりを支援するとともに、適切に広報を行わなければなりません。

（市民等の役割）
第4条　市民等は、一人一人ができる範囲で、スポーツ関連活動に関わることを考え、行動することで、市民等の誰もが夢を抱き、「えにわ」を元気なまちにするよう努めるものとします。

2　市民等は、幼いころから身体を動かす習慣を身につけ、生涯にわたり健康を維持できるよう努めるものとします。

3　市民等は、スポーツを「する」だけではなく、「観たり、応援したり」する等スポーツに関心を持ち、世代を超えてコミュニティに参加するよう努めるものとします。

（スポーツ関連団体の役割）
第5条　スポーツ関連団体は、心身の健康の保持増進及び安全の確保に配慮しながら、スポーツ関連活動の推進に主体的に取り組むとともに、スポーツに対する市民等の関心及び理解を深め、市民等のスポーツ活動への参加を促進するよう努めるものとします。

2　スポーツ関連団体は、他の競技団体とも協働して、スポーツ全体の魅力を発信し、「観たり、応援したり」できる環境を整えるよう努めるものとします。

（事業者の役割）
第6条　事業者は、自らがスポーツ関連活動を行いやすい環境の整備に努めるとともに、地域社会の一員として自主的なスポーツ活動の実施及び支援を行うことにより、スポーツ振興及び地域の活性化を促進するよう努めるものとします。

（議員の責務）
第7条　議員は、市民等が生涯にわたり健康でいられるよう、その実現に向け、一人一人が日ごろから研さんするとともに、気軽にスポーツに親しむことができる環境を整えるため積極的に提案しなければなりません。

（生涯スポーツの推進）
第8条　市は、市民等が生涯にわたり、体力、年齢、技術等に応じたスポーツを継続的に

親しむことができるよう、スポーツに参加する機会及びスポーツに関する情報の提供その他必要な施策を講ずるものとします。

(地域の活性化の推進)
第9条　市は、地域において世代を超えた人々の交流が促進され、地域の活性化及び人々の連帯感並びに協働意識の向上を図るため、地域のスポーツ関連活動への支援その他必要な施策を講ずるものとします。

(子どもの体力向上及びスポーツ関連活動の充実)
第10条　市は、次代を担う子どもの心身の健全な発達及び体力の向上を図るため、市民等、スポーツ関連団体及び事業者との連携等の必要な施策を講ずるものとします。

(障がい者スポーツの促進)
第11条　市は、障がい者が自主的かつ積極的にスポーツ活動に安心して参加できるよう、スポーツに参加する機会の提供その他障がい者のスポーツ活動を促進するために必要な施策を講ずるものとします。

(スポーツ施設の整備)
第12条　市は、本市のスポーツ施設を整備するため、必要な措置を講ずるものとします。

(スポーツ財産の活用)
第13条　市は、本市のスポーツ財産の効果的及び効率的な活用を図るものとします。

(スポーツ選手の育成)
第14条　市は、スポーツの競技力の向上を図るため、スポーツ関連団体と連携して、選手を育成するため必要な措置を講ずるものとします。

(指導者の養成)
第15条　市は、地域におけるスポーツの指導の充実及び事故の防止を図るため、指導者の養成、その資質を向上させる講習会等の開催その他必要な施策を講ずるものとします。

(審議会)
第16条　市は、スポーツ関連活動に関する計画や施策に関する検証及び評価を行うため、恵庭市スポーツ振興まちづくり審議会(以下「審議会」といいます。)を設置するものとします。

(取り組みの検証及び評価)
第17条　市は、審議会、市民等及びスポーツ関連団体の意見を聴取して、この条例の目的に基づく取り組みの達成状況、実施効果等を検証及び評価し、これを公表するものとします。

(補則)
第18条　この条例の施行に関し必要な事項は、別に定めます。

　　　　　　　　　　　附　　則

この条例は、公布の日から施行します。

【33】三重県スポーツ推進条例

平成26年12月24日
条例第95号

　スポーツは人生を豊かにし、私たちに幸福を実感させるものである。
　スポーツは、健康の保持増進及び体力の向上に資することはもとより、克己心、協同性、規範意識等のフェアプレーの精神を培い、さらに、子どもの健全な成育及び人格の形成に大きく寄与するものである。
　また、スポーツは、家族のつながりを強くするとともに、スポーツが促進する人及び地域の交流は、地域社会の一体感をもたらし、地域の活性化、産業の振興等に貢献するものである。
　さらには、競技会等で見られる、スポーツを通じて自らの可能性を追求し、不断の努力を続けるスポーツ選手の姿は、人々に夢と感動を与える。
　このようなスポーツの持つ価値を最大限に活用し、県民の自主的かつ主体的な参画を得ながら、スポーツを通じた人づくり及び地域づくりを推進することが必要である。
　ここに、県民がスポーツの価値を広く享受し、県民の力を結集した元気な三重県を目指すため、この条例を制定する。

第1章　総　則

（目的）
第1条　この条例は、スポーツの推進について、基本理念及び基本政策を定め、県の責務並びに県民、市町、スポーツ関係団体（スポーツの推進を主たる目的とする団体をいう。以下同じ。）及び民間事業者の役割を明らかにするとともに、スポーツの推進に関する施策の基本となる事項を定めることにより、スポーツの推進に関する施策を総合的かつ計画的に推進し、もって幸福を実感できる県民生活の形成及び活力ある地域社会の実現に寄与することを目的とする。

（基本理念）
第2条　スポーツは、その多面的な価値及び意義が十分に発揮され、県民がそれを共有し、享受できるよう、公平かつ公正な環境の下で推進されなければならない。
2　スポーツは、全ての県民が生涯にわたってあらゆる機会とあらゆる場所において、その関心、適性等に応じて、自主的かつ主体的に親しむことができ、その価値及び意義を実感できるよう推進されなければならない。
3　スポーツは、県、県民、市町、スポーツ関係団体及び民間事業者が自主的かつ主体的に参画し、連携することにより、推進されなければならない。

（基本政策）

第3条　スポーツの推進に関する施策は、次に掲げる事項を基本として推進されなければならない。
　一　子どもの体力の向上及びスポーツ活動の充実
　二　地域におけるスポーツ活動の推進
　三　競技力（スポーツに関する競技水準をいう。以下同じ。）の向上
　四　障がい者によるスポーツ活動の推進
　五　スポーツを通じた地域の活性化

(県の責務)
第4条　県は、スポーツの推進に関する基本理念及び基本政策にのっとり、スポーツの推進に関する施策を総合的かつ計画的に推進する責務を有する。
2　県は、前項の施策の推進に当たっては、県民の意見を反映させるとともに、県民、市町、スポーツ関係団体及び民間事業者の間の連携を促進するよう努めるものとする。
3　県は、行政の各分野において、スポーツの推進に資するように配慮した施策を推進するよう努めるものとする。
4　県は、県民、市町、スポーツ関係団体及び民間事業者が実施するスポーツを推進するための活動を促進するため、助言、情報の提供その他の必要な支援を行うよう努めるものとする。

(県民の役割)
第5条　県民は、基本理念にのっとり、スポーツが県民生活及び地域社会において果たす役割についての理解を深めるとともに、スポーツの推進に自主的かつ主体的に取り組むよう努めるものとする。

(市町の役割)
第6条　市町は、基本理念にのっとり、地域の特性に応じ、スポーツの推進に関する施策を策定し、及び実施するよう努めるものとする。

(スポーツ関係団体の役割)
第7条　スポーツ関係団体は、基本理念にのっとり、スポーツの普及、競技力の向上等に果たすべき重要な役割に鑑みて、スポーツの推進に自主的かつ主体的に取り組むよう努めるものとする。

(民間事業者の役割)
第8条　民間事業者は、基本理念にのっとり、スポーツが県民生活及び地域社会において果たす役割の重要性を鑑みて、スポーツの推進に積極的な役割を果たすよう努めるものとする。

(相互の連携)
第9条　県、県民、市町、スポーツ関係団体及び民間事業者は、スポーツの推進を図るため、相互の連携に努めるものとする。

第2章　スポーツの推進に関する基本となる施策

（子どもの体力の向上及びスポーツ活動の充実）
第10条　県は、子どもの心身の健全な発達及び体力の向上を図るため、学校、家庭及び地域との連携により、子どものスポーツ活動の充実に向けた取組の促進その他の必要な施策を講ずるよう努めるものとする。
2　県は、学校における体育、運動部活動等の充実を図るため、教員による指導の充実を図るとともに、市町、スポーツ関係団体等と協力して、地域における指導者の活用及び環境の整備に努めるものとする。

（地域におけるスポーツ活動の推進）
第11条　県は、県民が健康で、生涯にわたって、性別、年齢等を問わず、体力、技術、目的等に応じて、身近にスポーツに親しむことができるよう、地域スポーツクラブの活動の支援その他の必要な施策を講ずるよう努めることにより、県民がスポーツとして行われるレクリエーション活動に参加する機会の提供に努めるものとする。

（競技力の向上）
第12条　県は、県のスポーツ選手（県内に活動の拠点を置き、又は現に居住し、若しくは居住していたスポーツ選手をいう。以下この条において同じ。）が国際的又は全国的な規模のスポーツの競技会において活躍できるよう、県のスポーツ選手又はその指導者のスポーツの競技会への派遣、研修会の開催等による県のスポーツ選手、その指導者及びスポーツ関係団体の計画的な育成その他の必要な施策を講ずるよう努めるものとする。
2　県は、県のスポーツ選手が、スポーツの競技会においてその能力を最大限に発揮することができるよう、県のスポーツ選手の練習のための環境の整備、スポーツに関する科学的知見の活用の促進その他の必要な施策を講ずるよう努めるものとする。
3　県は、県のスポーツ選手及びその指導者が、その能力を幅広く地域社会に生かすことができるように環境の整備に努めるものとする。

（障がい者によるスポーツ活動の推進）
第13条　県は、障がいに対する県民の理解を深め、障がい者の自立及び社会参加を促進するため、市町、スポーツ関係団体及び民間事業者と協力して、必要な配慮をしつつ、障がいの種類及び程度に応じたスポーツ活動への参加の機会の提供その他の必要な施策を講ずるよう努めるものとする。

（スポーツを通じた地域の活性化）
第14条　県は、スポーツを通じて地域における世代間又は地域間の交流を促進し、地域の活性化を図るため、地域の特性に応じた取組への支援、スポーツの各種の競技会等の開催又は誘致その他の必要な施策を講ずるよう努めるものとする。

（施設の整備等）
第15条　県は、県民のスポーツ活動の充実を図るため、スポーツ施設の整備及び利用の促進に努めるものとする。

2　県は、前項の規定によりスポーツ施設を整備するに当たっては、災害時への対応に配慮するとともに、当該スポーツ施設の利用の実態等に応じて、安全の確保及び障がい者等の利便性の向上を図るよう努めるものとする。
3　県は、県が設置する学校その他の施設をスポーツ活動の場として有効に活用できるよう努めるものとする。

第3章　推進計画

第16条　知事は、スポーツの推進に関する施策の総合的かつ計画的な推進を図るため、スポーツの推進に関する基本的な事項その他必要な事項を定めた計画（以下この条において「推進計画」という。）を策定しなければならない。
2　知事は、推進計画を策定しようとするときは、県民の意見を反映することができるよう必要な措置を講ずるものとする。
3　知事は、推進計画を策定するに当たっては、三重県スポーツ推進審議会の意見を聴かなければならない。
4　知事は、推進計画を策定したときは、遅滞なく、これを公表しなければならない。
5　前三項の規定は、推進計画の変更について準用する。

第4章　スポーツの推進に関する施策の推進

（スポーツ推進月間）
第17条　県は、県民のスポーツに対する関心と理解を深めるとともに、県民が自主的かつ主体的にスポーツ活動に参加できるようスポーツ推進月間を設ける。
2　県は、スポーツ推進月間において、その趣旨にふさわしい事業を実施するよう努めるものとする。

（顕彰）
第18条　県は、県民のスポーツに対する関心及びスポーツ活動への意欲を高めるため、スポーツで顕著な成果を収めた者及びスポーツの推進に寄与した者を顕彰するものとする。

（県民等の協力）
第19条　県は、県民、スポーツ関係団体及び民間事業者に対し、広く協力を求め、スポーツの推進に努めるものとする。

（財政上の措置）
第20条　県は、スポーツの推進に関する施策を実施するために必要な財政上の措置を講ずるよう努めるものとする。

附　則

この条例は、平成27年4月1日から施行する。

【34】宗像市スポーツ推進条例

平成27年3月31日
条例第16号

　健康で文化的な生活を営むことはすべての人に等しい権利です。スポーツは、心身の健全な発達、体力の保持増進、精神的な充足感などの源泉となり、健康で充実した生活につながる大きな一歩です。また、同時に地域の一体感や住民生活の活力を醸成し、まちづくりに寄与する力を育みます。
　「いつでも」、「どこでも」、「いつまでも」スポーツに親しむことができる生活環境は、文化的な豊かさの表れです。玄界灘に面した私たちのまち宗像市は、美しい自然に抱かれ、いにしえより人々が行きかう歴史と文化の宝庫です。
　この魅力ある住みよい宗像市を、より一層幸福で豊かに生活できるまちにするのは市民等すべての願いです。私たちはスポーツによる新たな風土を根付かせ、「スポーツで笑顔・元気あふれるまちづくり」を実現するために、この条例を制定します。

(目的)
第1条　この条例は、スポーツの推進に関する基本理念を定め、市民等、スポーツ関連団体及び事業者の役割並びに宗像市（以下「市」という。）の責務を明らかにするとともに、スポーツの推進に関する施策の基本となる事項を定めることにより、スポーツに関する施策を総合的かつ計画的に推進し、もって市民等の健康の保持及び増進、明るく豊かな市民生活の形成並びに活力ある地域社会の実現に寄与することを目的とする。

(定義)
第2条　この条例において、次の各号に掲げる用語の意義は、それぞれ当該各号に定めるところによる。
　　一　スポーツ関連活動　スポーツをすること若しくは観ること又はこれらを支援することをいう。
　　二　市民等　市内に居住、通勤及び通学する者をいう。
　　三　スポーツ関連団体　市内においてスポーツ関連活動を行う法人その他の団体をいう。
　　四　事業者　市内において事業活動を行う全ての者をいう。

(基本理念)
第3条　スポーツは、年齢を問わず全ての市民等一人一人が生涯にわたりその適性及び健康状態に応じて、自主的かつ自発的にスポーツに親しむことができるよう推進されなければならない。
2　スポーツは、とりわけ心身の成長過程にある子どもにとって、生涯にわたる健全な心身を培い、豊かな人間性を育む基礎となるとの共通認識の下、推進されなければならない。

3　スポーツは、スポーツを行う者の心身の健康の保持増進及び安全の確保が図られるよう推進されなければならない。

4　スポーツは、市民等、スポーツ関連団体、事業者及び市が、それぞれの役割及び責務を理解し、相互の信頼の下に協働して推進されなければならない。

5　スポーツは、スポーツ関連活動を通じて、市民等や他地域の人々との交流を促進し、地域経済の活性化及び市のイメージ向上につながるよう推進されなければならない。

(市民等の役割)

第4条　市民等は、自らがスポーツ関連活動の主体又は担い手であることを認識し、自らの健康及び体力の保持増進に努めるとともに、スポーツによるまちづくりに向け、相互に連携してスポーツ関連活動に参画するよう努めるものとする。

(スポーツ関連団体の役割)

第5条　スポーツ関連団体は、スポーツの推進に主体的に取り組むとともに、スポーツによるまちづくりの一翼を担っていることを自覚し、市民等のスポーツ関連活動の支援に努めるものとする。

(事業者の役割)

第6条　事業者は、スポーツ関連活動を行いやすい職場環境づくりに努めるとともに、スポーツによるまちづくりの一翼を担っていることを自覚し、市民等のスポーツ関連活動の支援に努めるものとする。

(市の責務)

第7条　市は、第3条に規定する基本理念にのっとり、市の特性に応じた施策を総合的かつ計画的に推進しなければならない。

2　市は、スポーツ関連活動に関する環境を整備するよう努めなければならない。

3　市は、スポーツの推進に向け、市民等、スポーツ関連団体及び事業者の総合調整を図らなければならない。

4　市は、スポーツの推進に関する施策を実現するため、必要な財政上の措置を講ずるよう努めなければならない。

(スポーツ推進計画)

第8条　市は、スポーツ基本法(平成23年法律第78号。以下「法」という。)第10条第1項の規定に基づき、スポーツの推進に関する施策を総合的かつ計画的に実施するための基本的な計画(以下「推進計画」)を策定するものとする。

2　市は、推進計画を策定し、又は変更したときには、遅滞なく、これを公表するものとする。

(スポーツ推進審議会)

第9条　市は、法第31条の規定により、宗像市スポーツ推進審議会(以下「審議会」という。)を設置する。

2　前項の審議会に関し必要な事項は、条例で別に定める。

(顕彰)
第10条　市は、スポーツの競技会において特に優秀な成績を収めた者その他スポーツの推進に特に功績があったと認められる者の顕彰を行うものとする。
(委任)
第11条　この条例で定めるもののほか、この条例の施行に関し必要な事項は、別に定める。

附　則

この条例は、平成27年4月1日から施行する。

【35】ふじみ野市文化・スポーツ振興条例

平成27年9月30日
条例第33号

　文化とスポーツは、人々の暮らしの質を高めていく上で大切な役割を果たしています。
　文化は心の健康を保つものであり、スポーツは体の健康を保ちます。
　双方は人々の精神と身体を活性化し、生きる意欲や活力を高めることにつながります。
　さらには、新しい人間関係を築き、協働のまちづくりの機会を広げ、世代間の交流を深めていく上でも大切な意義をもっています。
　ふじみ野市は、数多くの遺跡・史跡があり、特に街道や水運の要所として繁栄し、人々の暮らしを豊かにしてきた歴史と伝統に支えられたまちです。
　また、近年においては首都圏に近接した住宅都市として発展してきたことから、多様な文化やスポーツのニーズも多くあり、それに応えていくことも必要となります。
　伝統的な文化の保存・継承、新しい文化の形成とスポーツの充実に加え、グローバル化した社会にふさわしい多面的な視点から、これからのふじみ野市の文化とスポーツの振興を推進していくことを目指します。
　私たちは、ふじみ野市の文化とスポーツの発展に向けて努力することを決意し、この条例を制定するものです。
(目的)
第1条　この条例は、文化及びスポーツの振興に関する基本理念を定め、市民及び地域団体の役割並びに市の責務を明らかにすることにより、市民の自主的な文化活動及びスポーツ活動を推進し、もって市民一人ひとりの豊かな自己実現及び活力のある地域社会の実現に資することを目的とする。
(定義)
第2条　この条例において、次の各号に掲げる用語の意義は、当該各号に定めるところに

よる。
　　一　文化　文学、音楽、美術、写真、演劇等の芸術及び伝統芸能
　　二　スポーツ　運動競技、レクリエーション及び身体運動であって、心身の健全な発達を図るためのもの
　　三　市民　市内に住所を有する者又は市内に通勤若しくは通学している者
　　四　地域団体　市内で活動する法人その他の団体

(基本理念)
第3条　文化及びスポーツの振興に関する基本理念は、次に掲げる事項とする。
　　一　市民の豊かな自己実現及び活力のある地域社会の実現を推進すること。
　　二　市民及び地域団体の自主性及び創造性を尊重すること。
　　三　市民が文化活動及びスポーツ活動により、潤いのある豊かな生活を営むことができるような環境の整備を図ること。
　　四　市、市民及び地域団体の相互の連携及び交流を図り、協働のまちづくりに資するよう努めること。
2　文化の振興に当たっては、地域の歴史及び伝統を尊重するものとする。
3　スポーツの振興に当たっては、スポーツをすること、見ること、学ぶこと又はこれらを支える多様な活動の充実を図るものとする。

(市民の役割)
第4条　市民は、文化活動及びスポーツ活動の主体であることを自覚し、自主的な活動を通じて培われる活力及び創意を生かし、地域の文化及びスポーツの振興並びに発展に努めるものとする。

(地域団体の役割)
第5条　地域団体は、地域社会の一員として自主的に文化活動及びスポーツ活動の推進を図るとともに、地域の文化及びスポーツの振興並びに発展に努めるものとする。

(市の責務)
第6条　市は、第3条の基本理念にのっとり、文化及びスポーツの振興に関する施策を、総合的かつ計画的に推進するものとする。
2　市は、文化及びスポーツの振興のため、必要な環境の整備及び財政上の措置を講ずるものとする。
3　市は、文化及びスポーツの振興に関する施策の実施に当たり、市民及び地域団体と連携するものとする。

(基本施策)
第7条　市長は、第1条の目的を達成するために、次に掲げる文化及びスポーツの振興に関する施策を行うものとする。
　　一　環境の整備及び機会の充実に関すること。
　　二　調査及び情報の提供に関すること。
　　三　人材の育成及び地域団体の支援に関すること。

（振興計画）
第8条　市長は、前条に規定する基本施策を総合的かつ計画的に実施するため、振興計画を策定するものとする。
2　市長は、前項の振興計画を策定するに当たっては、広く市民の意見を反映させるものとする。

（審議会の設置）
第9条　市長は、文化及びスポーツの振興に関する施策を推進するため、審議会を設置するものとする。

（その他）
第10条　この条例に定めるもののほか、必要な事項は、市長が別に定める。

附　則

この条例は、平成27年10月1日から施行する。

【36】滋賀県スポーツ推進条例

平成27年12月14日
滋賀県条例第60号

　スポーツは、心身の健康の保持増進や体力の向上に重要な役割を果たすだけではなく、人々に夢や感動を与え、精神的な充足感や楽しさ、喜びをもたらすなど、明日への活力をもたらす大きな力を持っており、生きる力となっている。
　特に、次代を担う子どもたちにとって、スポーツは、何事にもくじけない心や公正さと規律を尊重する精神を培い、他人に対する思いやりや感謝、
　豊かな心を育むなど、人格の形成に大きく寄与している。
　このようなスポーツが持つ力を最大限に活用して、障害の有無にかかわらず、体力、年齢、適性、健康状態等に応じて、生涯にわたり身近にスポーツに親しみ、またはスポーツを楽しみ、未来を開くたくましい人づくりを進めていくとともに、スポーツによる交流を通じて、地域に誇りや愛着を持ち、活力ある地域づくりを進めていくことが必要である。
　私たちは、県民一人ひとりがスポーツの重要性を理解し、琵琶湖をはじめとする豊かな自然環境、観光資源等を活用しつつ、身近にスポーツに親しみ、またはスポーツを楽しむこと等により、心身の健康の保持増進や体力の向上を通じて健康寿命の延伸を図り、豊かで潤いのある県民生活の形成および活力ある地域社会の実現ができるよう、スポーツを推進していくことを決意し、ここに滋賀県スポーツ推進条例を制定する。

第1章 総則

(目的)
第1条 この条例は、スポーツの推進に関し、基本理念を定め、県の責務ならびに県民、事業者およびスポーツ団体(スポーツの推進のための活動を行うことを主たる目的とする団体をいう。以下同じ。)その他関係者(以下「スポーツ団体等」という。)の役割を明らかにするとともに、スポーツの推進に関する施策の基本となる事項を定めることにより、スポーツの推進に関する施策を総合的かつ計画的に推進し、もって県民の心身の健康の保持増進を通じて健康寿命の延伸を図り、豊かで潤いのある県民生活の形成および活力ある地域社会の実現に寄与することを目的とする。

(基本理念)
第2条 スポーツの推進は、次に掲げる事項を基本理念として行われなければならない。
一 心身の健康の保持増進および体力の向上を通じて健康寿命の延伸を図ることができるよう、県民一人ひとりがスポーツの重要性を理解し、生涯にわたりその体力、年齢、適性、健康状態等に応じて身近にスポーツに親しみ、またはスポーツを楽しむことができること。
二 子ども(満18歳に満たない者をいう。以下同じ。)が健全な心身を培うとともに、豊かな人間性を育み、または規範意識を醸成することができるようにすること。
三 障害者が自主的かつ積極的にスポーツを行うことができるよう、障害の種類および程度に応じ、必要な配慮または支援を行うこと。
四 県のスポーツ選手(県内に活動の拠点を置き、または現に居住し、もしくは居住していたスポーツ選手をいう。以下同じ。)がスポーツの競技会において優秀な成績を収めることができるよう、スポーツに関する競技水準(以下「競技水準」という。)を向上させるとともに、優秀な県のスポーツ選手、その指導者その他スポーツの推進を担う専門的な知識および技術を有する者(以下「優秀な県のスポーツ選手等」という。)を育成すること。
五 県民一人ひとりが公平かつ公正な環境の下でスポーツ活動を行うことができるよう、多様なスポーツ活動に参加する機会の提供、スポーツ施設(スポーツの設備を含む。以下同じ。)の整備その他スポーツの推進を図るために必要な環境の整備を図ること。
六 スポーツを通じ、地域の特性に応じた世代間および地域間における交流を促進し、地域の一体感および協働の意識を醸成するとともに、県、県民、市町、事業者、大学およびスポーツ団体等が相互に連携を図りながら協働することにより、地域の活性化を図ること。
七 琵琶湖をはじめとする豊かな自然環境、観光資源等を活用し、地域の特性を生かしたスポーツを重点的に推進すること。

(県の責務)

第3条　県は、前条に定める基本理念（以下「基本理念」という。）にのっとり、スポーツの推進に関する施策を総合的に策定し、および計画的に実施するものとする。
2　県は、スポーツの推進に関する施策の策定および実施に当たり、県民、市町、事業者、大学およびスポーツ団体等に対し、情報の提供、助言その他の必要な支援を行うものとする。

（県民の役割）
第4条　県民は、基本理念にのっとり、スポーツに対する関心および理解を深めるとともに、日常生活においてスポーツに親しみ、またはスポーツを楽しむことにより、心身の健康の保持増進および体力の向上に努めるものとする。
2　子どもの保護者は、基本理念にのっとり、子どもが心身の健康の保持増進のためにスポーツ活動に参加できるように配慮するとともに、幼児期からの子どもの心身の健康の保持増進および体力の向上、地域におけるスポーツ活動への協力その他子どものスポーツ活動を推進するために必要な取組を行うよう努めるものとする。
3　県民は、県が実施するスポーツの推進に関する施策に協力するよう努めるものとする。

（事業者の役割）
第5条　事業者は、基本理念にのっとり、従業者のスポーツ活動への参加の促進、スポーツを通じた従業者の運動を行う習慣の定着および健康づくりの推進、スポーツ活動に係る支援体制の構築等を図ることにより、スポーツの推進に積極的な役割を果たすよう努めるものとする。
2　事業者は、その事業活動を行うに当たっては、県が実施するスポーツの推進に関する施策に協力するよう努めるものとする。

（スポーツ団体等の役割）
第6条　スポーツ団体等は、基本理念にのっとり、スポーツの普及、スポーツ活動の充実、競技水準の向上等を図るため、スポーツの推進に資する活動に自主的かつ主体的に取り組むように努めるものとする。
2　スポーツ団体等は、県が実施するスポーツの推進に関する施策に協力するよう努めるものとする。

（市町等との連携協力等）
第7条　県は、スポーツの推進に関する施策の推進に当たっては、市町および市町が委嘱するスポーツ推進委員（スポーツ基本法（平成23年法律第78号）第32条第1項の規定によるスポーツ推進委員をいう。）との連携協力を図るものとする。
2　県は、市町がスポーツの推進に関する施策を策定し、および実施するときは、必要な情報の提供、助言、支援または調整を行うものとする。
3　県、県民、市町、事業者、大学およびスポーツ団体等は、スポーツの推進を図るため、相互に連携を図りながら協働するよう努めるものとする。

第2章　スポーツ推進計画等

（スポーツ推進計画）
第8条　県は、スポーツの推進に関する施策の総合的かつ計画的な推進を図るための計画（以下「スポーツ推進計画」という。）を策定するものとする。
2　スポーツ推進計画は、次に掲げる事項について定めるものとする。
　一　スポーツの推進に関する基本的な方針
　二　スポーツの推進に関する施策の長期的な目標
　三　スポーツの推進に関し、県が総合的かつ計画的に講ずべき施策
　四　前3号に掲げるもののほか、スポーツの推進に関する施策を総合的かつ計画的に推進するために必要な事項
3　県は、スポーツ推進計画の策定に当たっては、あらかじめ、県民、市町、事業者、大学およびスポーツ団体等の意見を反映することができるよう、必要な措置を講じなければならない。
4　県は、スポーツ推進計画の策定に当たっては、あらかじめ、滋賀県スポーツ推進審議会の意見を聴かなければならない。
5　県は、スポーツ推進計画を策定したときは、遅滞なく、これを公表しなければならない。
6　県は、スポーツの推進に関する施策の進捗状況を踏まえ、おおむね5年ごとに、スポーツ推進計画を変更するものとする。
7　第3項から第5項までの規定は、スポーツ推進計画の変更（軽微な変更を除く。）について準用する。

（実施状況の報告等）
第9条　県は、毎年度、スポーツ推進計画に基づく施策に係る実施状況を議会に報告するとともに、公表しなければならない。

第3章　スポーツの推進に関する施策の推進

（生涯にわたるスポーツ活動の推進）
第10条　県は、県民一人ひとりが生涯にわたり体力、年齢、適性、健康状態等に応じて身近にスポーツに親しみ、またはスポーツを楽しむことができるようにするため、多様なスポーツ活動に参加する機会の提供、地域においてスポーツ活動を行うための環境の整備その他の県民の生涯にわたるスポーツ活動の推進を図るために必要な措置を講ずるものとする。

（県民参加の促進等）
第11条　県は、広報活動、啓発活動等を通じて、スポーツの重要性に対する県民の関心および理解を深めるとともに、体力、年齢、適性、健康状態等に応じて、スポーツ活動に

参加しようとする意欲を高め、県民のスポーツ活動への参加を促進するものとする。
2 県は、スポーツ活動の活性化を図るため、スポーツ活動への参加だけでなく、スポーツを観覧し、または県のスポーツ選手その他スポーツを行う者に対する応援もしくはスポーツに対する幅広い支援を行う社会的気運を高め、県民の一体感および協働の意識が醸成されるよう必要な措置を講ずるものとする。
3 県は、総合型地域スポーツクラブをはじめとする地域スポーツクラブ（地域において県民が主体的に運営するスポーツ団体をいう。以下同じ。）への活動の支援および参加の促進、地域が行うスポーツ活動への支援、県のスポーツ選手等との交流の促進、スポーツとして行われるレクリエーション活動に参加する機会の提供その他県民のスポーツ活動への参加を促進するために必要な措置を講ずるよう努めるものとする。

（県民の心身の健康の保持増進等）
第12条 県は、県民のスポーツ活動を通じた心身の健康の保持増進および体力の向上ならびに疾病の予防、高齢者の介護予防等のための健康づくりを推進し、健康寿命の延伸を図るため、日常生活において運動を行う習慣の増進および適切な休養の取得に向けた取組、栄養の管理および食習慣の改善に係る啓発、スポーツを通じた心身の健康づくりに関する適切な情報の提供その他心身の健康づくりを推進するために必要な措置を講ずるものとする。

（子どものスポーツ活動の推進）
第13条 県は、子どもの心身の健康の保持増進および体力の向上を図るため、スポーツ活動に参加する機会の提供、幼児期からの子どもの心身の健康の保持増進および体力の向上に向けた取組の促進、スポーツに関する指導者の確保および養成その他の子どものスポーツ活動の推進を図るために必要な措置を講ずるものとする。
2 県は、幼児期からの子どものスポーツ活動の充実に向けた取組を促進するため、学校、家庭および地域ならびにスポーツ団体と連携して必要な施策を講ずるものとする。

（学校におけるスポーツ活動の推進）
第14条 県は、学校における子どもの心身の健康の保持増進および体力の向上を図るため、子どものスポーツ活動の充実に向けた取組の促進、学校における運動部活動等のスポーツ活動の推進および体育の充実、スポーツに関する教員の資質の向上、地域におけるスポーツの指導者の確保および活用その他の学校におけるスポーツ活動の推進を図るために必要な措置を講ずるよう努めるものとする。
2 県は、学校における体育、運動部活動等の充実を図るため、教職員の資質の向上に努めるとともに、教員による指導の充実、地域における指導者の活用および環境の整備、地域におけるスポーツ活動との連携の強化その他学校における体育、運動部活動等の充実を図るために必要な措置を講ずるよう努めるものとする。

（障害者のスポーツ活動の推進）
第15条 県は、障害に対する県民の理解を深め、障害者の社会参加を積極的に促進するため、障害の種類および程度に応じた障害者のスポーツ活動への参加の機会の提供、障害

者がスポーツ活動を行うための環境の整備、障害者の競技水準の向上、障害者のスポーツ活動に携わる人材の育成その他の障害者のスポーツ活動の推進を図るために必要な措置を講ずるものとする。

(自然環境等を活用したスポーツ活動の推進)

第16条　県は、琵琶湖をはじめとする豊かな自然環境、観光資源等を活用し、地域の特性を生かしたスポーツに重点的に取り組むことができるようにするため、ボート、セーリング、カヌーその他琵琶湖等において行われるスポーツ活動への参加の促進、当該スポーツ活動を行うための環境の整備その他豊かな自然環境、観光資源等を活用したスポーツ活動の推進を図るために必要な措置を講ずるものとする。

(スポーツの推進を通じた地域の活性化)

第17条　県は、スポーツの推進を通じて、世代間および地域間の交流を促進し、地域の一体感および協働の意識を醸成するとともに、関係者が相互に連携を図りながら協働することにより、地域の活性化を図ることができるようにするため、県民と県のスポーツ選手等との交流、地域の特性に応じたスポーツの推進に関する取組への支援、スポーツの各種の競技会等の開催または誘致、スポーツを通じた国際的な交流の促進、スポーツに関連する産業の振興、地域スポーツクラブへの参加の促進その他のスポーツの推進を通じた地域の活性化を図るために必要な措置を講ずるものとする。

(人材の育成、資質の向上等)

第18条　県は、スポーツの推進に関する施策を総合的かつ計画的に推進するため、優秀な県のスポーツ選手等の育成、スポーツの推進に関わる者に対する研修の実施その他スポーツの推進に関わる者の資質の向上を図るために必要な措置を講ずるものとする。

(競技水準の向上)

第19条　県は、県のスポーツ選手の競技水準の向上を図り、県のスポーツ選手が国際的または全国的な規模のスポーツの競技会において優秀な成績を収めることができるようにするため、県のスポーツ選手およびその指導者の計画的な育成その他の競技水準の向上を図るために必要な措置を講ずるものとする。

2　県は、県のスポーツ選手がスポーツの競技会においてその能力を最大限に発揮することができるようにするため、県のスポーツ選手に対する練習のための環境の整備ならびに栄養の指導および管理、スポーツに関する科学的知見の活用の促進その他県のスポーツ選手が能力を最大限に発揮するために必要な措置を講ずるものとする。

3　県は、スポーツの普及および競技水準の向上を図るために事業者、大学等が行うスポーツへの支援に対し、必要な措置を講ずるものとする。

4　県は、スポーツによる事故その他スポーツによって生じる外傷、障害等の防止およびこれらの軽減を図るため、県のスポーツ選手の心身の健康の保持増進および安全の確保、指導者等の研修、スポーツ活動に伴う事故の防止に関する啓発および知識の普及、スポーツドクター(スポーツによる事故等の治療等に携わる専門的な知識および技能を有する医師をいう。)等の活用の促進その他スポーツによる事故等の防止および軽減を図

るために必要な措置を講ずるものとする。
（施設の整備等）
第20条　県は、県民のスポーツ活動への参加の促進およびスポーツ活動を通じた交流の促進を図るため、スポーツ施設の整備および管理を行うものとする。
2　県は、前項の規定によりスポーツ施設の整備および管理を行うに当たっては、民間の資金等を活用するよう努めるとともに、当該スポーツ施設の利用の実態等に応じて、安全の確保および障害者等の利便性の向上を図るよう努めるものとする。
3　県は、県が設置する学校その他の施設をスポーツ活動の場として有効に活用できるよう努めるものとする。

（普及啓発等）
第21条　県は、県民がスポーツに対する関心および理解を深め、日常生活においてスポーツを行う意欲を高めるため、スポーツの推進に向けた普及啓発、多様な学習の機会の提供その他県民がスポーツに対する関心および理解を深め、スポーツを行う意欲を高めるために必要な措置を講ずるものとする。

（調査分析等）
第22条　県は、スポーツの推進に関する施策を総合的かつ計画的に推進するため、定期的にスポーツの推進に関する実態について調査を行い、当該調査に係る情報および資料を分析し、ならびに提供するものとする。

（顕彰）
第23条　県は、スポーツで顕著な成果を収めた者およびスポーツの推進に寄与した者を顕彰するものとする。

（推進体制の整備）
第24条　県は、スポーツの推進に関する施策を総合的かつ計画的に推進するため、体制の整備その他必要な措置を講ずるものとする。

第4章　財政上の措置

第25条　県は、スポーツの推進に関する施策を推進するため、必要な財政上の措置を講ずるよう努めるものとする。

付　則

1　この条例は、公布の日から施行する。
2　この条例の施行の際現に策定されている滋賀県スポーツ推進計画は、第8条第1項の規定により策定されたスポーツ推進計画とみなす。

【37】中野区スポーツ推進条例

平成28年3月28日
条例第35号

(目的)
第1条　この条例は、急速な高齢化の進展に伴い、区民の健康の増進の重要性が著しく増大するとともに、スポーツが心身の健康の保持増進に重要な役割を果たし、区民の交流を通じた活発な地域社会の存続に寄与するものであることに鑑み、スポーツを通じた健康づくりの推進に関し、基本理念を定め、並びに区の責務及び区民の努力等を明らかにするとともに、必要な事項を定めることにより、スポーツを通じた健康づくりの推進に関する施策を総合的かつ効果的に推進し、もって区民が健康で生き生きとした暮らしを持続できる地域社会の実現に寄与することを目的とする。

(基本理念)
第2条　スポーツを通じた健康づくりの推進は、次に掲げる事項を基本理念として、行われなければならない。
　一　区民が、年齢及び障害の有無にかかわらず、生涯にわたり、その適性及び健康状態に応じて実践することのできるものであること。
　二　区民が、それぞれの関心及び競技水準に応じて参画することのできるものであること。
　三　区民が、スポーツを通じて、あらゆる世代の人々と交流を深める中で、生きがいのある豊かな生活を実現するとともに、健康で生き生きと暮らすことのできる地域社会の形成が図られるものであること。

(区の責務)
第3条　区は、前条の基本理念にのっとり、スポーツを通じた健康づくりの推進に関する施策を総合的に策定し、及び実施しなければならない。
2　区は、広報活動等を通じて、スポーツを通じた健康づくりに関する区民の関心及び理解を深めるよう努めなければならない。

(区民の努力)
第4条　区民は、スポーツを通じた健康づくりに関する理解を深め、生涯にわたり、個人又は団体の活動を通じて、自主的かつ積極的に、スポーツを通じた健康づくりに取り組むよう努めるものとする。

(連携協力)
第5条　区及びスポーツ団体その他の関係団体は、スポーツを通じた健康づくりの効果的な推進が図られるよう、相互に連携を図りながら協力するものとする。
(スポーツ・健康づくり推進計画の策定等)

第6条　区長は、スポーツを通じた健康づくりの推進に関する施策の総合的かつ計画的な推進を図るため、スポーツを通じた健康づくりの推進に関する計画（以下「スポーツ・健康づくり推進計画」という。）を策定するものとする。
2　スポーツ・健康づくり推進計画は、次に掲げる事項について定めるものとする。
　一　スポーツを通じた健康づくりの推進に関する施策についての基本的な方針
　二　前号に掲げるもののほか、スポーツを通じた健康づくりの推進に関する施策を総合的かつ計画的に推進するために必要な事項
3　区長は、スポーツ・健康づくり推進計画を策定し、又は変更したときは、遅滞なく、これを公表するものとする。

（地域のスポーツ活動への支援等）
第7条　区長は、スポーツを通じた区民の交流が促進されることにより、地域社会の活性化を図るため、中野区スポーツ・コミュニティプラザ条例（平成27年中野区条例第15号）第1条に規定する中野区スポーツ・コミュニティプラザを拠点として地域のスポーツ活動への支援その他必要な施策を講ずるものとする。

（スポーツ環境の整備）
第8条　区長は、区民が身近にスポーツを通じた健康づくりに親しむことができるよう、スポーツ環境の整備に努めるものとする。

　　　　　　　　　　　　　　附　則

この条例は、公布の日から施行する。

【38】池田市スポーツ振興条例

〔平成28年6月24日条例第38号
池田市スポーツ振興条例〕

前文

　大人だけではなく青少年も夢と希望を失っていた終戦後の混乱期にあって、本市は、「青少年の健全な育成はスポーツで」という目的のもと昭和29年に結成された池田市体育連盟と連携し、スポーツを通じて、青少年の健全育成はもとより人々のつながりや世代間の交流も促してきました。その後、テニス、卓球などの全国大会の本市での開催やオリンピック選手等優秀選手の輩出などにより「スポーツのまち池田」としてその名が知られるようになり、昭和43年には「体力つくり優秀組織日本一」として全国初の内閣総理大臣賞受賞という名誉を得て、以来、様々なスポーツ行政に取り組んできました。
　今やスポーツは、健康や体力の保持や増進、心身の健全な発達、精神的な充足感の獲得

のみならず、仲間との連帯意識や交流、地域の活力醸成にも寄与するものであり、社会の発展や市民生活の向上に不可欠なものとなっています。

　これまでスポーツが果たしてきた重要な役割を認識した上で、めまぐるしく変化する社会情勢に今後も対応するためには、実際にスポーツを「する人」だけではなく、スポーツを「観る人」やスポーツを「支える人」に着目し、誰もが多様な形でスポーツ活動に参加できるような機会や環境を整備し、様々な価値観やライフステージに応じたスポーツの振興を図っていくことが必要です。

　ここに、池田市みんなでつくるまちの基本条例（平成17年池田市条例第21号）の基本理念にのっとり、スポーツの振興に関する基本理念を定めるとともに、官民が一体となってさらにスポーツを振興することにより、市民が心身ともに健康で豊かな生活を過ごし、元気で明るく活力のある「スポーツのまち池田」を継承していくため、この条例を制定します。

（目的）
第１条　この条例は、スポーツの振興についての基本理念を定め、市の責務や市民、スポーツ団体、企業等の役割を明らかにするとともに、スポーツの振興に関する施策の基本となる事項を定めることにより、官民一体となってスポーツの振興に関する施策を推進し、もって市民の健康及び体力の保持及び増進並びに豊かな市民生活及び元気で明るく活力のあるまちの実現に寄与することを目的とする。

（定義）
第２条　この条例において、次の各号に掲げる用語の意義は、それぞれ当該各号に定めるところによる。
　(1)　スポーツ　運動競技その他の身体活動（キャンプ活動その他の野外活動を含む。）であって、健康及び体力の保持及び増進、心身の健全な発達、精神的な充足感の獲得、自律心その他の精神の涵養等のために行われるものをいう。
　(2)　スポーツ活動　スポーツをすること、観ること又は支えることをいう。
　(3)　スポーツ団体　市内においてスポーツの振興のための活動を主たる目的とする法人その他の団体をいう。
　(4)　企業等　企業、事業所、地縁団体、公益法人その他の民間団体をいう。

（基本理念）
第３条　本市におけるスポーツの振興は、次に掲げる基本理念にのっとり推進されなければならない。
　(1)　全ての市民が自由な意思に基づき、生涯にわたりスポーツに親しむ機会が確保されること。
　(2)　スポーツ活動を通じ、世代間の交流や地域の活性化が図られること。
　(3)　市民一人ひとりが自らの健康状態を自覚し、スポーツを通じて健康及び体力の保持及び増進に努めること。
　(4)　市民がスポーツに親しむことができるようにするとともに、スポーツの競技水準の

向上に資するよう、スポーツ環境の整備が図られること。
(市民の役割)
第4条　市民は、自らの意思により、スポーツ活動を通じて、スポーツに対する関心と理解を深め、自らの健康及び体力の保持及び増進に努めるとともに、学校、地域、スポーツ団体等のスポーツ活動に協力するものとする。
(スポーツ団体の役割)
第5条　スポーツ団体は、スポーツの振興を図るための主体的なスポーツ活動に取り組むとともに、市民のスポーツへの参加を促進し、社会から信頼される団体運営に努めるものとする。
(企業等の役割)
第6条　企業等は、地域社会の一員として主体的なスポーツ活動の実施及び環境整備への支援を行うことにより、スポーツの振興及び地域の活性化を促進するよう努めるものとする。
(市の責務)
第7条　市は、第3条に定める基本理念にのっとり、スポーツの振興に関し、市民、スポーツ団体及び企業等と連携し、市の特性に応じた施策を策定し、及び実施する責務を有する。
2　市は、市民一人ひとりが生涯にわたって、それぞれの体力、年齢、技術、目的等に応じて、様々なスポーツに親しむことができるよう、スポーツに参加する機会及びスポーツ情報の提供その他必要な施策を講ずるものとする。
3　市は、市に縁(ゆかり)のある優秀なスポーツ選手及び指導者が、生涯にわたりその有する能力をスポーツの振興に活かすことができるよう、スポーツ団体及び企業等と連携し、必要な施策を講ずるものとする。
(子どもの体力向上及びスポーツ活動の充実)
第8条　市は、次世代を担う青少年の心身の健全な発達及び体力向上を図るため、スポーツ団体及び企業等と連携して、子どものスポーツ活動の充実及び指導者育成に関する施策を講ずるよう努めるものとする。
(地域スポーツ活動の推進)
第9条　市は、地域における全ての世代の人々の交流が促進され、連帯感や協調意識が醸成されることにより地域の活性化が図られるよう、地域スポーツ活動の推進に必要な施策を講ずるよう努めるものとする。
(障がい者スポーツの振興)
第10条　市は、障がい者の自立及び社会参加を促進するため、スポーツ団体及び企業等と連携し、障がいの種類及び程度に応じたスポーツに参加する機会の提供等必要な施策を講ずるよう努めるものとする。
(スポーツの競技力の向上)
第11条　市は、本市におけるスポーツの競技力の向上を図るため、スポーツ団体、企業等

並びに市に縁(ゆかり)のある優秀なスポーツ選手及び指導者と連携し、選手の育成及び指導者の養成その他必要な施策を講ずるよう努めるものとする。

(池田市市民スポーツ振興協議会の設置)
第12条　スポーツ団体相互の連携及び調整を図り、本市のスポーツの振興を推進するため、市に池田市市民スポーツ振興協議会(以下「協議会」という。)を設置する。
2　前項に定めるもののほか、協議会の組織及び運営に必要な事項は、教育委員会規則で定める。

(スポーツ環境の整備)
第13条　市は、スポーツの振興を図るため、スポーツ団体及び企業等と連携し、スポーツのための施設及び設備の整備及び充実に努めるものとする。
2　市は、市内の学校体育施設が有効に利用されるよう必要な施策を講ずるよう努めるものとする。

(顕彰)
第14条　市長は、市民のスポーツに対する関心及びスポーツを行う意欲を高めるため、スポーツで顕著な成果を収めたもの又はスポーツの推進に寄与したものを顕彰するものとする。

(池田市スポーツ振興基金の設置)
第15条　市は、スポーツの振興を図るための経費に充てるため、池田市スポーツ振興基金(以下「基金」という。)を設置する。
2　基金として積み立てる額は、スポーツの振興を図るための指定寄付金及び市費により積み立てる額とする。
3　基金に属する現金は、金融機関への預金その他最も確実かつ有利な方法により保管しなければならない。
4　基金の運営は、前項から生ずる収益及び基金からの繰出しをもって、一般会計歳入歳出予算に計上して行うものとする。
5　市長は、財政上必要があると認めるときは、確実な繰戻しの方法、期間及び利率を定めて基金に属する現金を歳計現金に繰り替えて運用することができる。
6　第1項から前項までに定めるもののほか、基金の運営に関し必要な事項は、教育委員会規則で定める。

　　　　　　　　　　　　　　附　則

(施行期日)
1　この条例は、平成28年7月1日から施行する。
(この条例の検証等)
2　市長は、この条例の施行後4年を超えない期間ごとに、この条例の社会情勢への即応性等について検証するものとする。
3　市長は、前項の規定による検証の結果に基づき、必要があると認めるときは、この条

例の見直しを行う等所要の措置を講ずるものとする。

あとがき

　私は、長年、スポーツに関する政策、特にスポーツに関する条例を制定することによる政策の展開について研究を行ってきた。2013年に、もう一人の著者である吉田隆之准教授（大阪市立大学大学院）と日本スポーツ法学会の研究大会において、スポーツ基本条例と文化条例の比較について共同研究発表をした。それを論文化したものが、日本スポーツ法学会年報に掲載されるに至った。各人とも、文化、スポーツの分野で条例政策に関心を持ち、これまでに論文・論稿を各所で発表していた。本来なら、文化条例政策、スポーツ条例政策の各テーマの下、「単著」で出版することを検討しても良いところであった。しかし、上記共著論文を発表した際、文化とスポーツに関する条例論を1冊の本にしたら、それぞれ「単著」で出版するよりも、文化・スポーツの比較研究の観点からインパクトがあるのではないかと話し合った。文化とスポーツは、国家予算の面等で比較されることが多いが、本書によって条例政策の面での比較研究に一石を投じることになればと考えたのである。本書が十分に文化とスポーツの条例政策の比較を説得的に展開しているかは心もとない。しかし、一つのきっかけを作ったとはいえるであろう。このたび、その意を汲んでいただいた（株）成文堂からようやく本書を発行することができた。

　スポーツに関する政策は、条例の制定による方法よりも行政計画であるスポーツ振興計画・スポーツ推進計画策定の方が着目されやすい。多くの地方自治体がスポーツ振興・推進計画を策定しても、法規範であるスポーツ基本条例を制定していない。スポーツに関する条例の研究者としてはさびしい限りであるが、それでも30余の地方自治体はその時点で必要性を感じスポーツ基本条例を制定したものと推測される。その理由として、地方自治体にあっては政策に法的根拠が必要である、市民へスポーツ政策の在り方をアピールできる、等の必要性が挙げられよう。私の行政実務経験からも、基本的な政策を条例で規定する重要性を認識しているが、まだまだその制定数は少ない。

　現在でも、幾つかの地方自治体でスポーツ基本条例の制定が企図ないし検討されている。神奈川県スポーツ推進審議会や奈良県スポーツ推進審議会での議論や

新潟県長岡市（市議会議員による提言）等がみられる。また、国民体育大会（以下「国体」）の開催を契機にスポーツ基本条例が制定されるケースも続いた。千葉県（2010年開催）は、「千葉県体育・スポーツ振興条例」（2010年12月24日）を、山口県（2010年開催）は「山口県スポーツ推進条例」（2012年3月21日）を、岐阜県は「岐阜県清流の国スポーツ推進条例」（2013年3月26日）を制定している。この4年間をみれば、1巡目の国体が全国の地方自治体のスポーツ施設設備の充実というハード面での充実ならば、2巡目は、スポーツに関する基本な条例というソフト面の充実ということができるであろう。最近の国体開催国で、スポーツ基本条例の制定の動きがみられないのは寂しい。しかし、国体とは関係なく、群馬県、徳島県、三重県、滋賀県という県レベルにおいて次々と制定されていることは、喜ばしいことである。

数年後には2020年東京オリンピック・パラリンピックが開催される。また、平成29年には、スポーツ基本計画の中間見直しが行われることになっている。そのためのスポーツ審議会も設置された。このような国家的な国際大会に向けた動きの中で、本書がいかほどの価値があるのか、また地方のスポーツ振興・推進にどれだけ貢献できるのか、心もとない限りであるが、少しでも地方のスポーツ政策に関与されている関係者に寄与できれば幸いである。逆に、このような時期であればこそ、文化政策と共に、地方のスポーツ政策の有効な展開を考えるべきではないかと考える。その一助となることを期待したい。

今回の本書の刊行に当たって、全国の例規集の調査を行った。かなりの日数を要した。これについては、高橋まどかさんにお世話になった。ここに謝意を表する。

2017年1月元旦　　　　　　　　　　　　共著者を代表して

吉　田　勝　光

〔追記〕　校了後に、愛媛県スポーツ推進条例（2017年3月24日公布、条例第26号）、神奈川県スポーツ推進条例（2017年3月28日公布、条例第3条）に接した。

索引

あ

アーツカウンシル ……… ii, 24, 35, 39, 42, 49, 51, 60, 62
　――東京 ……………………… 24, 30
　――大阪 ………………………… 39, 45
アーティスト ……………… 34-35, 39, 88
アーティスト・イン・レジデンス ……… 37, 39, 323
アーティストバンク ………………… 22, 297
アートマネージャー ……………… 38, 216, 273
アームス・レングスの原則 ……… 20, 188, 199
青木圭介 ……………………………… 51, 75
アドボカシー ………………………………… 70
意見交換 ……… 24, 65-66, 193, 196, 236, 311
　――会 ……… 51, 55-56, 58, 67, 70, 73
１％ルール ……………………… 65-68, 72
出雲総合芸術文化祭 ………………… 43, 287
伊藤裕夫 …………………… 17, 51, 75, 92
上平貢 ……………………………………… 82
梅原猛 ………………………………… 81-82
NPO ……………… 43-45, 73, 277, 372
江之子島文化芸術創造センター（enoco） ……………………………………………… 34
大阪府市文化振興会議 ……… 35, 39, 218, 283
大阪文化振興新戦略（第２次大阪府文化振興計画） ………………………………… 34

おおさか文化プラン（第１次大阪府文化振興計画） ……………………………… 34
太田房江 ………………………………… 34

か

香川県文化芸術振興計画 ………………… 37
鍵田忠兵衛 ……………………………… 55, 56
学術文化 ……………………………… 13, 184
片山泰輔 ……………………… 17, 51, 75
加藤種男 ……………………… 40, 51, 63, 67
上方演芸 ……………………… 14-15, 283
韓国スポーツエンタテイメント法学会 … 140
幹部会議 ……………………… 51, 69, 71, 72
議員立法 ……… 27, 105, 108, 143, 263, 265, 275, 333, 349
機関委任事務 ……………………………… 6, 7
黄義龍 …………………………………… 140
競技スポーツ …………………………… 147
京都芸術センター ……………… 39, 81, 89
京都こころの文化・未来創造ビジョン … 36
京都市芸術文化振興計画 ……… 81-82, 84-85, 89-91
京都文化芸術都市創生計画 ……… i, 84, 86, 88
京都文化芸術プログラム ………………… 86
　――2020^{+} ……………………… ii, 87
熊倉純子 ……………………… 51, 74, 92
クリエイティブ(創造)型 ………………… 33

桑原武夫 ·· 82
経営政策 ··· 6
景観 ········ 15, 17, 224, 228, 239, 288, 300, 302,
　　312, 324, 342, 348, 360
芸術祭 ······························ 37, 43, 67, 210
芸術評議会 ·· 33
芸術文化 ······· 13-14, 16, 38, 184, 216, 270-273
芸術文化振興条例 ······························ 13, 43
芸術文化振興法 ··································· 184
現代美術（現代アート）······· 33, 37, 241, 243,
　　323
憲法 ···························· 20, 42, 97, 141-142, 152
河野健二 ·· 81, 82
幸福追求権 ···························· 141-142, 189, 190
公明党 ································ 55, 59, 81, 97, 108
国法の先占 ·· 190
国民体育振興法 ···················· 122, 141-142, 145
小林真理 ···················· 17, 28, 51, 59, 60, 75, 92

さ

財政上の措置の措置義務規定 ······· 25, 30, 50,
　　64-65, 66, 68, 72, 251, 273, 275, 291,
　　299, 327, 349
財政上の措置の努力義務規定 ······· 24, 48, 65,
　　89
支える ········· 17, 21, 49-50, 52, 54, 73, 75, 196,
　　230, 306
佐々木雅幸 ································· 51, 74
サスティナブル・ディベロップメント
　　··· 50-51, 58, 70
札幌国際芸術祭 ···································· 36

札幌市文化芸術基本計画 ······················· 36
参加の原則 ······························· 19, 188, 189
自然権 ······························ 20, 29, 188, 199
シティ（都市）型 ································ 33, 38
清水勇人 ·· 39, 63
市民自治 ··· 32
自民党 ································ 64, 66, 97, 108, 382
市民文化政策 ······················· 32, 34, 42, 69
宗教文化 ·· 184
住民自治 ··· 42
除相玉 ··· 140
情報公開 ·· 202
審議会 ············ 21-23, 49-50, 52, 54, 65-67, 71,
　　88-89, 126, 193, 233, 251, 307, 349, 351,
　　375, 401
審議機関 ··· 54
新世界アーツパーク事業 ························ 38
シンポジウム ························· 49, 51, 70, 75
ずし文化機関 ··························· 51, 60, 62
スポーツ ········ ⅰ, 98, 101, 103, 109-110, 122,
　　128, 150, 183-185, 384, 386, 396
　　──をする自由 ·························· 373
スポーツアカデミー ··········· 112-113, 123, 127,
　　151
スポーツ基本計画 ······················ 95, 384, 389
スポーツ基本条例 ········ 96, 98, 102, 105, 107,
　　109, 122-123, 140, 142, 147, 151, 152
スポーツ基本条例試案 ···· 124, 126, 128, 148,
　　150, 151
スポーツ基本法 ··· ⅰ, 95, 126, 128, 140-142,
　　152, 180, 184, 192, 194, 367, 372, 378,

382, 386
スポーツ基本法要綱案 ············ 126, 137, 146
スポーツ権 ············ ⅱ, 95, 107-108, 125-127, 129, 141, 143-144, 147-148, 150-151, 189-190, 192, 196-197, 372, 376
──論争 ·················· 125, 143-144
スポーツ産業振興法 ························ 122
スポーツ産業法 ··························· 141
スポーツ条例 ················ ⅰ, 95-96, 402
スポーツ振興基本計画 ····· 101, 105, 149, 376, 378
スポーツ振興計画 ······· 99, 101, 105-106, 127, 145, 149, 152
スポーツ振興審議会 ········· 101, 103, 127, 131, 148, 399
スポーツ振興法（旧）········ ⅰ, 101, 105, 122, 125, 127, 141-143, 145, 149, 180, 183, 192, 194, 367, 372, 375, 378, 396
スポーツ政策 ····················· 372-373
スポーツ都市宣言 ····· 97, 109, 126, 143, 145-146
スポーツ法の基本原則 ·············· 188, 197-198
スポーツ立国戦略 ······················ 381
生活文化 ················ 13-14, 183-184, 210
世界文化自由都市宣言 ····················· 82, 85
關淳一 ···································· 38
瀬戸内国際芸術祭 ······················· 37
総合型地域スポーツクラブ ····· 112, 123, 127, 151
総合行政 ································· 48
創造都市 ························· 33, 36, 38, 327

創造都市的政策 ······ 3-4, 22, 32, 39-41, 351
孫錫正 ·································· 141

た

第3次大阪府文化振興計画 ······················ 34
体育及びレクリエーション ······················ 373
体育指導（委）員 ················ 101, 103, 110, 400
田中孝男 ································· 27
多文化共生 ····· 20, 22, 52, 231, 306, 328, 341-342, 355
男女共同参画 ························ 148, 151
団体自治 ······························ 32, 42
地域主義・地方分権の原則 ·········· 19, 188-189
地方スポーツ振興計画 ······················ 97, 109
中間支援組織 ······················ 49, 54, 73
庁内検討委員会 ·················· 51, 69, 72, 77
伝統的な文化芸術（芸術文化）·· 17, 88, 216, 228, 273, 297, 324
東京オリンピック（・パラリンピック）
 ·························· ⅰ, 101, 122, 142, 372
東京芸術文化評議会 ······················ 24, 255
東京文化発信プロジェクト室 ···················· 24
都市型芸術祭 ························ ⅱ, 42, 43
都市経営戦略会議 ····· 51, 63, 66-67, 70, 77
都市文化政策 ················· ⅱ, 32, 41-42, 69, 74
富永茂樹 ································ 81, 82
トリエンナーレ ················ 52, 67-68, 71, 74

な

中川幾郎 ······· 17, 28, 51, 55, 58, 59, 74-75, 92
仲川元庸 ································ 56, 58

事項索引

永田和弘 …………………………………… 82
中西進 ……………………………………… 82
中村美帆 ……………………………… 51, 60, 62
奈良市文化振興基本計画 …………………… 37
21世紀京都の文化力創造ビジョン ………… 36
日本スポーツ法学会 ……… 100, 126, 137, 146, 378
日本文化政策学会 ………………………… 28
ネットワーク ……………… 22, 305, 341, 347, 355

は

橋下徹 ………………………… 34, 38, 39, 44
パブリックコメント …… 51, 55-56, 60, 63-64, 70, 73
東山アーティスツ・プレイスメント・サービス（HAPS）……………………… 88, 92
評価 …… 5, 39, 50, 52, 54, 62-63, 69, 72, 105, 107, 109, 164, 171, 193, 196-198, 233, 238, 248, 307, 315, 337, 357
表現の自由 ………………………………… 20
平竹耕三 …………………………………… 92
平松邦夫 …………………………………… 45
風景 …………………………………… 17, 334
ふじのくに文化振興基本計画 …………… 53-54
藤原昭 ………………………………… 56, 57
文化 …… i, 15, 17, 50, 55, 57, 60, 103, 109, 183-184, 239, 247, 282, 312, 336
文化アセスメント …………… 24, 279, 281
文化活動 …… 16-17, 50, 52, 60, 230, 247, 306, 336
文化基本計画 ………………………… 6-7, 21

文化基本条例 …………………………… 13, 43
文化基本法 ……………………………… 184
文化芸術 …… 13-17, 50, 57, 64-66, 210, 249, 352
文化芸術振興基本法 …… i, 5, 7, 19, 180, 183-184, 187-190, 194, 208, 260, 264
文化・芸術の自由の原則 …… 19, 185, 188
文化芸術の振興に関する基本的な方針 … 22
文化権 …… ii, 5, 19-21, 48-51, 54-55, 57, 60, 73, 188, 190, 196, 271, 281, 287, 293, 331
文化(芸術)資源 … 36, 225, 232, 291, 307, 323, 325, 361
文化条例 ……………………… 1, 3, 5-12
　──検討委員会 ……………… 50, 68, 71-72
文化条例制定の意味 …………… 46-48, 79
文化・スポーツの自由の原則 … 188, 192, 194
文化(スポーツ)的多様性(の原則) … 19, 188, 189, 192, 194, 306
文化内容への不介入（又は不干渉）… 19, 20, 25, 48, 49, 50, 52, 55, 57, 60, 63, 188, 231, 239, 247, 254, 262, 286, 298, 304, 306, 312, 316, 328, 336, 342
文化プログラム …………………………… i
文化法の基本原則 …… ii, 19, 25, 42, 48, 73-74, 89, 185, 190, 291, 297
ボランティア …………… 22, 39, 229, 307, 327

ま

桝本頼兼 ……………………………… 81, 85
間瀬勝一 …………………………………… 62

まちづくり 18, 32, 97-98, 100, 104, 106-107, 112, 123-124, 143
松井一郎 34
南正博 89
民主党 97, 108, 196, 382
メセナ活動 22, 30, 265, 275, 333
森口邦彦 81
森喜朗 97

や

ユニーバーサルデザイン 57
吉岡久美子 92

吉本光宏 24

ら

立法事実 105, 108, 109
立法趣旨 105, 108
例規集 99, 198, 201-203

わ

ワークショップ 51, 60, 63, 70, 73

著者紹介

吉田　勝光（よしだ　まさみつ）

　桐蔭横浜大学スポーツ健康政策学部スポーツ健康政策学科教授（同大学院スポーツ科学研究科教授兼任）。1949年岐阜県可児郡春里村（現可児市）生まれ。早稲田大学第一法学部卒業。愛知県庁入庁。東亜大学大学院総合学術研究科修了（法学修士）、博士（体育学、中京大学）。愛知県教育委員会に24年間勤務後、2007年から松本大学人間健康学部スポーツ健康学科教授。県在職当時から、スポーツ条例に関心を持ち、松本大学在職以降地域の活性化に取り組む。現職では、横浜市青葉区での地域づくり事業などにも関与している。現在、松本市スポーツ推進審議会会長、大町市スポーツ推進審議会委員、フラワーネックレス青葉2017実行委員会委員、日本体育・スポーツ政策学会理事（前理事長）、日本スポーツ法学会理事。

[主な著書]

『地方自治体のスポーツ立法政策論』（2007年、成文堂）
『標準テキスト・スポーツ法学』［共編著］（2016年、エイデル研究所）

[執筆担当]

第2編第1章、第2章、第3章、第4章、第3編第1章（共著）、第2章、第5編

吉田　隆之（よしだ　たかゆき）

　大阪市立大学大学院創造都市研究科准教授。1965年神戸市生まれ。京都大学法学部卒業。愛知県庁入庁。京都大学公共政策大学院修了。東京藝術大学大学院音楽研究科博士後期課程音楽文化学専攻芸術環境創造分野修了。県在職時に文化芸術課国際芸術推進室で、あいちトリエンナーレ2010長者町会場を主に担当。職務を離れてからも一市民、またコーディネーターとしてアート活動やまちづくりに関わる。公共政策修士（専門職）、学術（博士）。研究テーマは文化政策、アートプロジェクト、芸術祭。現在、日本アートマネジメント学会運営委員、日本文化政策学会監事。

[主な著書]

『トリエンナーレはなにをめざすのか　都市型芸術祭の意義と展望』（2015年、水曜社）

[執筆担当]

第1編第1章、第2章、第3章、第4章、第3編第1章（共著）、第4編

文化条例政策とスポーツ条例政策

2017年4月20日 初版第1刷発行

著 者	吉 田 勝 光
	吉 田 隆 之
発行者	阿 部 成 一

〒162-0041 東京都新宿区早稲田鶴巻町514番地
発行所　株式会社　成文堂
電話 03 (3203) 9201 (代)　FAX 03 (3203) 9206
http://www.seibundoh.co.jp

製版・印刷　藤原印刷　　製本　佐抜製本　検印省略
Ⓒ2017　M. Yoshida, T. Yoshida　Printed in Japan
☆乱丁・落丁本はおとりかえいたします☆
ISBN978-4-7923-3361-4　C3031

定価（本体10,000円＋税）